高等学校"十二五"规划教材·计算机系列

多媒体技术及应用

(修订版)

主　编　刘桂阳　谢秋菊　郑　影
副主编　邵　庆　高云丽　丛　申

哈尔滨工业大学出版社

内容简介

本书从开发和应用角度出发,着重介绍了多媒体应用开发工具及平台,其中包括多媒体音频信息、音频处理技术及相关音频处理软件的使用,多媒体图形图像处理,动画和视频的制作,多媒体著作工具的使用,以及网络多媒体技术等。本书注重实际应用,每章节都有相应的实例,并配有交互式课件光盘及相关素材。本书内容可根据需要选讲,参考课时为40~60学时。

本书既可作为普通高等学校非计算机专业学生的计算机基础课教材,也可供各大专院校、成人教育、高职高专的学生及计算机爱好者使用。

图书在版编目(CIP)数据

多媒体技术及应用/刘桂阳等主编. —2版. —哈尔滨:
哈尔滨工业大学出版社,2012.4
ISBN 978-7-5603-2655-9

Ⅰ.①多… Ⅱ.②刘… Ⅲ.①多媒体技术 Ⅳ.①TP37

中国版本图书馆CIP数据核字(2012)第003960号

责任编辑	王桂芝 唐 蕾
封面设计	卞秉利
出版发行	哈尔滨工业大学出版社
社 址	哈尔滨市南岗区复华四道街10号 邮编150006
传 真	0451-86414749
网 址	http://hitpress.hit.edu.cn
印 刷	哈尔滨工业大学印刷厂
开 本	787mm×1092mm 1/16 印张16.25 字数410千字
版 次	2008年3月第1版 2012年4月第2版
	2012年4月第2次印刷
书 号	ISBN 978-7-5603-2655-9
定 价	28.00元

(如因印装质量问题影响阅读,我社负责调换)

高等学校"十二五"规划教材·计算机系列
编 委 会

主 任　王义和

编 委　（按姓氏笔画排序）

　　　　王建华　　王国娟　　孙惠杰　　衣治安

　　　　许善祥　　宋广军　　李长荣　　周　波

　　　　尚福华　　胡　文　　姜成志　　郝维来

　　　　秦湘林　　戚长林　　梁颖红

序

当今社会已进入前所未有的信息时代,以计算机为基础的信息技术对科学的发展、社会的进步,乃至一个国家的现代化建设起着巨大的推进作用。可以说,计算机科学与技术已不以人的意志为转移地对其他学科的发展产生了深刻影响。需要指出的是,学科专业的发展都离不开人才的培养,而高校正是培养既有专业知识、又掌握高层次计算机科学与技术的研究型人才和应用型人才最直接、最重要的阵地。

随着计算机新技术的普及和高等教育质量工程的实施,如何提高教学质量,尤其是培养学生的计算机实际动手操作能力和应用创新能力是一个需要值得深入研究的课题。

虽然提高教学质量是一个系统工程,需要进行学科建设、专业建设、课程建设、师资队伍建设、教材建设和教学方法研究,但其中教材建设是基础,因为教材是教学的重要依据。在计算机科学与技术的教材建设方面,国内许多高校都做了卓有成效的工作,但由于我国高等教育多模式和多层次的特点,计算机科学与技术日新月异的发展,以及社会需求的多变性,教材建设已不再是一蹴而就的事情,而是一个长期的任务。正是基于这样的认识和考虑,哈尔滨工业大学出版社组织哈尔滨工业大学、东北林业大学、大庆石油学院、哈尔滨师范大学、哈尔滨商业大学等多所高校编写了这套"高等学校计算机类系列教材"。此系列教材依据教育部计算机教学指导委员会对相关课程教学的基本要求,在基本体现系统性和完整性的前提下,以必须和够用为度,避免贪大求全、包罗万象,重在**突出特色**,体现**实用性**和**可操作性**。

(1)在体现科学性、系统性的同时,突出实用性,以适应当前 IT 技术的发展,满足 IT 业的需求。

(2)教材内容简明扼要、通俗易懂,融入大量具有启发性的综合性应用实例,加强了实践部分。

本系列教材的编者大都是长期工作在教学第一线的优秀教师。他们具有丰富的教学经验,了解学生的基础和需要,指导过学生的实验和毕业设计,参加过计算机应用项目的开发,所编教材适应性好、实用性强。

这是一套能够反映我国计算机发展水平,并可与世界计算机发展接轨,且适合我国高等学校计算机教学需要的系列教材。因此,我们相信,这套教材会以适用于提高广大学生的计算机应用水平为特色而获得成功!

2008 年 1 月

再版前言

多媒体技术是一项新兴的计算机技术,它能综合处理视频、图像、文字、声音、数据等多种媒体信息,使之集成为一个系统,并具有良好的交互性。多媒体技术改善了人类信息交流的途径,缩短了人类信息传递的路径,使传统的计算机系统、音频和视频设备等产生了根本性的变革,对大众传媒产生着深远的影响,也给人们的学习、工作、生活和娱乐带来了深刻的革命。多媒体正以其美妙的声音、多彩的图像、动感无穷的画面吸引着我们每一个人。

教育部高等学校非计算机专业基础课程教学指导分委员会提出的《关于进一步加强高等学校计算机基础教学的意见》(又称白皮书)中,将"多媒体技术与应用"课程列为高等学校非计算机专业计算机基础教育的核心课程之一。依照白皮书中有关"多媒体技术与应用"课程教学的要求,本书主要是使读者了解表示、获取、存储、处理多媒体信息的基本原理及主要技术,了解多媒体输入输出设备的基本组成及工作原理,掌握多媒体应用软件的使用,理解网络多媒体技术的基本原理及流媒体技术的实现手段。本书在理论知识的阐述上,由浅入深、通俗易懂,着重讲述多媒体技术涉及的基本原理及内在的关联,使读者对多媒体技术形成一个完整的概念。在多媒体软件应用的讲述上,注重理论联系实际,结合具体实例加以讲解,使读者掌握一定的多媒体素材创作的实际操作技能。

为了提高教学效果,编者开通了 WebCT 专用网络教学平台。在平台中用户可以访问大量与教材配套的资源。其中有本书的 PPT、各章练习软件及配套素材、课后作业、实验指导及相关课外教程等。具体登录方法是:输入网址 http://www.hlau.cn,进入黑龙江八一农垦大学主页,由网站导航进入网络教学平台,点击登录,用户名、密码均为 jsjxs。登录后即可选择"大学计算机基础"中"多媒体技术及应用"课程,用户可以使用课程中的全部资源,也可以与教师进行在线交流。

本书由黑龙江八一农垦大学、齐齐哈尔大学和塔里木大学三所院校合编,其中第1章由刘桂阳、谢秋菊、刘金明编写,第2章和第3章由郑影编写,第4章由邵庆编写,第5章由丛申编写,第6章和第7章7.1节由文春杰编写,第7章7.2~7.6节、小结及习题由高云丽编写,第8章由王娜编写,第9章由刘玲编写,全书的文字校对工作由张烨负责。本书编写人员中郑影为齐齐哈尔大学教师,丛申、张烨为塔里木大学教师,其他人员为黑龙江八一农垦大学教师。

由于作者水平有限,书中难免出现疏漏及不妥之处,敬请读者批评指正。

编 者
2012年2月

目 录

第1章 多媒体技术概述 ... 1
1.1 多媒体的基本概念 ... 1
1.2 多媒体技术及其特性 ... 4
1.3 多媒体技术的产生与发展趋势 ... 5
1.4 多媒体技术研究的主要内容 ... 7
1.5 多媒体技术的应用 ... 8
小 结 ... 10
习 题 ... 10

第2章 多媒体计算机系统 ... 11
2.1 多媒体计算机系统的层次结构 ... 11
2.2 多媒体计算机的硬件系统 ... 12
2.3 常用多媒体板卡及外部设备 ... 13
2.4 多媒体软件系统 ... 39
小 结 ... 42
习 题 ... 42

第3章 多媒体数据压缩技术 ... 43
3.1 数据压缩编码技术 ... 43
3.2 数据压缩编码标准 ... 46
小 结 ... 51
习 题 ... 51

第4章 多媒体音频技术 ... 52
4.1 声音的基本知识 ... 52
4.2 数字音频处理技术 ... 55
4.3 MIDI与电子音乐合成 ... 59
4.4 Cakewalk Pro Audio ... 63
4.5 Cool Edit ... 74
小 结 ... 84
习 题 ... 84

第5章 图形图像素材处理与制作 ·········· 85

5.1 色彩的基本知识 ·········· 85
5.2 矢量图形与图像 ·········· 91
5.3 图像的数字化过程 ·········· 95
5.4 图形、图像的获取方式 ·········· 97
5.5 图像处理工具软件 Photoshop 的使用 ·········· 98
小 结 ·········· 120
习 题 ·········· 120

第6章 计算机动画 ·········· 121

6.1 计算机动画的基本知识 ·········· 121
6.2 动画创作工具 Flash ·········· 122
小 结 ·········· 151
习 题 ·········· 151

第7章 视频处理技术 ·········· 152

7.1 数字视频的基础知识 ·········· 152
7.2 视频信号的获取 ·········· 155
7.3 影视制作的基本流程 ·········· 157
7.4 Adobe Premiere 非线性编辑软件 ·········· 160
7.5 After Effects 影视编辑软件 ·········· 178
7.6 视频制作应用专题及综合实例 ·········· 181
小 结 ·········· 193
习 题 ·········· 193

第8章 多媒体著作工具——Authorware ·········· 194

8.1 多媒体著作工具 ·········· 194
8.2 Authorware 7 简介 ·········· 195
8.3 处理文本和图像 ·········· 198
8.4 制作等待和删除效果 ·········· 203
8.5 动画的制作 ·········· 206
8.6 声音、数字化电影和视频对象的处理 ·········· 208
8.7 交互图标 ·········· 210
8.8 框架图标和导航图标 ·········· 213
8.9 判断图标 ·········· 217
8.10 变量、函数和表达式 ·········· 220
8.11 文件打包 ·········· 221
8.12 综合实例 ·········· 222

小　结 ………………………………………………………………………… 231
　　习　题 ………………………………………………………………………… 232
第 9 章　网络多媒体技术 …………………………………………………………… 233
　　9.1　流媒体基本概念 …………………………………………………………… 233
　　9.2　流媒体文件编码 …………………………………………………………… 243
　　9.3　流媒体文件下载 …………………………………………………………… 246
　　小　结 ………………………………………………………………………… 247
　　习　题 ………………………………………………………………………… 247
参考文献 ……………………………………………………………………………… 248

第1章 多媒体技术概述

本章重点：多媒体的基本概念；多媒体技术的主要研究内容；多媒体技术及其特性。

多媒体技术是一项新兴的计算机技术，它改善了人类信息交流的途径，缩短了人类信息传递的路径，使传统的计算机系统、音频和视频设备等产生了根本性的变革，对大众传媒产生着深远的影响，也给人们的学习、工作、生活和娱乐带来了深刻的革命。

多媒体计算机诞生至今还不到20年，在这短短的20年时间里，多媒体技术表现出强大的生命力，越来越多的人在谈论多媒体技术，越来越多的人在使用多媒体技术，越来越多的人在开发多媒体产品。多媒体技术的应用现已普及各个领域，并逐渐形成了多媒体产业。多媒体正以其美妙的声音、多彩的图像、动感无穷的画面吸引着每一个人。

1.1 多媒体的基本概念

1.1.1 媒体与多媒体

所谓"媒体"，在计算机领域有两个含义：一是指存储信息的实体，如磁盘、光盘、磁带、半导体存储器等；二是指传递信息的载体，如数字、文字、声音、图形和图像等。而多媒体技术中的"媒体"则指的是后者。人类在信息交流中要使用各种信息载体，多媒体就是指多种信息载体的表现形式和传递方式。国际电报电话咨询委员会（Committee of Consultative International Telegraphic and Telephonic, CCITT）现为国际电信联盟（International Telecommunication Union, ITU）的ITU-T把媒体分为以下5类。

(1) 感觉媒体（Perception Medium）：指的是能直接作用于人们的感觉器官，能使人产生直接感觉的媒体，如视觉、听觉、触觉、味觉和嗅觉。

(2) 表示媒体（Representation Medium）：指的是信息的表示和表现形式，如图形、图像、声音和视频等。

(3) 显示媒体（Presentation Medium）：指用于输入和输出信息的一类媒体。它分为两种：一种是输出媒体，如显示器、打印机、喇叭等；另一种是输入媒体，如键盘、鼠标、摄像机、话筒等。

(4) 存储媒体（Storage Medium）：指的是用于存放某种媒体的媒体（存储介质），如磁带、磁盘和光盘等。

(5) 传输媒体（Transmission Medium）：指的是用于传输某些媒体的媒体（传输介质），常用的如电话线、电缆、光纤和双绞线同轴电缆等。

一般来说,如不特别强调,则所说的媒体就是指表示媒体。

"多媒体"一词的英文是"multimedia"。"multi"是多的意思,而"media"是媒体的意思,"多媒体"是由这两个词复合而成的。一般认为多媒体是融合两种或两种以上媒体的人-机交互式信息交流和传播的媒体。

1.1.2 多媒体信息的表示

多媒体信息包括文本、声音、图形、图像、动画等多种不同的形式,不同类型的媒体由于内容和格式的不同,相应的内容管理和处理办法也不同,存储量的差别也很大。

1. 文字

文字是人们在现实世界中进行通信交流的主要形式,也是人与计算机之间进行信息交互的主要媒体。在计算机中,文字用二进制的编码表示,即使用不同的二进制编码来代表不同的文字。我们常用的文字包括西文与汉字。

(1) 西文字符编码。在计算机中,西文用 ASCII(American Standard Code for Information Interchange,美国信息交换标准代码)码表示。ASCII 码包括大小写英文字母、标点符号、阿拉伯数字、数学符号、控制字符等共 128 个字符,一个 ASCII 码占一个字节,用 8 位二进制数编码组成。

(2) 汉字编码。

① 汉字输入编码。西文可以直接通过键盘输入到计算机中,而汉字则不同,要使用键盘输入汉字,就必须为汉字设计相应的输入编码方法。当前采用的编码方式主要有数字编码、型码、音码和音型码四类,其中音码和型码最为常用,如微软拼音输入法、五笔字型输入法等。

② 汉字内码。不管用什么编码输入汉字,每个汉字在计算机内部都有唯一的编码——汉字内码来表示,汉字内码是用于汉字信息的存储、交换、检索等操作的机内代码。当前的汉字编码有二字节、三字节甚至四字节的。其中 GB 2312—1980(国家标准信息交换用汉字编码,简称国标码)是二字节码编码,用 16 位二进制数编码表示一个汉字。

③ 汉字字模码。字模码是用点阵表示的汉字字形代码,它是汉字的输出形式。根据汉字输出的不同要求,点阵的多少也不同。简易汉字为 16×16 点阵,提高型汉字为 24×24 点阵、32×32 点阵,甚至更高。因此字模点阵的信息量是很大的,所占存储空间也很大。例如 16×16 点阵的每个汉字要占 32 个字节,而 32×32 点阵的每个汉字要占用 128 个字节。

由此可见,汉字的输入编码、内码、字模码是计算机中用于输入、内部处理、输出三种不同用途的编码。

传统的文字输入方法是利用键盘进行输入,目前可以通过手写输入设备直接向电脑输入文字,也可以通过光学符号识别(Optical Character Recognition,OCR)技术自动识别文字进行输入。较理想的输入方法是利用语音进行输入,让计算机能听懂人的语言,并将其转换成机内代码,同时计算机可以根据文本进行发音,真正实现"人-机对话",这正是多媒体技术需要解决的问题。

2. 数字音频

音频(Audio)也称"音频信号"或"声音",其频率范围约为 20 Hz ~ 20 kHz。声音是多媒体信息的一个重要组成部分,也是表达思想和情感的一种必不可少的媒体。

声音主要包括波形声音、语音和音乐三种类型。声音是一种振动波,波形声音是声音的最一般形态，它包含了所有的声音形式；语音是一种包含有丰富的语言内涵的波形声音，可以经过抽象，提取其特定的成分，从而达到对其意义的理解，它是声音中的一种特殊媒体；音乐就是符号化了的声音，和语音相比，它的形式更为规范，如音乐中的乐曲，乐谱就是乐曲的规范表达形式。

3. 图形与图像

图是人的视觉器官所感受到的形象化的媒体信息，具有生动直观的特点。计算机中的图可分为图形和图像两种类型。

(1) 图形。图形是指由点、线、面以及三维空间所表示的几何图。在几何学中，几何元素通常用矢量表示，所以图形也称为矢量图形。矢量图形是以一组指令集合来表示的，这些指令用来描述一幅图所包含的直线、矩形、圆、圆弧、曲线等的形状、位置、颜色等各种属性和参数。在显示图形时，需要相应的软件读取和解释这些指令，将其转换为屏幕上所显示的形状和颜色。

(2) 图像。图像是一个矩阵，其元素代表空间的一个点，称之为像素(Pixel)，每个像素的颜色和亮度用二进制数来表示，这种图像也称为位图。黑白图用 1 位值表示，灰度图常用 4 位(16 种灰度等级)或 8 位(256 种灰度等级)来表示某一个点的亮度，而彩色图像则有多种描述方法。位图适合于表现层次和色彩比较丰富、包含大量细节的图像。

4. 视频

我们的眼睛具备一种"视觉暂留"的生物现象，即在观察过物体之后，物体的映像将在眼睛的视网膜上保留短暂的时间。因此，如果以足够快的速度不断播放每次略微改变物体的位置和形状的一幅幅图像，眼睛将感觉到物体在连续运动。视频(Video)系统(如电影和电视)就是应用这一原理产生的动态图像，这一幅幅图像被称为帧(Frame)，它是构成视频信息的基本单元。

5. 动画

动画(Animation)和视频类似，都是由一帧帧静止的画面按照一定的顺序排列而成，每一帧与相邻帧略有不同，当帧以一定的速度连续播放时，视觉暂留特性造成了连续的动态效果。

6. 超文本与超媒体

在当今的信息社会，信息不断地迅猛增加，而且种类也不断增长，除了文本、数字之外，图形、图像、视频、音频等多媒体信息已在信息处理领域占有越来越大的比重。如何对海量的多媒体信息进行有效的组织和管理，并像人类思维那样通过"联想"来明确不同信息块之间的连接关系和相似性，已成为重要课题。超文本与超媒体技术的出现，使这一课题得到了较好的解决，目前已成为 Internet 上信息检索的核心技术。

(1) 超文本与超媒体。人类的记忆是以一种联想的方式构成的网状结构。网状结构有多种路径，不同的联想检索必然导致不同的路径。网状信息结构用传统的文本形式是无法管理的，必须采用一种比文本更高一层次的信息管理技术——超文本。

超文本(Hypertext)技术可以简单地定义为收集、存储和浏览离散信息，以及建立和表示信息之间关系的技术。从概念上讲，一般把已组成网(Web)的信息称为超文本，而把对其进行管理使用的系统称为超文本系统。

超文本具有非线性的网状结构，这种结构可以按人脑的联想思维方式把相关信息块联系在一起，通过信息块中的"热字"、"热区"等定义的链来打开另一些相关的媒体信息，供用户浏览。

随着多媒体技术的发展,超文本中的媒体信息除了文字外,还可以是声音、图形、图像、视频等多媒体信息,从而引入了"超媒体"这一概念,超媒体＝多媒体+超文本。

"超文本"和"超媒体"这两个概念一般不严格区分,通常看作同义词。

(2)超文本与超媒体组成要素。超文本与超媒体是由相对独立的节点信息和表达它们之间关系的链所组成的信息网络。所以节点、链和网络是超文本的三要素。

①节点。节点是超文本与超媒体表达信息的基本单位,是围绕一个特殊主题组织起来的数据集合。节点内容可以是文本、音频、图形、图像、视频、计算机程序等,也可以是它们的组合形式。

②链。链也是组成超文本与超媒体的基本单位,用来连接相关的节点。链形式上是从一个节点指向另一个节点的指针,本质上表示不同节点间存在着信息联系。在超文本与超媒体系统中,链的功能强弱,直接影响着节点信息的表现力,也影响着网络的结构。

链的一般结构分为:链源、链宿及链的属性。链源可以是热字、热区、热点、媒体对象或节点本身;链宿是链的目的,一般指节点;链的属性决定链的类型。

③网络。由节点和链构成的网络是一个有向图,这种有向图类似于人工智能中的语义网,语义网是一种知识的表示法,也是一种有向图。

网络内的节点很多,以某一因素链接在一起的节点称为宏节点。宏节点是链接在一起的节点群,一个宏节点就是超文本网络的一个子网。

超文本的节点可以看作是对单一概念或思想的表达,节点之间的链表示概念之间的语义关系,超文本网络则可以看作是一种知识工程。

1.2 多媒体技术及其特性

1.2.1 多媒体技术

人们普遍认为,所谓"多媒体",是指能够同时获取、处理、编辑、存储和展示两个以上不同类型信息媒体(如文字、声音、图形、图像、动画和视频等)的技术。从这个意义中可以看到,常说的"多媒体"最终被归结为是一种"技术"。事实上,也正是由于计算机技术和数字信息处理技术的实质性进展,才使今天拥有了处理多媒体信息的能力,也才使得"多媒体"成为一种现实。所以,现在所说的"多媒体",常常不是指多种媒体本身,更主要的,是指处理和应用它的一整套技术。因此,"多媒体"实际上就常常被当作"多媒体技术"的同义语。此外,还应该注意到,现在人们谈论的多媒体技术往往与计算机联系起来,这是由于计算机的数字化及交互式处理能力极大地推动了多媒体技术的发展。通常可以把多媒体技术看作是先进的计算机技术与视频、音频和通信等技术融为一体而形成的新技术或新产品。概括起来就是:多媒体技术就是指利用计算机综合处理多种媒体信息,如文字、声音、图形、图像、动画、视频等,使多种信息建立逻辑联系,有机地集成在一起,成为一个交互性的、新型的计算机系统的技术。

1.2.2 多媒体技术的关键特性

通信技术及计算机技术的发展,使我们能够比以往更加和谐地把现有的多种形式的信息媒体组合起来。综合来说，多媒体技术的特性可分为下列几点。

(1) 集成性。集成性不仅指多媒体系统的设备集成，而且也包括多媒体的信息集成和表现集成。多媒体技术是结合各种媒体的一种应用，并且是建立在数字化处理的基础上。与一般传统文件不同，它是一个利用计算机技术来整合各种媒体的系统。媒体依其属性的不同可分成文字、音频及视频。其中，文字可分为文字及数字，音频可分为音乐及语音，视频可分为静止图像、动画及影片等。

另外，多媒体技术具有多种技术的系统集成性，可以说，基本上包含了当今计算机领域内最新的各项技术，如硬件技术、软件技术、人工智能技术、模式识别技术、通信技术、图像技术、数字信号处理技术、音频技术、视频技术、超文本技术、光存储技术及影像绘图技术等，并将不同性质的设备和信息媒体集成为一体，以计算机为中心综合处理各种信息。

(2) 交互性。这是多媒体技术的特色之一，就是可以与使用者进行交互性沟通的特性，这也正是它和传统媒体最大的不同。这种改变，除了使应用者可以按照自己的意愿来解决问题外，更可借助这种交互沟通来帮助学习、思考，进行系统的查询或统计，以达到增进知识及解决问题的目的。多媒体处理过程的交互性使得人们更加注意和理解信息，更加具有主动性，增加了有效控制和使用信息的手段，与计算机的交流也更加亲切友好。

(3) 非循序性。一般而言，使用者对非循序性的信息存取需求要比对循序性的大得多。过去在查询信息时，要把大部分的时间花在寻找资料及接收重复信息上。多媒体系统克服了这个缺点，使得以往人们依照章、节、页阶梯式的结构、循序渐进地获取知识的方式得以改善，借助"超文本"的观念来呈现一种新的风貌。

(4) 实时性。由于多媒体技术是多种媒体集成的技术，其中声音及活动的视频图像是和时间密切相关的，这就决定了多媒体技术必须要支持实时处理，如播放时声音和图像都不能出现停顿现象等。

(5) 数字化。早期的媒体技术在处理音像信息时，采用模拟方式进行媒体信息的存储和演播。但由于衰减和噪声干扰较大，且传播中存在着逐步积累的误差等，模拟信号的质量较差。而多媒体技术以数字化方式加工和处理多媒体信息，精确度高，播放效果好。

正因为多媒体技术具有以上一些特性，所以使用者可以使用它处理"图、文、声、像"并茂的多种信息媒体，并且与之交互。

1.3 多媒体技术的产生与发展趋势

1.3.1 多媒体技术的产生与发展

音频(Audio)和视频(Video)的表现和处理技术是伴随着一系列科技发明创造而诞生的，它也是今天多媒体技术的基础。

多媒体技术的发展始于20世纪80年代初期，在其发展过程中，著名的IBM、Intel、Apple、Microsoft等计算机公司和Sony、Philips、JVC等家电公司都做出了很大的努力和贡献。

1984年，Apple公司推出了具有图形功能的Macintosh计算机，该计算机使用Motorola公司的MC68000为CPU，引进了位映射(Bitmap)的概念，首次推出了窗口操作系统，并且推出了鼠标器、图标(Icon)的概念，构筑了图形用户界面(GUI)，改变了以往计算机的操作方式，极大地改善了人机交互的方式，使得人机会话变得简单、直观、形象。这种人机交互的方式后来被微软公司借鉴，推出了 Windows 操作系统，成为现在计算机系统的通用标准。

1985 年，美国 Commodore 公司推出了世界上第一台多媒体个人计算机系统 Amiga，它也是采用 Motorola 公司的 MC68000 系列微处理器，采用自行设计的专用芯片，分别用于动画制作（Agnus8370）、音响处理（Paula8364）、图形处理（Denise8362）。它提供了一个类似 Windows 的操作系统，以令人惊叹的绘图功能、实时动画功能、立体音响及丰富的软件流行于欧洲，并随着不断的完善，形成了一个完整的多媒体计算机系列——"埃斯（Ace）系列"。

1986 年 4 月，著名的家电制造商 Philips 和 Sony 公司联合推出交互式紧凑光盘系统 CD-I（Compact Disk Interactive）。该系统将计算机软件和多媒体的图、文、声、像信息以数字化形式存放在 CD-ROM 光盘上，并实现人机交互操作，主要用于培训、教育和家庭娱乐方面。与此同时，为了便于计算机之间的通信，它们还公布了 CD-ROM 光盘的文件格式，到 1989 年时，经过补充，形成了 CD-ROM/XA 的世界标准，并在 1991 年第六届国际多媒体和 CD-ROM 大会上正式宣布。

1987 年，美国 RCA（无线电）公司推出了交互式数字影像系统 DVI（Digital Video Interactive），它以计算机 PC 技术为基础，可以对存储在光盘上的静态、动态图像和声音及其他数据进行检索、重放。1989 年 Intel 公司购买了 DVI 技术，IBM 和 Intel 公司在该系统基础上推出了 Action Media750 多媒体平台，1991 年又联合推出了新一代 Action Media Ⅱ 系统，并获得了美国 Comdex 91 最佳展示奖和最佳多媒体产品奖两项大奖。DVI 系统在个人计算机上实现对数字视频、音频、图像和计算机图形的综合，是一个典型的多媒体体系结构。

1990 年 11 月，在 Microsoft 公司主持下，Philips、NEC 等 14 家著名厂商共同组成了多媒体 PC 机市场协会（Multimedia Personal Computer Marketing Council），制定了第一个多媒体 PC 机的标准，并在 1991 年公布了 MPC 1.0 标准。1993 年 5 月又发表了 MPC 2.0 标准。1995 年 Microsoft 公司推出了内置多媒体功能的 32 位 Windows 95 操作系统。1995 年 6 月，以 Microsoft 公司为首的多媒体 PC 机工作组（The Multimedia PC Group）提出了多媒体计算机新的 MPC 3.0 标准，以便更好地使用 Windows 提供的多媒体程序，它为在个人计算机上实现多媒体化提供了标准的规范。

1995 年 11 月 5~9 日，第三届多媒体技术的国际会议在美国旧金山召开，会议上的 14 个专题涉及很多有关多媒体计算机技术的热点课题，如多媒体网络通信、视频索引和检索、协同环境、多媒体存储服务、多媒体基于时间的同步及多媒体应用技术等。

在我国，学术界对多媒体计算机技术的发展和应用进行了大量的工作。从 1992 年起，几乎每年一次的多媒体技术学术会议对我国多媒体技术的发展起到深远的影响。1994 年以来，国内各大计算机集团和公司，相继有许多多媒体技术的成果和产品问世，如"CSC 电脑家庭教师"光盘、多媒体卡、各种咨询系统、国产的机顶盒技术（"女娲"产品）、独立知识产权的芯片和软件技术等。相信经过不懈的努力，我国在多媒体技术领域一定会取得显著的成效和长足的进步。

1.3.2 多媒体技术的发展趋势

目前可以从以下 5 个方面来看待多媒体技术的发展趋势。

1. 智能化

以前对于图像信息的理解与压缩主要基于统计的概念,其算法也是以灰度、彩色信号的统计量为基础,至于图像本身代表什么含义、表示什么内容,是无法从这个角度来表示和理解的。但现在,多媒体有关图像信息处理技术的研究,已经不再是停留在信号特征这一级,而是发展到了对图像内容的理解,这对于提高图像信息在网络上的传输速度和提高压缩效率非常重要。

2. 三维化

如今多媒体技术的研究就是要将计算机视觉技术和图形学技术的内容结合起来,即所谓的增强现实技术。这样做可以将诸如视频会议系统的现场图像和计算机生成的图像叠加在一起,使多媒体的应用效果产生极大的改观,应用范围也随之发生新的拓展。

3. 网络化

多媒体通信网络环境的研究和建立将使多媒体从单机单点向分布、协同多媒体环境发展,在世界范围内建立一个可全球自由交互的通信网。对该网络及其设备的研究和网上分布应用与信息服务研究将是热点。

4. 标准化

多媒体标准仍是研究的重点,各类标准的研究将有利于产品规范化,应用更方便。它是实现多媒体信息交换和大规模产业化的关键所在。

5. 与相邻技术的一体化

多媒体技术与相邻技术相结合,提供了完善的人机交互环境。多媒体仿真、智能多媒体等新技术层出不穷,扩大了原有技术领域的内涵,并不断创造出新的概念。多媒体技术与外围技术构造的虚拟现实技术就是其中的典型代表之一,多媒体虚拟现实技术与可视化技术之间的相互补充,并与语音、图像识别、智能接口等技术的紧密结合,是建立高层次虚拟现实系统的基础。

多媒体技术作为一种划时代的高新技术给我们的生活带来了难以想象的变化,我们没有理由不相信:在不久的将来,多媒体技术一定会在社会生产、生活的各个方面全面开花、结果,更强有力地服务于人类。

1.4 多媒体技术研究的主要内容

多媒体技术包括感觉媒体的表示技术、数据压缩技术、多媒体数据存储技术、多媒体数据的传输技术、多媒体计算机及外围设备、多媒体系统软件平台等。本书不从理论角度讲述多媒体技术的研究内容,而是从应用角度介绍各种多媒体信息的应用方法。

1. 多媒体数据压缩技术

在多媒体计算机系统中要表示、传输和处理声、文、图信息,特别是数字化图像和视频,要占用大量的存储空间,因此高效的压缩和解压缩算法是多媒体系统运行的关键。

2. 多媒体数据存储技术

多媒体信息需要大量的存储空间,因此,存储技术是影响多媒体应用发展的重要因素。高效快速的存储设备是多媒体系统的基本部件之一,光盘系统是目前较好的多媒体数据存储设备,它又分为只读光盘(CD-ROM)、一次写多次读光盘(WORM)、可擦写光盘(Writable)、DVD 等。

3. 多媒体计算机硬件平台

多媒体系统的基础是计算机系统,它一般有较大的内存和外存(硬盘),并配有光驱、声卡、视频卡、音像输入输出设备等。只有高效的多媒体设备的有机集成,才能使多媒体技术真正走向人们的生活,甚至带来社会的变革。

4. 多媒体系统软件平台

多媒体计算机软件平台以操作系统为基础,目前广泛应用的 Windows、UNIX、Linux 操作系统都支持对多媒体信息的管理。此外,处理不同类型的媒体及开发不同的应用系统还需要不同的多媒体开发工具,如 Microsoft MDK 给用户提供了对图形、视频、声音等文件进行转换和编辑的工具。为了方便多媒体节目的开发,多媒体计算机系统还包括一些直观、可视化的交互式编著工具,如动画制作软件 Macromedia Director、3DStudio,多媒体节目编著工具 Authorware 等。

5. 多媒体数据库与基于内容的检索技术

与传统的数据管理相比,多媒体数据库包含着多种数据类型,数据关系更为复杂,需要一种更为有效的管理系统来对多媒体数据库进行管理。

6. 超文本与 Web 技术

超文本是一种有效的多媒体信息管理技术,它本质上是采用一种非线性的网状结构组织块状信息。

7. 多媒体系统数据模型

多媒体系统数据模型是指导多媒体软件系统(软件平台、多媒体开发工具、编著工具、多媒体数据库等)开发的理论基础,对多媒体系统数据模型形式化(或规范化)的研究是进一步研制新型系统的基础。

8. 多媒体通信与分布式多媒体系统

20 世纪 90 年代,计算机系统以网络为中心,多媒体技术、网络技术和通信技术相结合出现了许多令人振奋的应用领域,如可视电话、电视会议、视频点播以及以分布式多媒体系统为基础的计算机支持协同工作系统(远程会诊、报纸共编等),这些应用很大程度上影响了人类的生活和工作方式。

9. 虚拟现实(Virtual Reality,VR)技术

所谓虚拟现实,就是采用计算机技术建立一个逼真的视觉、听觉、触觉及味觉等感观世界。这里包含3层含义:首先,虚拟现实是用计算机生成的一个逼真的实体,逼真就是要达到三维视觉、听觉和触觉等效果;其次,用户可以通过人的自然技能(五官与四肢)与这个环境进行交互;最后,虚拟现实往往要借助一些三维传感技术为用户提供一个逼真的操作环境。由此可见,虚拟现实是多媒体发展的更高境界,具有更高层次的集成性和交互性,成为多媒体技术研究中十分活跃的一个领域。

1.5 多媒体技术的应用

多媒体符合信息社会的应用需求。目前,多媒体应用系统丰富多彩、层出不穷,已深入到人类学习、工作和生活的各个方面。其应用领域从教育、培训、商业展示、信息咨询、电子出版、科学研究到家庭娱乐,特别是多媒体技术与通信、网络相结合的远程教育、远程医疗、视频会议系统等。这些新的应用领域给人类的学习、工作和生活带来了巨大的变革。

1. 教育、培训领域

在多媒体的应用中，教育、培训领域大约占40%。多媒体教育、培训始于计算机辅助教学CAI。它是提高教学质量和普及教育的有效途径，学习不再是传统的读教材、听讲课、记笔记、做作业的方式，而是根据教学的基本原理，利用计算机对信息具有的大容量存储、高速度处理等特点，通过与用户（一般为学生）之间的交互活动，用最优化的教学方式来实现教学目标的教学手段。它既可代替教师进行课堂的教学，也可作为课堂教学的补充手段，具有如下明显的优势。

(1) 多媒体教学以图文、声像并茂的形式提供信息，提高获取知识的速度，提高教学质量，激发学生的学习积极性。

(2) 实现学习个别化，按照学生的能力、特点进行教学。

(3) 把多媒体技术与计算机通信技术及知识库相结合，能提供多元化的教学，并可使教育走向家庭。

(4) 把以教师为中心的教学模式转变为以学生为中心，增加了学生的主观能动性，使学生产生一种学习责任感。

2. 商业展示、信息咨询领域

多媒体技术与触摸屏技术的结合为商业展示和信息咨询提供了新的手段，现已广泛地应用于交通、商场、饭店、宾馆、邮电、旅游、娱乐等公共场所。例如，大商场的导购系统，用户只要在触摸屏上一按，就能根据自己的需要选购商品；以多媒体技术制作的产品演示光盘为商家提供了一种全新的广告形式，商家通过多媒体演示光盘可以将产品表现得淋漓尽致，客户可通过多媒体演示盘随心所欲地观看广告，直观、经济、便捷，效果非常好。也可用于房地产公司、计算机销售公司、汽车制造厂商等多种行业的展示。

3. 多媒体电子出版物

计算机多媒体技术的发展正在改变传统的出版业，CD-ROM大容量、低成本及CD-ROM驱动器能重现声、文、图、像等信息的特点更加快了电子出版物的发展。多媒体电子出版物是一种新型的信息媒体，它将文字、声音、图片、图像、动画、视频等多种媒体与计算机程序融合，以电子信息的形式存放在CD-ROM中。从本质上说，多媒体电子出版物是一种应用软件产品，它是由计算机软件控制，并对其多媒体对象进行综合处理编辑的结果。

4. 多媒体通信

多媒体技术与通信技术结合形成了新的应用领域，如视频会议、可视电话、双向电视、电子商务、远程教学和远程医疗等。

可视电话系统一般由语言处理、图像信号输入、图像信号输出及图像信号处理4部分组成。目前，国际上已有许多成熟产品，如MCI公司推出的可视电话，可利用电视机和普通电话线，其内部装有摄像机、解调器和多媒体芯片；日本电报电话公司(NTT)推出的笔谈电话，既能像普通电话那样进行口头通信，还能通过电话附属的传真机进行"笔谈"。

视频会议让人们可以在世界的任何地方通过显示器或电视屏幕来"面对面"地讨论、交谈、传送文件等，使人们的活动范围扩大而物理距离缩小，进一步提高了工作效率和质量。

远程教学可通过因特网让学员自己选择教学计划、教学进度及教学地点，聆听远方教授的教学指导。

远程医疗可通过因特网传送病人的各种化验单、CT 及 X 光片等图像,以供在远方的专家会诊,还可传送手术镜头让远方的专家对手术进行指导。

交互式电视,又叫 VOD(Video On Demand)。它的功能是用户可根据自己的需要来点播电视节目或电视上显示的其他选项,还可以随意设计故事情节,交互地"指挥"节目进行。法国已于 1997 年推出 Media Highway 数字平台系统提供交互电视网。之后,德国交互电视节目也已开始在柏林试播。2001 年 8 月 8 日,我国最早的视频点播在河北电视台开播,它是一种 NVOD,即近似 VOD。

电影数字化后,电影制片厂只要把电影的数字文件通过网络发往电影院和家庭就可以了,而且质量和效果都比普通电影高得多。

多媒体通信技术使计算机的交互性、通信的分布性及电视的真实性融为一体,多媒体通信技术的广泛应用将极大地提高人们的工作效率,减轻社会的交通负担,改变人们传统的教育和娱乐方式。

5. 家庭娱乐

多媒体技术由于能处理图文、声像等,软件制造商们开发了丰富多彩的多媒体游戏和娱乐软件,有较好的视听效果且交互性强,给人以身临其境的感觉。一台普通计算机配上 CD-ROM 驱动器、MPEG 影视卡便可播放 VCD。近年来随着 DVD 的普及,使我们能在计算机上观看具有高清晰的画面质量、更具震撼力的音响效果的影视节目。

小 结

本章简要介绍了多媒体技术的基本概念,包括媒体和多媒体技术的定义。回顾了多媒体的发展历程,并展望了多媒体的发展趋势。同时,阐述了多媒体技术的关键特性,以及多媒体技术研究的主要内容,如多媒体数据的压缩技术、同步技术等。最后介绍了多媒体在人类学习、工作和生活的各个方面的应用,以及多媒体新的应用领域给人类带来的巨大变革。

习 题

1. 什么是多媒体?什么是多媒体技术?
2. 多媒体技术有什么特点?
3. 多媒体计算机的发展趋势是什么?
4. 简述多媒体技术研究的主要内容。
5. 举例说明多媒体技术给人类生活带来的各种影响。

第2章 多媒体计算机系统

本章重点：多媒体计算机系统的层次结构；多媒体计算机的硬件系统；常用多媒体板卡及设备的工作原理及技术指标。

本章难点：常用多媒体板卡及设备的技术指标。

多媒体计算机系统是指能够对文本、音频、图形、图像、动画和视频等多种媒体信息进行逻辑互连、获取、编辑、存储和演播等功能的一个计算机系统，由于多媒体系统能灵活地调度和使用多种媒体信息，把音频、视频等媒体与计算机系统融合起来，使之与硬件协调地工作，并由计算机系统对各种媒体进行数字化处理，因此，多媒体计算机系统是一种硬件和软件相结合的复杂系统。

2.1 多媒体计算机系统的层次结构

多媒体计算机系统的层次结构与计算机系统的结构在原则上是相同的，都由底层的硬件系统和其上的各层软件系统组成，只是考虑到多媒体的特性，各层次的内容有所不同。如图2.1所示为多媒体计算机系统的层次结构。

多媒体应用软件	第四层	软件系统
多媒体创作软件	第三层	
多媒体操作系统	第二层	
多媒体驱动软件	第一层	
多媒体输入/输出控制卡及接口	第三层	硬件系统
多媒体计算机硬件	第二层	
多媒体外围设备	第一层	

图2.1 多媒体计算机系统的层次结构

多媒体硬件系统主要包括计算机硬件、声音/视频处理器、多媒体输入/输出设备及信号转换装置、通信传输设备及接口装置等。由于实时性要求高，其中，有些板卡采用以专用集成电路为核心的硬件来实现。多媒体硬件系统中最重要的是根据多媒体技术标准而研制成的多媒体信息处理芯片和光盘驱动器等。

多媒体软件系统的第一层，即最底层，是直接和多媒体底层硬件打交道的多媒体驱动程序，在系统初始化引导程序作用下把它安装到系统RAM中，常驻内存。它是直接用来控制和管理多媒体硬件，并完成设备的初始化、设备的启动和停止、设备的各种操作、基于硬件的压缩/解压缩、图像快速变换以及功能调用等。各种多媒体硬件都需要相应的驱动程序，它通常随多媒体硬件产品一起提供。

第二层是多媒体操作系统，除具有一般的操作系统功能外，它为多媒体信息处理提供与设备无关的媒体控制接口。例如，Windows操作系统提供的媒体控制接口，可以进行实时任务调度、多媒体数据转换和同步控制，对多媒体设备进行驱动和控制，以及管理图形用户界面等。多媒体操作系统的设计方法有两种：一种是设计专用的多媒体操作系统，如CD-I系统；另一种是在通用操作系统支撑环境下设计音频、视频子系统或音频视频内核AVK，如Microsoft公司的Windows等。

第三层是多媒体创作软件，包括开发工具和著作语言。为了方便开发者和用户编制应用程序，不少厂商为多媒体计算机系统编制了工具软件，如Flash等，主要是用于开发多媒体应用的工具软件，其内容丰富、种类繁多，通常包括多媒体素材制作工具、多媒体创作工具和多媒体编程语言等三种。开发人员可以选用适应自己的开发工具，制作出绚丽多彩的多媒体应用软件。

第四层是多媒体应用软件，是根据多媒体系统终端用户要求定制的应用软件或面向某一领域用户的应用软件系统，它是面向大规模用户的系统产品。多媒体应用软件包括一些系统提供的应用程序，如Windows系统中的录音机、媒体播放器应用程序和用户开发的多媒体应用程序等。这类软件与用户有直接接口，用户只要根据多媒体应用软件所给出的操作命令，通过简单的操作便可使用这些软件。

2.2 多媒体计算机的硬件系统

2.2.1 多媒体计算机硬件系统的构成

多媒体计算机的硬件系统由计算机主机、多媒体外部设备接口卡和多媒体外部设备构成。多媒体计算机的主机可以是大/中型计算机，也可以是工作站，用得最多的还是微机。多媒体外部设备接口卡根据获取和编辑音频、视频的需要插接在计算机上。常用的有声卡、视频压缩卡、VGA/TV转换卡、视频捕捉卡、视频播放卡和光盘接口卡等。

多媒体外部设备十分丰富，按功能分为视频/音频输入设备、视频/音频输出设备、人机交互设备、数据存储设备四类。视频/音频输入设备包括摄像机、录像机、影碟机、扫描仪、话筒、录音机、激光唱盘和MIDI合成器等；视频/音频输出设备包括显示器、电视机、投影电视、扬声器、立体声耳机等；人机交互设备包括键盘、鼠标、触摸屏和光笔等；数据存储设备包括CD-ROM、磁盘、打印机和可擦写光盘等。

2.2.2 多媒体计算机的硬件标准

多媒体计算机可以是MPC，也可以是工作站或其他大、中型机。

MPC是目前市场上最流行的多媒体计算机系统，通常可以通过两种途径获取MPC，一是直接购买厂家生产的MPC；二是在原有的PC机基础上增加多媒体套件升级为MPC，升级套件主要有声卡、CD-ROM驱动器等，再安装其驱动程序和软件支撑环境即可使用。由于多媒体计算机要求有较高的处理速度和较大的主存空间，因此MPC既要有功能强、运算速度高的

CPU,又要有较大的内存空间。另外,高分辨率的显示接口也是必不可少的。

多媒体工作站采用已形成的工业标准 POSIX 和 XPG3,其特点是:整体运算速度高、存储容量大、具有较强的图形处理能力、支持 TCP/IP 网络传输协议以及拥有大量科学计算或工程设计软件包等。如美国 SGI 公司研制的 SGI Indigo 多媒体工作站,它能够同步进行三维图形、静止图像、动画、视频和音频等多媒体操作和应用。它与 MPC 的区别在于不是采用在主机上增加多媒体板卡的办法来获得视频和音频功能,而是从总体设计上采用先进的均衡体系结构,使系统的硬件和软件相互协调工作,各自发挥最大效能,满足较高层次的多媒体应用要求。

1990 年,由 Microsoft 公司联合一些主要的 PC 厂商和多媒体产品开发商组成了 MPC 联盟(Multimedia PC Marketing Council),MPC 的技术标准包括 5 个基本的组件:个人计算机(PC)、只读光盘驱动器(CD-ROM)、声卡、Windows 操作系统和一组音箱或耳机,对 CPU、存储器容量和屏幕显示功能等规定了最低的规格标准。

(1)MPC-1.0 标准。1990 年 MPC-1 标准诞生,得到了许多硬件商的支持,发展了多媒体系统的标准操作平台,软件开发商也克服了以往无硬件标准而造成的软件困境。

(2)MPC-2.0 标准。1993 年 5 月 MPC 联盟又制定了第二代多媒体计算机标准 MPC-2.0,主要是提高了基本部件的性能指标。

(3)MPC-3.0 标准。1995 年 6 月制定;在进一步提高对基本部件的要求的基础上,MPC-3.0 增加了全屏幕、全动态视频及增强版的 CD 音质的视频和音频硬件标准。

(4)MPC-4.0 标准。1996 年又发表了 MPC-4.0 及后来的 MPC-5.0 计算机标准等。

随着计算机硬件技术和多媒体技术的飞速发展,MPC 的标准规范还在不断升级,并且出现了将多媒体和通信功能集成到 CPU 芯片中的 MMX 技术,形成了专用的多媒体微处理器,并支持 DVD,具有 TV 功能及集成化网络接口等。

2.3 常用多媒体板卡及外部设备

多媒体板卡是根据多媒体系统获取或处理各种媒体信息的需要插接在计算机上的,以解决输入和输出问题。多媒体板卡是建立多媒体应用程序工作环境必不可少的硬件设备。常用的多媒体板卡有显示卡、声音卡和视频卡等。多媒体外部设备十分丰富,工作方式一般为输入或输出。常用的多媒体设备有显示器、光盘存储器、音箱、摄像机、扫描仪、数字相机、触摸屏和投影机等等。

2.3.1 显卡

显卡又称为显示适配器,它是计算机主机与显示器之间的接口,用于将主机中的数字信号转换成图像信号并在显示器上显示出来。图文并茂的多媒体表现需要分辨率高、显示色彩丰富的显卡的支持,同时还要求具有显示驱动程序。

1. 显卡类型

有两类显卡可供选择:独立显卡和集成显卡。

独立显卡有自己的显示芯片和显存,不占用 CPU 和内存,独立显卡在数据处理时不需要 CPU 来帮助完成,本身自带 CPU 可以处理数据。独立显卡的缺点是发热量和功耗比较高,需要额外投资购买,而且好显卡的价格很高。

集成显卡是指芯片组内集成显示芯片,使用这种芯片组的主板可以实现普通的显示功能,以满足一般的家庭娱乐和商业应用,节省用户购买显卡的开支。集成显卡不带有显存,系统根据需要使用系统的一部分主内存作为显存。使用集成显卡的运行需要大量占用显存的程序,对整个系统的影响会比较明显,此外系统内存的频率通常比独立显卡的显存低很多,因此集成显卡的性能比独立显卡要差。

一般来讲,若不做3D图形设计或其他专业用途,集成显卡和独立显卡的性能基本上差不多,一般的应用是感觉不出不同的,集成显卡的性能完全适合日常办公娱乐,而且优良的兼容性和稳定性、适中的价格及技术的不断优化等都是集成显卡的优势。独立显卡只是对那些真正需要高速高质显示的专业用户和游戏发烧友才显得有必要。

2. 显卡的性能指标

显卡的性能指标主要有刷新频率、分辨率和色深等。

(1)刷新频率。刷新频率指的是图像在屏幕上更新的速度,它以 Hz 为单位,也就是RAMDAC 向显卡传送信号,使其每秒更新屏幕的次数(即屏幕上每秒显示全画面的次数)。一般人眼对 75 Hz 以上的刷新频率带来的闪烁感不易察觉。不过,为了保护眼睛,建议最好使用刷新频率在 85 Hz 以上的显示器(刷新频率可以分为 56~120 Hz 等不同的档次)。影响刷新频率的因素有两个:一个是显卡每秒可以产生的图像数目;另一个是显示器每秒能够接收并显示的图像数目。

并非所有的显卡都能够在最高分辨率下达到 75 Hz 以上的刷新频率,它取决于显卡RAMDAC 的速度,而显示器也可能因为带宽不够而达不到要求。一些低端显卡在高分辨率下只能达到 60 Hz 的刷新频率。过低的刷新频率会导致屏幕闪烁,容易造成眼睛疲劳。刷新频率越高,屏幕闪烁就越小,显示的图像也就越稳定。

(2)分辨率。分辨率是指显卡在显示器上所能描绘图像的像素数。分辨率可分为水平点数和垂直点数(或像素数),是组成一幅图像(显示在显示屏幕上的图像)的水平像素和垂直像素的总和。显示分辨率越高,屏幕上显示的图像像素越多,图像就越清晰;分辨率越小,屏幕上显示的图像像素越少,图像就越不清晰。通常以水平点数 X 和垂直点数 Y 来表示显卡的分辨率,例如 1 024×1 280。

常见的分辨率有 320×200、640×480、1 024×768、1 280×1 024 和 1 600×1 280 等。最大分辨率指的是显卡或显示器能显示的最高分辨率,在最高分辨率下,显示器的一个发光点对应一个像素。如果设置的分辨率低于显示器的最高分辨率,则一个像素可能由多个发光点组成。

(3)色深。色深也称颜色数、彩色深度或色彩位数。图形中每一个像素的颜色用一组二进制数来描述,这组颜色信息的二进制数长度(位数)称为色彩位数。色彩位数越高,图形的色彩越丰富。通常说的标准 VGA 显示模式是 8 位显示模式,即在该模式下可以显示 256 种颜色;而增强色(16 位)能显示 65 536 种颜色,也称 64 K 色;24 位真彩色能显示 1 677 万种颜色,也称 16 M 色。

2.3.2 声卡

声卡也称为声效卡、音频卡,是多媒体电脑中进行声音处理的部件,通过外接音箱、耳机让电脑播放声音。目前,多数电脑主板上都配有集成声卡。声卡可以用来录制、编辑和回放数字音频文件,控制各声源的音量并加以混合,在记录和回放数字音频文件时进行压缩和解压缩,采用语音合成技术让计算机朗读文本,具有初步的语音识别功能,另外还有 MIDI 接口以及输出功率放大等功能。

声卡上连接的音频输入输出设备包括话筒、音频播放设备、MIDI 合成器、耳机、扬声器等。支持数字音频处理是多媒体计算机的重要方面,声卡具有 A/D 和 D/A 音频信号的转换功能,可以合成音乐、混合多种声源,还可以外接 MIDI 电子音乐设备。声卡组成原理框图如图 2.2 所示。

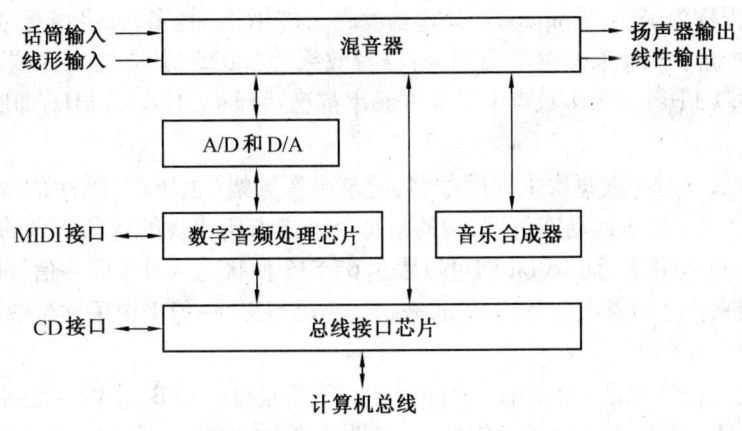

图 2.2 声卡组成原理框图

1. 声卡的工作原理

声卡的工作原理其实很简单,麦克风和喇叭所用的都是模拟信号,而电脑所能处理的都是数字信号,声卡的作用就是实现两者的转换。从结构上分,声卡可分为模数转换电路和数模转换电路两部分,模数转换电路负责将麦克风等声音输入设备采集到的模拟声音信号转换为电脑能处理的数字信号;而数模转换电路负责将电脑使用的数字声音信号转换为喇叭等设备能使用的模拟信号。声卡具有三个基本功能:音乐合成发音功能;混音器(Mixer)功能和数字声音效果处理器(DSP)功能;模拟声音信号的输入和输出功能。

(1) 音乐合成发音功能。音乐合成有两种方法。一种是调频(FM)合成法,是指将多个频率的简单声音合成复合音来模拟各种乐器的声音。多数廉价声卡都采用 FM 合成方式,通过振荡器产生正弦波,再叠加成各种乐器的波形。由于振荡器成本较高,即使是一些高档的 FM 合成器也只提供 4 个振荡器,仅能产生 20 种复音,所发出的音乐听起来生硬呆板,带有明显的人工合成色彩。FM 合成方式是早期使用的方法,用这种方法产生的声音音色少、音质差。

另一种是波表(WAVE TABLE)合成法。这种方法是先把各种真正乐器的声音录下来,再进行数字化处理形成波形数据,将各种波形数据存储在只读存储器中。发音时通过查找所选乐器的波形数据,再经过调制、滤波、再合成等处理形成声音。要分辨一块声卡是否是波表声卡,只需看卡上有没有 ROM 或 RAM 存储器即可。存储声音样本的 ROM 容量的大小对波表合成效果影响很大。

(2) 混音器功能。混音器的作用是将来自音乐合成器、CD-ROM、话筒(MIC)等不同来源的声音组合在一起输出,混音器是每种声卡都有的。数字声音效果处理器是对数字化的声音信号进行处理以获得所需要的音响效果(混响、延时、合唱等),数字声音效果处理器是高档声卡具备的功能。

(3) 模拟声音输入输出功能。模拟声音输入输出功能主要是 A/D 和 D/A 转换。声音信号输入后要将模拟信号转换成数字信号,再由计算机进行处理;由于扬声器只能接受模拟信号,所以声卡输出前要把数字信号转换成模拟信号。

2. 声卡的技术指标

(1) 采样率。采样率决定了频率响应范围,把时间上连续的模拟信号转变为时间上不连续的数字信号,只要在连续量上等间隔地取足够多的点,就能逼真地模拟出原来的连续量。这个"取点"的过程称为采样(Sampling),采样精度越高("取点"越多)数字声音越逼真。对声音进行采样的三种标准以及采样频率分别为:语音效果(11.025 kHz)、音乐效果(22.05 kHz)、高保真效果(44.1 kHz)。大多数声卡的采样频率都已达到 44.1 或 48 kHz,即所谓的 CD 音质水平。

(2) 量化位数。对声波每次采样后存储、记录声音振幅(电压值)所用的位数称为量化位数。量化位数决定了音乐的动态范围,指的是每个采样点所代表的音频信号的幅度。8 bit 的位数可以描述 256 种状态,而 16 bit 则可以表示 65 536 种状态。对于同一信号幅度而言,使用 16 bit 的量化级来描述自然要比使用 8 bit 来描述精确得多,一般来说采样位数越高,声音就越清晰。

(3) 信噪比。信噪比是声卡抑制噪音的能力,单位是分贝(dB)。声卡处理的是有用的音频信号,而噪音是不希望出现的音频信号,如背景的静电噪音和工作时电流的噪音等,应该尽可能地减少这些噪音的产生。在正常工作状态,没有出现饱和失真与截止失真的情况下,有用信号功率和噪音信号功率的比值就是 SNR,SNR 的值越高说明声卡的滤波性能越好,声音听起来也就越清澈。

(4) 频率响应。频率响应是对声卡 D/A 与 A/D 转换器频率响应能力的评价。人耳的听觉范围是在 20 Hz~20 kHz 之间,声卡就应该对这个范围内的音频信号响应良好,最大限度地重现播放的声音信号。

(5) 总谐波失真。总谐波失真是指声卡的保真度,也就是声卡的输入信号和输出信号的波形吻合程度,完全吻合当然就是不失真,100% 的重现了声音(理想状态)。但实际上输入的信号经过了 D/A 转换和非线性放大器之后,就会出现不同程度的失真,这主要是产生了谐波。THD+N 就是代表失真的程度,并且把噪音计算在内,单位也是分贝,数值越低就说明声卡的失真越小,性能也就越高。

(6) 复音数量。复音数量代表了声卡能够同时发出多少种声音。复音数越大,音色就越好,播放 MIDI 时可以听到的声部就越多、越细腻。目前声卡的硬件复音数不超过 128 位,但其软件复音数量可以很大,有的甚至达到 1 024 位,不过都是以牺牲部分系统性能和工作效率为代价的。

(7) 多声道输出。早期的声卡只有单声道输出,后来发展到左右声道分离的立体声输出。近来随着 3D 环绕声效技术的不断发展和成熟,又出现了多声道输出声卡。典型的有 2 声道(立体声)、2.1 声道、4.1 声道、5.1 声道甚至 7.1 声道等。

3. 声卡的外部接口

普通的声卡一般都拥有麦克风(MIC In)、音频输入(Line In)、音频输出(Speak/Line Out)接口各 1 个,这 3 个接口分别用于连接麦克风、音箱/耳机和外部音频设备。除此之外还有 1 个 MIDI 接口,它和游戏杆接口是共用的,用于连接 MIDI 设备和游戏杆。高级一点的声卡还拥有多个音频接口用于输出4声道、6声道模拟音频,有的还带有S/PDIF接口,可输入输出数字音频信号。

2.3.3 视频卡

视频卡是一种基于PC机的多媒体视频信号处理平台,它可以汇集视频源和音频源的信号,经过捕获、压缩、存储、编辑和特技制作等处理,产生非常亮丽的视频图像画面。

视频卡可细分为视频捕捉卡、视频处理卡、视频播放卡以及TV编码器等专用卡,其功能是连接摄像机、VCR影碟机、TV等设备,以便获取、处理和表现各种动画和数字化视频媒体。

1. 各种视频卡的功能

(1)电视卡(TV Turner)。电视卡将标准的NTSC、PAL、SECAM电视信号转换为VGA信号,然后在计算机屏幕上显示,是一块能接收全频道、全制式彩色电视节目视频信号的转换卡,它的输出与电脑的CRT制式匹配。

(2)TV编码器(TV Coder)。TV编码器把VGA信号转换为PAL、NTSC、SECAM制式的视频信号,供电视播放或录像制作使用,多用于广告电视片的后期处理。

(3)视频采集卡。视频采集卡捕捉和编辑静态视频图像,完成视频数字化、编辑及处理等工作。

(4)动态视频采集和播放卡。用于实时动态视频和声音的同时获取及压缩处理,该卡还具有存储和播放功能,常用于视觉传达系统中的现场监控、办公自动化和多媒体节目创作等场合。

2. 视频采集卡的功能、原理及分类

将视频信号连续地转换成计算机存储的数字视频信号(离散),保存在计算机中或在VGA显示器上显示,完成这种功能的视频卡称之为视频采集卡或视频转换卡。如果能够实时完成压缩,则称为实时压缩卡,通常可将外部视频输入信号叠加在显示器上,并将视频输入信号变换成计算机可存储的信息保存在硬盘中。只能单帧捕获的,称为图像卡。

(1)视频采集卡的主要功能。视频采集卡的主要功能是从动态视频中实时或非实时地捕获图像并存储。它可以将摄像机、录像机和其他视频信号源的模拟视频信号转录到计算机内部,也可以用摄像机将现场的图像实时输入计算机。视频采集卡能在捕捉视频信息的同时获得伴音,使音频部分和视频部分在数字化时同步保存、同步播放。视频采集卡不但能把视频图像以不同的视频窗口大小显示在计算机的显示器上,而且还能提供许多特殊效果,如冻结、淡出、旋转和镜像等。

(2)视频采集卡的原理。视频信号源、摄像机、录像机或激光视盘的信号首先经过A/D变换,送到多制式数字解码器进行解码得到YUV数据,然后由视频窗口控制器对其进行剪裁,改变比例后存入帧存储器。帧存储器的内容在窗口控制器的控制下,与VGA同步信号或视频编码器的同步信号同步,再送到D/A变换器变成模拟的RGB信号,同时送到数字式视频编辑器进行视频编码,最后输出到VGA监视器及电视机或录像机。视频采集卡的原理如图2.3所示。

(3)视频采集卡的分类。通常根据视频卡采集分辨率、采集信号的性质和存储数据的格式3种方式进行分类。

① 根据视频卡采集分辨率分类。根据采集分辨率一般分为广播级、专业级和民用级,主

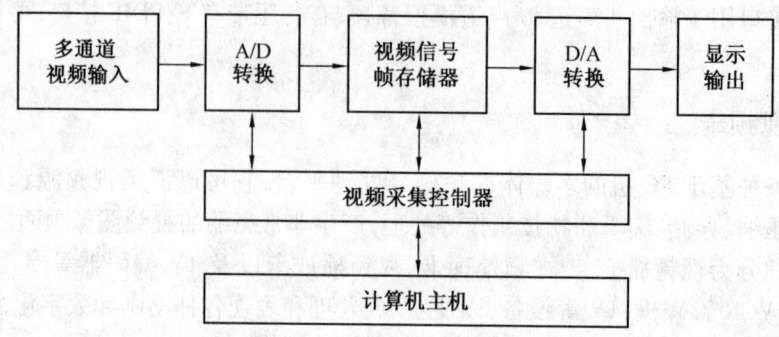

图 2.3 视频采集卡的原理

要区别是采集图像的指标不同。

广播级视频采集卡的最高采集分辨率一般为 768×576(均方根值)PAL 制,或 720×576 (CCIR-601 值)PAL 制 25 帧每秒,或 640×480/720×480 NTSC 制 30 帧每秒最小压缩比一般在 4∶1 以内。这一类产品的特点是采集的图像分辨率高,视频信噪比高。缺点是视频文件庞大,每分钟数据量至少为 200 MB。广播级模拟信号采集卡都带分量输入输出接口,用来连接 BetaCam 摄/录像机。此类设备是视频采集卡中最高档的,用于电视台制作节目。

专业级视频采集卡的级别比广播级视频采集卡的性能稍微低一些。分辨率两者是相同的,但压缩比稍微大一些,其最小压缩比一般在 6∶1 以内。输入输出接口为 AV 复合端子与 S 端子。此类产品适用于广告公司、多媒体公司制作节目及多媒体软件。

民用级视频采集卡的动态分辨率一般最大为 384×288 PAL 制 25 帧每秒,320×240,30 帧每秒,NTSC 制(个别产品的静态捕捉分辨率为 768×576)。输入端子为 AV 复合端子与 S 端子,绝大多数不具有视频输出功能。

另外,还有一类视频捕捉卡是比较特殊的,这就是 VCD 制作卡,从用途上来说应该归为专业级,而从图像指标上来说只能归为民用级产品。它的分辨率为 352×288,25 帧每秒 PAL 制, 320×288,30 帧每秒 NTSC 制。它采集的视频文件为 MPEG 文件,采用 MPEG-1 压缩算法,所以文件尺寸较小,但视频指标低于 AVI 文件。

② 根据采集信号的性质分类。根据采集信号的性质一般分为模拟信号采集卡和数字信号采集卡。

模拟信号采集卡(一般所说的采集卡就是模拟信号采集卡)主要用来采集模拟视频信号,最主要的就是采集录像带中的视频和音频,是影视公司、电视台最常见的设备。由于成本的不断降低和应用的越来越广泛,现在也逐渐进入普通应用环境。模拟视频信号本身有不容易编辑、难存储等很多缺点,将模拟信号采集存储成数字格式后就轻松避开了上述问题。模拟信号采集卡分内置和外置两种。

数字信号采集卡就是采集数字信号格式数据的接口卡,也称为 DV 卡(1394 卡)。严格地讲,DV 卡所遵循的 1394 总线标准与 USB 总线标准一样只是通用接口,而不是视频采集卡。只是因为绝大多数 1394 卡的用途是接驳数码摄像机,所以通常把它看做采集卡了。1394 卡的功能是把 DV 格式的数据从录像带上拷贝到硬盘里,1394 卡的作用仅仅是像硬盘接口一样做数据传输而已,没有视频压缩的硬件。

③ 根据存储的数据格式分类。根据存储的数据格式通常分为 MPEG1 级和 MPEG2 级

两种。

MPEG1 级采集卡只能对采集的数据进行 MPEG1 编码压缩,采集到的数据可用于后期的 VCD 光盘制作。

MPEG2 级采集卡可以对采集的数据进行 MPEG1 和 MPEG2 两种算法压缩,采集到的数据可以制成 VCD,也可以制成 DVD。由于 MPEG2 编码算法的先进性,因此 MPEG2 级的采集卡价格要比 MPEG1 级的采集卡价格高一些。

3. 视频采集卡的技术指标

(1) 总线接口。视频采集卡的接口包括与 PC 机的接口和与模拟视频设备的接口。PC 视频采集卡通常采用 32 位的 PCI 总线接口,插到 PC 机主板的扩展槽中,以实现采集卡与 PC 机的通讯与数据传输。DV 卡(1394 卡)通过 32 位的 PCI 总线实现与 PC 的连接。由于 USB 2.0 将外设数据传输速度从 USB 1.1 规范的 12 Mbps 提高到了 480 Mbps,超过了 IEEE 1394 的 400 Mbps 最高传输速度,因此,外置式的视频采集卡一般采用 USB 总线接口。

(2) 视频采集卡的常用指标。

画面比例:一般为 4∶3,宽银幕 16∶9。

视频输入制式:NTSC、PAL、SECAM(不常用)。

视频输入信号:复合输入(CVBS);S-Video(Y/C 亮色分离)输入;SDI(Serial Digital Interface)串行数字输入(常用在高档采集卡上);模拟全分量输入(YUV 分离,常用在高档采集卡上);DV(IEEE 1394)输入。

视频分辨率:NTSC(720,704,640,544,480,352)×480 或 352×240,30/29.97 fps;PAL (768,704,640,544,480,352)×576 或 352×288,25 fps。

压缩标准:MPEG-1、MPEF-2 等。

要求色彩、亮度、对比度、饱和度、水平和垂直偏移可调,而且需要数字前置滤波器。

(3) 音频指标。

音频输入:单声道、立体声。

音频标准:MPEG-1 LAYER1/2、PCM、AC3。

音频采样率:32 kHz、44.1 kHz、48 kHz 16 bit 立体声。

音频压缩位速率:32~384 kbps。

特别需要指出的是,以上指标并不是每一块视频采集卡都具有的,根据采集卡的用途和档次,各项指标会有所不同。

2.3.4 显示器

显示器是一种常用的计算机输出显示设备,它由显示器件(如 CRT、LCD)、扫描电路、视放电路和接口转换电路组成,为了能清晰地显示出字符、汉字、图形,其分辨率和视放带宽比电视机要高出许多。

1. 显示器的分类

显示器可以从不同的角度进行分类,包括按工作原理、显示颜色、分辨率、显示屏形状、输入信号的方式、扫描方式、配接的显示卡及像素间距、显示屏尺寸等。

(1) 根据工作原理分类。根据工作原理可分为阴极射线管(CRT,Cathode-Ray Tube)显示器、液晶显示器(LCD,Liquid Crystal Display)、电致变色显示器(ECD)、发光型等离子体显示器

（PDP）、场致显示器(FED)、发光二极管显示器(LED)、高分子或聚合体发光显示器(LEP)等。

(2) 根据显示颜色分类。根据显示颜色可分为单色(mono,或称黑白)和彩色两种。

(3) 根据分辨率分类。根据分辨率可分为低分辨率、中分辨率和高分辨率显示器。

(4) 根据显示屏形状分类。根据显示屏形状可分为球面、平面直角、柱面和纯平面等。

(5) 根据输入信号的方式分类。根据输入信号的方式可分为3类，即合成视频信号输入显示器，它的输入信号是包含色度、亮度和同步信号的混合视频信号，通过一根视频信号线传输；数字信号输入显示器，该显示器的输入信号是数字信号；模拟信号输入显示器，该显示器只有 R、G、B 三路模拟信号可以输入。

(6) 根据扫描方式分类。根据扫描方式可分为隔行扫描显示器和逐行扫描显示器两种。

(7) 根据配接的显示卡分类。根据配接的显示卡可分为如下5类。

① MDA 单色显示器：只显示单色，分辨率为 720×350，行频 18.432 kHz，场频 50 Hz，特别受到银行、医院等系统的欢迎。

② CGA 彩色显示器：可显示4种颜色，接收离散的 TTL 数字信号或合成的视频信号，分辨率为 320×200 和 640×200，行频 15.7 kHz，场频 60 Hz。

③ EGA 彩色显示器：可显示16种颜色，接收离散的 TTL 数字信号，与 CGA 彩色显示器兼容，是双频显示器，行频可以是 15.7 kHz 和 21.8 kHz，场频 60 Hz，分辨率为 640×350。

④ VGA（包括 SVGA）彩色显示器：这是最常用的一种显示器类型，可以显示256种颜色，接收 R、G、B 三个模拟信号。VGA 彩色显示器还可以运行单色应用软件，其分辨率为 640×480，行频为 31.5 kHz，场频为 60 Hz 或 70 Hz。SVGA 彩色显示器分辨率为 800×600 和 1 024×768，行频为 31.5 kHz 和 35.5 kHz，场频为 50~86 Hz。

⑤ MTS 多频显示器：能与各种不同显示卡（CGA、EGA、VGA、SVGA、TVGA）配接，具有数字和模拟两种输入方式，其行、场频率的调节范围宽，可以覆盖各种显示器的行、场频率。

2. CRT 显示器

CRT 显示器经历了多个发展阶段，出现过各种不同类型的 CRT 监视器，70 年代开始出现刷新式光栅扫描显示器是图像显示技术走向成熟的一个标志，尤其是彩色光栅扫描显示器的出现更将人们带到一个多彩的世界。

(1) CRT 的显示原理。

光栅图像显示器可以看作一个像素的矩阵。在光栅显示器上显示任何一种图像，实际上都是一些具有一种或多种颜色的像素集合。确定最佳像素集合，并用指定属性写像素的过程称为图像的扫描转换或光栅化。对于一维图像，在不考虑线宽时，用一个像素宽的直、曲线来显示图像。二维图像的光栅化时必须确定区域对应的像素集，并用指定的属性或图案显示，即区域填充。

图 2.4 给出了 CRT 的工作原理。高速的电子束由电子枪(Electron Gun)发出，经过聚焦系统、加速系统和磁偏转系统就会到达荧光屏的特定位置。荧光物质在高速电子的轰击下会发生电子跃迁，即电子吸收能量从低能态变为高能态。由于高能态很不稳定，所以在很短的时间内荧光物质的电子会从高能态重新回到低能态，这时将

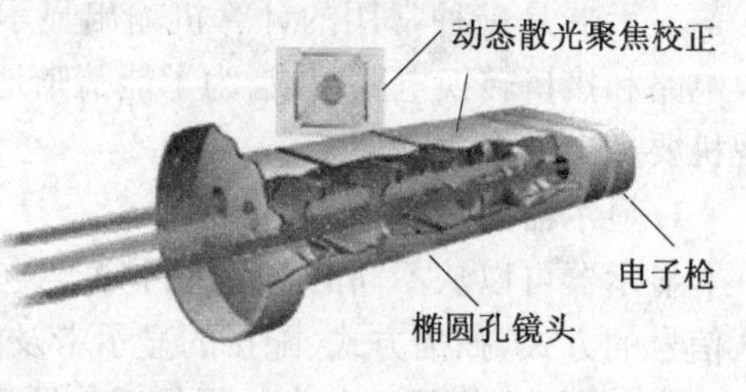

图 2.4 CRT 显示器结构图

发出荧光,屏幕上的那一点就会亮了。从发光原理可以看出,这样的光不会持续很久,因为很快所有的电子都将回到低能态,不会再有光发出。

要保持荧光屏上有稳定的图像就必须不断地发射电子束。刷新一次指电子束从上到下将荧光屏扫描一次,只有刷新频率高到一定值后,图像才能稳定显示。刷新频率大约达到每秒 60 帧,即 60 Hz 时,人眼才能感觉到屏幕不闪烁。要使人眼觉得舒服,一般需要有 85 Hz 以上的刷新频率。有些扫描速度较慢的显示器,为得到好的显示效果采用隔行扫描的技术。首先从第 0 行开始,每隔一行扫描,将偶数行都扫描完毕后垂直回扫,电子束又从第 1 行开始扫描所有奇数行。这样的技术相当于将扫描频率加倍,比如逐行扫描 30 Hz 人们会觉得闪烁,但是同样的扫描频率,如果用隔行扫描技术人们就不会觉得闪烁。当然这样的技术和真正逐行 60 Hz 的效果还是有差距的。

(2) CRT 显示彩色的原理。

彩色 CRT 显示器的荧光屏上涂有三种荧光物质,分别能发红、绿、蓝三种颜色的光。而电子枪也发出三束电子来激发这三种物质,中间通过一个控制栅格来决定三束电子到达的位置。根据屏幕上荧光点的排列不同,控制栅格也就不一样。普通的监视器一般用三角形的排列方式,这种显像管被称为荫罩式显像管,它的工作原理如图 2.5 所示。

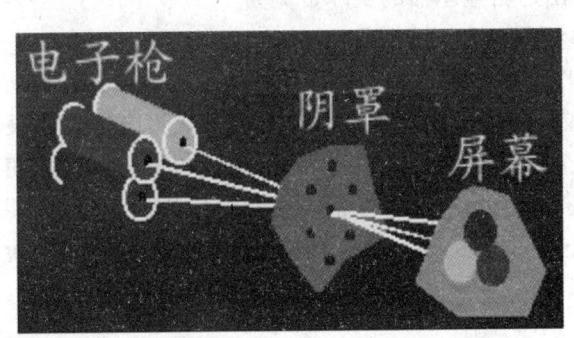

图 2.5　荫罩式彩色 CRT 工作原理示意图

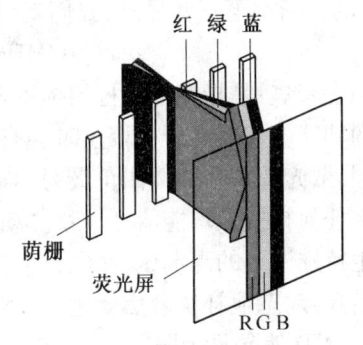

图 2.6　荫栅式彩色 CRT 工作原理示意图

三束电子经过荫罩的选择,分别到达三个荧光点的位置。通过控制三个电子束的强弱就能控制屏幕上点的颜色。如将红、绿两个电子枪关了,屏幕上就只显示蓝色。如果每一个电子枪都有 256 级(8 位)的强度控制,那么这个显像管所能产生的颜色就是我们平时所说的 24 位真彩色了。

由于荫罩式显示器的固有缺点,如荧光屏是球面的,几何失真大,而且三角形的荧光点排列造成即使点很密很细也不会特别清晰,所以荫栅式显示器逐渐流行起来。其工作原理如图 2.6 所示。

(3) CRT 显示器的技术参数。

点距(Dot Pitch):指 CRT 上两个颜色相同的磷光点之间的距离。点距越小显示器画面就越清晰、自然,常见的有 0.28 mm、0.26 mm 及 0.25 mm,甚至更小的点距。

像素(Pixel):每一个像素包含一个红色、绿色、蓝色的磷光体。

行频(kHz):又称水平刷新频率,是电子枪每秒在屏幕上扫描过的水平线条数。

场频(Hz):又称垂直刷新频率,是屏幕每秒重复绘制显示画面的次数,即重绘率。

分辨率:是定义显示器画面解析度的标准。以水平显示的像素个数×水平扫描线数表示(如,800×600是指每帧图像由水平800个像素和垂直600条扫描线组成)。

带宽(MHz):是表示显示器性能的一个综合指标,指每秒扫描像素的个数,即单位时间内每条扫描线上显示的频点数总和。带宽越大表明显示器显示控制能力越强,显示效果越佳。现在的显示器带宽基本都能达到80 MHz,若能达到100 MHz或110 MHz以上则更好。

显示器带宽计算公式为

$$B = r(x) \times r(y) \times V \times 1.3 \tag{2.1}$$

式中　B——带宽;

　　　$r(x)$——每条水平扫描线上的像素个数;

　　　$r(y)$——每帧画面的水平扫描线数;

　　　V——每秒钟画面的刷新率。

为避免信号在扫描边缘的衰减,保证图像的清晰,实际上电子束水平扫描像素的个数和行扫描频率均要比理论值要高一些,所以,带宽的计算公式中加上了一个1.3的参数。

根据公式(2.1)可以比较清楚地了解到带宽的实际意义。当显示器的刷新率提高一点的话,它的带宽就要提高很多。例如,当挑选显示器时,显示器标称可以在1 024×768的分辨率、85 Hz的刷新率下正常显示,我们就可以计算出这台显示器的实际带宽为

$$B/\text{MHz} = 1\,024 \times 768 \times 85 \times 1.3 = 87$$

动态聚焦:是指在电子枪扫描屏幕时,对电子束在屏幕中心和四角聚焦上的差异进行自动补偿的功能。普通电子枪聚焦时会有散光现象,即边角的像素点垂直方向和水平方向焦距长度不同,散光现象在图像四角最为明显,为减少这种情况的发生,需要电子枪做动态的补偿,使屏幕上任何扫描点均能清晰一致。动态聚焦技术是采用一个可精确控制电压的调节器,周期性产生特殊波形的高电压,使电子束扫描中心点时电压最低,向边角扫描时电压随焦距增大而逐渐增高,动态地补偿聚焦变化。

3. LCD 液晶显示器

CRT显示器经过多年的发展,技术已经越来越成熟,显示质量也越来越好,大屏幕也逐渐成为主流,但CRT固有的物理结构限制了它的发展,屏幕的加大必然导致显像管的加长,显示器的体积必然要加大。另外,CRT显示器利用电子枪发射电子束来产生图像,产生辐射与电磁波干扰便成为其最大的弱点。在这种情况下,人们推出了LCD液晶显示器。

(1)基本原理。

液晶是一种介于液体和固体之间的特殊物质,具有液体的流态性质和固体的光学性质,当液晶受到电压影响时,会改变它的物理性质而发生形变,此时通过它的光的折射角会发生变化,从而产生色彩。液晶屏幕后面有一个背光,这个光源先穿过第一层偏光板,再来到液晶体上,当光线透过液晶体时,就会产生光线的色泽改变,从液晶体射出来的光线,还必须经过一块彩色滤光片以及第二块偏光板。由于两块偏光板的偏振方向成90°,再加上电压的变化和一些其他的装置,液晶显示器就能显示需要的颜色了。

液晶显示器有主动式和被动式两种,成像原理大同小异,只是背光源和偏光板的设计和方向有所不同。主动式液晶显示器使用了FET场效应体管以及共电极,这样可以让液晶体在下一次的电压改变前一直保持电位状态,使主动式液晶显示器就不会产生在被动式液晶显示器中常见的鬼影或是画面延迟的残像等,现在最流行的主动式液晶显示器是TFT(Thin Film

Transistor,薄膜晶体管)。被动式液晶显示器有 STN(Super Twist Nematic,超扭曲向列 LCD)和 DSTN(Dual-Layer Super Twist Nematic,双层超扭曲向列 LCD)等。

TFT 的每个液晶像素点都是由集成在像素点后面的薄膜晶体管来驱动的,从而可以做到高速度、高亮度、高对比度显示。TFT-LCD 是最好的 LCD 彩色显示设备之一,优点主要是:屏幕反应速度快、对比度和亮度高、屏幕观察角度大、色彩丰富、分辨率高,其效果接近 CRT 显示器,是笔记本电脑和台式机上的主流显示设备。

(2) 基本技术指标。LCD 显示器的基本技术指标主要包括可视角度、点距和分辨率、亮度与对比度、反应速度、色阶改良等。

① 可视角度。观赏角度是评估 LCD 显示器的主要项目之一。LCD 显示器必须从正前方观赏才能获得最佳视觉效果。如果从其他角度看,画面会出现亮度变暗(亮度减退)、颜色改变、甚至会由正像变为负像。这是因为液晶成像原理是通过光的折射,所以在不同的角度看液晶显示屏必然会有不同的效果。当视线与屏幕中心法向成一定角度时,人们就不能清晰地看到屏幕图像,能看到清晰图像的最大角度称为可视角度。一般所说的可视角度是指左右两边的最大角度相加。工业上有 CR10(Contrast Ratio)、CR5 两种标准来判断液晶显示器的可视角度。有源矩阵式 TFT-LCD 显示器的这种现象比较轻微。新型的机种采用 in-plane 交换技术来扩大画面的观赏角度,效果好的观赏角度约为左右两侧各 80°,也就是水平观赏角度为 160°,几乎能够从任何角度看到画面的内容。

大尺寸 LCD 显示器的可视角度基本指标为 140°~160°,较小尺寸(15 in 以下)的 LCD 显示器有 120°的可视角度便足以显示完整的画面了。左右两侧的观赏角度一般会大于上下的观赏角度,也就是垂直的观赏角度小于水平观赏角度(一般介于 120°~140°之间)。尽管如此,越来越多的 LCD 显示器强调其水平与垂直观赏角度相同。在购买能够将画面由横式旋转为直式的产品之前,一定要先比较其水平与垂直的观赏角度是否相同。因为旋转前的垂直观赏角度,在旋转后就成为水平观赏角度了。

有一点要特别注意,各厂商测量观赏角度的方法不尽相同,所以产品规格书上的数值仅供参考。某些厂商以画面中心点为基准,而有些则是分别以上下左右四个边缘的数值予以平均而得。更糟糕的是,目前对于"可观赏"的定义并不明确。某些厂商以画面亮度减半为标准;有的则以画面的对比为标准,如 15∶1、10∶1 或 5∶1。由于认定标准较为主观,所以只看规格说明书反而会被误导。

② 点距和分辨率。LCD 显示器像素点距的意义类似于 CRT 的点距,就是两个液晶颗粒(光点)之间的距离。CRT 一般在 0.28~0.32 mm 就能得到较好的显示效果,点距会因遮罩或光栅的设计、视频卡的种类、垂直或水平扫描频率的不同而有所改变。LCD 显示器的像素数是固定的,只要在尺寸与分辨率都相同的情况下,所有产品的像素间距都应该是相同的。例如,分辨率为 1 024×768 的 15 in LCD 显示器,其像素间距皆为 0.297 mm(某些产品标示 0.30 mm)。

LCD 显示器的分辨率通常是指其真实分辨率,如 1 024×768 的含义就是指该液晶显示器含有 1 024×768 个液晶颗粒,只有在真实分辨率下才能得到最佳的显示效果。其他较低的分辨率只能通过缩放仿真来显示,效果并不好。而 CRT 显示器如果能在 1 024×768 的分辨率下清晰显示的话,那么其他如 800×600、640×480 都能很好地显示。

LCD 显示器有两种方式呈现分辨率较低的显示模式。第一种为居中显示,例如想在

1 024×768的屏幕显示800×600的分辨率时,只有1 024中居中的800个像素和768中居中的600条网线呈现出来,其他的维持黑暗。另一种为扩展显示,不论使用的分辨率是多少,所显示的影像一定会运用到屏幕上的每一个像素,而不至于产生阴影边缘环绕,由于影像被扩展至屏幕的每个像素,因此影像难免会受扭曲,清晰度和准确度也会受到影响。

③亮度与对比度。LCD的画面亮度以平方烛光(cd/m^2)或nits为测量单位。大多数桌上型显示器的亮度介于150~200 nits之间,有些机种高达250 nits。介于上述范围的产品皆属正常。相比之下,笔记本电脑的画面亮度介于100~130 nits,而CRT的最大亮度只有100 nits。

较亮的产品不见得就是较好的产品。画面过亮反而会使对比度(纯黑与纯白的对比)降低。如果将CRT显示器的亮度调到最大,则泛白的画面就看不到纯黑与丰富的色阶了。LCD显示器的情况也差不多,所以亮度与对比度要搭配得恰到好处,才能够呈现美观的画质。多数机种的对比度介于100∶1至300∶1,某些机种的对比度可高达600∶1。和亮度规格一样,还没有一套有效又公正的标准来衡量对比度。

亮度并不是产品性能的全部,亮度是否均匀才是关键,这和光源与反光镜的数量与配置方式息息相关,离光源愈远的地方,其亮度必然较暗。品质好的LCD显示器,其画面的亮度应该较为平均。

④反应速度。测量反应速度或回复时间的单位是ms,是指个别像素由亮转暗并由暗转亮所需的时间。多数LCD显示器的反应速度在12 ms以内,数值越小,表示反应速度越快。使用平面(in-plane)交换技术以便扩大观赏角度的大尺寸显示器,其反应速度通常较慢。

如果执行一般的商业应用软件(如电子邮件、电子表格或文书处理),其实不必太在意显示器的反应速度,因为大多数显示器都能够胜任。不过如果想要用于观赏全动视频,则显示器的反应速度就会变得非常重要。因为如果反应速度不够快,则画面便可能会出现尾迹或鬼影。即使是最高级的LCD显示器,也无法在全动视频领域与CRT相提并论。因为CRT的反应速度只有1 ms,所以视频播放的效果必然会显得较为顺畅。

⑤色阶改良。在色阶方面,LCD也比不上CRT。不过LCD在这方面仍在继续改良之中,如今已能够呈现1 600万种颜色,但在色阶的平滑程度方面仍然不及CRT。绘图专业人士,或特别讲究色彩精确性的人,通常会发现CRT显示器的效果较好。

4. LED显示器

2009年起LED的概念开始流行起来,LED显示器应该称为LED背光显示器,因为普通液晶显示器的背不是CCFL(冷阴极荧光灯),LED显示器更换LED做背光,所以二者仍是液晶显示器,只是背光源不一样而已。不含汞的LED显示器面板更加节能和环保,其功耗只是普通液晶显示器的60%。LED显示器与LCD显示器相比,LED显示器在亮度、功耗、可视角度和刷新速率等方面,都更具优势。LED与LCD的功耗比大约为1∶10,而且更高的刷新速率使得LED在视频方面有更好的性能表现,能提供宽达160°的视角,可以显示各种文字、数字、彩色图像及动画信息,也可以播放电视、录像、VCD、DVD等彩色视频信号,多幅显示屏还可以进行联网播出。LED显示屏的单个元素反应速度是LCD液晶屏的1 000倍,在强光下也可以清楚显示画面,并且适应-40°的低温。利用LED技术,可以制造出比LCD更薄、更亮、更清晰的显示器。

2.3.5 音箱

音箱是一个将模拟脉冲信号转换为机械振动,并通过空气的振动形成人耳可以听到的声音的输出设备。多数情况下,在多媒体计算机系统中主要使用的是有源音箱,即音箱本身带有放大电路的音箱。

音箱的技术指标参数主要包括承载功率、频响范围、灵敏度和失真度等。

(1) 承载功率。音箱的承载功率主要是指在允许喇叭有一定失真度的条件下,允许施加在音箱输入端信号的平均功率。

(2) 频响范围。音箱的频响范围是指该音箱在音频信号重放时,在额定功率状态下并在指定的幅度变化范围内音箱所能重放音频信号的频响宽度。从理论上讲音箱的频响范围应该是越宽越好,应该是在 20 Hz ~ 20 kHz 的范围内,但是事实上会受到很多的限制,比如房间的容积、喇叭的尺寸、音箱的体积等。音箱的频响范围越宽对放大器的要求就越高,否则放大器的缺点全让音箱给暴露了,如果音的高音很好,而放大器的高端噪声很大,这时就会听到高频噪音。多媒体音箱的频率范围一般要求在 70 Hz ~ 10 kHz(-3 dB) 即可,要求较高的可在 50 Hz ~ 16 kHz(-3 dB) 左右。

(3) 灵敏度。音箱的灵敏度是指在给音箱输入端输入 1 W/1 kHz 信号时,在距音箱喇叭平面垂直中轴前方 1 m 的地方所测试得到的声压级。灵敏度的单位为分贝(dB)。音箱的灵敏度越高则放大器的功率需要越小。普通音箱的灵敏度在 85 ~ 90 dB 范围内,多媒体音箱的灵敏度则稍低一些。

(4) 失真度。音箱的失真度定义与放大器的失真度基本相同,不同的是放大器输入的是电信号,输出的还是电信号,而音箱输入的是电信号输出的则是声音信号。所以音箱的失真度是指电-声信号转换的失真。声音的失真允许范围是 10% 以内,一般人耳对 5% 以内的失真基本不敏感。

2.3.6 光盘存储器

光盘存储器是利用激光的单色性和相干性,通过调制激光,把数据聚焦到记录介质上,使介质的光照区发生物理和化学变化,以实现写入。读出时,利用低功率密度的激光,扫描信息轨道,其反射光通过光电探测器检测和解调,从而获得所需要的信息。

从应用的角度可以将光盘分为音频光盘、视频光盘和计算机光盘三类。

音频光盘 CD-DA(Digital Audio),即常见的 CD 唱片,又称音频 CD 盘。是 1981 年由 Philips 公司和 Sony 公司首先推出的,并且成为其他 CD 标准(包括 CD-ROM)建立的基础,因此,带有音频输出的 CD-ROM 驱动器可以用来听 CD 唱片。

视频光盘 Video-CD,即通常所说的"影碟",用于记录压缩了的带伴音的视频信息,如电视剧、电影、卡拉 OK 等。VCD 格式也称为白皮书,是由 Philips 和 JVC 公司联合提出的。VCD 采用 MPEG 标准将上述的多媒体信息存储在盘面上,CD-ROM 驱动器可以读取。在 MPEG 解压卡或解压软件的支持下,可以重现视频信息。

光盘片的直径一般是 5.25 in,按照信息是否可以被写入光盘可分为:只读型光存储系统 CD-ROM、一次写型光存储系统 CD-R、可重写型光存储系统 CD-RW。

1. CD-ROM

只读型光盘 CD-ROM(Compact Disc-Read Only Memory)是计算机上使用最多的光盘,CD-ROM盘片由生产厂家预先写入信息,用户使用时只能读出不能写入,1984年由 Philips 公司和 Sony 公司首先推出。CD-ROM 光盘除了可以存储数据和程序之外,还可以存储全数字化的文字、声音、图形、动画和全活动视频影像。

CD-ROM 技术来源于激光唱盘,形状也类似于激光唱盘,能够存储 650 MB 左右的数据。CD-ROM 是 MPC 的常用外存之一,包括光盘和光盘驱动器(简称光驱)两部分。

(1)光盘。光盘上用"平地"和"凹坑"来表示二进制信息,通过激光的反射来读出其中存储的信息。光盘上无论是"平地"上还是"凹坑"内都表示数字"0",而在凹凸变化之处才表示数字"1"。从光盘上读出的数字还要通过处理才能变换成为实际输入的信息。光盘上的信息沿光道存放。光道是一条螺旋线,从内到外存放信息。光盘的光道分为三个区:导入区、信息区和导出区。目前常用的光盘都是单面只读光盘。光盘的优点是存储量大,制作成本低,不怕磁和热,寿命长。

光盘上存储信息必须标准化,目前已有的光盘存储信息标准包括:用于存储音频信息的 CD-DA(CD-Digital Audio)标准,按照该标准每张光盘可以存储 60 min 的音乐信息;用于存储计算机文件信息的 ISO9660 标准,按照该标准每张光盘的容量为 650 MB;根据 MPEG-1 压缩技术标准制定的,用于存储视频信息的 Video CD 标准,按照该标准每张光盘可以存储 74 min 的 VCD 内容;根据 MPEG-2 压缩标准制定的 DVD 标准,可录制 2 h 以上的影片,容量可达 4.7 GB 以上。

(2)光驱。光驱是对光盘上存储的信息进行读写操作的设备。

①光驱分类。光驱按接口类型可分为 AT 总线型、IDE 型(包括增强 IDE 型)、SCSI 型等。IDE 型接口的光驱是目前应用最广泛、市场上最常见的光驱,可通过数据线直接与主板上的 IDE 接口相连接;SCSI 接口光驱需要专门的 SCSI 接口卡与计算机相连。

光驱按结构可分为内置式和外置式光驱。内置式光驱可以安装在机箱的 5 in 机箱托架上,通过数据线连接到主板上,同样可与硬盘连接在同一根数据线上。外置式光驱自身带有保护外壳,可放在计算机的机箱外,通过接口线与计算机相连接。外置式光驱使用方便,但价格比较贵。

②光驱控制面板各部分的作用。

◆ 耳机插孔:用于连接耳机或音箱,可输出 Audio CD 音乐。

◆ 音量调整旋钮(Headphone Volume Control):用于调节输出的 CD 音乐的音量大小。有些光驱是采用两个数字按键代替模拟的旋钮。

◆ 光盘托盘:用于放置光盘。

◆ 工作指示灯:灯亮时,表示驱动器正在读取数据;灯不亮时,表示驱动器没有读取数据。

◆ 强制弹出孔:用于在断电或其他状态下打开光盘托架。用户可插入曲别针等工具推出光盘托架。

③主要技术指标。光驱的速度只是指其驱动电机的转速,而真正衡量光驱性能的技术指标还有很多。

◆ 持续数据传输速率:数据传输速率是 CD-ROM 光驱最基本的性能指标,该指标直接决定了光驱的数据传输速率,数据传输率以 150 kb/s 为一倍速。

◆ 读取方法:CD-ROM 主要有 CLV(恒定线速度)、CAV(恒定角速度)及 P-CAV(区域恒定角速度)等三种读盘方式。

◆ 平均访问时间:又称"平均寻道时间",是指从检测光头定位到开始读盘这个过程所需要的时间,单位为 ms。

◆ CPU 占用率:指 CD-ROM 光驱在维持一定的转速和数据传输速率时占用 CPU 的时间。

◆ 高速缓存:这个指标常用 Cache 表示。高速缓存的容量大小直接影响光驱的运行速度。

◆ 容错性。

◆ 机芯品种:在内部机芯方面,光驱主要有"塑料制"和"全钢制"两种机芯。"塑料"机芯具有价格低廉的特点,所以被大多数厂家采用。

2. CD-R/RW

一次写型光存储系统 CD-R(Recordable),也称为一次写多次读(WORM)的 CD 盘,内部结构类似于 CD-ROM,信息存放格式与 CD-ROM 盘相同,区别仅在于 CD-R 可以写入一次数据。因此,CD-ROM 驱动器完全可以读取写入了信息的 CD-R 盘。与 CD-ROM 相比,它具有由用户自己确定记录内容的优点。

可重写型光存储系统 CD-RW(ReWriteable)与 CD-R 的区别是可以反复写入和擦除多次,可以通过类似软盘删除文件、格式化整个盘片的方式在光盘上存储新的内容。

CD-R/RW 与 CD-ROM 光驱的外观几乎一样,光盘刻录机的主要性能指标有以下几个。

(1)速度。速度是光盘刻录机的主要技术指标,包括数据的读取和写入速度。CD-R 刻录机写入数据的速度一般以 kb/s 表示。CD-RW 刻录机擦写 CD-RW 盘片的速度(Rewrite Speed)同样以 kb/s 或"倍速×"表示,常用的速度格式为"写×擦×读",其中第一个数字为写入速度,第二个数字为擦写速度,第三个数字是读取速度,如 8×24×32。在选购刻录机的时候注意类似的表达方式就可以了解产品的主要性能。

(2)接口方式。目前,CD-R/RW 刻录机的接口主要有 SCSI、IDE 和 USB 等。

(3)连接方式。刻录机按安装方式可以分为内置式(Internal)和外置式(External)两种。

(4)缓存容量(Buffer Size)。CD-R/RW 刻录机都有一个数据缓存器,可用作将数据写入光盘的暂存区。数据缓存器的作用是保持数据连续、顺畅输出。

(5)程序芯片(Firmware)。在光盘刻录机主电路板上的 Flash ROM 芯片,其名称为 Firmware(固件)。

(6)盘片的兼容性。盘片是刻录数据的载体,包括 CD-RW 盘片和 CD-R 盘片。

3. 光盘存储格式标准

(1)CD-DA(CD-Digital Audio)是为激光数字音频唱盘制定的格式标准。它是 CD 标准的第一个文本,属于红皮书(Red Book)规格。

(2)CD-ROM,1988 年正式作为国际标准 ISO 9660,属于黄皮书(Yellow Book)规格。

(3)CD-G(CD-Graphics)是 1985 年出现的遵循红皮书规格的光盘,主要用于存储静止画面。

(4)CD-WORM(CD-Write Once Read Many)属于蓝皮书(Blue Book)规格,实现了光盘的一次写多次读的功能。

(5)CD-I(CD-Interactive)属于绿皮书(Green Book)规格。它在 CD-ROM 规格的基础上补充了音频、视频和计算机程序方面的规定。1988 年出现了 CD-I 交互式光盘系统,1992 年底出现了第二代 CD-I,可播放互动式电影。

（6）CD-V(CD-Video) 与 CD-G 一样,是红皮书标准的延伸,用于影碟机,其视频信号可以输出到电视机上。

（7）CD-ROM XA(Extended Architecture)Philips、SONY 和 Microsoft 制定的 CD-ROM 扩展结构。CD-ROM XA 扩充了对数字音频信号的编码,目的是为了弥补推出 CD-I 规格带来的问题。该规格也称为黄皮书的第二组标准。

（8）CD-R(CD-Recordable)属于橙皮书(Orange Book)规格。它在黄皮书的基础上增加了可写入的多种 CD 格式标准,是一种可刻录光盘,可以多次在 CD 空余部分写入数据。

（9）Photo CD 是一种像片光盘,允许多段追入记录,属于白皮书(White Book)规格。该规格也称为黄皮书的第二组标准。

4. VCD 和 DVD

（1）VCD。VCD 碟片品种繁多,市面上使用的 VCD 碟片共有三种版本,分别是 Ver 1.0、Ver 1.1 和 Ver 2.0 三种版本。

① Ver 1.0 版本为卡拉 OK 碟片专用,因当时尚无 VCD 这个名称,故称为卡拉 OK CD。

② Ver 1.1 版本是第一个 VCD 标准"Video CD Version 1.1"。Ver 1.1 版本是在 Ver 1.0 版本基础上改造的,其应用范围比 Ver 1.0 版本扩展了许多,在性能方面也有大的改进,尤其是其压缩技术更先进了,图像分辨格式、扇区划分和信号封包形式的标准化及记录格式化,更适于图像的播放。

③ Ver 2.0 版本与 Ver 1.0 和 Ver 1.1 版本的主要区别在于:Ver 2.0 版本具有交互式的菜单选择功能及控制高清晰度静止画面功能。菜单选择功能可把碟片中的内容分成若干段,并将名称显示在屏幕上,用户可按节目名称直接选取其中的画面或任一首歌曲播放。高清晰度静止画面是指在播放静止画面时,画面分辨率比动态提高 4 倍。

不同版本间有一定的兼容性,如用 Ver 1.0 版本的 VCD 视盘机可以播放 Ver 2.0 版本的碟片,而用 Ver 2.0 的机器也可以播放 Ver 1.0 的碟片,其结果都只能是 Ver 1.0 标准的效果。

④ 准 2.0 版本,其功能和性能介于 Ver 1.1 和 Ver 2.0 之间,与 2.0 版本的区别:播放时按下菜单 MENU 键后就会出现一页或多页屏幕菜单。当出现多页时,还会自动翻页而不受控制。此时可直接从菜单目录中选择播放节目;正版 Ver 2.0 版本播放节目时,是按 PBC 键使系统处于 PBC ON 状态并出现菜单。准 2.0 版本光盘无高清晰度静止画面。

（2）DVD。DVD(Digital Video Disc)是一种高密度数字视频光盘,是为适应 MPEG-2 视频数据存放而设计的。它的容量要远大于 VCD,DVD 盘片容量最高可达到 17 GB。一张单面单层 DVD 盘片可存储 133 min 的 MPEG-2 视频节目,并配备 Dolby AC-3/MPEG-2 Audio 质量的声音和不同语言的字幕。DVD 的主要技术指标包括以下几个方面。

① DVD 的介质。DVD 光盘可分为四种:单面单层(DVD-5)的容量为 4.7 GB;单面双层(DVD-9)的容量为 8.5 GB;双层单面(DVD-10)的容量为 9.4 GB;双面双层(DVD-18)的容量为 17 GB。

② DVD 的几类主要规格。

◆ DVD-ROM(就是计算机上的 DVD 驱动器)存放电脑文件的只读光盘,用途类似 CD-ROM。

◆ 家用的 DVD-Video:家庭用的影音光盘,用途类似 LD 或 VCD,每一张盘上可放置多个节目(如可放置同一影片的不同版本)、多声轨、多种文字字幕、父母锁定控制、多角度观赏选择、版权保护、提供4∶3或16∶9的高品质视频图像,并能配以多通道伴音等功能。

◆ DVD-Audio:音乐光盘,用途与音乐CD相似。DVD-Audio采用的LPCM,就是未经压缩的原音重现,也是5.1声道,目前的DVD-Audio可达到94 kHz,24 bit(LPCM)的超高音质,每秒流量约384 kbps,也可以采用AC-3和DTS规格。

◆ 只能写一次的DVD-R,用途与CD-R相似。

◆ 可以进行多次读写的DVD-RW,用途与CD-RW相似。

③DVD的速度。DVD-ROM驱动器也是分为2倍速、4倍速、5倍速等。

④DVD的光头。目前市场上的DVD-ROM驱动器主要有单激光头和双激光头之分:单激光头也就是用同一个光头读取DVD和CD-ROM信号;双激光头则主要是指分别采用两个光头读取DVD和CD-ROM信号。

⑤影视DVD的区域编码。美国电影协会将全球大致划分为六个地区,表2.1列出了影视DVD的区位编码。

表2.1 影视DVD的区位编码

区号	包括区域	区号	包括区域
1	美国、加拿大	4	中南美洲、新西兰、澳大利亚
2	日本、西欧	5	非洲、俄罗斯、东欧
3	亚洲(无中国大陆)	6	中国大陆

(3) Blu-ray Disc

蓝光光碟(Blu-ray Disc,BD)是DVD之后的下一代光盘格式之一,用以存储高品质的影音及高容量的数据存储。蓝光光碟的命名是由于其采用波长405 nm的蓝色激光光束来进行读写操作(DVD采用650 nm波长的红光读写器,CD则是采用780 nm波长)。一个单层的蓝光光碟的容量为25 GB或27 GB,足够录制一个长达4 h的高解析影片;双层可达到46 GB或54 GB,足够烧录一个长达8 h的高解析影片;而容量为100 GB或200 GB的蓝光光碟,分别是4层及8层。

蓝光光碟联盟说明所有获得授权的蓝光光碟播放器均可以向下对应,包括DVD-ROM、VCD及CD,但部分CD在一些蓝光光碟播放器中无法播放。

蓝光光碟像现在的DVD一样,内含区码,以便发行商为不同地区发行相对内容。蓝光光碟的区码有三个:

第一区(A/1):北美洲、中美洲、南美洲(不包括法属圭亚那)、日本、中国香港地区和台湾地区、韩国及东南亚;

第二区(B/2):欧洲、格陵兰、法属殖民地、中东、非洲、澳洲及新西兰;

第三区(C/3):印度、俄罗斯、中国大陆、孟加拉、尼泊尔、巴基斯坦及中南亚。

2.3.7 扫描仪

扫描仪是一种静态图像采集的数字化输入设备。它内部有一套光电转换系统,可以把各种图片(照片、文本、图画、胶片等)信息转换成数字图像数据,并传送给计算机。如果再配上文字识别 OCR 软件,则可以快速地把各种文稿录入计算机中。

扫描仪作为光学、机械、电子、软件应用等技术紧密结合的高科技产品,是继键盘和鼠标之后的第三代主要的计算机输入设备。扫描仪自 20 世纪 80 年代诞生之后,得到了迅猛的发展和广泛的应用,从最直接的图片、照片、胶片到各类图纸图形及文稿资料都可以用扫描仪输入计算机,进而实现对这些图像信息的处理、管理、使用、存储或输出。

1. 扫描仪的分类

扫描仪的分类有不同的标准,其中最重要的就是按接口和按扫描原理分类。

(1)按扫描仪的接口分类。按扫描仪的接口可分为 USB 接口扫描仪、SCSI 接口扫描仪和并行接口扫描仪。

(2)按扫描仪的原理分类。按扫描仪的原理可分为手持式扫描仪、平板式扫描仪和滚筒式扫描仪。手持式扫描仪体积小、质量轻、携带方便。平板式扫描仪主要应用于 A4 和 A3 幅面,其中 A4 幅面的扫描仪用途最广、种类最多、销量最大。滚筒式扫描仪又称为大幅面扫描仪或者工程图扫描仪,一般应用在像 A1、A0 这样的大幅面扫描领域(广告图像或工程图纸)。

(3)按扫描图稿介质分类。按扫描图稿介质可分为反射式扫描仪、透射式扫描仪和多用途扫描仪。

(4)按扫描仪的用途分类。按扫描仪的用途可分为用于各种图稿输入的通用型扫描仪和专门用于特殊图像输入的专用型扫描仪,后者如条码扫描仪、卡片阅读机等。

(5)按扫描的图纸幅面大小分类。按扫描的图纸幅面大小可分为小幅面的手持式扫描仪、中等幅面的台式扫描仪和大幅面的工程图扫描仪。

2. 扫描仪的技术指标

(1)扫描精度。扫描精度通常用光学分辨率×机械分辨率来衡量。光学分辨率,即水平分辨率,指的是扫描仪上的感光元件(CCD)每英寸能捕捉到的图像点数。光学分辨率用每英寸点数 dpi(Dot Per Inch)表示。光学分辨率取决于扫描头里的 CCD 数量。机械分辨率,即垂直分辨率,指的是带动感光元件(CCD)的步进电机在机构设计上每英寸可移动的步数。最大分辨率,即插值分辨率,指通过数学算法所得到的每英寸的图像点数。

(2)灰度级。灰度级是表示灰度图像的亮度层次范围的指标,是指扫描仪识别和反映像素明暗程度的能力。换句话说就是扫描仪从纯黑到纯白之间平滑过渡的能力。目前,多数扫描仪用 8 bit 编码,即 256 个灰度等级。

(3)色彩精度。彩色扫描仪要对像素分色,把一个像素点分解为 R、G、B 三基色的组合。对每一基色的深浅程度也要用灰度级表示,称为色彩精度。

(4)扫描速度。扫描仪的扫描速度也是一个不容忽视的指标,时间太长会使其他配套设备出现闲置等待状态。扫描速度不能仅看扫描仪将一页文稿扫入计算机的速度,而应考虑将一页文稿扫入计算机再完成处理总共需要的时间。

(5)鲜锐度。鲜锐度是指图片扫描后的图像清晰程度。扫描仪必须具备边缘扫描处理锐化的能力。调整幅度应广而细致,锐利而不粗化。

在选购扫描仪时,首要的考虑因素是扫描仪的精度。扫描仪的精度决定了扫描仪的档次和价格。目前,600×1 200 dpi 的扫描仪已经成为行业的标准,而专业级扫描则要用 1 200×2 400 dpi 以上的分辨率。其次,要考虑扫描仪的色彩位数。色彩位数越多,扫描仪能够区分的颜色种类也就越多,所能表达的色彩就越丰富,越能更真实地表现原稿。对普通用户 24 bit 已经足够。最后,考虑扫描仪的接口类型。

2.3.8 数码相机

数码相机是利用电荷耦合器件CCD(Charge Coupled Device)进行图像传感,将光信号转变为电信号记录在存储器或存储卡上,然后借助于计算机对图像进行加工处理,以达到对图像制作的需要。

数码相机拥有可以表现出来的固定最大分辨率,录制的图像可以传送到计算机上,使用固定的或可拆卸的半导体存储器来保存获取的图像。数码相机可以直接连接到计算机、电视机或者打印机上。由于图像是内部处理的,所以使用者可以马上检查图像是否正确,而且可以立刻打印出来或是通过电子邮件传送出去。

1. 数码相机与传统相机的不同

数码相机跟传统相机在影像摄取部分大致相同,主要有拍摄镜头、取景镜头、闪光灯、感光器和自拍指示灯等,所以只看相机的前面外型,两者可以说是没多大分别,但在成像及记录方面是有许多不同的。

(1)工艺流程不同。传统相机:镜头→底片→胶卷感光→冲洗,事先无法知道效果,成品效果难以改变。数码相机:镜头→感光芯片→数码处理电路→存储卡,使用CCD元件感光,存储卡可以反复使用,拍摄效果即拍即得,成品效果易于修改。

(2)拍摄效果不同。数码相机影像的清晰度、质感、层次、色彩的饱和度等方面都比传统相机的差。

(3)拍摄速度不同。传统相机先设置再成像,拍摄时无需等待。数码相机按下快门到相机记录数据之前要等待一定的时间,主要用于设置拍摄参数。连续拍摄时,二帧之间要等待一定的时间,主要用于压缩存储。

2. 数码相机的结构

数码相机由镜头、CCD、A/D(模/数转换器)、MPU(微处理器)、内置存储器、LCD、PC卡(可移动存储器)和接口(计算机接口、电视机接口)等部分组成,通常它们都安装在数码相机的内部,当然也有一些数码相机的液晶显示器与相机机身分离。

(1)CCD矩形网格阵列。数码相机的关键部件是CCD,CCD阵列是排成一个矩形网格分布在芯片上的,形成一个对光线极其敏感的单元阵列,使照相机可以一次摄入一整幅图像。CCD是数字照相机的成像部件,可以将照射于其上的光信号转变为电压信号。CCD芯片上的每一个光敏元件对应将来生成的图像的一个像素,CCD芯片上光敏元件的密度决定了最终成像的分辨率。

(2)模数转换器。相机内的A/D转换器将CCD上产生的模拟信号转换成数字信号,变换成图像的像素值。

(3)存储介质。数字照相机内部有存储部件,通常存储介质由普通的动态随机存取存储器、闪速存储器或小型硬盘组成。存储部件无需电池供电也可以长时间保存数字图像,如同胶卷记录光信号一样,不同的是存储器中的图像数据可以反复记录和删除,而胶卷只能记录一次。存储器可以分为内置存储器和可移动存储器,当向计算机传送图像时须通过特定的接口。它的缺点是装满之后要及时向计算机转移图像文件,否则就无法再往里面存入图像数据。可移动存储器可以是PC(PCMCIA)卡、Compact Flash卡、Smart Media卡等。这些存储器使用方便,拍摄完毕后可以取出更换,这样可以降低数码相机的制造成本,增加应用的灵活性,并提高连续拍摄的性能。

(4)接口。数码相机的输出接口主要有计算机通讯接口、连接电视机的视频接口和连接打印机的接口。常用的计算机通讯接口有串行接口、并行接口、USB接口和SCSI接口,图像数据通过接口从相机传送到计算机。

3. 数码相机的主要技术指标

(1)CCD像素数:数码相机的CCD芯片上光敏元件数量的多少称之为数码相机的像素数,是目前衡量数码相机档次的主要技术指标,决定了数码相机的成像质量。

(2)色彩深度:色彩深度用来描述生成的图像所能包含的颜色数。数字照相机的色彩深度有24 bit、30 bit,高档的可达到36 bit。

(3)存储功能:影像的数字化存储是数码相机的特色,在选购高像素数码相机时,要尽可能选择能采用更高容量存储介质的数码相机。

2.3.9 数码摄像机

在数码影像系统中,数码相机主要用于捕捉景物的瞬间活动,生成的是数码图片影像;而数码摄像机主要用于捕捉景物的连续活动,生成的是数码视频影像。

1. 数码摄像机的分类及组成

摄像机的分类方式主要有两种。根据摄像机内使用CCD的数目分为单片CCD和三片CCD两种;根据使用场合和技术要求大致分为广播级摄像机、专业级摄像机和家用摄像机3类。

摄像机虽然种类繁多,但其组成部分是相似的,主要有镜头、寻像器、话筒、机身和附件5部分。

镜头是指安装在摄像机上的、由许多光学玻璃镜片及镜筒等部分组合而成的光学装置。摄像机镜头与照相机镜头类似,用来收集从物体反射来的光,并使其聚焦并投射到摄像器件的受光面上,并且有固定焦距镜头和变焦距镜头之分。变焦距范围一般都包括广角、标准和长焦三部分,其变焦倍数有6倍、8倍、12倍等。不少摄像机的镜头可以从机身卸下,方便按不同的需要更换镜头。

寻像器实际上是一个小型的黑白或彩色监视器,是摄像机上可以活动的一个部件,其显示尺寸为1～7 in不等。它为摄像人员取景构图、调准焦点、调试机器及显示机器的工作状态和监看来自录像机或特技台的视频运送信号,提供了一个方便的而且是不可缺少的观察场所。

话筒能将声音信号变成音频电信号,用于拍摄时拾取现场声音。为了在摄像机拍摄图像时能同时拾取声音,一些较小型的摄像机把话筒内装在摄像机的头部。而专业级的较大的摄像机则往往在机身头部有一个话筒支架,可用来安装话筒,在机身上有话筒电缆线的插座,连接后可以把话筒拾取的声音信号送入摄像机内,再经过摄像机电缆送入录像机录下。

机身即摄像机的整个躯体,载有摄像机的所有元部件,表面有各种操作开关输入输出插口等。

附件是摄像机工作时必不可少的或者有时候要用的器件。其中必不可少的附件有交流(AC)适配器、充电电池、磁带、便携式录像机(非摄录一体机使用)、连接缆线等,用来给摄像机提供电源及记录摄像机输出的音视频信号。其他在摄像机某些工作状态下要用的附件有音频适配器、AV 转换接头、编辑控制器、字符发生器、遥控器、磁带适配器、效果特技镜、照明灯、三脚架等,用于通过摄像机和电视制作与重放系统连接进行方向、收录广播电视节目、编辑录像节目、转录复制录像节目等操作,以及根据环境需要和画面要求改善摄像条件。通常摄像机随机带的标准附件因机而异,没有统一的附件标准。

2. 数码摄像机的主要指标

数码摄像机的主要指标有多个,其中灵敏度、分解力和信噪比是摄像机最重要的技术指标。

(1)摄像机灵敏度是指在标准摄像状态下,摄像机光圈的数值。

(2)摄像机水平分解力又称为精度,是指在水平宽度为图像屏幕高度的范围内,可以分辨多少根垂直黑白线条的数目。

(3)摄像机信噪比表示在图像信号中包含噪声成分的指标。在显示的图像中,表现为不规则的闪烁细点。

摄像机的其他主要技术指标包括 CCD 的类型和规格;灰度特性;动态范围和拐点特性;量化比特数;中性滤色片 ND;镜头的选择;外同步与外触发;光谱响应特性等。

3. 摄像机的使用

(1)光圈控制。为保证摄像机在不同光照强度环境下拍摄景物图像达到正确曝光(图像的亮度值相对恒定),应正确设置摄像机光圈装置以控制镜头的进光量。光圈的控制有手动和自动两挡。处于自动光圈挡时,摄像机能根据被摄景物的平均亮度(如中央重点平均亮度)自动地调整光圈的大小,使摄像机始终获得正确的曝光量。但自动挡只适用于景物场面照度比较均匀的情况,而不适合于逆光摄景或景物与背景之间亮度差别很大的场合。这时,还必须通过手动光圈控制才能获得满意的曝光量,使图像清晰,层次丰富。

(2)聚焦。聚焦的目的是使被拍摄景物的图像最清晰。摄影镜头均具有一定的景深,即所拍摄到的图像总有一定的前后清晰范围,景深的大小与光圈大小、焦距长短和拍摄距离远近有关。光圈小、焦距短、拍摄距离远,则景深范围大,反之则小,其规律与照相机镜头的规律完全相同。

聚焦也有手动聚焦和自动聚焦两种方式。自动聚焦方式最常见的是红外线式自动聚焦,它是以画面中央景物为对象进行调焦的,因此,使用时要注意这点。如果主景物不在画面中心,最好用手动聚焦方式或只进行自动聚焦的锁定办法,使不在中央位置的主景物也获得清晰的图像。

(3)变焦控制。变焦控制是为了画面的推拉或景物的变换。变焦控制也有手动和自动两挡。手动挡适用于快速变焦或制作特殊效果时使用。自动挡适合于一般拍摄场合使用。

(4)注意做好黑/白平衡、中心重合的调整,确保图像的质量。

此外,一般的摄像机,使用时既可以扛在肩上进行拍摄,也可以安装在三脚架上使用。若扛在肩上进行拍摄,必须注意扛机的稳定性,以保证摄取的图像稳定。如拍摄近景或特写,最好是安装在三脚架上,才能确保拍摄画面的图像稳定,无晃动。

4. 摄像机使用保管注意事项

(1)摄像机在使用后要关闭光路,如关闭光圈,盖镜头盖,及时取出电池充电,放入机箱。

(2)摄像机应避免在高温、潮湿、强磁场或粉尘较多,有腐蚀性气体的环境中使用。通常环境温度应在 10~30℃,如果温度超过-5~45℃范围或温度变化剧烈,会导致图像质量变坏,甚至会损坏机件。摄像机受到雨淋,或在湿度较大的环境下工作,水和潮气会腐蚀机件。

(3)不要把摄像机直接对准光源,特别是不能直接对准太阳,以防损伤摄像管。即使是CCD摄像机,也不要长时间对准光源。

(4)摄像机工作电压应保持在正常值,电源电压过低会使图像杂波增多和彩色失真,并无法聚焦清晰。

(5)对较长时间不使用的摄像机,要断开电源,远离热源,最好是装箱放置在常温干燥处。特别是南方地区的梅雨季节,机器要定期通电,进行驱潮处理。一般来说,每一个月应通电一次,每次大约20 min,以防摄像管真空度下降。

(6)摄像机的镜头是一个十分精密的光学组件,其光学透镜表面带有镀膜,因此对镜头要十分爱护,切不可用手摸。表面的灰尘要用软毛刷掉或用皮吹风吹掉。比较脏时,应当用镜头水、鹿皮一起擦拭。镜头组件不可随意拆卸。

(7)连接使用摄像机时,要小心操作。在连接线路时,应在关闭电源的情况下进行。

(8)摄像机在运输或携带时,要避免震动,特别是三管摄像机尤应注意。

(9)摄像机一旦发生故障,一定要由技术比较熟练的专业人员检修,杜绝乱拆、乱卸,以防故障扩大,给维护带来更大的麻烦。

(10)摄像机最好由专人使用和保管,不要让非摄像人员任意拍摄,并及时做好使用记录。

2.3.10 触摸屏

触摸屏(Touch Screen)是一种定位设备。当用户用手指或者其他设备触摸安装在计算机显示器前面的触摸屏时,所摸到的位置(以坐标形式)被触摸屏控制器检测到,并通过接口送到CPU,从而确定用户所输入的信息,这样摆脱了键盘和鼠标操作,使人机交互更为直截了当。触摸屏技术已成为当前最简便的人机交流的输入设备,它赋予多媒体以崭新的面貌,是极富吸引力的全新多媒体交互设备。

1. 触摸屏的分类

(1)按安装方式分类。

①外挂式。属非侵入类,安装该方式的触摸屏无需专业技术,可以由用户自行把它挂到显示器的屏幕前,而且随时可以拆卸。

②内置式。属侵入类,这类触摸屏是由销售商为用户安装的,需拆卸显示器的外盖,把传感器夹在荧光屏与玻璃外盖之间。

③整体式。传感器本身与显示器为一体的配置。这类触摸屏采用独特的技术,把显示器置于一个压力敏感垫之上。这种技术几乎可以把各种显示器变为触摸屏。

④投影仪触摸屏。这种类型的触摸屏安装于大型投影屏幕上。触摸屏尺寸可达1.5 m×1.5 m,教师可把该屏幕当作黑板使用,可通过对投影屏幕的触摸来写字、绘图及控制计算机流程等。

(2)按结构特性与技术分类。

①红外式。使用红外线传感器,这是一种需要特殊框的触摸屏形式。

②电阻模式。使用电阻性传感器,其主要结构是电阻膜。

③电容式。使用电容性传感器,利用人体所带电荷的电容感应作用工作。

④表面声波式。使用声波传感器,由声波传感器和反射器组成。

⑤压力矢量式。使用压力矢量传感器,利用显示器下的感应垫感受压力。

2. 触摸屏的工作原理

为了操作上的方便,人们用触摸屏来代替鼠标或键盘。工作时,首先用手指或其他物体触摸安装在显示器前端的触摸屏,然后系统根据手指触摸的图标或菜单位置来定位选择信息的输入。

(1)触摸屏系统组成。触摸屏系统一般由触摸屏控制卡和触摸检测装置两部分组成。

触摸屏控制卡有自己的 CPU 和固化的监控程序,它的作用是从触点检测装置上接收触摸信息,将其转化为触点坐标,并送给主机;同时还能接收主机发来的命令并加以执行。

触摸屏检测装置直接安装在监视器前端,主要用来检测用户的触摸位置,并将该信息传递给触摸屏控制卡。

(2)触摸屏驱动方式。触摸屏驱动方式一般分为高级驱动方式和低级驱动方式。

①高级驱动方式。

◆ 鼠标仿真:用手指和触摸屏接触,与点击鼠标为同一意义。

◆ 键盘仿真:将屏幕按需要设定若干范围,每一范围为相应的 ASCII 码值。

②低级驱动方式。

◆ 串行口通讯功能:通过串行口 RS-232 与触摸屏直接进行通讯,适用于微机。

◆ 中断功能调用:使用中断功能调用,以设置触摸屏和从触摸屏接收信息,只适用于 PC 系列微机。

触摸屏分辨率可以由软件加以调整,常常将其设定为与显示器分辨率相等。

触摸屏的工作原理根据使用的介质不同而不同,比较流行的有电容式、电阻式、红外式和压力式。

2.3.11 打印机

打印机作为各种计算机的最主要输出设备之一,随着计算机技术的发展和用户需求而得到较大的发展。近年来,各种新型实用的打印机应运而生,一改以往针式打印机一统天下的局面,打印机领域形成了针式打印机、喷墨打印机、激光打印机三足鼎立的主流产品,发挥各自优点,满足各界用户不同的需求。

1. 打印机的分类

回顾打印机的发展历史,可以清楚地看出打印机的发展趋势:从击打式到非击打式、从黑白到彩色、从单功能到多功能。打印机的分类方法也不尽相同,目前普遍使用的分类方法有两种:一种是按原理分类,一种是按用途分类。

按照打印机的工作原理分类,打印机分为击打式和非击打式两大类。

按打印机的用途分类,各种打印机的应用领域已向纵深发展,根据打印机的档次、适用对象、具体用途等已经形成了通用、商用、专用、家用、便携、网络等应用于不同领域的产品。

(1)办公和事务通用打印机。在这一应用领域,针式打印机一直占领主导地位。由于针式打印机具有中等分辨率和打印速度,耗材便宜,同时还具有高速跳行、多份拷贝打印、宽幅面打印、维修方便等特点,目前仍然是办公和事务处理中打印报表、发票等的优选机种。

(2)商用打印机。商用打印机是指商业印刷用的打印机,由于这一领域要求印刷的质量比较高,有时还要处理图文并茂的文档,因此,一般选用高分辨率的激光打印机。

(3)专用打印机。专用打印机一般是指各种微型打印机、存折打印机、平推式票据打印机、条形码打印机、热敏印字机等用于专用系统的打印机。

(4)家用打印机。家用打印机是指与家用电脑配套进入家庭的打印机,根据家庭使用打印机的特点,目前低档的彩色喷墨打印机逐渐成为主流产品。

(5)便携式打印机。便携式打印机一般用于与笔记本电脑配套,具有体积小、质量轻、可用电池驱动、便于携带等特点。

(6)网络打印机。网络打印机用于网络系统,要为多数人提供打印服务,因此要求这种打印机具有打印速度快、能自动切换仿真模式和网络协议、便于网络管理员进行管理等特点。

2. 针式打印机

(1)概述。

针式打印机的特点是结构简单,技术成熟,性能价格比好,消耗费用低。针式打印机虽然噪声较高,分辨率较低,打印针易损坏,但近年来由于技术的发展,较大地提高了针式打印机的打印速度,降低了打印噪声,改善了打印品质,并使针式打印机向着专用化、专业化方向发展,使其在银行存折打印、财务发票打印、记录科学数据连续打印、条形码打印、快速跳行打印和多份拷贝制作等应用领域具有其他类型打印机不可取代的功能。

针式打印机主要有9针和24针两种。9针的不配汉字库,其基本功能是打印字母和数字符号,若要用它打印16×16点阵组成的简易汉字,只能在图形方式下打印,打印时必须分两次进行,即第一次打印一行汉字的上半部分8个点,第二次打印该行汉字的下半部分8个点,上下两部分拼成一行完整的汉字。显然,打印汉字的速度很低。若要用它打印24×24点阵组成的汉字,则一行完整的汉字至少需要3次打印才能完成,打印速度更慢。

按照有关标准,对"汉字针式打印机"的定义是:打印头横向打印一次就能打出一种或几种符合国际汉字字形点阵要求的汉字打印机。目前,市场上流行的24针打印机就能一次打出24×24点阵组成的汉字。

西文针式打印机本身不带汉字库,汉字库设置在计算机系统硬盘上。当进行汉字信息处理时,在汉字操作系统支持下,根据汉字输入代码调用硬盘汉字库中的点阵码,主机将读出的点阵码送给打印机,主机不仅忙于汉字转换,而且与打印机之间连续不断地传输点阵码,大大降低了系统工作效率。对于自配汉字库的打印机,当计算机处理汉字时,主机只需将汉字国标码送往打印机,汉字国标码变为点阵码由打印机完成。两者相比,主机处理一个汉字,由输出72个字节点阵码缩短为两个字节国标码,使系统工作效率大为提高。打印机内部硬件和软件还能完成汉字纵向打印、横向放大、纵向放大、斜体字打印、空心字打印、反白打印、加黑字打印等功能,使汉字打印机功能和打印速度得到充分发挥。

各类针式打印机从表面上看没有什么区别,但随着专用化和专业化的需要,出现了不同类型的针式打印机。针式打印机的主要类型有通用针式打印机、存折针式打印机、行式针式打印机和高速针式打印机。

(2)针式打印机的基本工作原理。

针式打印机是利用机械和电路驱动原理,使打印针撞击色带和打印介质,进而打印出点阵,再由点阵组成字符或图形来完成打印任务。打印机接收PC机发送的打印控制、字符打印或图形打印命令,再通过打印机CPU处理后,从字库中寻找与该字符或图形相对应的图像编码首列地址(正向打印时)或末列地址(反向打印时),如此一列一列地找出编码并送往打印头驱动电路,激励打印头出针打印。

针式打印机的基本打印步骤是:启动字库→检查打印头是否进入打印区域→执行打印初始化→按字符或图形编码驱动打印头打印一列→产生列间距→产生字间距→一行打印完毕,启动输纸电机驱动打印辊和打印纸输纸一行→换行(若是单向打印则回车),为下一行打印做准备。针式打印机就是这样由监控程序控制打印电机完成打印作业的。

从结构和原理上看,针式打印机由"打印机械装置"和"控制驱动电路"两大部分组成,在打印过程中共有三种机械运动:打印头横向运动、打印纸纵向运动和打印针的击针运动。这些运动都由软件控制驱动系统通过一些精密机械来执行。

3. 喷墨打印机

喷墨打印机是在针式打印机之后发展起来的,采用非打击的工作方式。比较突出的优点是体积小、操作简单方便、打印噪音低、使用专用纸张时可以打出和照片相媲美的图片等。经过若干年的磨炼,喷墨打印机的技术已经取得了长足的发展。

(1)喷墨打印机的工作原理。早期的喷墨打印机和当前的大幅面喷墨打印机采用的都是连续喷墨技术,而当今流行的大多数喷墨打印机采用的是随机喷墨技术,这两者在原理上有很大区别。

(2)喷墨打印机的特点。喷墨打印机是性价比较高的彩色图像输出设备,有着接近激光打印机的输出质量,应用范围十分广泛,是目前办公打印、特别是家用打印市场中的重要产品之一。喷墨打印机的优点主要是打印质量好、无噪声、可以以较低成本实现彩色打印,而缺点则是打印速度较慢、墨水较贵且用量较大、打印量较少。因而主要适用于家庭和小型办公室打印量不大、打印速度要求不高的场合,适用于低成本彩色打印环境。

(3)喷墨打印机的分类。喷墨打印机按照喷墨方式分为连续式和随机式两大类;按照墨的状态又可分为固体墨和液体墨两种。根据实际应用可以将喷墨打印机分为普通彩色喷墨打印机和宽幅喷墨打印机两类。

普通彩色喷墨打印机是一种打印宽度在 A3 纸以内、打印速度低于 20 PPM、适用于家庭和小型办公室彩色输出环境的彩色喷墨打印机。

宽幅喷墨打印机也称为大幅面喷墨打印机或彩色喷墨绘图机。由于喷墨打印机的打印头可以往复运动,容易实现大幅面打印与图形绘制功能,又由于打印技术的全面提高,从而使得宽幅喷墨打印机在绘图应用领域具有较大的优势和应用价值。

4. 激光打印机

激光打印机以其打印速度快、打印品质高的优点,在人们的日常工作中越来越受到青睐。激光打印机一般分成 6 大系统: Power System(供电系统)、DC Controller System(直流控制系统)、Formatter System(接口系统)、Laser/Scanner System(激光扫描系统)、Image Formation System(成像系统)、Pick-up/Feed System(搓纸系统)。下面对这 6 大系统分别进行阐述。

(1) Power System(供电系统)。供电系统作用于其他 5 个系统,根据需要,输入的交流电被调控为高压、低压和直流电。高压电一般作用于成像系统,许多型号的打印机都有单独的高压板,但随着集成化的增高,很多打印机的高压板、电源板以及 DC 控制板被集成在一起,如 HP5L/6L、HP4L/4P、HP5P/6P、HP4000、HP5000 等。低压电主要用来驱动各个引擎马达,其电压根据需要而定,像 HP5L/6L 主要有 5 V 和 12 V 电压,而 HP5000 主要有 3.4 V、5 V 和 24 V 电压。直流电主要用来驱动 DC 板上的各种型号的传感器、控制芯片以及 CPU 等。

(2) DC Controller System(直流控制系统)。直流控制系统主要用来协调和控制打印机的各系统之间的工作,从接口系统接收数据,驱动激光扫描单元,测试传感器,控制交直流电的分布,设置过压/欠流保护和节能模式,控制高压电的分布等。其电路构成比其他 5 个系统都复杂,涉及电路的一些专业知识,如放大电路、反馈电路和整流电路等。

(3) Formatter System(接口系统)。接口系统是打印机和计算机连接的桥梁,它负责把计算机传递过来的一定格式的数据翻译成 DC 板能处理的格式,并传递给 DC 板。接口系统的构成一般有 3 个部分:接口电路、CPU 和 BIOS 电路。在接口电路里主要有一些负责产生稳压电流的芯片(为保护和驱动其他芯片)。CPU 的主要任务是翻译接口电路传递过来的数据,控制信号灯以及传递给 DC 板翻译后的数据。有些型号的打印机,其接口电路也做进 CPU,像 HP4L/4P。BIOS 电路这部分主要有打印机自身的一些配置,以及生产厂家的一些相关信息。但有的打印机接口系统并没有 BIOS 电路,这类打印机一般不能打印自检测页面,如 Epson 5700/5800 等。

(4) Laser/Scanner System(激光扫描系统)。激光扫描系统的主要作用是产生激光束,在 OPC(感光鼓)表面曝光,形成映像。激光扫描系统主要有 3 个部分:多边形旋转马达、发光控制电路和透镜组。旋转马达主要通过高速旋转的多棱角镜面,把激光束通过透镜折射到 OPC 表面。发光控制电路主要是产生调控过的激光束,主要由激光控制电路和发光二极管组成。透镜组主要通过发散、聚合功能把光线折射到 OPC 表面。

(5) Image Formation System(成像系统)。成像系统的工作过程大致分为两个过程:前期的准备工作和后期的定影成形工作。其整个工作过程大致可分为 7 个步骤。

① 充电:通过充电辊给 OPC 表面充上高压电。
② 曝光:利用 OPC 表面的光导特性,使 OPC 表面曝光,形成一定形状不等位的电荷区。
③ 吸附:显影碳粉颗粒在电场作用下吸附在 OPC 表面被曝光的区域。
④ 转印:当打印纸通过转印辊时,被带上与碳粉相反的电荷,使碳粉颗粒按一定的形状转印到纸上。
⑤ 分离:纸张从 OPC 和转印辊上分离出来。
⑥ 定影:已经印上字的打印纸上的碳粉颗粒,需要熔化才能渗透到纸里。
⑦ OPC 清洁:OPC 表面的碳粉并未完全被转印纸上,通过刮刀清理后,完成下一轮转印成像过程。

在其后的定影成形过程中,加热组件是个很重要的部件,它通过一定范围的高温,将碳粉熔化。目前加热组件主要有陶瓷加热和灯管加热两种形式。陶瓷加热的特点是加热速度快,预热时间短,缺点是易爆、易折,而灯管加热则相对稳定些,缺点是预热时间较长。现在有很多打印机都采用双灯管加热,像 HP5SI、HP8100、HP4500 等。但不论采用哪种形式的加热,其温控都是通过热敏元件感应温度变化时自动闭合完成的。

(6) Pick-up/Feed System(搓纸系统)。搓纸系统主要由进纸系统和出纸系统构成。现有的大部分机型都可扩充多个进纸单元,而出纸系统也是为适应打印介质的需要,设置成两个出纸口。打印纸在整个输纸路中的走动都是有严格的时间范围的,超出了这个时间范围,打印机就会提示卡纸。而对具体位置的监控则是通过一系列的传感器监测完成的。目前激光打印机中的传感器大部分是由光敏二极管元件构成的。

各种型号的激光打印机在机型和具体到某个系统的设计上,可能有所不同,但是它们的工作原理却大致是一样的,只不过某个局部的功能会根据设计的需要得到了增强而已。

2.4 多媒体软件系统

构建一个多媒体系统,硬件是基础,软件是灵魂。多媒体软件的主要任务是将硬件有机地组织在一起,使用户能够方便地使用多媒体信息。多媒体软件系统按功能可分为系统软件和应用软件。

多媒体系统软件是多媒体系统的核心,它不仅具有综合使用各种媒体、灵活调度多媒体数据进行媒体的传输和处理的能力,而且要控制各种媒体硬件设备协调地工作。多媒体系统软件主要包括多媒体操作系统、媒体素材制作软件及多媒体函数库、多媒体创作工具与开发环境、多媒体外部设备驱动软件和驱动器接口程序等。

多媒体应用软件是在多媒体创作平台上设计开发的面向应用领域的软件系统,通常由应用领域的专家和多媒体开发人员共同协作、配合完成,例如教育软件、电子图书等。

2.4.1 多媒体系统软件

多媒体系统软件除了具有一般系统软件的特点外,还反映了多媒体技术的特点,如数据压缩、媒体硬件接口的驱动、新型交互方式等。多媒体系统软件主要包括多媒体驱动软件、多媒体操作系统和多媒体开发工具3种。

1. 多媒体驱动软件

驱动软件是指添加到操作系统中的一小块代码,其中包含有关硬件设备的信息。有了此信息,计算机就可以与设备进行通信。驱动程序是硬件厂商根据操作系统编写的配置文件,可以说没有驱动程序,计算机中的硬件就无法工作。操作系统不同,硬件的驱动程序也不同,各个硬件厂商为了保证硬件的兼容性及增强硬件的功能会不断地升级驱动程序。驱动程序是硬件的一部分,当你安装新硬件时,驱动程序是一项不可或缺的重要元件。凡是安装一个原本不属于你电脑中的硬件设备时,系统就会要求你安装驱动程序,将新的硬件与电脑系统连接起来。驱动程序扮演着沟通的角色,把硬件的功能告诉电脑系统,并且也将系统的指令传达给硬件,让它开始工作。

当安装新硬件时总会被要求放入"这种硬件的驱动程序",很多人这时不是找不到驱动程序的盘片,就是找不到文件的位置,或是根本不知道什么是驱动程序。比如安装打印机这类硬件,并不是把连接线接上就算完成,如果你这时候开始使用,系统会告诉你,找不到驱动程序。参照说明书也未必就能顺利安装。其实在安装方面还是有一定的惯例与通则可寻的。

在 Windows 系统中,需要安装主板、光驱、显卡、声卡等一套完整的驱动程序。如果需要外接别的硬件设备,则还要安装相应的驱动程序,如外接游戏硬件要安装手柄、方向盘、摇杆、跳舞毯等的驱动程序,外接打印机要安装打印机驱动程序,上网或接入局域网要安装网卡的驱动程序。

在 Windows 下,驱动程序按照其提供的硬件支持可以分为声卡驱动程序、显卡驱动程序、鼠标驱动程序、主板驱动程序、网络设备驱动程序、打印机驱动程序、扫描仪驱动程序等。为什么没有 CPU、内存驱动程序呢? 因为 CPU 和内存无需驱动程序便可使用,不仅如此,绝大多数键盘、鼠标、硬盘、软驱、显示器和主板上的标准设备都可以用 Windows 自带的标准驱动程序来驱动,当然其他特定功能除外。如果要在 Windows 系统中的 DOS 模式下使用光驱,还需要在 DOS 模式下安装光驱驱动程序。多数显卡、声卡、网卡等内置扩展卡和打印机、扫描仪、外置 Modem 等外设都需要安装与设备型号相符的驱动程序,否则无法发挥其部分或全部功能。驱动程序一般可通过三种途径得到,一是购买的硬件附带有驱动程序;二是 Windows 系统自带有大量驱动程序;三是从 Internet 下载驱动程序。最后一种途径通常能够得到最新的驱动程序。

供 Windows 使用的驱动程序包通常由一些. vxd(或. 386)、. drv、. sys、. dll 或. exe 等文件组成,在安装过程中,大部分文件都会被拷贝到"Windows\ System"目录下。

Windows 怎样知道安装的是什么设备,以及要拷贝哪些文件呢?答案就在于. inf 文件。. inf 文件是从 Windows 95 时代开始引入的一种描述设备安装信息的文件,它用特定语法的文字来说明要安装的设备类型、生产厂商、型号、要拷贝的文件、拷贝的目标路径,以及要添加到注册表中的信息。通过读取和解释这些文字,Windows 便知道应该如何安装驱动程序。目前几乎所有硬件厂商提供的用于 Windows 下的驱动程序都带有安装信息文件。事实上,. inf 文件不仅可用于安装驱动程序,还能用来安装与硬件并没有什么关系的软件,例如 Windows 98 支持"Windows 更新"功能,更新时下载的系统部件就是利用. inf 文件来说明如何安装该部件的。

在安装驱动程序的时候,Windows 一般要把. inf 文件拷贝一份到"Windows\Inf"或者是"Windows\Inf\Other"目录下,以备将来使用。Inf 目录下除了有. inf 文件外,还有两个特殊文件 Drvdata. bin 和 Drvidx. bin,以及一些. pnf 文件,它们都是 Windows 为了加快处理速度而自动生成的二进制文件。Drvdata. bin 和 Drvidx. bin 记录了. inf 文件描述的所有硬件设备,当安装某些设备时,经常会看到一个"创建驱动程序信息库"的窗口,此时 Windows 便正在生成这两个二进制文件。

Windows 专门提供有"添加新硬件向导"来帮助使用者安装硬件驱动程序,使用者的工作就是在必要时告诉硬件向导在哪儿可以找到与硬件型号相匹配的. inf 文件,剩下的绝大部分安装工作都将由硬件安装向导自己完成。

给硬件设备安装驱动程序对 Windows 9x 用户来说并不是一件陌生事,在安装或重装 Windows 时需要安装驱动程序,在购买了某些新硬件之后也需要安装驱动程序。如果驱动程序安装不正确,系统中某些硬件就可能无法正常使用。虽然 Windows 支持即插即用,能够为用户减轻不少工作,但由于 PC 机的设备有非常多的品牌和型号,加上各种新产品不断问世,Windows 不可能自动识别出所有设备,因此在安装很多设备时都需要人工干预。

2. 多媒体操作系统

目前多媒体操作系统种类繁多,很难用单一标准统一分类。根据操作系统的使用环境和对作业处理方式来考虑,可分为批处理系统(MVX、DOS/VSE)、分时系统(WINDOWS、UNIX、Mac OS)和实时系统(iEMX、VRTX);根据所支持的用户数目,可分为单用户系统(MSDOS、OS/2)和多用户系统(UNIX、MVS、Windows);根据硬件结构,可分为网络操作系统(Netware、Windows NT、OS/2 warp)、分布式系统(Amoeba)和多媒体系统(Amiga)等。

常用的多媒体操作系统主要有 Windows、Mac OS、Linux、FreeBSD、BeOS、Andriod、iOS 等。

(1)Windows。Windows 是为个人电脑和服务器用户设计的操作系统。它的第一个版本由微软公司 1985 年发行,并最终获得了世界个人电脑操作系统软件的垄断地位。所有最近的 Windows 都是完全独立的操作系统。

（2）Mac OS。Mac OS 是一套运行于苹果 Macintosh 系列电脑上的操作系统。Mac OS 是首个在商用领域成功应用的图形用户界面。

（3）Linux。Linux 是目前十分火暴的操作系统，由芬兰赫尔辛基大学的 Linus B. Torvolds 在 1991 年首次编写，标志性图标是个可爱的小企鹅。由于其源代码的免费开放，使其在很多高级应用中占有很大市场，这也被业界视为打破 Windows 垄断的希望。

（4）FreeBSD。FreeBSD 是一种运行在 x86 平台下的类 Unix 系统。它以一个神话中的小精灵作为标志，由 BSD Unix 系统发展而来，由加州伯克利学校开发，第一个版本 1993 年正式推出。BSD Unix 和 Unix System V 是 Unix 操作系统的两大主流，以后的 Unix 系统都是这两种系统的衍生产品。这款操作系统主要应用于网络服务器端，不太适合个人用户。

（5）BeOS。如果说 Windows 是现代办公软件的世界，Unix 是网络的天下，则 BeOS 就称得上是多媒体大师的天堂了。BeOS 以其出色的多媒体功能而闻名，它在多媒体制作、编辑、播放方面都得心应手，因此吸引了不少多媒体爱好者加入到 BeOS 阵营。由于 BeOS 的设计十分适合进行多媒体开发，所以不少制作人都采用 BeOS 作为他们的操作平台。

（6）Andriod。Android 是一种以 Linux 为基础的开放源码操作系统，主要使用于便携设备。Android 操作系统最初由 Andy Rubin 开发，主要支持手机。2005 年由 Google 收购注资，并组建开放手机联盟开发改良，逐渐扩展到平板电脑及其他领域上。Android 的主要竞争对手是苹果公司的 iOS 及 RIM 的 Blackberry OS。

（7）iOS。iOS 是由苹果公司开发的手持设备操作系统。苹果公司最早于 2007 年 1 月 9 日的 Macworld 大会上公布这个系统，最初是设计给 iPhone 使用的，后来陆续套用到 iPod touch、iPad 等苹果产品上。iOS 与苹果的 Mac OSX 操作系统一样，它也是以 Darwin 为基础的，因此同样属于类 Unix 的商业操作系统。原本这个系统名为 iPhone OS，直到 2010 年 6 月 7 日 WWDC 大会上宣布改名为 iOS。

3. 多媒体开发工具

多媒体开发工具是多媒体开发人员用于获取、编辑和处理多媒体信息，编制多媒体应用程序的一系列工具软件的统称。它可以对文本、图形、图像、动画、音频和视频等多媒体信息进行控制和管理，并把它们按要求连接成完整的多媒体应用软件。多媒体开发工具大致可分为多媒体素材制作工具、多媒体著作工具和多媒体编程语言等三类。

多媒体素材制作工具是为多媒体应用软件进行数据准备的软件，其中包括文字特效制作软件 Word（艺术字）、COOL 3D，图形图像编辑与制作软件 CorelDRAW、Photoshop，二维和三维动画制作软件 Animator Studio、3D Studio MAX，音频编辑与制作软件 Wave Studio、Cakewalk，以及视频编辑软件 Adobe Premiere 等。

多媒体著作工具又称为多媒体创作工具，它是利用编程语言调用多媒体硬件开发工具或函数库来实现的，并能被用户方便地编制程序，组合各种媒体，最终生成多媒体应用程序的工具软件。常用的多媒体创作工具有 PowerPoint、Authorware、ToolBook 等。

多媒体编程语言可用来直接开发多媒体应用软件，不过对开发人员的编程能力要求较高，但它有较大的灵活性，适应于开发各种类型的多媒体应用软件。常用的多媒体编程语言有 Visual Basic、Visual C++、Java 和 Delphi 等。

2.4.2 多媒体应用软件

多媒体应用软件又称为多媒体应用系统或多媒体产品,是在多媒体硬件平台上设计开发的面向应用的软件系统,由各种应用领域的专家或开发人员利用多媒体编程语言或多媒体创作工具编制的最终多媒体产品,是直接面向用户的。

多媒体应用软件种类很多,既有可以广泛使用的公共型应用支持软件,如多媒体数据库系统等,又有不需要二次开发的应用软件。多媒体系统是通过多媒体应用软件向用户展现其强大的、丰富多彩的视听功能的。例如,各种多媒体教学软件、培训软件、声像俱全的电子图书等,这些产品都可以光盘形式面世。

小　　结

本章首先对多媒体计算机系统的层次结构进行了分析,然后着重介绍了各种常用的多媒体硬件设备,最后对多媒体软件系统进行了简单介绍。通过本章的学习,应该能够对常用的多媒体硬件设备的各种常用技术参数有一个深入的了解,能够根据各种应用的需要选择合适的设备。

习　　题

1. 什么是多媒体计算机系统?
2. 简述支持多媒体系统的软件大致分为哪几个层次?
3. 简述声卡的工作原理。
4. 简述显卡的性能指标。
5. 常用的多媒体设备有哪些及其主要分类?
6. 显示器的主要技术指标有哪几个?
7. DVD光盘的主要格式标准有哪些?

第3章 多媒体数据压缩技术

本章重点：多媒体数据压缩编码技术；音频、图像、视频压缩编码标准。

多媒体数据压缩，就是把各种信源输出转换成易于处理的形式，如二进制或其他数字信号，以利于在通信信道中传输，在磁介质、光盘中存储，或在计算机中进行处理。从这个意义上看，它是一切多媒体信息系统中不可缺少的部分，因而多媒体数据压缩是一个历史悠久的课题。从古老的烽火告警，直到近代的矢量量化编码，都是信源编码的例子。自20世纪50年代香农信息论建立后，信源编码就在这一理论的指导下得到蓬勃的发展。以压缩码率作为其主要目标，相继出现一些离散信源的最佳编码，如霍夫曼编码和算术编码，连续信源的最佳量化和矢量量化，以及相关信源的预测编码。20世纪90年代以来，随着移动通信等无线接入和多媒体技术的大量引入，由于频带的限制，迫使人们采用压缩编码，又给信源编码技术注入新的动力，新的编码思想和编码标准不断涌现。

3.1 数据压缩编码技术

为了解决存储、处理和传输多媒体数据的问题，除了提高计算机本身的性能，以及通信信道的带宽外，更重要的则是对多媒体数据进行高效实时的压缩，压缩的目的是要减少多媒体信息的存储量和传输量，因此，数据压缩编解码自然成为了多媒体技术中最为关键的核心技术。

3.1.1 数据压缩方法

数据压缩处理一般由两个过程组成：一是编码过程，即将原始数据经过编码进行压缩，以便于存储与传输；二是解码过程，即对编码数据进行解码，还原为可以使用的数据。按照出发点的不同，数据压缩方法有几种不同的分类结果。

1. 按解码后数据与原始数据的一致性分类

根据解码后的数据与原始数据是否完全一致，数据压缩方法可分为两类：可逆（无失真）编码方法和不可逆（有失真）编码方法。

用可逆编码方法压缩的图像，其解码图像与原始图像严格相同，即压缩是完全可恢复的或没有偏差的。

用不可逆编码方法压缩的图像，其还原后的图像较之原始图像存在着一定的误差，但这种误差限定在一定范围内，就视觉效果而言一般是可接受的。因此，本方法大多使用在把人类视觉作为对象的场合下。

2. 按压缩方法的基本原理分类

根据压缩方法基本原理的不同，数据压缩方法可分为以下几类。

(1) 预测编码。这是一种针对统计冗余进行压缩的方法。对于空间冗余来说反映在同帧图像内,相邻像素点之间的相关性比较强,因而任何一像素点均可由与它相邻的且已被编码的点来进行预测估计。预测是根据某一模型进行的,如果模型选取得足够好的话,则只需存储或传输起始像素和模型参数就可能代替整个一帧图像了。但实际上预测不会百分之百正确,例如在边界处预测往往会失败,此时的做法是将预测的误差存储或传输。时间冗余的预测与之完全类似,只是将帧内换为帧间。

(2) 变换编码。这也是一种针对统计冗余进行压缩的方法。所谓变换编码是将图像光强矩阵(时域信号)变换到系数空间(频域)进行处理的方法。在空间上具有强相关的信号,反映在频域上是某些特定的区域内能量常常被集中在一起,或者是系数矩阵的分布具有某些规律。我们可以利用这些规律分配频域上的量化比特数,从而达到压缩的目的。因为由时域映射到频域总是通过某种变换进行的,所以这种方法被称为变换编码。又因为正交变换的变换核(变换矩阵)是可逆的,且逆矩阵与转置矩阵相等,这就使解码运算能够保证有解且运算方便,因而变换编码总是选用正交变换来做。

(3) 量化与向量量化编码。当对模拟量进行数字化时,必然要经历一个量化的过程。量化器的设计是一个很关键的步骤。量化器设计得好坏对于量化误差的大小有直接的影响。在对像素点进行量化时,除了每次仅量化一个点的做法外,也可以考虑一次量化多个点,这种方法称为向量量化。例如,我们每次量化相邻的两个点,将两个点用一个量化码字表示。向量量化对数据的压缩能力实际上与预测方法相近,而且方法的本质也是对统计冗余进行压缩。

(4) 信息熵编码。这是一种根据信息熵原理,让出现概率大的用短的码字表达,反之用长的码字表达。最常见的方法如哈夫曼编码、游程编码以及算术编码等。

(5) 分频带编码(又称子带编码)。将图像数据变换到频域后,按频率分带,然后用不同的量化器进行量化,从而达到最优的组合,或者是分步渐近编码。在初始时对某一频带的信号进行解码,然后逐渐扩展到所有频带。随着解码数据的增加,解码图像也逐渐清晰起来。此方法对于远地图像模糊查询与检索的应用比较有效。

(6) 结构编码。也称为第二代编码。编码时首先将图像中的边界、轮廓、纹理等结构特征求出来,然后保存这些参数信息。解码时根据结构和参数信息进行合成,从而恢复出原图像。

(7) 基于知识的编码。对于人脸等可用规则描述的图像,可以利用人们对于人脸的知识形成一个规则库,据此将人脸的变化等用一些参数进行描述,从而用参数加上模型就可以实现人脸的图像编码与解码。

除了上述编码方法以外,还有统计编码、行程编码和算术编码等。

3.1.2 无损压缩法与有损压缩法

常用的压缩编码可以分为两大类:一类是无损压缩法,也称为冗余压缩法或熵编码;另一类是有损压缩法,也称熵压缩法。

1. 无损压缩法

无损压缩法去掉或减少了数据中的冗余,但这些冗余值是可以重新插入到数据中的,因此,无损压缩是可逆的过程。例如,需压缩的数据长时间不发生变化,此时连续的多个数据值将会重复,这时若只存储不变值的重复数目,显然会减少存储数据量,且原来的数据可以从压缩后的数据中重新构造出来(或者称为还原、解压缩),信息没有损失。因此,无损压缩法也称为无失真压缩。典型的无损压缩法主要是基于统计的编码方案,如霍夫曼(Huffman)编码、Fano-Shannon编码、算术编码、游程编码(Run-Length)和LZ编码等。

无损压缩法由于不会产生失真,因此在多媒体技术中一般用于文本数据的压缩,它能保证完全地恢复原始数据,一个很常见的例子就是磁盘文件的压缩。但这种方法压缩比比较低,如LZ编码、游程编码、霍夫曼编码的压缩比一般在2∶1~5∶1之间。

2. 有损压缩法

有损压缩法压缩了熵,会减少信息量。因为熵定义为平均信息量,而损失的信息是不能再恢复的,因此这种压缩法是不可逆的。常用的有损压缩方法有PCM(脉冲编码调制)、预测编码、变换编码(主要是离散余弦交换方法)、插值和外推法(空域亚采样、时域亚采样和自适应)等。新一代的数据压缩方法,如矢量量化和子带编码、基于模型的压缩、分形压缩和小波变换压缩等也已经接近或达到实用水平。

有损压缩法由于允许一定程度的失真,适用于重构信号不一定非要和原始信号完全相同的场合,可用于对图像、声音、动态视频等数据的压缩。如采用混合编码的JPEG标准,它对自然景物的彩色图像,压缩比将达到几十倍甚至上百倍。采用ADPCM编码的声音数据,压缩比通常也能做到4∶1~8∶1。压缩比最为可观的是动活视频数据,采用混合编码的DVI多媒体系统,压缩比通常可达100∶1~200∶1。可见,数据压缩技术已经处于成熟的应用阶段。

3.1.3 数据压缩算法的综合评价指标

数据压缩方法的优劣主要由所能达到的压缩倍数、从压缩后的数据所能恢复(或称重建)的图像(或声音)的质量,以及压缩和解压缩的速度等几方面来评价。此外,算法的复杂性和延时等也是应当考虑的因素。

衡量一种数据压缩技术好坏的指标综合起来就是:一是压缩比要大;二是实现压缩的算法要简单,压缩、解压缩速度快;三是恢复效果要好。

1. 压缩的倍数

压缩的倍数则称为压缩率,通常有两种衡量的方法。

(1)由压缩前与压缩后的总的数据量之比来表示。例如,一幅1 024×768的黑白图像,每个像素具有8位,通过使其分辨率降低为512×384,又经数据压缩使每个像素平均仅用0.5位,则压缩倍数为64倍,或称其压缩率为1∶64。

(2)将任何非压缩算法产生的效果(如降低分辨率、帧率等)排除在外,用压缩后的比特流中每个显示像素的平均比特数bpdp(bit per displayed pixel)来表示。例如,以15 000 Byte存储一幅256×240的图像,则压缩率(单位:bpdp)为

$$(15\,000 \times 8)/(256 \times 240) = 2$$

2. 图像质量

有损压缩可以获得较大的压缩倍数,但采用大压缩倍数时要保证图像的质量是相当困难的。重建图像的质量通常是使用信噪比SNR(Signal Noise Ratio)或者简化计算的峰值信噪比PSNA来评价。

由于信噪比并不能够完全反映人对图像质量的主观感觉,国际电信联盟无线电组织在CCIR500标准中,规定了在严格的观测条件(图像尺寸、对比度、亮度、观测距离、照明等)下对一组标准图像压缩前后的质量进行对比的主观评定标准。具体做法是,由若干人(分专业组

和非专业组)对所观测的重建图像的质量按很好、好、尚可、不好、坏5个等级评分,然后计算平均分数。

对于音频数据压缩算法的质量评价也与此类似,可以用信噪比、加权信噪比及主观评定方法来评价。

3. 压缩和解压缩的速度

压缩和解压缩的速度是压缩系统的两项重要的性能指标。

(1)对称压缩。在有些应用中,压缩和解压缩都需要实时进行,这称为对称压缩,如电视会议的图像传输。

(2)非对称压缩。在有些应用中,只要求解压缩是实时的,而压缩可以非实时的,这称为非对称压缩,如多媒体CD-ROM节目的制作就是非对称压缩。

(3)压缩的计算量。数据的压缩和解压缩都需大量的计算。通常压缩的计算量比解压缩的计算量大,如MPEG的压缩编码计算量约为解码的4倍。

3.2 数据压缩编码标准

数据压缩研究中应注意的问题是,首先,编码方法必须能用计算机或VLSI硬件电路高速实现;其次,要符合当前的国际标准。数据压缩编码标准分为音频压缩技术标准(MPEG)、静止图像压缩编码标准(JPEG)、数字声像压缩标准(MPEG-1)、通用视频图像压缩编码标准(MPEG-2)、低比特率音视频压缩编码标准(MPEG-4)和视频会议压缩编码标准(H.261)等。

3.2.1 音频压缩技术标准(MPEG)

多媒体应用中常用的压缩标准是MPEG(Motion Picture Experts Group)音频压缩算法,它是一个基于心理声学模型进行压缩的算法,也是第一个高保真音频数据压缩的国际标准。它提供3个独立的压缩层次,供用户在复杂性和压缩质量之间权衡选择。

(1)第一层(layer 1)最为简单,压缩后的数据传输率为384 kbps,主要用于数字录音机(Digital Compact Cassette,DCC)。

(2)第二层(layer 2)的复杂程度属于中等,压缩后的数据传输率为192 kbps,包括数字广播(Digital Audio Broadcasting)的音频编码、CD-ROM的音频信号及CD-I(CD-Interactive)和VCD的音频编码。

(3)第三层(layer 3)最为复杂,但音质最佳,压缩后的数据传输率为64 kbps,尤其适用于ISDN的音频传输。我们常说的"MP3"就是指在这一层进行压缩的语音或音乐。

无论是第一层、第二层还是第三层,现在都可以在一个芯片上实现实时压缩和解压缩。

3.2.2 静止图像压缩编码标准(JPEG)

可以把黑白数字图像看作一个矩阵,其行和列的交叉处即为图像中的一个点,相应的矩阵单元点上的数值即为该点的灰度,这种形式的单元称为图像单元或像素。数字化图像就是由这样一连串单元组成的。对于彩色图像来说,每个像素又由红(R)、绿(G)、蓝(B)3种颜色像素表示。

在多媒体技术的发展过程中,静止和活动视频图像压缩标准的制订和推广起到了十分重要的作用。国际标准化组织(ISO)和国际电报电话咨询委员会(CCITT)联合成立了"联合图像专家组"(JPEG,Joint Photographic Experts Group),该小组致力于制订适用于连续色调、多极灰度、彩色或单色静止图像数据压缩的国际标准。经过5年细致的工作,于1991年3月提出了 JPEG 标准——多灰度静止图像的数字压缩编码,这是一个适用于彩色和单色多灰度或连续色调静止数字图像的压缩标准。它包含两部分:第一部分是无损压缩,即基于空间线性预测技术的无失真压缩算法,这种算法的压缩比很低;第二部分是有损压缩,这是基于离散余弦变换(DCT)和霍夫曼编码的有损压缩,也是目前主要应用的一种算法。这后一种算法进行图像压缩信息虽有损失,但压缩比可以很大,例如压缩比在20:1时,眼睛基本上看不出失真。

JPEG 确定的图像压缩标准的目标是:

(1)编码器应该可由用户设置参数,以便用户在压缩比和图像质量之间权衡折中。

(2)标准可适用于任意类连续色调的数字静止图像,不限制图像的景象内容。

(3)计算复杂度适中,只需一定能力的 CPU 就可实现。

(4)定义了两种基本压缩编码算法和4种编码模式。

JPEG 算法主要存储颜色变化,尤其是亮度变化,因为人眼对亮度变化要比对颜色变化更为敏感。只要压缩后重建的图像与原图像在亮度和颜色上相似,在人眼看来就是相同的图像。因此 JPEG 的原理是不重建原始画面,而是丢掉那被注意的颜色,生成与原始画面类似的图像。

3.2.3 数字声像压缩标准(MPEG-1)

MPEG 标准是 ISO/IEC 委员会针对全活动视频的压缩标准系列,包含 MPEG-1、MPEG-2、MPEG-4、MPEG-7 和 MPEG-21 等。该标准包括 MPEG 视频、MPEG 音频和 MPEG 系统3大部分。MPEG 视频是面向位速率约为1.5 Mbps 的全屏幕运动图像的数据压缩;MPEG 音频是面向每通道位速率为64 kbps、128 kbps 和192 kbps 的数字音频信号的压缩;MPEG 系统则面向解决多道压缩视频、音频码流的同步和合成问题。

MPEG 应用的数字存储媒体包括 CD-ROM、DAT(数字录音带)、DISK(磁盘)、CD-R(可写光盘)、通信网络如 ISDN(综合业务数字网)和 LAN(局域网)等。视频压缩算法必须具有与存储相适应的特性,即能够随机访问、快进/快退、检索、倒放、音像同步、容错能力、延时控制小于150 ms、可编辑性及灵活的视频窗口格式等,这些特性即构成了 MPEG 视频编码压缩算法的要求和特点。

MPEG-1 标准是1991年制定的数字存储运动图像及伴音压缩编码标准,它规定了视频压缩数据码流的语法结构,这个语法把视频压缩数据码流分为6层,每层或者支持一种信号处理过程,或者支持一种系统功能。作为 MPEG 第一阶段的目标,MPEG-1 以 1.5 Mbps 的速率传输电视质量的视频信号,输入图像亮度信号的分辨率为360×240,色度信号的分辨率为180×120,每秒30帧。MPEG-1 标准有3个组成部分,即视频、音频和系统。系统部分说明了编码后的视频和音频的系统编码层,提供了专用数据码流的组合方式,描述了编码流的语法和语义规则。MPEG-1 最初用于 CD-ROM 视频应用开发,压缩比大约为100:1,对于像单速 CD-ROM 这样的较低传输速率和窄带应用,MPEG-1 算是相当完善的,通过插值也可处理大于352×240的画面。

3.2.4 通用视频图像压缩编码标准(MPEG-2)

MPEG-2 是一种既能兼容 MPEG-1 标准,又能满足高分辨率数字电视和高分辨率数字卫星接收机等方面要求的技术标准,它是由 ISO 的活动图像专家组和 ITU-TS(国际电信联盟 ITU 所属的电信标准化组)的第 15 研究组于 1994 年共同制定的,在 ITU-TS 的协议系列中,被称为 H.262。制定 MPEG-2 的初衷是为了得到一个针对广播电视质量(CCIR 601 格式)视频信号的压缩编码标准,但实际上最后得到了一个通用的标准,它能在很宽的范围内对不同分辨率和不同输出比特率的图像信号有效地进行编码。在图像格式方面,有可能对诸如标准清晰度电视、高清晰度、隔行扫描、顺序扫描等各种分辨率和信号形式的影像进行编码。在声音格式方面,它扩充了 MPEG-1 的功能,是一种多通道/多语言的声音编码。其系统格式所规定的多路复用方式不仅能适应可忽视错误的环境,而且也能适应广播之类不能忽视错误的环境。另外,它还规定了单一节目和多节目的多路复用/同步方式。

MPEG-2 标准主要分为四部分。第一部分是系统,该部分说明了 MPEG-2 的系统编码层,它定义了视频和音频数据的复接结构和实现实时同步的方法;第二部分是视频,此部分说明了视频数据的编码表示和重建图像所需要的解码处理过程;第三部分是音频,此部分说明了音频数据的编码表示;第四部分是一致性测试,此部分说明了检测编码比特流特性的过程及如何测试上述三部分所要求的一致性。

MPEG-2 对 MPEG-1 做了重要的改进和扩充,主要表现在下面几个方面。

(1)图像格式。MPEG-1 只能处理顺序扫描图像,而 MPEG-2 还能处理隔行扫描图像。在色差格式方面,MPEG-1 只能支持 4:2:0 的模式,即色信号的取样模式无论在水平方向,还是垂直方向上都是亮度信号样点数的 1/2。MPEG-2 还可支持 4:2:2 和 4:4:4 模式,前者色信号的样点数在垂直方向上与亮度信号相同,只在水平方向上是亮度信号样点数的 1/2。后者的色信号的样点数与亮度信号则完全相同。也就是说,MPEG-2 可处理几乎所有的图像格式。

(2)图像质量。由于能适应各种图像格式和具有高质量图像编码所需的技术,MPEG-2 可提供比 MPEG-1 更高的图像质量。

(3)编码/解码的延迟。与 MPEG-1 一样,MPEG-2 可提供 I 图像帧、P 图像帧和 B 图像帧。另外,在原图像为隔行扫描的情况下,还可提供以帧为编码单位的帧构造和以场为编码单位的场构造(MPEG-1 只支持帧构造),即除了在低延迟模式下只取 I 和 B 图像帧外,在原图像为隔行扫描的情况下还可使用场构造这样的小延迟方式。

(4)可伸缩的分层编码方式。这是 MPEG-1 所没有的功能。MPEG-2 提供 4 种可伸缩的分层编码方式:空间分层编码、时间分层编码、信噪比分层编码和数据分割编码。这几种分层编码既可单独使用,也可组合使用。

(5)灵活性。MPEG-2 在编码器和解码器的构成方面有很大的自由度,但某种程度的制约也是必要的,因而引出了类(Profile)和等级(Level)的概念,以此来确定编码器和解码器的等级规范。

(6)兼容性。MPEG-2 语法完全包含了 MPEG-1 语法,因此具有对 MPEG-1 的兼容性。另外,使用空间可伸缩,可将 MPEG-1 的比特流与 MPEG-2 的比特流混合传送。

(7)特技方式。MPEG-2 能够提供比 MPEG-1 更多的特技方式。

(8) 反复编码解码对图像质量的影响。MPEG-2 提供了编码高质量图像的多种方法,能在反复进行编码和解码的情况下确保图像质量。

(9) 抗错能力。在比特流传送等过程出现错误的情况下,MPEG-1 不能提供有效的消除错误的方法,然而即使比特流在异步模式中传输,MPEG-2 也可通过解码器提供消除错误的方法。

(10) 视窗。MPEG-2 可适应各种图形格式,如 NTSC 制式的 4∶3 显示和 HDTV 的 16∶9 图像,故可将 16∶9 图像的一部分与 4∶3 显示的信息混合在一起传送。

3.2.5 低比特率音视频压缩编码标准(MPGE-4)

MPEG-4 于 1991 年 5 月被提出并于 1993 年 7 月得到确认,其初衷是制定一个通用的低码率(64 kbps 以下)的音频/视频压缩编码标准,并打算采用第二代压缩编码算法,以有效地支持低码率的应用。但是第二代压缩编码算法在 MPEG-4 工作组预定的时间(1997 年)内似乎还不够成熟,因而它的目标后来转向支持当时的 MPEG-1、MPEG-2 标准尚未支持的那些应用,即支持用于通信、访问和数字视听数据处理的新方法,特别是基于内容的,如移动通信中的声像业务、与其他多媒体数据的集成和交互式多媒体服务等。

考虑到低损耗、高性能技术提供的机会和面临迅速扩展的多媒体数据库的挑战,MPEG-4 提供了灵活的框架和开放的工具集,这些工具支持一些新型的和常规的功能。MPEG-4 可使用户实现音频、视频内容交互性的多种形式,以及以一种整体的方式将人工和自然的音频、视频信息融合在一起。

与 MPEG-1、MPEG-2 相比,MPEG-4 最突出的特点是基于内容的压缩编码方法。它突破了 MPEG-1、MPEG-2 基于块、像素的图像处理方法,而是按图像的内容,如图像的场景、画面上的物体(物体 1,物体 2,……)等分块,即将感兴趣的物体从场景中截取出来,称为对象或实体。MPEG-4 便是基于这些对象或实体进行编码处理的。对每一个对象的编码形成一个对象层码流,该层码流中包含着对象的形状、尺寸、位置、纹理及其他方面的属性。一幅图像编码所形成的码流就是由一系列这样的对象层码流构成的。"对象层"可以直接进行存取操作,例如,可以有选择地只对其中的几个对象解码显示,或对其中的某个对象进行缩放、移位和旋转等操作后再解码显示,或增加原图像中没有的对象等。此外,MPEG-4 还具有高效压缩、基于内容交互(操作、编辑、访问等)及基于内容分级扩展(空域分级、时域分级)等特点。

为了具有基于内容方式表示的音视频数据,MPEG-4 引入了 AVO(Audio Video Object)的概念。AVO 的构成依赖于具体应用和系统实际所处的环境,它可以是一个没有背景的说话的人,也可以是这个人的语音或一段背景音乐等,它具有高效编码、高效存储与传播及可交互操作的特性。以 VO 为例,对于低要求应用情况下,它可以是一个矩形帧(即 MPEG-1 中的矩形帧),从而与原来的标准兼容;对于基于内容的表示且要求较高的应用情况,它可能是场景中的某一物体或某一层面,也可能是计算机产生的二维、三维图像等。当 VO 被定义为场景中截取出来的不同物体时,它由 3 类信息来描述:运动信息、形状信息和纹理信息。MPEG-4 标准的视频编码就是针对这 3 种信息的编码技术。

1. MPEG-4 对 AVO 的操作

在 MPEG-4 中,AVO 有着重要的地位,MPEG-4 对 AVO 的操作主要有以下几个方面。

(1) 采用 AVO 来表示听觉、视觉或者视听组合内容。

(2) 允许组合已有的 AVO 来生成复合的 AVO,并由此生成 AVO 场景。

(3) 允许对 AVO 的数据灵活地多路合成与同步,以便选择合适的网络来传输这些 AVO 数据。

(4) 允许接收端的用户在 AV 场景中对 AVO 进行交互操作。

2. MPEG-4 支持的基于内容的交互性功能

与前面的标准不同,MPEG-4 标准不仅是针对一定比特率下的视频、音频编码,而且更加注重多媒体系统的交互性和灵活性。MPEG-4 支持如下的基于内容的交互性功能。

(1) 基于内容的多媒体数据访问工具。MPEG-4 通过使用各种工具,提供基于音像内容的数据访问,例如索引、超链接、查询、浏览、上传、下载和删除等。

(2) 基于内容的处理和比特流编辑。MPEG-4 将提供"MPEG-4 语法描述语言(MSDL)"和编码模式,以支持基于内容的处理和比特流编辑,且不需要转换代码。MSDL 的高度灵活性为今后的使用提供了足够的扩展。

(3) 自然和人工数据混合编码。MPEG-4 支持一种有效的方法,用于人工画面、对象与自然画面或对象的组合(如文本和图形的覆盖),并且具有对自然和人工音频和视频数据进行编码和处理的能力,MPEG-4 还支持解码器可控制的方法,该方法可将人工数据和原始音频和视频组合在一起且便于交互。

(4) 改进的时间随机访问。MPEG 提供一种有效的方法,可以在有限的时间内,以较高的分辨率随机访问视听序列的部分内容(如帧或对象),这里包括甚低比特率的常规随机访问。

(5) 多重并行数据流的编码。MPEG-4 提供对画面的多视图/声音进行有效编码的能力,在产生的基本流之间提供足够的同步信息。对于立体声视频应用,MPEG-4 还将包括利用在相同画面的多视图或听点中冗余的能力。

3.2.6 视频会议压缩编码标准(H.261)

H.261 是世界上第一个得到广泛承认并产生巨大影响的数字视频图像压缩编码标准,此后,国际上制定的 JPEG、MPEG-1、MPEG-2、MPEG-4、MPEG-7、H.262 和 H.263 等数字图像编码标准都是以 H.261 标准为基础和核心的。

H.261 是由 ITU-TS 第 15 研究组于 1988 年为在窄带综合业务数字网(N-ISTN)上开展速率为 P×64 kbps 的双向声像业务(可视电话、会议)而制定的,该标准常称为 P×64 K 标准,其中 P 是取值为 1~30 的可变参数 P×64 K 视频压缩算法也是一种混合编码方案,即基于 DCT 的变换编码和带有运动预测差分脉冲编码调制(DPCM)的预测编码方法的混合。

H.261 的目标是会议电视和可视电话,该标准推荐的视频压缩算法必须具有实时性,同时要求最小的延迟时间。当 P = 1 或 2 时,由于传输码率较低,只能传输低清晰度的图像,因此,只适合于面对面的桌面视频通信(通常指可视电话)。当 P≥6 时,由于增加了额外的有效比特数,可以传输较好质量的复杂图像,则更适合于会议电视应用。

H.261 只对 CIF 和 QCIF 两种图像格式进行处理。由于世界上不同国家或地区采用的电视制式不同(如 PAL、NTSC 和 SECAM 等),所规定的图像扫描格式(决定电视图像分辨率的参数)也不同,因此,要在这些国家或地区间建立可视电话或会议业务,就存在一个统一图像格式的问题,这也是 CIF 名称的由来。H.261 采用 CIF 和 QCIF 格式作为可视电话和会议电视的视频输入格式。

小　　结

　　本章主要介绍了数据压缩编码技术，多媒体数据中存在的数据冗余，图像预处理，数据压缩方法等。按解码后数据与原始数据的一致性分类，数据压缩方法分为可逆和不可逆编码方法；按压缩方法的基本原理分类，压缩方法包括预测编码、变换编码、量化与向量量化编码、信息熵编码、分频带编码(子带编码)、结构编码、基于知识的编码以及统计编码、行程编码和算术编码等。

　　常用的压缩编码又分为两大类：一类是无损压缩法，另一类是有损压缩法。

　　衡量一种数据压缩技术好坏的指标综合起来就是：一是压缩比要大；二是实现压缩的算法要简单，压缩、解压缩速度快；三是恢复效果要好。

　　最后介绍了图像压缩、视频数据压缩和音频数据压缩的基本原理和标准。

习　　题

1. 如何衡量一种压缩技术的优劣？
2. 图像信号的主要压缩标准是什么？制定标准对多媒体技术有何意义？请简单加以说明。
3. 为什么说数据压缩技术是多媒体技术的关键？
4. MPEG-2 的声音压缩标准有哪些？MP3 是什么意思？
5. 数据压缩技术可分为几大类？各自有什么主要特点？

第4章 多媒体音频技术

本章重点：常用的声音文件的格式；音频文件的合成、降噪等音频后期处理技术。
本章难点：数字音频常用技术指标，声音素材的采集与加工方法。

声音是多媒体信息的一个重要组成部分，也是表达思想和情感的一种必不可少的媒体。无论其应用目的是什么，声音的合理使用可以使多媒体应用系统变得更加丰富多彩。在多媒体系统中，音频可被用作输入或输出。输入可以是自然语言或语音命令，输出可以是语音或音乐，这些都会涉及音频处理技术。

4.1 声音的基本知识

在多媒体系统中，声音是指人耳能识别的音频信息，如人发出的话音，乐器声，动物发出的声音，机器产生的声音，自然界的雷声、风声、雨声、闪电声等，也包括各种人工合成的声音。

4.1.1 声音的物理特点

在日常生活中，音频信号可分为语音信号和非语音信号两类。语音信号是语言的物质载体，是社会交际工具的符号，它包含了丰富的语言内涵，是人类进行信息交流所特有的形式。非语音信号主要包括音乐和自然界存在的其他声音形式。非语音信号的特点是不具有复杂的语义和语法信息，信息量低，识别简单。

声音是通过空气传播的一种连续的波，叫声波，也具有反射、折射和衍射现象。我们之所以能听到日常生活中的各种声音信息，其实就是不同频率的声波通过空气产生震动，刺激人耳的结果。在物理上，声音可用一条连续的曲线来表示。这条连续的曲线无论多复杂，都可分解成一系列正弦波的线性叠加。规则音频是一种连续变化的模拟信号，可用一条连续的曲线来表示，称为声波。因声波是在时间和幅度上都连续变化的量，我们称之为模拟量。

模拟音频信号有两个重要参数：频率和幅度。声音的频率体现音调的高低，声波幅度的大小体现声音的强弱。

一个声源每秒钟可产生成百上千个波，我们把每秒钟波峰所发生的数目称之为信号的频率，单位用赫兹（Hz）或千赫兹（kHz）表示。例如一个声波信号在 1 s 内有 5 000 个波峰，则可将它的频率表示为 5 000 Hz 或 5 kHz。

人耳能识别的声音频率范围大约在 20～20 000 Hz，通常称为音频信号。人的发音器官发出的声音范围大约在 80～3 400 Hz，但人说话的信号频率通常为 300～3 000 Hz，称为语音信号。低于 20 Hz 的信号称为次声波，高于 20 kHz 的信号称为超声波。次声波和超声波人耳都无法听到。声音的频率范围如图 4.1 所示。

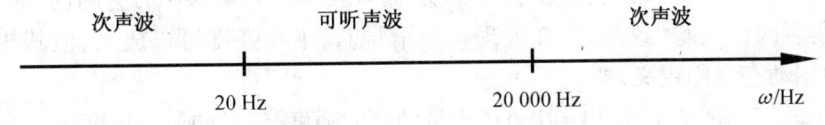

图 4.1　声音的频率范围

与频率相关的另一个参数是信号的周期,它是指信号在两个峰点或谷底之间的相对时间。周期和频率之间的关系是互为倒数。

信号的幅度是从信号的基线到当前波峰的距离。幅度决定了信号音量的强弱程度。幅度越大,声音越强。对音频信号,声音的强度用分贝(dB)表示,分贝的幅度就是音量。

4.1.2　声音的三要素

声音是由于空气振动引起耳膜的振动,由人耳所感知。从本质上说,空气的振动就产生了声波,如图 4.2 所示。正弦波有三个重要参数:频率 ω_0、幅度 A_n 和相位 ψ_n。

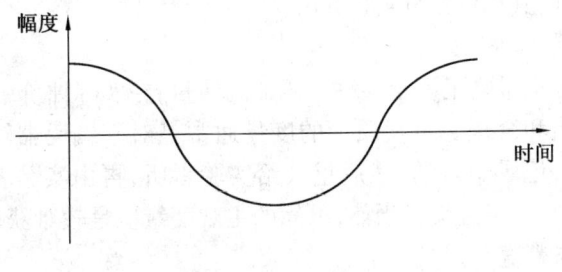

图 4.2　声波

研究表明,一般的声音是由许多不同频率的正弦信号组合成的。声音的三个要素是音调、音强和音色,它们具有以下一些特点。

(1) 基频与音调。频率是指信号每秒钟变化的次数。人对声音频率的感觉表现为音调的高低,在音乐中称为音高。音调正是由频率 ω 所决定的。音乐中音阶的划分是在频率的对数坐标上取等分而得的,如表 4.1 所示。

表 4.1　音阶

音　阶	C	D	E	F	G	A	B
简谱符号	1	2	3	4	5	6	7
频率/Hz	261	293	330	349	392	440	494

(2) 谐波与音色。$n \times \omega_0$ 称为 ω_0 的高次谐波分量,也称为泛音。音色是由混入基音的泛音所决定的,高次谐波越丰富,音色就越有明亮感和穿透力。不同的谐波具有不同的幅值 A_n 和相位偏移 ψ_n,由此产生各种音色效果。

(3) 幅度与音强。人耳对于声音细节的分辨只有在强度适中时才最灵敏。人的听觉响应与强度成对数关系。一般的人只能察觉出 3 dB 的音强变化,再细分则没有太大意义。我们常用音量来描述音强,以分贝(dB)为单位。1 dB 是人类耳朵刚刚能听到的声音,40~60 dB 属于我们正常的交谈声音,60 dB以上就属于吵闹范围了,70 dB就可以认为它是很吵的,而且开始损害听力神经,90 dB以上就会使听力受损,而呆在100~120 dB的空间内,如无意外,一分钟人类就得暂时性失聪(致聋)。在处理音频信号时,绝对强度可以放大,但其相对强度更有意义,一般用动态范围定义,即

$$动态范围/dB = 20 \times \lg(信号的最大强度/信号的最小强度)$$

4.1.3 声音的质量

声音质量的评价是一个很困难的问题,也是一个值得研究的课题。目前来看,声音质量的度量有两种基本方法:一种是客观质量度量,另一种是主观质量度量。

1. 客观质量度量

声波的测量与分析传统的方法是先用机电换能器把声波转换为相应的电信号,然后用电子仪表放大到一定的电压级进行测量与分析。由于计算技术的发展,使许多计算和测量工作都使用了计算机或程序实现。

度量声音客观质量的一个主要指标是信噪比SNR(Signal to Noise Ration),信噪比是有用信号与噪声之比的简称,其单位是分贝(dB)。

2. 主观质量的度量

采用客观标准方法很难真正评定某种编码器的质量,在实际评价中,主观的质量度量比客观质量的度量更为恰当和合理。主观质量的度量通常是对某编码器输出的声音质量进行评价,例如播放一段音乐,记录一段话,然后重放给实验者听,再由实验者进行综合评定。可以说,人的感觉机理最具有决定意义。当然,可靠的主观度量值是较难获得的。

3. 声音质量分级与带宽

频带宽度简称为带宽,它是描述组成复合信号的频率范围。声音的质量与它所占用的频带宽度有关,频带越宽,信号强度的相对变化范围就越大,音响效果也就越好。

按照带宽可将声音质量分为4级:①数字激光唱盘质量,通常又称为CD-DA质量,这种质量也就是我们常说的超高保真,即Super HiFi(High Fidelity);②调频无线电广播,简称FM(Frequency Modulation)质量;③调幅无线电广播,简称AM(Amplitude Modulation)质量;④电话(Telephone)质量。

例如,普通电话容许语音信号通过,带宽约为3.2 kHz;高保真度声音的频率范围为10~22 000 Hz,带宽约为22 kHz,如图4.3所示。

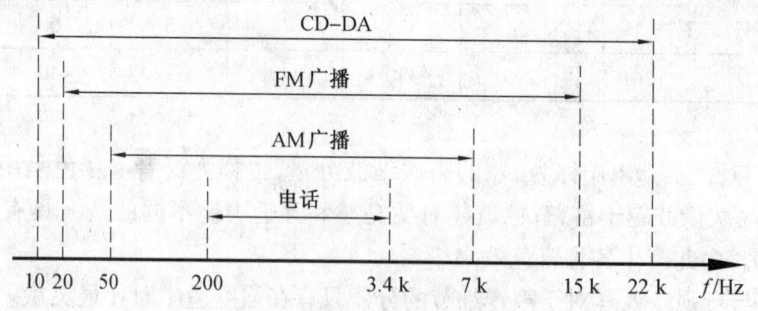

图4.3 声音质量分级

4.2 数字音频处理技术

声波是随时间而连续变化的物理量,通过能量转换装置,可用随声波变化而改变数值的电压或电流信号来模拟,以模拟电压的幅度来表示声音的强弱。为使计算机能处理音频,必须对声音信号数字化。

4.2.1 声音信息的数字化

数字化的声音易于用计算机软件处理,现在几乎所有的专业化声音录制、编辑器都是数字方式。对模拟音频数字化过程涉及音频的采样、量化和编码。

模拟声音在时间上是连续的,或称连续时间函数。用计算机处理这些信号时,需要把模拟音频信号波形进行分割,以转变成数字信号,这种方法称为采样(Sampling)。采样的过程是每隔一个时间间隔在模拟声音的波形上取一个幅度值,把时间上的连续信号变成时间上的离散信号,即按一定的时间间隔在模拟声波上截取一个振幅值(通常为反映某一瞬间声波幅度的电压值),得到离散信号。

为了把采样得到的离散序列信号存入计算机,必须将采样值量化成有限个幅度值的集合,采样值用二进制数字表示的过程称为量化编码。量化采样的过程是先将整个幅度划分成为有限个小幅度(量化阶距)的集合,把落入某个阶距内的样值归为一类,并赋予相同的量化值。声音信号数字化的过程如图4.4所示。

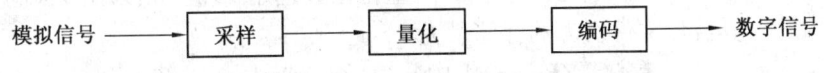

图4.4 声音信号数字化的过程

数字音频常用的技术指标包括采样频率、量化位数、声道数和编码算法等。

1. 采样频率

采样频率是指一秒钟内采样的次数。采样频率的选择应该遵循奈奎斯特(Harry Nyquist)采样理论:如果对某一模拟信号进行采样,则采样后可还原的最高信号频率只有采样频率的一半,或者说只要采样频率高于输入信号最高频率的两倍,就能从采样信号系列重构原始信号。

根据该奈奎斯特采样理论,CD激光唱盘采样频率为44 kHz,可记录的最高音频为22 kHz,这样的音质与原始声音相差无几,也就是我们常说的超级高保真音质。采样的三个常用标准频率分别为:44.1 kHz、22.05 kHz 和 11.025 kHz。

2. 量化位数

量化位数是对模拟音频信号的幅度轴进行数字化所采用的位数,它决定了模拟信号数字化以后的动态范围。由于计算机按字节运算,一般的量化位数为8位或16位。例如,8位量化位数表示每个采样值可以用 2^8 即256个不同的量化值之一来表示,而16位量化位数表示每个采样值可以用 2^{16} 即65 536个不同的量化值之一来表示。常用的量化位数为8位、12位、16位。量化位数越高,信号的动态范围越大,数字化后的音频信号就越可能接近原始信号,但所需要的存储空间也越大,如表4.2所示。

表4.2 量化位数和动态范围比较

量化位数	等 份	动态范围/dB	应 用
8	256	48～50	数字电话
16	65 536	96～100	CD-DA

3. 声道数

数字音频的声道数有单声道、双声道和多声道之分。双声道又称为立体声,在硬件中要占两条线路,音质、音色好,但立体声数字化后所占空间比单声道多一倍。

4. 编码算法

编码的作用一是采用一定的格式来记录数字数据,二是采用一定的算法来压缩数字数据以减少存储空间和提高传输效率。

压缩算法包括有损压缩和无损压缩:无损压缩指解压后数据能完全复原;有损压缩指解压后数据不能完全复原,要丢失一部分信息。

压缩编码的基本指标之一就是压缩比,它通常小于1。压缩越多,信息丢失越多,信号还原后失真越大。根据不同的应用,应该选用不同的压缩编码算法。

5. 声音数字化计算公式

以字节为单位,模拟波形声音被数字化后音频文件的存储量(假定未经压缩)计算公式为

$$\text{存储量} = \text{采样频率} \times (\text{量化位数}/8) \times \text{声道数} \times \text{时间} \tag{4.1}$$

例如,用44.1 kHz的采样频率进行采样,量化位数选用16位,则录制1 s的立体声节目,根据公式(4.1),其波形文件所需的存储量为

$$\text{存储量}/\text{Byte} = 44\,100 \times (16/8) \times 2 \times 1 = 176\,400$$

常用的数字音频的数据量如表4.3所示。

表4.3 数字音频的数据量

采样频率/kHz	量化位数/bit	数据量/(kB·s^{-1})	
		单声道	立体声
11.025	8	10.77	21.53
	16	21.53	43.07
22.05	8	21.53	43.07
	16	43.07	86.13
44.1	8	43.07	86.13
	16	86.13	172.27

4.2.2 音频压缩编码技术

对于不同类型的音频信号而言,其信号带宽是不同的,比如电话音频信号带宽为200 Hz～3.4 kHz,调幅广播音频信号为50 Hz～7 kHz,调频广播音频信号为20 Hz～15 kHz,激光唱盘音频信号为10 Hz～20 kHz。随着对音频信号音质要求的增加,信号频率范围逐渐增加,要求

描述信号的数据量也就随之增加,从而带来处理这些数据的时间和传输、存储这些数据的容量增加,因此多媒体音频压缩技术是多媒体技术实用化的关键之一。

音频信号的压缩编码采用了在数据编码中介绍的一些技术。一般来说,主要有以下几种类型。

1. 熵编码

如 Huffman 编码、算术编码以及游程编码等,都属于熵编码。

2. 波形编码

全频带编码如 PCM、瞬时/准瞬时压扩 PCM、自适应差分 PCM 等,子带编码如自适应变换编码 ATC、心理学模型等,以及矢量量化等在音频中常常采用。波形编码的特点是在高码率的条件下获得高质量的音频信号,适用于高保真语音和音乐信号的压缩技术。

例如 PCM(Pulse Code Modulation,脉冲编码调制)编码,这是一种最通用的无损压缩编码。特点是保真度高,解码速度快,但编码后的数据量大。CD-DA 就是采用的这种编码方式。

又如 ADPCM(Adaptive Differential Pulse Code Modulation,自适应差分脉冲调制)编码,这是一种有损压缩编码,它丢掉了部分信息。由于人耳对声音的不敏感性,适当的有损压缩对视听播放效果影响不大。ADPCM 记录的量化值不是每个采样点的幅值,而是该点的幅值与前一个采样点幅值之差。这样,每个采样点的量化位就不需要 16 bit,由此可减少信号量。可选的幅度差的量化比特位为 8 bit,4 bit 和 2 bit。SB16 的 ADPCM 编码采用 4 bit 量化位,对 CD 音质信号压缩,其压缩比为 1∶4,压缩后基本上分辨不出失真。

3. 参数编码

参数编码的方法是将音频信号以某种模型表示,再抽出合适的模型参数和参考激励信号进行编码;声音重放时,再根据这些参数重建即可,这就是通常讲的声码器(Vocoder)。显然参数编码压缩比很高,但计算量大,而且不适合高保真度要求的场合。此类方法构成声码器的有线性预测(LPC)声码器、通道声码器(Channel Vocoder)、共振峰声码器(Format Vocoder)等。

4. 混合编码

音频中采用的混合编码包括多脉冲线性预测 MP-LPC、矢量和激励线性预测 VSELP、码本激励线性预测 CELP、短延时码本激励线性预测编码 LD-CELP,以及规则码激励长时预测 RPE-LTP 等。这是一种吸取波形和参数编码优点的综合编码方法。

5. 感知编码

例如 MPEG Audio Layer 3(MP3)采用的算法 ASPEC(Adaptive Spectral Perceptual Entropy Coding of High Quality Musical Signal,高质量音乐信号自适应谱感知熵编码),将音频信息压缩率达 10∶1 甚至 12∶1。当然这是一种有损压缩,但是人耳却基本不能分辨出失真来。按照这种算法,十张 CD-DA 的内容可以压缩到一张 CD-ROM 中,而且视听效果相当。Dolby 公司的 AC-3 中也采用了感知编码。

4.2.3 常用的声音文件格式

音乐文件格式五花八门,但不外乎两大类:一类为音乐指令文件(如 MIDI),一般由音乐创作软件制作而成,它实质上是一种音乐演奏的命令,不包括具体的声音数据,故文件很小;另一类为声音文件,是通过录音设备录制的原始声音,其实质上是一种二进制的采样数据,故文件较大。根据播放形式,声音文件还可以分为"音频流"和"非音频流"两种,前者能够一边下载一边收听,比如". WMA"、". RA"、". MOV"等,后者则不能。常用的音频文件格式有以下几种。

1. WAV 文件

WAV 声音文件是微软公司(Microsoft)的音频文件格式,使用 RIFF(Resource Interchange File Format 资源交换文件)的格式描述。WAV 文件来源于对声音模拟波形的采样,文件尺寸较大,多用于存储简短的声音片断。其文件容量大小可根据下式计算。

$$S = 采样频率 \times (量化位数/8) \times 声道数 \times 时间 \qquad (4.2)$$

例如,采样频率为 44.1 kHz,量化位数 16 bit,立体声,录制 10 s。根据公式(4.2)可以计算其文件容量大小为

$$S/Byte = 44\ 100 \times 10 \times 16 \times 2/8 = 1\ 764\ 000 = 1\ 764\ k$$

2. VOC 文件

VOC 文件是 Creative 公司(新加坡创新科技)的波形音频文件格式,也是声霸卡使用的音频文件格式。VOC 文件是随声卡一起诞生的,主要用于 DOS 程序,特别是 DOS 游戏。VOC 文件有典型的文件结构:文件头块(hb)+音频数据块(db)。文件头的组成信息有:文件类型说明,文件版本号,标识码。利用声霸卡(Sound Blaster)可以实现 VOC 文件到 WAV 文件的转换。

3. MPEG 音频文件

MPEG 音频文件格式指的是 MPEG 标准中的音频部分,即 MPEG 音频层(MPEG Audio Layer)。MPEG 音频文件的压缩是一种有损压缩,根据压缩质量和编码复杂程度的不同可分为三层(MPEG Audio Layer 1/2/3),分别对应 MP1、MP2 和 MP3 这三种声音文件。

MPEG 音频编码具有很高的压缩率,MP1 和 MP2 的压缩率分别为 4∶1 和 6∶1~8∶1,而 MP3 的压缩率则高达 10∶1~12∶1,也就是说 1 min CD 音质的音乐,未经压缩需要 10 MB 存储空间,而经过 MP3 压缩编码后只有 1 MB 左右,同时其音质基本保持不变。

MP3 的流行得益于 Internet 的推波助澜,它用网络代替了传统唱片的传播途径,扩大了数字音乐的流传范围,加速了数字音乐的传播速度,MP3 凭借其优美的音质和高压缩比而成为最为流行的音乐格式。

4. RealAudio 文件

RealAudio 文件主要有". RA"、". RM"、". RAM"几种格式,是 RealNetworks 公司开发的一种新型流式音频(Streaming Audio)文件格式,它包含在 RealNetworks 所制定的音频、视频压缩规范 RealMedia 中,主要用于在低速率的广域网上实时传输音频信息。网络连接速率不同,客户端所获得的声音质量也不尽相同,对于 28.8 kB/s 的连接,可以达到广播级的声音质量,如果拥有 ISDN 或更快的线路连接,则可获得 CD 音质的声音。

5. MIDI 文件

MIDI 乐器数字接口(Musical Instrument Digital Interface)是由世界上主要电子乐器制造厂商制定的声音文件格式标准。MIDI 文件是记录乐曲演奏过程中的一系列指令,而不是乐曲本身的数据,其容量比 WAV 文件容量小。

6. WMA 文件

WMA(Windows Media Audio)是微软公司自己开发的 Windows Midea Audio 技术。它和 Windows Midea Video 一样,经历了几代改良后,变得非常出色。比起老掉牙的 MP3 压缩技术,

WMA 无论是技术性能(支持音频流)还是压缩率(比 MP3 高一倍)都远远把 MP3 抛在后面了。据微软声称,用它来制作接近 CD 品质的音频文件,其体积仅相当于 MP3 的 1/3。在 48 kbps 的传送速率下即可得到接近 CD 品质的音频数据流,在 64 kbps 的传送速率下可以得到与 CD 相同品质的音乐,而当连接速率超过 96 kbps 后则可以得到超过 CD 的品质。

7. APE 文件

APE 可以无损失地进行高音质的压缩和还原。目前只能把音乐 CD 中的曲目和未压缩的 WAV 文件转换成 APE 格式,APE 的压缩率相当高,压缩比可以达到 1∶2,并且把 APE 还原成原来的 WAV 格式时,与原文件的 MD5 值不变。

APE 的本质是一种无损压缩音频格式。WAV 或 CD 音频文件可以通过 Monkey's Audio 这个软件压缩为 APE。很多时候它被用作网络音频文件传输,因为被压缩后的 APE 文件容量要比 WAV 源文件小一半多,可以节约传输所用的时间。更重要的是,通过 Monkey's Audio 解压缩还原以后得到的 WAV 文件可以做到与压缩前的源文件完全一致,所以 APE 被称为"无损音频压缩格式",Monkey's Audio 被称为"无损音频压缩软件"。与采用 WinZip 或者 WinRAR 这类专业数据压缩软件来压缩音频文件不同,压缩之后的 APE 音频文件可以直接播放。Monkey's Audio 会向 Winamp 中安装一个"in_APE.dll"插件,从而使 Winamp 也具备播放 APE 文件的能力。同样,foobar 2000 及千千静听也能支持 APE 的播放。

8. 其他音频文件格式

MPC 全称 MusePack,以前又被称为 MPEGPlus(.mp+),是由德国人 Andree Buschmann 开发的一种完全免费的高品质音频格式。MPC 采用可变码率进行编码。可变码率的编码效率要高于固定码率,因为前者可以合理地分配数据量,在信号复杂(微弱)时提高(降低)比特率,在得到满意的效果时又能确保不错的压缩率。在中高码率下,MPC 可以做到比 MP3 更好的音质。在高码率下,MPC 的高频要比 MP3 细腻不少,可以在节省大量空间的前提下获得最佳音质的音乐欣赏。

PCM 是经 A/D 转换后直接形成的二进制序列,没有附加文件头和结束标志的一种文件。

AIF 是苹果公司(Apple)的计算机音频文件格式,被 Macintosh 平台及其应用程序所支持,其他专业音频软件包也同样支持这种格式。

Ogg Vorbis 格式是完全免费、开放源码且没有专利限制的。这种文件的设计格式非常灵活,它的最大特点是在文件格式已经固定下来后还能对音质进行明显的调节和应用新算法。

4.3 MIDI 与电子音乐合成

MIDI 是多媒体计算机系统产生音乐的一种主要方式,MIDI 技术不仅是多媒体音频的重要组成部分,而且也会对演奏音乐和使用乐器的方式带来很大的变化。新数字音乐时代的来临,新音乐通过个人电脑开始革命! 不必担心自己不会弹琴或是演奏的水平不高,使用电脑音乐编辑方法让电脑精确调整你的不准确的演奏音符并制作出专业水平的演奏,有时候单纯的 MIDI 五线谱作出的曲子会很呆板,通过详细学习 MIDI 实时控制信息的强大功能可以使你的演奏更富有表情和人性化! 让你只有一台电脑就可以走上自己的音乐创作之路。

4.3.1 MIDI 简介

MIDI 是英语 Musical Instrument Digital Interface 的缩写,翻译过来就是"数字化乐器接口",也就是说它并不是一个实在的东西,是 20 世纪 80 年代开发的一个国际通用的标准接口,它的真正涵义是一个供不同设备进行信号传输的接口的名称。我们如今的 MIDI 音乐制作全都要靠这个接口,各种 MIDI 设备在这个接口之间都可以准确传送 MIDI 信息。

MIDI 文件实质上只是一堆数字信号,不包含任何声音信息。我们知道任何声音都有其波形,如果我们把某种声音的波形记录下来,就可以正确地反映这个声音的实际效果,WAVE 文件就是这种形式,它在任何一台电脑上回放都是一样的。但是 MIDI 实际上是一堆数字信号,是乐器和计算机使用的一种标准语言,是一套指令(即命令)的约定,它指示乐器(即 MIDI 设备)要做什么,怎么做,如演奏音符、加大音量、生成音响效果等。MIDI 不是把音乐的波形进行数字化采样和编码,而是将数字式电子乐器的弹奏过程记录下来,如按了哪一个键、力度多大、时间多长等等,而真正用来发出声音的是音源,即不同的声卡、不同的软波表,当需要播放这首乐曲时,根据记录的乐谱指令,通过音乐合成器生成音乐声波,经放大后由扬声器播出。不同音源的音色是完全不同的,所以相同的 MIDI 文件在不同的设备上播放效果会完全不一样,这是 MIDI 的基本特点。

由于 MIDI 文件体积相当小,所以很适合在网络上传播,但是对于专业的 MIDI 制作者来说,是不可能把自己做的 MIDI 音乐作品以 MIDI 格式作为最终产品的,必须把它录制下来,所以绝大多数的 MIDI 制作者都不可避免地会进入录音这个更深奥的音乐工程中。

1. MIDI 的特点

MIDI 标准之所以受到欢迎,主要是它具有下列几个优点。

(1)生成的文件比较小。因为 MIDI 文件存储的是命令,而不是声音波形。如半小时的立体声音乐使用 CD-DA 格式波形存储时间约需 300 MB 的存储量,而用 MIDI 记录时,只需用 200 kB,相差 1 500 倍,即使波形声音采用 ADPCM 编码压缩也要差两个数量级以上。

(2)容易编辑。因为编辑命令比编辑声音波形要容易得多,所以可以随意修改曲子的速度、音调,也可以改换乐器的种类,从而产生合适的音乐。

(3)声音的配音方便。MIDI 音乐可以作背景音乐,和其他的媒体,如数字电视、图形、动画、话音等一起播放,加强演示效果。与波形声音文件等不同的是,当多媒体系统中播放波形声音文件时(如图片的一段解说词),此时若还需配上某种音乐作为解说的效果时,不可能同时调用两个波形声音文件,而播放 MIDI 文件记录下来的音乐就很方便了。

2. MIDI 标准

MIDI 电子乐器标准:能产生特定声音的合成器,其数据传送符合 MIDI 通信约定。

MIDI 消息(Message)或指令标准:乐谱的一种记录格式,相当于乐谱语言。

MIDI 接口(Interface)标准:MIDI 硬件通信协议。

MIDI 通道(Channel)标准:MIDI 标准提供 16 种通道,每种通道对应一种逻辑的合成器。

MIDI 文件标准:由控制数据和乐谱信息数据构成。

音序器(Sequencer)标准:用来记录、编辑和播放 MIDI 文件的软件。

4.3.2 MIDI 音乐制作系统

MIDI 电子乐器通过 MIDI 接口与计算机相连,如图 4.5 所示。这样,计算机可通过音序器软件来采集 MIDI 电子乐器发出的一系列指令。这一系列指令可记录到以.MID 为扩展名的 MIDI 文件中。在计算机上音序器可对 MIDI 文件进行编辑和修改。最后,将 MIDI 指令送往音乐合成器,由合成器将 MIDI 指令符号进行解释并产生波形,然后通过声音发生器送往扬声器播放出来。计算机上 MIDI 音乐的产生过程如图 4.6 所示。

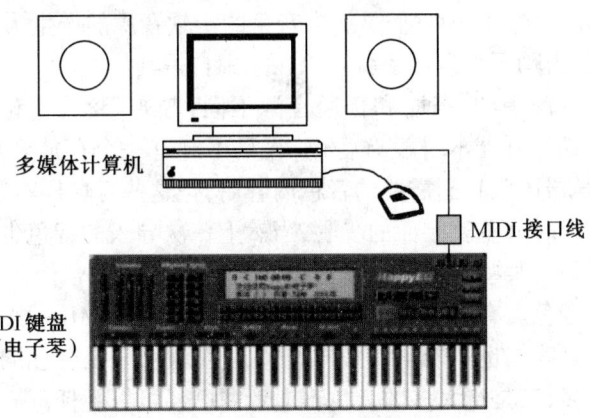

图 4.5 用 PC 构成的 MIDI 系统

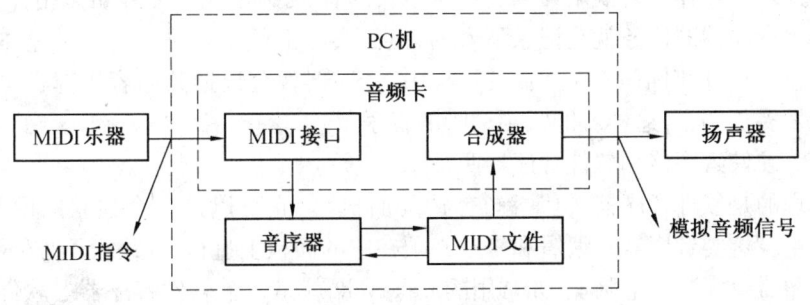

图 4.6 计算机上 MIDI 音乐的产生过程

构建 MIDI 音乐制作系统一般需要 3 种基本设备,即音源、音序器和 MIDI 输入设备。可以说 MIDI 文件的内容实际上就是音序内容,它只是一堆数字而已,大家如果在 Cakewalk 这样的软件中打开 Event list 所看到的东西就是 MIDI 音乐的内容了。所以 MIDI 文件的体积是很小的,一般只有几十 kB,很适合在网络上传播。但正是因为 MIDI 文件不是以描述声音的波形为其记录形式的,所以同样的一个 MIDI 文件在不同的音源上播放效果会完全不一样,因为声音是靠音源发出的,而不同的声卡波表或硬件的音源音色都不一样。但是我们仍然可以从 Internet 上下载 MIDI 音乐播放,那完全是靠一个 General MIDI(简称 GM)的标准,例如所有的 GM 音色库第一号音色一定是三角钢琴,25 号音色一定是钢弦吉他。只要大家都按 GM 标准制作音乐,使用 GM 音色库欣赏 MIDI 音乐,那么音色是不会错乱的,钢琴还是钢琴,吉他还是吉他,只不过各个音源的音色有区别。所以在网上提供的 MIDI 作品一定要符合 GM 标准。

1. 音源

音源就是一个装了很多音色的东西,我们要听到音乐就必须靠它提供音色,不同的音源能提供不同的音色,当然就有好有坏,有高档和低档了。音源分硬件音源和软件音源两种。

硬件音源是现在专业 MIDI 制作不可缺少的设备,它们可以提供比任何一块声卡上的波表都要好很多的音色。如果只是业余爱好的话就不需要添置这类设备,现在任何一块多媒体声卡上都有一个 128 种音色的 GM 音色库,也可以这样认为:每一块多媒体声卡上都有一个 MIDI 音源,只不过质量比较一般罢了。现在的中档声卡可以满足普通人欣赏和制作 MIDI 音乐的需要,而且有的声卡已经做得相当不错,可以说是准专业级了。

软件音源是随着电脑的高速发展而产生的,它们必须安装在电脑上才能使用,俗称它们为 MIDI 播放器,其实就是音源,因为它们是提供音色的。软音源的产生为 MIDI 的大众化作出了很大的贡献,使人们不需购买大量设备就可以在家中自得其乐了。

采样器可以算是音源中的一种,和普通音源不同,普通音源(不论软件音源还是硬件音源)的音色是固定的,而采样器本身没有音色,它只不过有一个存放音色的空间,我们可以使用各种音色光盘,采样器读取我们需要的音色内容后,把这些音色样本装入自己的内存供我们使用。当需要新的音色时就重复上面的步骤,当然上一次导入的音色也许会被覆盖,这要看采样器内存大小和是否需要某些音色。采样器适合与普通音源结合使用,采样器光盘的音色会远远好于普通音源的音色。有时一个钢琴的采样样本可达 30 MB,这比有些音源的所有音色样本的总和还大。但是我们也不能全靠采样器来提供音色,一是音色的调用和更改太复杂,二是要拥有的采样器太多,三是绝大多数音色普通音源已经可以胜任。

2. 音序器

音源不知道该在什么时候用什么音色发多长的音,必须有另一个设备来指挥它,这个设备就是音序器。音序器的任务就是记录下人的旨意,实际上就是记录下音乐的基本要素——速度、节奏、音色、音符的时值等,在播放的过程中,音序器就会根据其内容指挥音源在什么时候用什么音色发多长的音,这样就能听到动听的音乐了。

音序器分硬件音序器和软件音序器两种。

最早出现的是硬件音序器,也常称它为"编曲机"。它可以是一个独立的设备,也可以内置于合成器里。这类音序器的编辑和修改必须在它的面板上进行,使用很不方便。

软件音序器要安装在电脑上,如常用的 Cakewalk 就是一个软件音序器。软件音序器因为其界面扩大(使用电脑显示器)、功能增强,特别是操作方便,获得了绝大多数音乐制作者的认可,大有淘汰硬件音序器之势。其实正是由于软件加入音乐制作的领域才使 MIDI 音乐和电脑联系起来,不用电脑也可以制作 MIDI 音乐,使用电脑可以更方便地制作 MIDI 音乐,于是就产生了"电脑音乐"这个新名词,其实现在所说的电脑音乐并不是指让电脑来创造音乐,而是指在 MIDI 音乐的制作过程中用到了电脑和软件而已。

3. MIDI 输入设备

为了符合原有的演奏习惯,人们制造了许多基于传统乐器的 MIDI 输入设备,如 MIDI 键盘、MIDI 吉他、MIDI 吹管和 MIDI 小提琴等,可以按照演奏传统乐器的方法去演奏它们,通过 MIDI OUT 出口传送到音序器,被记录为音序内容。

输入设备也有软件和硬件两种。不过这恐怕是唯一难以用软件代替的设备了,现在有各类虚拟电子琴和虚拟 MIDI 键盘,包括 Cakewalk 也带有一个 Virtual Piano,但他们要么用鼠标点,要么用计算机键盘弹,而且也很难表现 MIDI 作品的细致性和人性。如果想要制作出高水平的 MIDI 作品,还需要一个输入设备,一般用的都是输入键盘。所以就制作 MIDI 而言,会键盘演奏也是很重要的,如果实在什么乐器也不会,那只好采用软件音序器独具的功能:鼠标点击法。

4. GS、GM 和 XG

由于早期的 MIDI 设备在乐器的音色排列上没有统一的标准,造成不同型号的设备回放同一首乐曲时也会出现音色偏差。为了弥补这一不足,便出现了 GS、GM 和 XG 这类音色排列方式的标准,通俗的理解就是,它规定了 128 种常用乐器和控制器的排列顺序。

之所以将 GS 排在第一位是由于它最早出台,并且是由业界大名鼎鼎的 ROLAND 公司制定并推出的。ROLAND 公司是日本非常出名的电子乐器厂商,其生产开发的电子键盘、MIDI 音源及软波表都享有盛誉。所以 GS 颇具权威性,它完整地定义了 128 种乐器的统一排列方式,并规定了 MIDI 设备的最大复音数不可少于 24 个等详尽的规范。

GM 标准则是在 GS 的基础上,加以适当简化而成的。由于它比较符合众多中小厂商的口味,成为了业界广泛接受的标准。

在电子乐器方面唯一可与 ROLAND 相匹敌的 YAMAHA 公司也不甘示弱,于 1994 年推出自己的标准——XG。与 GM、GS 相比,XG 提供了更为强劲的功能和一流的扩展能力,并且完全兼容以上两大标准。而且凭借 YAMAHA 公司在电脑声卡方面的优势,使得 XG 在 PC 上有着广阔的用户群。

4.4　Cakewalk Pro Audio

"Cakewalk"几乎已经成为电脑音乐的代名词,Cakewalk 是一个音序器软件,用它组合各种音色,编辑各种 MIDI 信号,然后再按照你的意思演奏出来,借助 Cakewalk,音乐爱好者可以创作出具有专业水平的优秀音乐作品,可以满足各种专业性电脑音乐制作的需要。Cakewalk Pro Audio(CPA)一直以其功能强大、简单易学的特点深受专业用户和电脑音乐爱好者的欢迎。

4.4.1　Cakewalk Pro 简介

1. 安装与设置

安装:运行 CPA 光盘(或者下载文件)中的 Setup.exe 后,程序会弹出一个对话框,在"User"处输入用户名,在"Company"处输入公司的名称,在"Serial"处输入软件系列号,然后按"Next"键到下一个窗口选择安装类型,一般按程序缺省的"Typical"安装。但是,如果是从网上下载的试用版,则只能选择"Custom",在缺省选项中去掉"Sample Files and Templates"后进行安装,否则会出错。

设置:启动程序,在主菜单的"Option"(选项)一栏中选择"MIDI Devics…",弹出对话框后,在"Input Ports"栏中选择声卡的 MIDI 接口(适用于 MIDI 键盘输入)或"Virtual Piano(虚拟钢琴)"(直接用电脑键盘输入),在"Output Ports"栏中选择计算机声卡的型号或软波表的名称。

设置完成后,在主菜单的"File"中,用"Open"命令打开程序自带的音乐文件,按播放工具栏上的播放按钮或直接按空格键,就能听到悦耳的音乐声了。

2. 软件界面

从 Cakewalk 主界面图中可以看出,CPA 的主界面是由主菜单、浮动工具栏、音轨窗

(Track)和状态行几部分组成的。在音轨窗下面的空间,可分别放置虚拟钢琴(Visual Piano)、钢琴卷帘(Piano Roll)、五线谱(Staff)、歌词(Lyrics)、调音台(Console)、音频(Audio)和视频(Video)等其他为作曲提供方便的应用窗口,如图4.7所示。

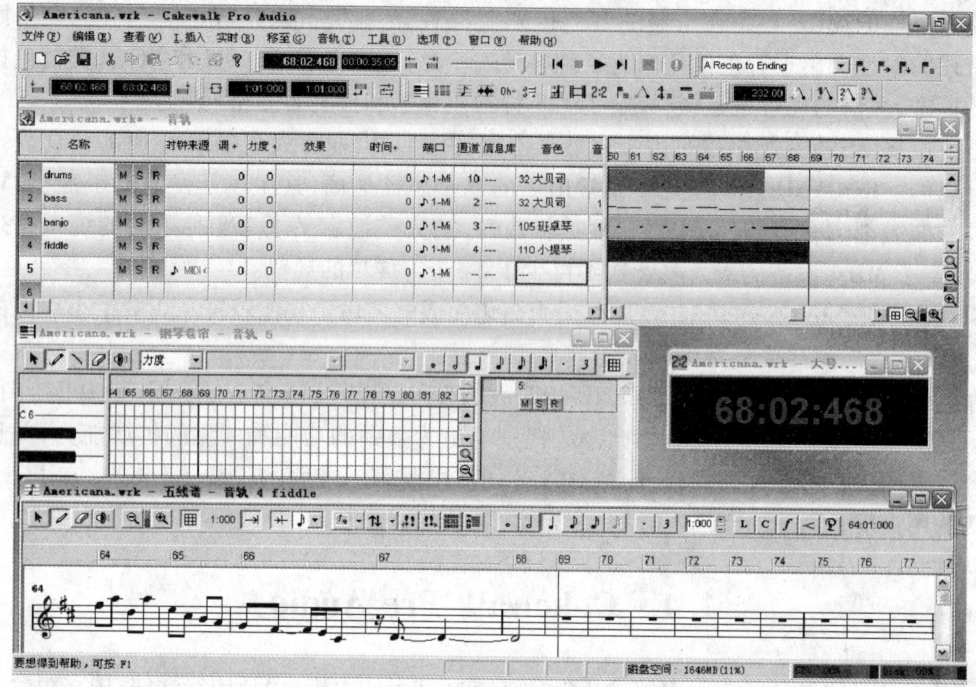

图4.7 Cakewalk 主界面

3. 浮动工具栏

浮动工具栏是 CPA 中为使用方便而设置的。使用菜单命令"View/Tooolbar"(查看/工具栏)可以在对话框中任意决定显示或隐藏哪些工具栏,如图4.8所示。下面对其进行简单介绍。

(1)标准工具栏 Standard:从左到右的按钮为新建文件、打开文件、存盘、剪切、复制、粘贴、恢复、重做和打印。

(2)循环工具栏 Loop:从左到右为循环控制、循环起始点栏、循环结束点栏、循环选择和循环选项设置按钮。循环控制按钮可控制循环设置有效或无效;循环起始点栏显示循环起始位置;循环结束点栏显示循环结束位置;循环选择按钮将当前选定的小节作为循环区域;循环选项设置按钮用于弹出循环选项对话框。

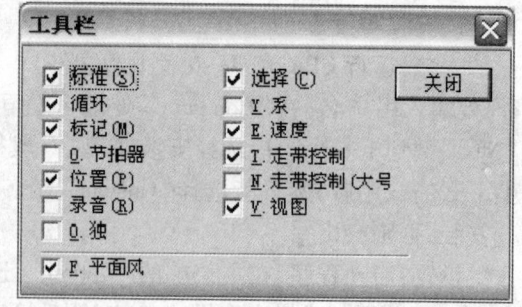

图4.8 浮动工具栏设置

(3)标记工具栏 Markers:从左到右为当前标记下拉框、前个标记按钮、下个标记按钮、插入标记按钮、标记窗口按钮。

(4)位置工具栏 Position:从左到右为当前位置栏、当前时间栏、起点位置按钮、终点位置按钮和乐曲相对位置滚动条。当前位置栏以"小节:拍:时钟滴答数"来指示当前乐曲的位置;当前时间栏以"时:分:秒:帧"的形式来显示当前乐曲的演奏时间。起点位置按钮用于达到所选部分的起点；终点位置按钮用于达到所选部分的终点；而用鼠标拖曳滚动块则可移动到乐曲的任何位置。

(5)选择工具栏Select：从左到右为起始点设置按钮、起始时间栏、结束时间栏、结束点设置按钮。先在起始时间栏中输入起始时间，点击起始点设置按钮(快捷键F9)，然后在结束时间栏中输入结束时间，点击结束点设置按钮(快捷键F10)。

(6)速度工具栏Tempo：从左到右为乐曲速度栏、插入速度按钮、速度比率1按钮、速度比率2按钮和速度比率3按钮。乐曲速度栏显示当前乐曲的速度值，即每分钟的四分音符个数。插入速度按钮可改变乐曲当前位置的速度。速度比率按钮的作用是控制真实速度值与速度指示值的不同比率。其中"1"为半速，"2"为正常速率，"3"为倍速，缺省位置为"2"。

(7)播放工具栏Transport：从左到右为倒带按钮、停止按钮、放音按钮、快进按钮、录音按钮和复位按钮。

(8)视窗工具栏View：从左到右为钢琴卷帘窗按钮(Piano Roll View)、MIDI事件窗按钮(Event List View)、五线谱窗按钮(Staff View)、音频窗按钮(Audio View)、歌词窗按钮(Lyrics View)、设备控制窗按钮(StudioWare View)、调音台窗按钮(Console View)、视频窗按钮(Video View)、大时间窗按钮(Big Time View)、标记窗按钮(Markers View)、速度窗按钮(Tempo View)、拍号/调号窗按钮(Meter/Key View)、系统信息窗按钮(Sysx View)和混音控制台窗按钮(StudioMix View)。按下这些按钮，便可弹出相关的窗口，其作用与"View"菜单相同。

另外，还有节拍器工具栏Metronome、录音工具栏Record、同步工具栏Sync、独奏工具栏Solo和大播放工具栏Transport(Larg)等，由于初学者暂时还用不到，故不做介绍。

4. 音轨窗

工具栏下面便是CPA中最基本的窗口——音轨窗。音轨窗分为左右两个部分，左边是音轨属性区，右边是MIDI/音频事件条区。用鼠标左键点击最左边的音轨号，便选择了该音轨。在CPA中可以编辑256个音轨，相当于八个最大的交响乐队的总谱之和。

(1)音轨属性区。用于设定以下音轨属性参数。

◆ Name：音轨名。
◆ 音轨状态按钮：按下M静音，按下S独奏，按下R录音。
◆ Source 音源：MIDI音源或数字化声音音源。
◆ Time+放音时间差：音轨内容延迟或提前。
◆ Chn 通道：音轨的MIDI通道号。
◆ Effect 效果：插入效果器可显示或编辑当前音轨的MIDI效果或音频效果。
◆ Bank 音色库：可选择不同的音色库。
◆ Key+转调。
◆ Vel+击键力度：力度越大，音量越大。
◆ Port 端口：MIDI端口。
◆ Volume 音量：该音轨的音量。
◆ Pan 声像：该音轨的声像位置。
◆ Patch 音色号：赋予该音轨的MIDI音色。
◆ Size 大小：该音轨的MIDI事件或音频事件总数。

在音轨窗中的任一音轨上,按鼠标右键就会弹出一个浮动菜单,可选择钢琴卷帘窗、五线谱编辑窗等音轨编辑对话窗,以及对当前音轨进行插入、删除、静音、独奏和录音等操作。

(2) MIDI/音频事件条区。该窗口区域用于调整和编辑音轨的 MIDI/音频事件,该窗口的顶部第一行显示的是文字说明,如前奏、主旋律等,下面的数字是小节数。而窗口中的细竖线则指示乐曲的当前位置。音轨内容以音符音高的形式显示,可在反白选择后用鼠标拖曳的方法移动。

5. 钢琴卷帘窗

钢琴卷帘窗是 CPA 的另一个重要窗口,主要以工具条、键盘尺、刻度尺、音符窗、控制窗等几部分组成。在音符窗中,横坐标为小节时间,纵坐标为音高(与键盘尺对应);在控制窗中,横坐标为时间,纵坐标为音符控制事件数值。

6. 五线谱窗

用五线谱窗写谱的缺点是比较慢,但其优点是可以保证音符位置的准确性,不需要 MIDI 键盘之类的输入设备,不但适合没有 MIDI 键盘或不会弹奏的初学者,也适用于追求完美、反复修改的专业作曲家。使用五线谱窗输入乐谱的时候,尽量采用快捷键选择命令,这样可以大大加快一首音乐的创作。

4.4.2 音乐创作前的准备

1. 硬件设置

Cakewalk 工作在电脑声卡的环境中,使用前应在软件中对电脑声卡进行简单的设置。在 Opitions-MIDI Device 的 Input Ports 里设定声卡 MIDI 输入,Output Ports 里设定声卡 MIDI 合成设备。

2. 乐器音轨的设定

创作音乐前,除了有一个调子、有一些旋律之外,更重要的是应该有一个编配乐器的打算,计划用哪些乐器,如何搭配以达到预想效果,完成这段旋律或节奏,在 Cakewalk 中可以通过音轨设定完成这些操作。

具体方法是:双击音轨窗口中任意一项栏目,在弹出的音轨属性 Track Properties 窗口里设置,如图4.9所示。

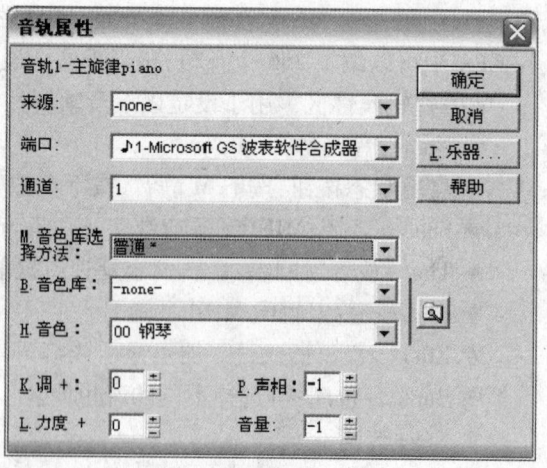

图4.9 音轨属性窗口

其中:
- ◆ SOURCE(来源):选择 NONE。
- ◆ PORT(端口):选择声卡 MIDI 合成装置。
- ◆ CHANNEL(通道):设定 MIDI 通道(一共只有16个通道可以设置)。
- ◆ BANK SELECT(音色库选择):选择 NORMAL。
- ◆ BANK(音色库):选择 NONE。
- ◆ PATCH(音色):选择这一音轨所用的乐器,可看到类似 PIANO、BASS 等乐器。

◆ KEY(调):表示音轨的音高,输入+12 升高一个八度,-12 降低一个八度。

◆ PAN(声相):也就是说声音是在左声道还是右声道,0 表示声音全部在左边,127 表示声音全部在右边,64 表示声音在中间。

◆ VELOCITY(力度):一般设定为 0。

◆ VOLUME(音轨音量):范围从 0～127,合理安排不同音轨的音量是音乐制作最基础的步骤之一,像和声的弦乐、低音贝斯等音量不宜过大,而独奏的钢琴、吉他应适当加大音量。

Cakewalk 中每个音轨一般占用一个通道,使用一种乐器,乐曲正是通过一个个音轨构成的。但要注意第 10 个通道,这是打击乐通道,也就是说在这个通道下,无论你选择什么乐器都只能听到打击乐器的声音,所以在设置时候应该将它预留为打击乐音轨。

4.4.3 几种音符输入方式

把我们脑子里想的或者谱子上写的音符输入到电脑里,才能让电脑识别这些音符信号,在 Cakewalk 里进行编辑加工。如果你会演奏钢琴,在使用电脑进行音乐创作时,有一个外接 MIDI 键盘或者带 MIDI 接口的电子琴,那么输入音符的速度就可以大幅度提升。但多数人既没有输入设备,又不会演奏,就只能用鼠标了。

1. 虚拟钢琴

虚拟钢琴不属于 Cakewalk 主程序安装范围,需要在其附加包中另行安装。安装后,在 MIDI Device 设置中将输入设备设置为虚拟钢琴,再启动它并设置一个音轨,打开录音按钮,就可以用鼠标在虚拟钢琴上弹奏了。

如果要进行比较复杂的和弦、琴音等输入,鼠标就显得力不从心了。其实,虚拟钢琴大部分键在电脑键盘上都有相应的位置,可以把电脑键盘变成一架钢琴。

2. 钢琴卷帘编辑窗口

Cakewalk 自带了一个钢琴卷帘编辑窗口,在这个窗口中可以把音符给"画"出来。如果虚拟钢琴不能满足你复杂多变的音符输入的话,可以通过这个窗口实现你的目的,这也是 Cakewalk 中最实用、最重要的输入编辑窗口,如图 4.10 所示。

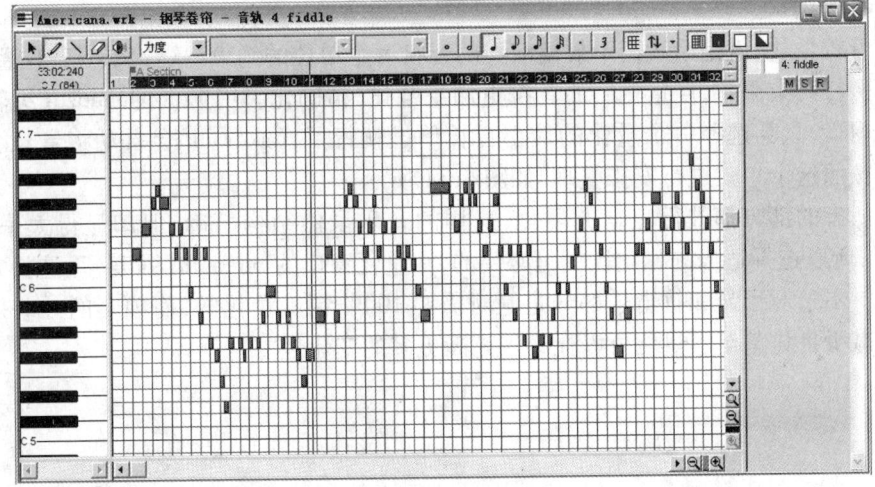

图 4.10 钢琴卷帘窗

钢琴卷帘窗口左上角有使用鼠标的 5 种状态，一般选择划直线。把鼠标放到键盘旁边的格子里，点一下，就会听到一个声音，如果音高错了，用鼠标上下调整；如果位置错了，用鼠标左右调整；如果长短错了，用鼠标左右拉动音符长短，或者将鼠标变为橡皮状态，点一下音符把它给删除掉。

钢琴卷帘窗口的输入可以做到很细微的程度，而且输入和弦、三连音等都十分方便。如果在确定一个音长的前提下，需要大量输入一些音符，需要按住右上网格按钮，鼠标右击进行"网格设定"，即设定一个最小的长度单位，这样无论怎么输入，音长都是这个数值的倍数。

3. 五线谱输入

打开 Staff(五线谱)窗口，用鼠标在适当的位置点击，听到一个声音，不满意的话用同样的方法修改。在上面的速度窗口中设置乐曲的速度，在节拍窗口中设置乐曲的节拍。

在实际操作中，五线谱输入用的并不多，对于初学者来说，应该将钢琴卷帘窗口的输入技巧熟练掌握，它对以后的制作会有很大的帮助，应多练习多实践。

4.4.4 录音与音符量化

设置好音轨，熟练了输入方法，接下来就可以进行录制和修改编辑了。

1. 录音

录音前要确定录音音轨的红色 R 钮被激活，按下录音按钮后，在 MIDI 键盘或虚拟钢琴上演奏，结束后用空格键停止。这时在右边区域可以看到黄色条块和黑色斑点，前者表示这里记录有 MIDI 信息，后者表示具体的信息符号。这时激活 S 按钮进行独奏预听。如果想继续往下录音，则将指针移动到需要录音的地方按下录音键即可。

除了这种最基本的录音模式之外，Cakewalk 还提供了诸如步进录音、循环录音、自动切入录音等多种录音方式，其方便灵活性是其他软件所不及的。

在录音过程中 Cakewalk 只是忠实地记录下演奏的全过程，演奏过程中难免出现各种差错漏洞，Cakewalk 会原封不动地记录下来，这就需要对我们的演奏进行改进了，而改进的第一步就是音符量化。

2. 音符量化

所谓音符量化，就是给我们不规整演奏的音符一个单位的约束，从音长、音符位置、起始时间等方面进行约束限定，使量化后的音符更加规范化、精确化。用 Edit/Quantize(编辑/量化)启动量化窗口，只需选择一个量化的最小音长单位就行了，Cakewalk 会自动将音长、位置、起始时间等按照这个单位进行安排整理，如图 4.11 所示。

如果所有的部分都进行完全的量化，这样的音乐虽然结构精确，但却显得太呆板，缺乏"人情味"，所以选择适当的量化比例是必要的，在量化窗口的 Strength(强度)里选择它的百分比就行了。不过对于鼓和打击乐部分是绝对需要 100% 精确量化的，而独奏的一些乐器在适当的时候减少量化甚至不量化可以让音乐充满更多的变化性。

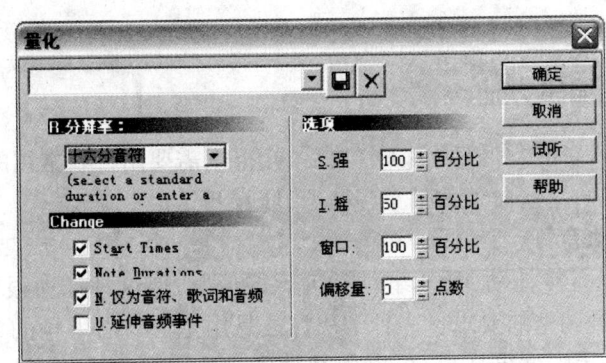

图 4.11 音符量化

4.4.5 利用鼠标进行 MIDI 编辑

电脑音乐时代就是鼠标音乐时代，在 Cakewalk 中以鼠标代手，就可以谱写音乐。虽然只是一个左键，一个右键，但 Cakewalk 中所有的学问就隐藏在这一左一右之间，先完成音符的输入工作，然后就可以用鼠标完成音乐创作中几乎所有的编辑修改工作了。

1. 左键选择

用鼠标直接在黄色条块区域用左键选择一段音符，然后可以拖动它往前或往后，调整其位置，按住 Ctrl 同时拖动则表示复制。

2. 右键快捷菜单命令

右键单击弹出快捷菜单，常用的命令都在这里面。

如果录音时间过长，造成一段很长的 MIDI 信号连接在一起，将会给选择带来不便，这时可以用鼠标右键快捷菜单中的 Split 拆分功能，只需在 Split Time 里输入分割点的时间就可以了，或者干脆将指针停在想要分割的地方，直接用 Split 分割。相反，有时录制过于琐碎，生成了很多小段的 MIDI 信号，我们可以用 Combine 合并命令进行处理，方法是按住 Ctrl 同时选择多个 MIDI 事件，然后直接用右键的 Combine 合并就可以了。

Link 连接命令与 Combine 功能相似，它可以将不同的 MIDI 事件连接在一起，对其中一个下命令，则其他的也做相同的变化。这个命令对于编辑打击乐等重复性很强的音轨有很好的效果，只要对一个小节进行变化，整个节奏类型都会同时发生相同的变化，这样可以大大提高工作效率。一般在粘贴一段拷贝事件两次以上时，Cakewalk 会自动把他们都连接起来，有时不希望它们都连接起来，可以用 Unlink（取消连接）解除连接，而且还可以改变各种连接的组合，Cakewalk 会提示你是完全解除连接还是重新建立新的连接。

Cakewalk 右键菜单中 Copy、Paste、Cut、Del 四种操作的功能比一般软件要强大一些，在 Copy、Cut 中不仅可以对 MIDI 事件进行操作，而且可以对速度变化、音高变化和标记注释进行操作，这在它们相应的菜单中可以选择。Del 中删除 MIDI 事件后 Cakewalk 会询问是否将删除后的空白也删除掉，也就是让后面的音符接上来，但一般不提倡这样做。Paste 除了可以输入粘贴的位置外，还可以选择粘贴后原数据和新数据的共存方式：新的取代旧的（旧的被删除）；新旧混合；旧的依次往后挪动。

右键菜单中的拖曳选项设置方法与 Paste 相似。

掌握右键菜单中的常用命令几乎可以完成所有有关 MIDI 的编辑，其实鼠标左右键的功能远不止这些,要很好的掌握还需要细心学习体会。

4.4.6 常用的编辑方法

完成了音乐的输入、完善和修改等工作之后,接下来需要用一些常用的编辑手段对音乐进行再加工,让其更完整。这些命令大都集中在 EDIT 菜单下。

1. 如何准确地移动音符

移动音符时,可以直接拖动 MIDI 事件到理想的位置,但这种拖动很难做到准确和细致,不能满足某些细微位置调整的要求。一种解决方法是用主窗口右下角的 Zoom In/Out 进行显示比例缩放,放大到一定程度再拖曳,可以使其精确一些;另一种方法是用 Edit-Slide(编辑/平移)命令,可以选择用节拍(Measures)和点数(Ticks)进行移动,填入具体的数字,使所有操作都量化,在 Cakewalk 中默认 1 拍为 120 点。

2. 音长调整

在音符输入时可以在钢琴卷帘窗口中对某一个音的长短进行调整。如果要对一段音符进行统一的长度调整,可以用 Edit-Length(编辑/音长)解决,它可以改变长度和起始事件,只要填入一个百分数,如输入 50% 就是所选 MIDI 事件速度提高一倍,音长减半。

3. 渐强渐弱效果

不能在钢琴窗口中改变一段音符的力度强弱,要用 Edit-Velocity(编辑/缩放力度)。在现在的音乐中普遍用到渐强渐弱的技巧,制作方法也很多,但用力度缩放命令可以非常轻松地做到。在 Begin 里输入 0% 在 End 中输入 100%,这一段音乐的力度就将出现由弱至强的淡入效果,淡出效果只需颠倒即可。

4. 撤销与历史纪录

如果操作失误,不该移动的移动了,不该删除的删除了,要用 Undo(撤销)命令,Cakewalk 的 Undo 可以多达 128 步。"历史菜单"中也保存了一步步的操作,可以直接恢复 128 步之内的任何一个错误指令,只要内存足够大,还可以添加历史保存的步骤数目。

【注意】改变音色不能撤销!

5. 转调

在制作贝斯等音域很低或者很高的乐器声部时会出现键盘的最低一个音都比我们所要求的音还要高,这时只能用 Cakewalk 的变调功能。

在音轨属性 Key 中输入 +12 可以将音高提高八度,但音高提升以后,在五线谱中并没有任何的音符改动,这里的音高只是指播放的音高,与音符的实际音高无关,实际音高不受它的影响。我们可以用 Edit-Transpose 转调功能改变音符音高,同样是以半音为单位的,12 表示 12 个半音,正好是一个八度,转调后再用五线谱看看,这才真正改变了音符的实际音高。

6. 吉他扫弦效果

吉他和弦跟钢琴不一样,和弦的每一个音符不是同时发出的,而是有一定的时间间隙,这就是常用的扫弦技巧,用 Cakewalk 的一个扫弦 CAL 程序——Strum It 可以轻松制作出扫弦效果。CAL 语言是 Cakewalk 应用语言的简称,其实是一系列动作的一个集合。在网上可以找到各种各样的 CAL 程序,他们都能为音乐添色不少,当然也可以自己制作 CAL 程序和别人一起共同分享。

制作吉他扫弦效果时,先同时按下这个和弦的所有音符,并录制下来,再选择这些音符,用

Edit-Run CAL(编辑/执行 CAL)找到这个叫 Strum It 的 CAL 程序,这时就可以选择是从上往下扫弦还是从下往上扫弦,还可以选择每个音符间的时间间隔(以 Ticks 作为单位),按下 OK,也可以对一大段和弦进行同样的操作,非常方便。

4.4.7 最终完成音乐作品

完成音乐作品的最后一步收尾工作,直接关系到整个音乐作品的听觉效果。

1. 保存音乐文档

制作过程中应随时注意存盘,这是一个应当养成的良好习惯。取一个名字用 Save As 进行第一次保存,保存类型 Normal 表示 Cakewalk 的默认格式 WRK。如果在制作过程中同时进行了一些音频处理,而又想每次打开文档时都能自动加载这些音频文件,那么在保存时应该选择类型为 Cakewalk Bundle(打包文件),不过这样的文件容量是很大的,应该根据需要进行选择。

2. 作品信息

音乐作品的作者当然希望别人尊重自己的创作成果,也希望别人在欣赏作品的同时对音乐作品的作者及其他信息有所了解,所以需要用 Info 进行信息的注释。用 File/Info(文件/信息)把信息窗口打开,可以在 Title 和 Subtitle 里输入主标题和副标题等,下面的窗口留给作品简介。关闭 Info 窗口,存盘,下次读取这个文档时,首先会弹出这个信息窗口。

3. 打印乐谱

Cakewalk 在乐谱打印方面有很强的实力,能够满足各种专业性乐谱打印的需求。但只有五线谱窗口中才能进行打印,因为只有五线谱打印结果才具有实用的价值。打印时可以选择打印的尺寸大小,从 0 号的 Commercial or Public 字体到 8 号的 Pearl 字体依次减小。同时,既可以选择多轨合在一起打印,也可以选择单轨打印,这样就既可以打印乐器总谱,又可以打印分谱了,十分方便直观。

4. 后期合成

Cakewalk 文档只有在 Cakewalk 里调用才能播放,这给没有安装 Cakewalk 的用户带来不便,也给音乐的传播造成了障碍,所以最终面世的音乐作品是不能用 WRK 格式的,应该把它统一转换成 WAV,然后再制作成 MP3 等音频格式。

我们先单独为转录的 WAV 开一个新的音轨,将 Source 设置为 Stereo Wave In(声卡),其他选项不必设置,然后将红色 R 键激活,按下录音后就开始录制了。结束以后用空格键停止,稍等片刻后会看到一条蓝色的音频轨道,单独听听这一轨,是不是和 MIDI 播放一样。最后选择这一音轨,用 Tool/Mixdown Audio/Export To File(工具/混缩音频/输出到文件)将其保存为 WAV 立体声格式或者其他需要的音频格式文件。如果在转录过程中发现蓝色音频信息中没有保存数据,那么检查一下控制面板中的多媒体录音设备是否选定为 MIDI。

当完成了音频数据的处理后,点击主控面板上的 Tools 会发现 Mixdown Audio 选项后有两种选择方案:Export to Files 和 Bounce to Tracks。

点击 Bounce to Tracks 这一项后会弹出一个新的窗口,这就是多轨音频立体声合成,在这里可以选择混合音频的处理方式:①混合成单轨的立体声事件;②混合成分隔型的左右声道立体声(这也是最常用的混合方式);③把立体声重新合成单声道数据。右边的选择项则是电脑在混合之前要求你决定控制事件、音量、左右通道相位以及音轨效果等等是否要一起合成。上边的 Destination 是让你选择最终要合成到哪一个音轨。

选择 Export to Files 后,系统会让我们选择输出音频数据文件的类型,有 4 种类型:WAVE、Real Audio、Windows Media Streaming(WMA 格式)和 MP3。同样地,在 Format 中也会让我们选择混合音频的处理方式和附带合成选项,只要决定了要保存的文件名后,就可以输出了。

4.4.8 人声伴唱录入

Cakewalk 不仅可以处理 MIDI 信息,还可以进行音频编辑。

1. 唱歌弹琴

录制人声属于外录操作,首先应确保话筒的插头与声卡的 Mic In 连接正常,并在声卡的相应设置中将录音设置为 Mic。将音轨窗口中的 Source 设置为 Stereo Wave In,为人声开辟一个新的音轨,激活红色 R 键,按下录音按钮就可以开始演唱了。可以一边听着伴奏音乐,一边演唱,但要用耳机进行监听,避免伴奏的音乐和人声一同录进去。录制完毕后,听一听效果,如果不满意,就在不满意的地方重新录制,或者用自动切入录音重录。音频数据在 Cakewalk 中会以特殊的蓝色显示。这时用鼠标右键快捷菜单,会发现和 MIDI 信号的命令选项一样,同样可以对音频事件进行合并、分割和连接等操作。

2. 加大音量

双击还可以进入音频编辑窗口,这里有更丰富的右键菜单。EQ 是最常用的效果器之一,是均衡器的简写,通过它可以调整不同频率范围的音量大小,注意不要过载失真。如果觉得录制的声音过小,可以选择 3 dB Louder,Cakewalk 会自动为这段声音的所有频段加大 3 dB 的音量,同理,也可以减小 3 dB 的音量。如果还是觉得音量过小的话,这时不要乱用 EQ,因为过大的音量可能造成失真,这是我们所不希望的,可以选择 Normalize,它可以在不失真的情况下将音量加到最大,特别适合大多数音频初学者使用。

3. 淡入淡出效果

声音的渐强渐弱效果也可以在音频窗口中非常容易地实现,选择菜单下的 Fade 选项,Cakewalk 会让你选择是淡入 Fade In 还是淡出 Fade Out,然后用鼠标调整前后音量比例。淡入淡出更高的境界是制作交叉淡入淡出,直接选择 Cross Fade 并且选择三种交叉淡入淡出的方式就可以了。

4. 合唱效果

如果觉得声音听起来太单薄,可以用合唱效果来对它进行加工。Cakewalk 自带了很多音频效果器,最常用的都可以在 Audio Effect 中找到,选择合唱 Chorus 效果,在 Preset 中选择预设的 Vocal Chorus 人声合唱,可以用 Audition 预听一下,这时声音会显得饱满多了,这正是合唱效果器在起作用,通过在原声音的基础上进行叠加来美化声音。

5. 混响效果

混响也是处理人声时常用的效果器之一,一般的歌曲成品里面,人声都或多或少的加入了一些混响效果,经过混响处理后能使音乐与人声更好的融合,声音听起来更舒服。Cakewalk 中也有很多种混响。选择 FX Reverb,在 Preset 中预设了各种环境下的混响参数,从 Room 房间到 Concert 音乐厅都有,各种混响的比例不同,只能适当地给人声加一些混响,使其与音乐形成一个合理的比例,选择 Vocal Club Wet,用 Audition 预听一下效果,如果不满意可以减小 Wet Mix 的值。

4.4.9 初试作曲

下面以《感恩的心》为例,简单介绍一下如何使用 CPA 来进行音乐创作,如图 4.12 所示是其中的一段简谱(全谱及五线谱请到网络教学平台下载)。

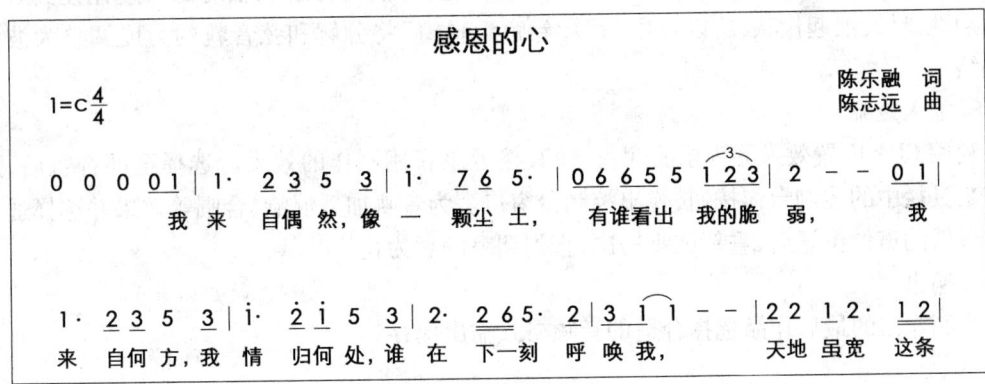

图 4.12 歌曲《感恩的心》中的一段简谱

1. 歌曲的基本设置

先在标准工具栏中点击"新建文件"按钮,在弹出的对话窗中选择"Normal"。然后在视窗工具栏中点击"节拍/调性窗"按钮,在"节拍/调性窗"中选择 4/4 拍,在速度工具栏中输入当前速度为 80。

2. 制作主旋律音轨

为表现优美宁静的主体音乐形象,演奏乐器选择音色安宁、富于遐想的小提琴(Violin)。选择第一条音轨,在"Name"中输入"主旋律",在"Chn"中选择"1","Patch"中选择"violin"。然后,在视窗工具栏中点击"五线谱窗"按钮,输入歌曲主旋律。接着按下"歌词"按钮,在所需的音符下面输入歌词。

3. 制作分解和弦音轨

加入分解和弦伴奏可以大大提高音乐的表现力。演奏分解和弦的乐器,可以选择竖琴(Orchestral Harp)。选择第二条音轨,在"Name"中输入"分解和弦",在"Chn"中选择"2","Patch"中选择"Orchestral Harp"。然后在视窗工具栏中点击"五线谱窗"按钮,输入分解和弦。

4. 制作背景和声音轨

背景和声是电脑音乐中一个非常重要的部分,虽然在乐曲中如果不仔细分辨很难听出它的声音,但如果没有它的存在,整个乐曲便会干涩无味。在这里我们选择弦乐合奏 1(String Ensemble 1)为背景和声。制作方法和上面的类似。

5. 制作低音音轨

低音是整个乐曲的根基,又要与打击乐共同组成节奏声部,因此我们选择个性鲜明的电贝司(Electric Bass)。

6. 制作打击乐音轨

如果说低音是乐曲的基础,那么打击乐则赋予乐曲活力。在 GM 标准中,通道 10 是打击乐的专用通道。谱表中不同音高的音符便是不同类型的打击乐器。

7. 试听修改

乐曲做好后，先试听一遍，看有没有什么不满意的地方。由于 CPA 各音轨的音量缺省值为 100，背景和声和分解和弦的声音显得太大，有些"喧宾夺主"，将这两个音轨的音量(Vol)减少为 70 dB，低音音轨的音量减少为 90 dB。另外，竖琴演奏分解和弦时的力度往往具有一定的周期性，呈波浪起伏状，所以要用"钢琴卷帘编辑窗"将分解和弦音轨的力度调整为波浪形的包络。

8. 加入效果

利用 CPA 内置效果器为乐曲润色，使其接近录音棚制作的效果。选择全部音轨后，点击视窗工具栏中的控制台窗按钮，弹出控制台窗口。为音轨加上混响、合唱等效果并选择适当调整各音轨的声像位置后，重新试听一次，直到调整满意为止。

9. 输出

为制作出的最后作品选择合适的音频格式输出保存。

4.5 Cool Edit

4.5.1 Cool Edit 功能简介

Cool Edit 是一个功能强大的音乐编辑软件，能高质量地完成录音、编辑、合成等多种任务，只要拥有它和一台配备了声卡的电脑，也就等于同时拥有了一台多轨数码录音机、一台音乐编辑机和一台专业合成器。

Cool Edit 能记录的音源包括 CD、卡座和话筒等多种，并可以对它们进行降噪、扩音、剪接等处理，还可以给它们添加立体环绕、淡入淡出、3D 回响等奇妙音效，制成的音频文件，除了可以保存为常见的 .wav、.snd 和 .voc 等格式外，也可以直接压缩为 MP3 或 WMA 等文件，放到互联网上或 email 给朋友大家共同欣赏，当然，如果需要，还可以烧录到 CD 上。甚至，借助于 Cool Edit 对采样频率为 96 kHz、分辨率为 24 bit 的录音支持，还可以制作更高品质的 DVD 音频文件。

Cool Edit 与现在最流行的专业作曲软件 Cakewalk 能很好结合。只要 Cakewalk 是 5.0 及以上版本的，那么，安装 Cool Edit 后，就可以在 Cakewalk 的工具(Tools)菜单下找到"Cool Edit"项，之后，在 Cakewalk 中完成作曲后，就可以直接启用 Cool Edit 进行编辑。强强结合，将给音乐制作带来更大的便利。

Cool Edit 不仅适合于专业人员，也适合那些只是偶尔发一回"烧"，或者想圆一下早年音乐梦的人。为此，Cool Edit 提供了一些"傻瓜"功能，例如，在音效处理方面，行家固然可以熟练地细调各项设置以求最佳，而新手则可以抛开这些，直接选择一种预置(Presets)模式，同样能生成令人吃惊的特殊效果。至于 Cool Edit 的常规编辑功能，如剪切、粘贴、移动等，同在字处理器中编辑文本一样简单，而且这里你有 6 个剪贴板可用，使编辑工作更加轻松方便。Cool Edit 对文件的操作是非损伤性的，对文件进行的各种编辑，在保存之前，不会对原文件有丝毫改变，因此，尽可放开手脚大胆尝试各种操作，如果不满意的话，可以多次取消(Undo)，还原重来。

4.5.2 Cool Edit 使用入门

Cool Edit Pro 是一个集录音、混音、编辑于一体的多轨数字音频编辑软件。我们首先熟悉一下它的 File（文件）、Edit（编辑）、View（视图）菜单中常用的命令，然后再介绍一些基本的使用操作方法。

1. File（文件）

File 菜单中包含了常用的新建、打开、关闭、存储、另存为等命令。

（1）Open 与 Open As 有一点区别，前者是一般的打开命令，而后者的意思是"打开为"。其实只有一个选择，就是将已建立的文件打开，然后出现格式转换窗口，选择希望的格式后点"OK"，经过一段时间（2~4 min）的等待后，原音频文件就转换为刚才所选择的格式了。其实这个过程可以先用 Open 来打开文件，再用 Edit 中的 Convert Sample Type 进行格式转换来实现。

（2）Open Append（追加）是将打开的音频文件接在已打开的文件尾部，这样 2 个音频文件就拼接成一个大的音频波形文件了。

（3）Revert to Saved 是重新载入最后一次存盘的文件，当前的所有操作全部忽略。其实这一步可以先关闭该文件（不存盘），然后再打开该文件来实现。

（4）Close All Waves and Session 关闭所有的波形文件（包括正在使用的文件和在当前任务中没有使用的文件）和任务（指多轨操作时的整个工作环境，暂时称它为"任务"）。只要使用这条命令，所有正在工作的"垃圾"和"垃圾箱"将被全部剔除。

（5）Close Only Non-Session Wavefrom 关闭与当前任务无关的波形文件。

（6）Save Copy As 就是把当前正在处理的文件做一个备份存下来。但是别忘了另取一个文件名，否则，你的原文件可能就会面目全非了！

（7）Save Selection 将当前波形文件选中的部分存盘。

（8）Save All 全部存盘。但是要小心，当选择该项后，就没有别的选择了，它会自动将你完成或未完成的所有编辑工作和任务存盘（除非你正在编辑的文件或任务是新建的，它会让你确定文件名），一般最好不用。

（9）Free Hard Drive Space 清理硬盘空间。在你进行音频编辑时，免不了要产生一些临时文件和 Undo 文件，可以在这里清空它们。

2. Edit（编辑）

Edit 菜单中包含了一些常用的复制、粘贴、删除和格式转换等命令。

（1）Enable Undo 打开 Undo 功能。

（2）Repeat Last Command 重复最后一次操作命令。不论你打开任何文件（包括当前文件），都能在该文件上重复上一次的操作命令。

（3）Set Current Clipboard 可以选择当前使用的剪贴板，一次只能选 1 个。

（4）Paste to New 将剪贴板中的文件粘贴为新文件。

（5）Copy to New 将当前文件或当前文件被选中的部分复制成为一个新波形文件，并在原文件名后加上"（2）"以作表示。

（6）Insert in Multitrack 将当前波形文件或当前文件被选中的部分在多轨窗口中插入为一个新轨。

（7）Select Entire Wave 选择整个波形。此操作也可以双击鼠标左键来完成。

（8）Delete Selection 删除当前文件被选中的部分。

（9）Trim 将当前波形文件中未被选中的部分滤除。在不存盘的情况下，可以使用 Revert to Saved 命令恢复原文件，或者使用 Undo 功能恢复（Enable Undo）。

（10）Find Beats 用此工具可以迅速地帮你找到音乐中一个完整的拍子（有点类似节奏）的开始和结尾点。也就是 2 个重音（大电平）信号之间的部分，这样你可以很方便地制作 loop（比如鼓 loop 等）。

（11）Convert Sample Type 转换采样格式。用此工具转换后当前文件的采样率将会被改变（播放时间不会变），文件大小也会改变，且处理时间也较长（大约 2~4 min）。可以在采样率、声道数及分辨精度（量化位数）参数上进行选择，在选择 8 位量化时，还可以选择抖动参数。

3. View（查看、视图）

View 菜单中包含了一些 CEP 中常用视图的开关项，具体如下。

（1）Muititrack View 按下此菜单项就转到多轨编辑状态。

（2）Waveform View 波形显示菜单项。

（3）Spectral View 频谱显示菜单项，与波形显示只能两者选一。

（4）Show Status Bars 显示 CEP 窗口底端的状态条。

（5）Show Level Meters 显示音量（电平）指示。

（6）Show CD Player 显示 CD 播放控制栏（播放按钮）。

（7）Display Time format 当前波形文件所显示的时间格式选择，与之有关的选项共有 12 个，可以根据需要选择，一般默认是十进制的"mm.ss.ddd"（分.秒.毫秒）。

（8）Vertical Scale format 改变波形编辑窗口右边的垂直刻度格式，可以在 Sample values（采样值）、Normalized values（标准值）和 Percentage（百分比）之间选择。

（9）Status Bars 调整 CEP 底端状态条的指示项目，有"鼠标指针所在位置的电平和时间值"、"采样格式"、"当前文件大小"、"当前文件时长"、"硬盘空余空间"、"硬盘空余时间"和"播放时间显示"7 个选项。

4. 使用 Cool Edit 录音

首先要明确录入何种音源，话筒、录音机、CD 播放器、还是其他的？是一种，还是多种？确定后，将这些设备与声卡连接好。然后，将录音电平调到适当水准，由于此操作直接决定录音质量，因此，下面具体说明其步骤。

在 Cool Edit 主窗口中，点击菜单 Options（选项）indows Mixer（录制调音台），出现 Master Volume（音量调整）对话框，通常情况下，此时出现的是播放音量调节面板，点击菜单"选项/属性/录音"，选择要使用的音源（如 CD），不用的音源不要选，以减少噪音，然后，按下确定按钮，出现录音电平调节面板，调整滑块位置，如图 4.13 所示，以试录时电平指示有一格为红色为准，这样录音效果较好。

录音电平调试好后，接下来，正式开始录音：

（1）点击菜单 File/New，出现 NewWaveform 对话框，选择适当的录音声道（Channels）、采样精度（Resolution）和采样频率（SampleRate），如图 4.14 所示。如果不知如何选择，可以分别使用 Stereo、16-bit、44 100 Hz，这是用于 CD 音质的设置，效果已经不错了。

（2）点击 Cool Edit 主窗口左下部的红色录音按钮，开始录音。

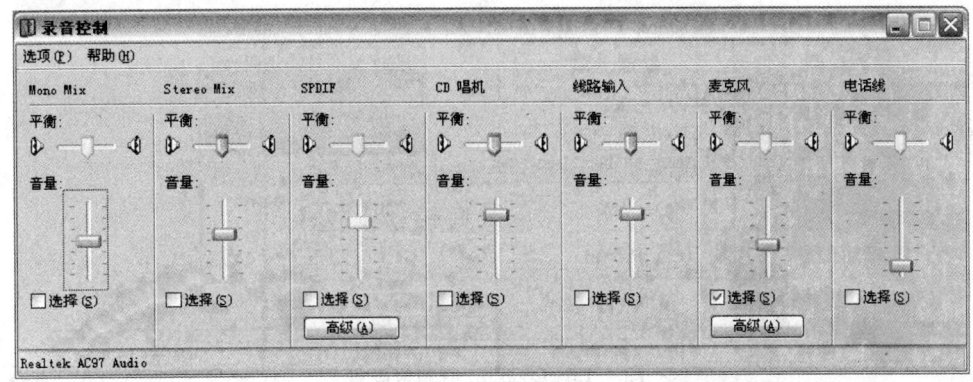

图 4.13　录音控制

(3) 拿起话筒唱歌(或播放 CD 等)。

(4) 完成录音后,点击 Cool Edit 主窗口左下部的 Stop 按钮。

Cool Edit 窗口中将出现刚录制文件的波形图。要播放它,点击 Play 按钮。

【注意】如果波形图是一条直线(或波形不明显),放音时将没有声音或声音很小,那么,检查音源选择是否正确、录音电平是否设置得太低。

5. 使用 Cool Edit 编辑声音

用 Cool Edit 编辑声音与在字处理器中编辑文本相似:一方面,都包括复制、剪切和粘贴等操

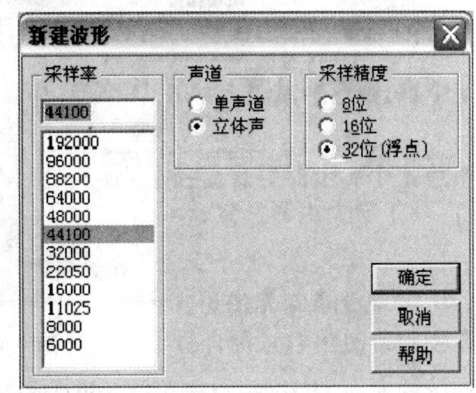

图 4.14　新建波形

作;另一方面,都须事先选择编辑对象或范围,这些操作才有意义,对于声音文件而言,就是在波形图中,选择某一片断或整个波形图。一般的选择方法是,在波形上按下鼠标左键向右或向左滑动,要选整个波形,双击鼠标即可。此外,Cool Edit 还提供了一些选择特殊范围的菜单,它们集中在 Edit 菜单下,如 Zero Crossings(零点定位、零交叉),可以将事先选择波段的起点和终点移到最近的零交叉点(波形曲线与水平中线的交点);Find Beats(查出节拍),可以以节拍为单位选择编辑范围。对于立体声文件,你还可以单独选出左声道或右声道,进行编辑。

Cool Edit 提供了 5 个内部剪贴板,加上 Windows 剪贴板,总共有 6 个剪贴板可同时使用,而 Cool Edit 又允许同时编辑多个声音文件。这样,如果要在多个声音文件之间传送数据,就可以使用 5 个内部剪贴板,如果你要与外部程序交换数据,可使用 Windows 剪贴板,这就像使用现在的剪贴板增强工具一样,给编辑带来了很大便利。但是请注意,当前剪贴板只有一个,每次进行复制、剪切和粘贴等操作,始终是针对当前剪贴板。选定当前剪贴板的操作为,在 Cool Edit 主窗口上,点击菜单 Edit/Set Current Clipboard,选择一个剪贴板,如图 4.15 所示。

利用 Cool Edit 的编辑功能,还可以将当前剪贴板中的声音与窗口中的声音混合,方法是,点击菜单 Edit/Mix Paste(混合粘贴),然后,选择需要的混合方式,如插入(Insert)、叠加(Overlap)、替换(Replace)或调制(Modulate),如图 4.16 所示。波形图中黄色竖线所在的位置为混合起点,即插入点,混合前应先调整好该位置。

如果一个声音文件听起来断断续续,你可以使用 Cool Edit 的删除静音功能,将它变为一

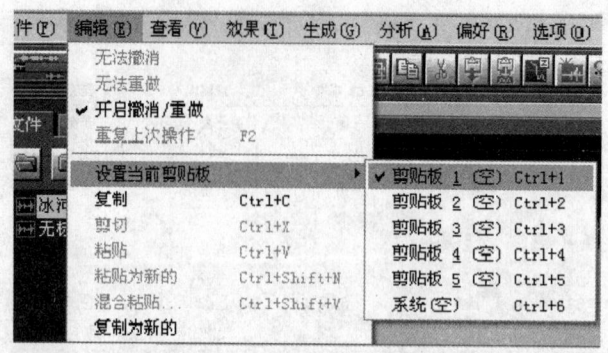

图 4.15　CoolEdit 剪贴板设置

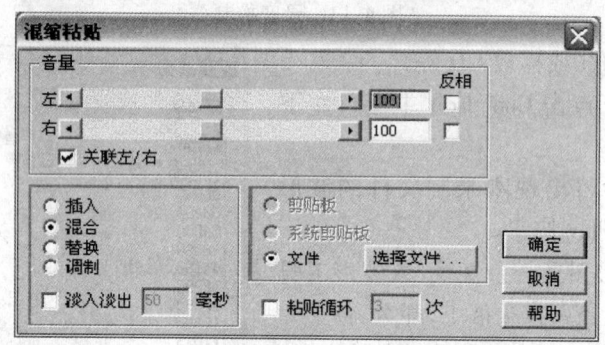

图 4.16　混合粘贴

个连续的文件,方法是,点击菜单 Edit/Delete Silence(删除静音),如图 4.17 所示。

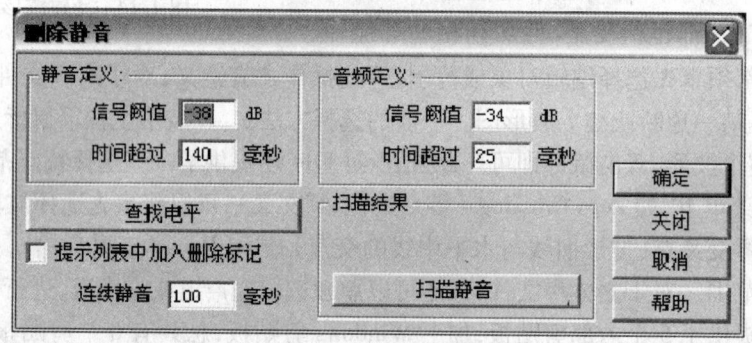

图 4.17　删除静音

为便于编辑时观察波形变化,你可以点击波形缩放按钮(不影响声音效果)。按钮分两组:水平缩放按钮在窗口下部,有六个,带放大镜图标;垂直缩放按钮只有两个,在窗口右下角,同样有放大镜图标。此外,你也可以在水平或垂直标尺上直接滑动鼠标右键或转动鼠标滚轮进行缩放;直接滑动鼠标左键拖动,移动位置。右击标尺,还可以弹出菜单,让你定制显示效果。

6. 使用 Cool Edit 添加音效

添加音效是 Cool Edit 最激动人心的功能。在 Cool Edit 的菜单 Transform(变换)下,有 20 个子菜单,通过它们,用户可以方便地制作出各种专业、迷人的声音效果。如 Reverb(余音),可以产生音乐大厅的环境效果;Dynamics Processing(动态处理),可以根据录音电平动态调整

输出电平;Filters(过滤器),可以产生加重低音、突出高音等效果;
Noise Reduction(降噪),可以降低甚至清除文件中的各种噪音;
Time/Pitch(时间/音调),能够在不影响声音质量的情况下,改变
乐曲音调或节拍,等等,最神奇的是 Brainwave Synchronizer(脑波
同步器),可以通过立体声耳机,产生有助于入睡、放松,甚至思考
的音乐。Cool Edit 的效果窗口如图 4.18 所示。

显然,在描述这些奇妙的音效方面,语言未免显得有些苍白
无力,最好的学习方法就是反复试用、反复体会它们。可以录制
或打开一个现成的声音文件,然后,点击菜单 Transform,选择一种
音效,调整音效的各项设置,或直接选用一种预置效果,按下 OK
按钮,听听看,不满意用 Undo 还原重来。

【注意】如果使用的是 Cool Edit 试用版,那么,每次启动只能
选用两类功能,因此,要想试试所有音效,就不得不反复启动程
序,并选择不同的功能。

7. 使用 Cool Edit 创建 MP3 文件

Cool Edit 可以将声音文件直接存为 MP3 格式,方法是,点击
File 菜单,选择 Save As,在 Save as type 对话框中,选择"*.
MP3",并点击 Options(选项)按钮,设定好各选项,按下确定按钮,
指定文件名和目录,点击 Save 即可。

图 4.18

【注意】如果使用 Cool Edit 的试用版,那么,只允许保存 1 min 长度的 MP3 文件,可以用
Windows 剪贴板来绕过这道弯。

8. 如何提升 Cool Edit 的功能

使用 Syntrillium 公司提供的以下插件,可以将 Cool Edit 的功能提高到一个新的档次,需要
的话,可到该公司网站 http://www.syntrillium.com 免费下载试用版。

Studio Plug-In 插件可以为 Cool Edit 增加一个 4 声道混音室,并为每个声道提供多种音效
和控制。Audio Cleanup Plug-In 插件提供了更高级的杂音清除、嘘声减少、剪接还原等功能。
如果你要把一张老唱片转换为 CD,那这个插件就可以做得很好。

其实,除了上面介绍的,Cool Edit 还有其他一些很强的功能,比如统计分析、文件批处理
等。有兴趣的可以查看相关资料,英语不错的还可以直接到 Syntrillium 论坛参与讨论。

4.5.3 Cool Edit 实用操作

1. 降噪处理

降噪有多种方法,大致上有采样、滤波和噪音门等几种。这当中效果最好的应该是采样降
噪法。所以我们就先录取一段声音,再给它降噪。Cool Edit 可以录入多种音源,将这些设备与
声卡连接好。然后,将录音电平调到适当位置,就可以录音了。

完成录音后,把波形放大后,将噪音区内波形最平稳且最长的一段选中(一般为没有音乐
信号的间隔处)进行采样。然后依次选取菜单里 Transform 项中的 Noise Reduction 命令,就会
弹出 Noise Reduction(降噪器)的工作界面,如图 4.19 所示。

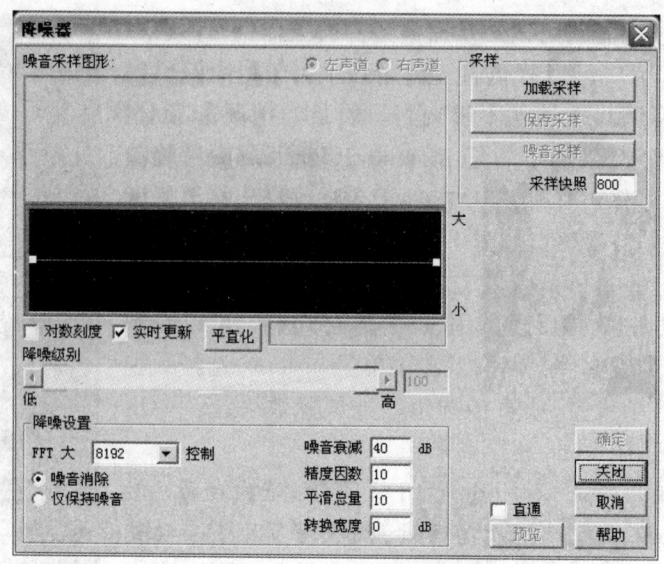

图 4.19 降噪器设置

将界面中 Snapshots in profile(采样快照)的参数改为 800，FFT Size 的数值改为 8192，Precision Factor(精度因数)的数值改为 10，Smoothing Amount(平滑总量)的数值改为 10 左右，这样可以达到比较好的效果。改好各参数后，点击噪音采样按钮 Get Profile from Selection(噪音采样)按钮，几秒后出现噪音样本的轮廓图，关闭窗口，可以听听效果，噪音是不是没有了？不满意就再调用参数，因为音源与录音设备不同，所以需要反复的调试才能达到一个十分满意的效果。最后选取整个文件或者需要降噪的片段，打开降噪器，点击 OK(确定)完成降噪。

2. 自制卡拉 OK 伴奏带

下面一个实例是自制卡拉 OK 伴奏带。你是否曾经遇到过自己十分喜欢的歌，但是又找不到卡拉 OK 伴奏带呢？现在有了 Cool Edit 帮你，你就不会再为找不到伴奏带而烦恼了！我们可以自制伴奏带。

首先安装一个抓取音轨软件，并且可以互相转换多种格式的音频文件，我们这里需要.wav 格式的文件。运行数字 CD 抓轨一项，光驱中的曲目就会显示在菜单上方，挑选你要转换的曲目进行转换。

在 Cool Edit 中调入转好的文件，选择菜单 Transform(效果)项中的 Amplitude(波形振幅)里 Channel Mixer(声道重混缩)项，在弹出的对话框中选择原厂预设参数中的 VocalCut 一项，如图 4.20 所示，然后关闭对话框听一下效果，这时你会觉得人声几乎没了，但听一会儿你会发觉似乎缺少了什么。没错，一些乐器的声音也被消掉了。那么只有从原曲中抽取这部分内容了(别忘了在下一步之前先把刚才做好的存一下盘)。

将源文件重新打开，选择菜单 Filters 项中的 Graphic Equalizer 项(效果/滤波器/图形均衡器)。为了更精确地调节频段，请将视窗切换为 30 段均衡视窗，如图 4.21 所示。然后调整人声的频率范围 300~3 000 Hz。将人声覆盖的频段衰减至最小，边调节，边监听，直到人声几乎没有就可以了。

按下 Switch Mulititrack Mixer View 钮，打开 CoolEdit Pro 的多轨编辑视窗。将时间指针停在开始处，以便于多轨音频对齐。

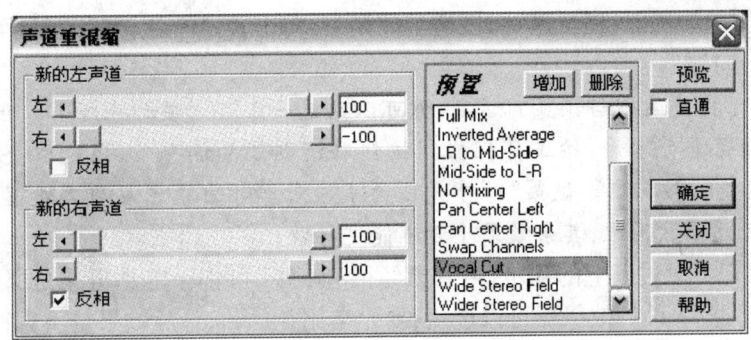

图 4.20 人声消除

在第一轨中按鼠标右键点击 Insert 项中的 Wave from File,选择第 1 步中处理好的消除人声后的音频文件插入第一轨,再在第二轨中按鼠标右键插入均衡处理后的音频文件。插好之后,播放听一下,不行的话,就分别调大这两轨的音量。

最后,如果满意了,那么在 Edit 菜单中选择 Mix Down to Track 项中的 All Waves,将两轨混合输出为另一个文件。等混音结束后,将它存盘即可使用了。

不过用这种方法不可能完全地消除人声,若是完全地消除人声,所付出的也是音乐失真的代价。不过你在演唱时,你的声音完全可以盖住没消干净的原声。

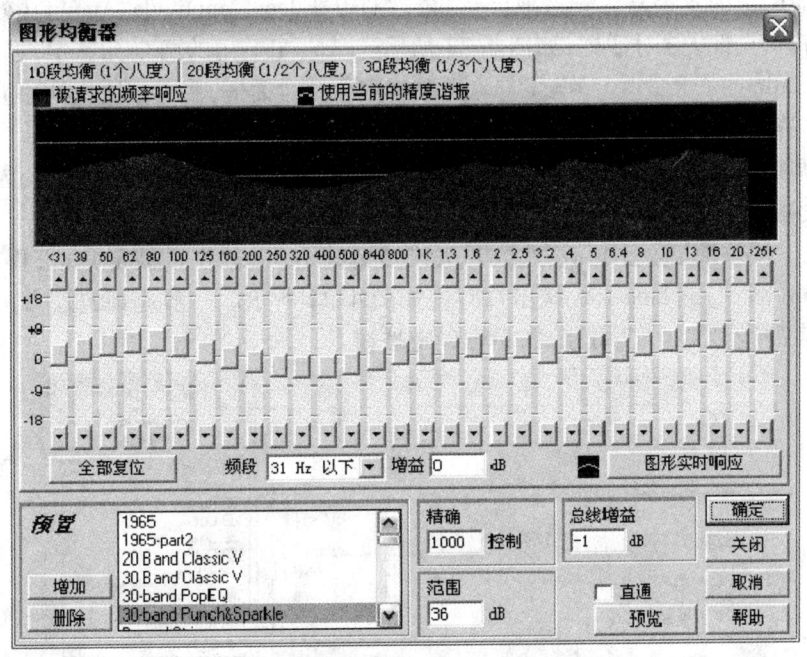

图 4.21 图形均衡器

3. 添加音效

在 Cool Edit 的 Transform 菜单下,有许多个子菜单,通过它们可以方便地制作出各种专业、迷人的声音效果。

(1) 音调调整。在这里,你可以对你的声音做一些润色。例如,你的音调较低沉,可以提升高音使它更清晰;如果声调偏高,可将它调整的柔和悦耳。依你所需,选取波形局部或全部,用菜单 Effect/Filters/Graphic Equalizer 打开图示均衡器对话框。对话框的标签有三个,分别是

10、20、30 段的图示均衡器,任选其一,做适当的调整,单击预览按钮试听效果,可边听边调整。满意后,单击确定按钮。

【注意】为了提高运行与预览的速度,你可以只选一小部分波形来操作。但是,必须进行如下步骤以作用于全部波形:按工具栏撤销按钮取消刚才的调整作用;选取全部波形,按 F2 ("重做"的快捷键),按回车。做第"1"步是因为不能对那部分波形做两次处理,因此,要撤销它。除了降噪可勉强做两次,其余效果千万不能这样做。

(2) 美化声音。通过以上的几步,声音已经很清晰了,可你一定觉得还是那样干巴巴的不好听。CEP 有超过 45 种的效果器可以选用,要是全用上的话,最后效果也不见得会好,够用就可以了。在菜单 Effect/Delay Effect(常用效果器)之下,还有几个子菜单,分别是合唱、延迟、动态延迟、混响、房间混响、回声等。可选中一部分波形打开相应对话框后,按下预览按钮边试听,边调整。因为涉及大量专业术语,建议采用预设窗口中提供的现成效果,比你自己调整滑竿要强得多。这样,用效果器为自己的声音加上恰当的诸如回声、混响等效果。这里需要耐心调试,直到感觉满意为止。

(3) 音量量化。无论进行到哪一步,你发现声音波形过小或是太大,CEP 都提供了顺手的工具。小比大要好办得多,过大就会造成波形上下两边特别整齐,这表明已经大于 0 dB,形成了"消峰"失真,虽然有工具提供这种消峰现象的修整,但也要尽量避免。音量控制效果器是 CEP 中用处最广泛的效果器。先选取波形,依次打开 Effect/Amplitude/Amplify(效果/波形振幅/渐变),打开音量控制对话框,如图 4.22 所示。从它左上角的两个标签中,可以分别打开 Constand Amplifiction(恒量改变)与 Fade(淡入/出)两个对话框,使用方法大同小异,一般的情况下,使用右侧预置窗口的现成效果就可以了。

我们要调整整个声波的音量,选取右侧的一个预置效果,以分贝(dB)为单位的 boost(提升)或 cut(衰减),可以单击右下侧的预览按钮监听效果,满意后,单击确定。

淡入、淡出的效果与上述相似,选取开头或结尾的约 5 s 以下的波形片段,再在预置效果里选择 fade in(淡入)或 fade out(淡出)即可,如图 4.22 所示。一般应锁定左右声道(可以调节初始和结束的音量)。试听效果后,单击确定按钮。

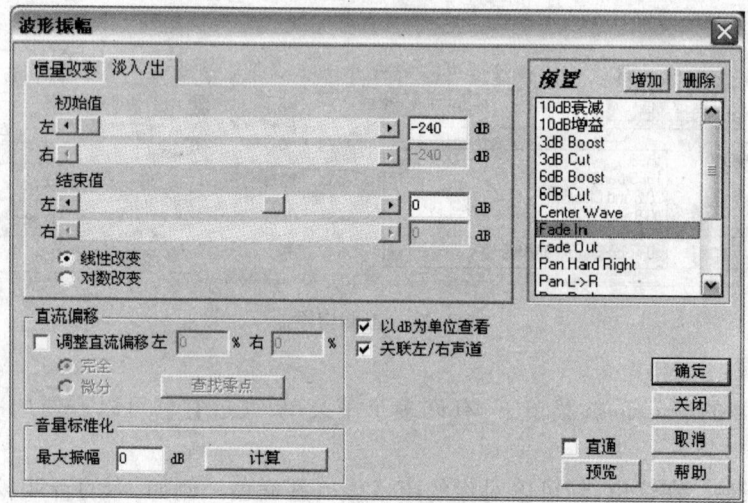

图 4.22 淡入、淡出设置

4. 多轨窗口

在波形上单击鼠标右键，点选 Insert In Multitrack（插入多轨窗口），单击窗口左上角的单轨、多轨切换按钮，切换到多轨窗口，编辑好的波形就会出现在最上面一轨了。

CEP 的多轨窗口与 Premiere、Flash、Cakewalk 等的"时间线窗口"相似，它有一条竖状的亮线，播放时，随着它的移动，作用于经过的所有轨道。可以用右键向两边拖动某轨的波形，以改变它的"出场"时间；也可以上下拖动，移至其他轨道。

各个轨道的左边按钮中，有三个较醒目的按钮 R、S、M，分别代表录音状态、独奏、静音，可按照需要选用与取消对此轨道的作用。三个按钮左侧还有 VOL 与 PAN 选项，右击鼠标打开控制推杆，直接输入数值或拖动推杆，调整该轨的音量或是相位（声音来源的方向，即声相位置）。

下面为一首诗加入配乐。

首先，在第一轨录制一首诗朗诵。单击左上角的切换按钮回到单轨编辑窗，单击工具栏打开按钮，在对话框中选择一首合适的音乐，CEP 支持 WAV、MP3 甚至 CD 音轨等很多格式，在文件类型下拉列表中可以看到所支持的音频格式，在确定之前，可以单击 play 试听。CEP 可以提取视频文件中的配音，通过 File/Extract Audio From Video（自视频提取音频）进行操作即可，支持包括 AVI、MPEG 等格式的视频文件。在打开的乐曲波形上右击鼠标，点选 Insert In Multitrack，将它插入多轨窗口。如果需要，当然可以在这之前进行诸多的效果处理。插入到多轨的波形将被自动放置在空缺的最上面一个轨道。

然后，进行多轨混音。进行到这儿，多轨窗中，应该有两轨波形，第一轨是你读的那首诗，第二轨是配乐。按住鼠标右键左右拖动某轨波形，将它的"出场"时间调整合适。下面要做的应该是调整两轨的音量比例了。它们之间，既不能喧宾夺主，也不能唯我独尊。对某轨做整体的调整可能过于片面。这样，我们让音乐开始时照常，你的声音出现前，乐曲渐弱至一恒定音量，等到诗歌读罢，乐曲音量回到正常。依次选取 View/Enable Envelope Editing（允许包络线编辑），并且在 Show Volume Envelopes（显示音量包络）之前勾选，如需要，还可勾选 Show Pan Envelopes（显示相位包络）。在每条音轨的上部将出现亮绿色的音量控制包络线，和位于中间的亮蓝色的相位控制包络线（当然，这些颜色可以自定义）。用鼠标可对各个轨道声波的局部或者全部，进行音量与相位（声音在左右声道间的位置）的控制。我们单击第二轨任一空白处而选中此轨，在朗读声相应部位的音量控制线上，单击鼠标加入控制点，上下拖动控制点，以减弱音量，音量百分比同时会显示出来。依此类推，在需要恢复音量的部位，做类似操作，使音量复原。同理，也可以对相位做一番调整，使被修改的部位听起来声音是来自不同的方位。控制点一般由两个组成，一个是开始执行，一个是执行结束。按键盘上 Home 键，使播放头回到左侧起点位置，再按播放键（快捷键为空格）试听两轨合成效果，选"另存为"保存为专用的 .ses 格式（多轨工程）。

最后，合成输出。全部调整妥当，进行最后一次的试听，因为这时还是多轨的 WAV 格式，不便于保存与传输，把它变成你所希望的音频格式。执行 File/Save Mixdown As...（混缩另存为），无论你存为哪种音频格式，CEP 都将把若干轨道变为只具有左右声道，但是却包含了你编辑的所有声音波形的一个文件。你可以选择保存为各种格式，如 MP3 等，但是要混缩为 WAV 时，为保证通用性，建议选用 Windows PCM 的 WAV 格式。

5. 操作小窍门

空格键：播放与暂停。

shift+home：选取当前位置至开始部分。

shift+end：选取当前至结尾部分。

home：返回开始部位；

end：跳至结束部位对多轨、单轨窗口均有效。

在单轨的垂直、水平标尺，多轨的水平标尺，以及两种窗口的时间显示栏右击鼠标，可自定义显示单位或样式。

Syntrillium Software 公司为我们提供了这款专业级软件。尽管如此，上述的这些也许不及它功能的 10%。一个好的作品＝创意＋素材＋得心应手的工具＋辛勤的劳动。知识在于不断的学习和探索，有几番耕耘，就会有几分收获！

小　　结

本章对多媒体音频技术的基础知识进行了简单的介绍，讲解了数字音频编码技术及常用的声音文件的格式，最后介绍了 CakeWalk 和 CoolEdit 两款音频处理软件的使用。通过本章的学习，应该能够创作简单的电子合成音乐，并且能够使用 CoolEdit 进行音频文件的编辑与处理工作。

习　　题

1. 怎样理解数字化音频的几个技术指标？
2. 模拟音频和数字音频有什么区别？
3. 计算双声道，16 位采样位数，22.05 kHz 采样频率，两分钟声音的不压缩的数据量？
4. 简述常用的音频文件格式及其特点。
5. 简述 MIDI 音乐制作系统的构成。
6. 简述使用 Cool Edit 录制人声的操作过程以及注意事项。

第5章 图形图像素材处理与制作

本章重点：色彩基本知识；图形与图像的基本知识；图像处理工具软件 Photoshop 的使用。

本章难点：图形与图像的基本知识；利用 Photoshop 进行图形、图像素材的处理。

图形、图像是人类视觉所感受到的一种形象化的信息，其最大特点就是直观、形象、生动。图像处理是一门发展十分迅速的实用性科学，其应用范围遍及科技、教育、商业和艺术等领域。图形、图像又与色彩关系密切，色彩对于图形、图像起着至关重要的作用。

5.1 色彩的基本知识

5.1.1 色彩三要素

人们生活在一个色彩斑斓的现实世界中，色彩是外界光波刺激作用于人的视觉器官而产生的感觉。从物理学角度看，光波是电磁波的一部分，其中可见光的波长为 380～780 nm。颜色和波长有关，不同波长的光呈现不同的颜色。在可见光范围内，按波长从大到小，光的颜色依次为红、橙、黄、绿、青、蓝、紫。只有单一波长的光称为单色光，含有两种以上波长的光称为复合光。不同波长的光不仅给人不同的色彩感觉，也给人以不同的亮度感觉。

视觉所感知的一切色彩现象，都具有亮度、色调、饱和度三种特性，这三种特性称为色彩三要素，人眼看到的色彩都是这三个要素的综合效果。

1. 亮度（Lightness）

亮度是指光作用于人眼时所引起的明亮程度的感觉。它与被观察物体的发光强度有关。如果彩色光的强度降低到最低，人的眼睛看不见，在亮度标尺上它就和黑色对应。如果其强度很大，那么，亮度等级和白色对应。

对于不发光的物体，人们看到的是反射光的强度。对同一物体，照射的光越强，反射的光就越强。不同的物体在相同的照射情况下，反射能力越强看起来就越亮。

2. 色调（Hue）

色调与物体发射或反射的光波波长有关。眼睛通过对不同光波波长的感受，可以区分不同的颜色。在可见光谱中，红、橙、黄、绿、青、蓝、紫，每一种色调都有自己的波长和频率，人们给这些可以相互区别的色调定出各自的名称，当人们称呼某一种颜色的名称时，就会有一个特定的色彩印象。

3. 饱和度（Saturation）

饱和度指的是颜色的深浅程度。它是按各种颜色中掺入白光的程度来表示的。对于同一单色光,掺入的白色光越少,饱和度越高,颜色就越深、越鲜明,完全没有混入白色光的单色光饱和度最高;相反,掺入的白色光越多,饱和度就越低,颜色越浅。

饱和度还和亮度有关,在饱和的色彩中增加白光的成分,色彩的亮度就会增加,变得更亮,但是它的饱和度降低了。

总之,色彩可以用亮度、色调、饱和度三个特征来表示。通常把色调和饱和度统称为色度。色度表示了光颜色的种类和深浅程度,而亮度则表示了光颜色的明亮程度。

5.1.2 三基色原理

现代颜色视觉理论中的三色学说认为人眼的锥状细胞是由红、绿、蓝三种感光细胞组成的,自然界中的任何一种颜色都可以由 R、G、B 这三种颜色值之和来确定,它们构成一个三维的 RGB 矢量空间。同样,绝大多数可见光也可以分解成红、绿、蓝三种色光。这就是说,R、G、B 的数值不同混合得到的颜色就不同,也就是光波的波长不同。

三基色的选择不是唯一的,也可以选择其他颜色作为三基色,但是,三基色的三种颜色必须是独立的,即任何一种颜色都不能由其他两种颜色合成。由于人的眼睛对红、绿、蓝三种色光最为敏感,由这三种颜色相配得到的颜色范围最广,因此一般都选红(R)、绿(G)、蓝(B)为三基色。三基色(RGB)原理是色度学最基本的原理。

从理论上讲,任何一种颜色都可用三种基本颜色按不同的比例混合得到。三种颜色的光强越强,到达人眼的光就越多,它们的比例不同,看到的颜色也就不同,没有光到达眼睛,就是一片漆黑。当三基色按不同强度相加时,总的光强增强,并可得到任何一种颜色。某一种颜色和这三种颜色之间的关系可描述为

$$颜色 = R(红色的百分比) + G(绿色的百分比) + B(蓝色的百分比)$$

当三基色等量相加且值为 255 时,得到白色;等量的红、绿相加而蓝为 0 时,得到黄色;等量的红、蓝相加而绿为 0 时,得到品红色;等量的绿、蓝相加而红为 0 时,得到青色,混色关系如图 5.1 所示。三基色的大小决定彩色光的亮度,混合色的亮度等于各基色分量亮度之和。三基色的比例决定混合色的色调,当三基色混合比例相同值在 0~255 之间时,是灰色。

相减混色利用了滤光特性,即在白光中减去不需要的彩色,留下所需要的颜色。如印染、颜料等采用的相减混色。相减混色关系式如:黄色 = 白色 − 蓝色,青色 = 白色 − 红色,红色 = 白色 − 蓝色 − 绿色,黑色 = 白色 − 蓝色 − 绿色 − 红色。当两种以上的色料相混合重叠时,白光就必须减去各种色料的吸收光,其剩余部分的反射色光混合结果就是色料混合或重叠产生的颜色。黄颜色之所以呈黄色,是因为它吸收了蓝光,反射黄光的缘故;青颜色之所以呈青色,是因为它吸收了红光,反射青光的缘故。如把黄与青两种颜料混合,实际上是它们同时吸收蓝光和红光,余下只有绿光能反射,因此呈绿色。

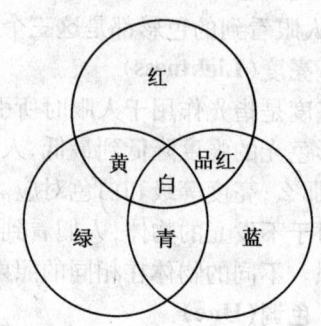

图 5.1 三基色加色混色

如果两种色光相加呈现白光,两种颜色相混呈现灰黑色,那么这两种色光或颜色即互为补色。颜色的补色关系与色光是不同的。互为补色的色光是加色相混得白光,互为补色的颜料是减色相混得到灰黑色。

5.1.3　图像色彩空间的表示及其关系

色彩空间是组织和描述颜色的方法之一,也可以称之为颜色模型,颜色的光谱描述便是颜色模型的一个具体的例子。

1. RGB 色彩空间

采用红、绿和蓝三种基色来匹配所有颜色的模型称为 RGB 颜色空间。在 RGB 色彩空间中,图像中的每个像素值都分成 R、G、B 三个基色分量,每个基色分量直接决定其基色的强度,这样产生的色彩称为真彩色。若 R、G、B 各用 8 位来表示各自基色分量的强度,每个基色分量的强度等级为 $2^8 = 256$ 种,图像可容纳 $2^{24} = 16$ M 种色彩。这样得到的色彩可以较好反映原图的真实色彩,故称真彩色。

在多媒体计算机技术中,用得最多的是 RGB 色彩空间表示,因为计算机彩色监视器的输入需要 RGB 三个色彩分量,通过三个分量的不同比例,在显示屏幕上合成所需要的任意颜色,所以不管多媒体系统中采用什么形式的色彩空间表示,最后的输出一定要转换成 RGB 色彩空间。

RGB 色彩空间产生色彩的方法称为加色法。没有光是全黑,各种光色按不同强度加入后才产生色彩,当各种光色都加到极限时成为白色,即全色光。

2. HSL 色彩空间

HSL(Hue、Saturation、Lightness)色彩空间是用 H、S 和 L 三个参数来生成颜色。其中,H 为颜色的色调,改变它的数值可以生成不同的颜色;S 为颜色的饱和度,改变它可以改变颜色的深浅;L 为颜色的亮度,改变它可以改变颜色的明暗程度。

HSL 色彩空间更符合人的视觉特性,更接近人对色彩的认识和解释。对某一颜色,人眼分辨不出其中 R、G、B 的比例,但可以感觉到它的颜色的种类、深浅和明暗程度。

3. CMYK 色彩空间

我们在利用计算机屏幕显示彩色图像时采用的是 RGB 色彩空间,而在打印时一般需要转换成 CMY 色彩空间。CMY(Cyan、Magenta、Yellow)模型是采用青、品红、黄三种基本颜色按一定的比例合成颜色的方法。RGB 色彩空间色彩的产生直接来自于光线的色彩,是各种基色光线的混合,是加色法;而 CMY 色彩空间色彩的产生是来自于照射在颜料上反射回来的光线,当全色光照射在颜料上时,颜料会吸收一部分光线,未被吸收的光线会反射出来,成为视觉判断颜色的依据,这种彩色产生的方式称为减色法。当所有的颜料加入后,能吸收所有的光产生黑色,当颜料减少时,只能吸收一部分光线,便开始出现色彩,颜料全部除去后,不吸收光线,就成为白色。

从理论上讲,只由青、品红、黄三种颜色混合就可以得到黑色,但在印刷中考虑到混合过程中的误差和油墨的不纯,同样的 CMY 混合后很难产生完善的黑色或灰色,所以在印刷时必须加上一个黑色(Black),这样就成为了 CMYK 色彩空间。

4. 各种色彩空间之间的关系

同一种颜色,在不同的色彩空间中有不同的表示,但各种色彩空间存在着相互的联系,可以互相转换。下面我们通过图像处理软件 PhotoShop 的"拾色器"(图 5.2),看一下各种色彩空间的表示方法和它们之间的相互关系。

RGB 色彩空间对红、绿、蓝中每一种颜色都有一个从 0~255 的亮度值变化范围,不同亮度值的组合就可以产生像素的不同颜色。如果 R、G、B 的值全为 0 就成为黑色，R、G、B 三个值全为 255 时，亮度值最大，就成为白色。

HSL（在 Photoshop 中用 HSB 表示）色彩空间中的色调 H 以 0°～360°的角度表示，它类似一个颜色轮，H 的值沿着圆周变化，反映不同的颜色，0°为红，60°为黄，120°为绿，240°为蓝，300°为品红色，到 360°又回到起点红色。饱和度 S 和明亮度 B 值都是以百分比表示，饱和度 S 值为 0% 时变成白色，明亮度 B 值为 0% 时变成黑色。

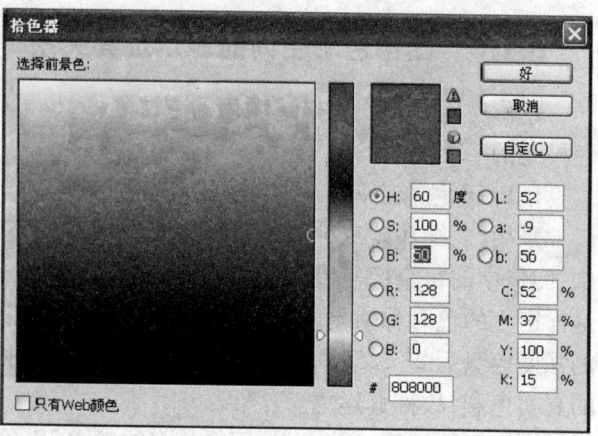

图 5.2　Photoshop 中的"拾色器"对话框

CMYK 色彩空间为每个像素的每种印刷油墨指定一个百分比值。其中为最亮（高光）颜色指定的印刷油墨颜色百分比较低，而为较暗（暗调）颜色指定的印刷油墨颜色百分比较高，当四种分量的值全为 0% 时，就会产生纯白色。

从"拾色器"对话框中我们可以看出，在 HSB 色彩空间中，当把色调 S 设置为 60°（黄色），饱和度 S 设置为 100%，亮度 B 设置为 50% 时，RGB 色彩空间的 R、G、B 分量的值分别是 128、128、0，而 CMYK 色彩空间的 C、M、Y、K 分量的值分别为 52%、37%、100%、15%。当某一色彩空间的值发生变化时，其他色彩空间的值也随之改变。

5.1.4　如何使用色彩

色彩是艺术中科学规律最强的，它的构成也是最有规律和感性的。它不仅是一门学科，而且还是人们生活中必不可少的元素。每个人对色彩有自己的偏好，但就美学而言，人们的理解大同小异。

色彩构成包含很多内容，例如色彩的作用、色调、形式美感、色彩物理、色彩混合、色彩知觉等，是我国美术院校学生的必修课。本节只对与多媒体产品相关的知识进行简要介绍。

1. 色彩构成概念

把两个或两个以上的元素组合在一起，形成新的元素，叫做构成。为了某种目的，把两个或两个以上的色彩按照一定的原则进行组合和搭配，形成新的色彩关系，这就是色彩构成。简言之，色彩构成是根据不同目的而进行的色彩搭配。

色彩搭配的唯一目的是创造美。绘画、广告、多媒体产品的画面是否漂亮、是否耐人寻味，都是色彩搭配要解决的问题。自然界中的物体本身没有颜色，人们之所以能看到物体的颜色，是由于物体不同程度地吸收和反射了某些波长的光线所致。依据"光的三原色"理论，在色彩搭配中，参与搭配的颜色越多，其明度越高。在图像处理软件和动画制作软件中，都符合光三原色的搭配规律。

通过前面的讲解大家都知道，色彩的三要素分别是亮度、色调和饱和度。亮度是指色彩的明暗程度。恰到好处地处理物体各部位的亮度，可以使物体产生立体感。白色是影响亮度的重要因素，当亮度不足时，添加白色，反之亦然。色调是颜色的相貌，代表颜色的种类。在美学设计中，对色调敏感的人往往使用最少的颜色表现最丰富的内容。色调主要用于表现色彩的冷暖氛围、表达某种情感等。饱和度是指色彩的饱和程度,也有叫做"鲜艳度"或"纯净度"的。人眼对不同颜色的饱和度感觉不同,红色醒目,饱和度感觉最高;绿色尽管饱和度高,但人们总是对该色不敏感。黑、白、灰色没有饱和度。

色彩的亮度能够对饱和度产生不可忽视的影响。亮度降低,饱和度也随之降低,反之亦然。色调与饱和度也不无关系,饱和度不够时,色调区分不明显。而饱和度又和亮度有关,三者互相制约、互相影响。

2. 颜色搭配要点

明确地了解颜色之间的关系,是掌握配色的基本条件。各种颜色之间的关系和关系名称,如图 5.3 所示。在颜色轮上,任意两个相邻的颜色叫做"相邻色",例如红色和橙色,黄色和绿色等;对角线上的颜色叫做"互补色",例如红色和绿色、蓝色和橙色等;由于色轮中轴线左侧的颜色看起来偏冷,如紫色和蓝色,因此这些颜色属于"冷色";色轮中中轴线右侧的颜色偏暖,故属于"暖色",如黄色和橙色。

颜色的搭配令很多人感到困惑,尽管使用了很多颜色,但搭配出来的颜色不好看,该醒目的地方不醒目,该柔和的地方不柔和。颜色的搭配是色彩构成研究的主要课题,根据要表达的思想和目的,将尽可能少的颜色搭配起来,产生美感。

颜色搭配的用色类型包括以下几种。

(1)以亮度、色调和饱和度为主。

(2)以冷暖对比为主。

(3)以面积对比为主。

(4)以互补对比为主。

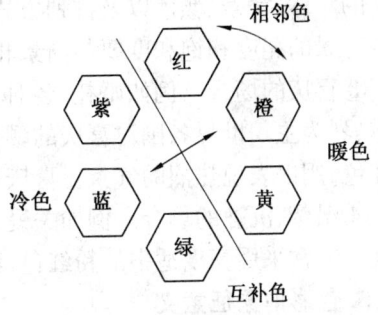

图 5.3 颜色之间的关系

在颜色搭配时,根据不同的需要、不同的场合、不同的表达内容,选择不同的用色类型。但不论如何配色,其真正的目的只有一个,那就是给人以美感。为了使没有学过美学的人能够驾驭配色技巧,市面上有很多关于配色的书籍,其中一些非常实用,并将二色配色、三色配色、多色配色的彩色样本直接奉献给读者,读者可根据需要从中选择合适的配色方案。

颜色搭配时要注意以下两个要点,即使标题更醒目和演示画面更美。

(1)使标题更醒目。

人们总是希望标题越醒目越好,可是有时却事与愿违。常见的问题是通过增大字号和改变字体,使标题醒目,但又感觉文字不显眼,于是把文字再突出一些,结果大家都突出了,也就没有了醒目的标题。

使标题醒目的基本方法有以下四个:

①加大字号,使标题字号与正文字号有足够大的差异。

②标题使用粗重、厚实、饱满的字体,例如,大黑体、综艺体、粗圆体等。

③为标题加下划线,下划线能够起到提示性作用。

④为标题增加边框,边框的颜色不应是文字颜色的相邻色,边框的形式可富于变化。

(2)使演示画面更美。

大多数多媒体作品主要在电脑上演示,或者投影到大屏幕上演示。不良的配色、无序的构图和字体的混乱会影响演示效果。演示画面的美观主要体现在以下三个方面:

①配色优雅,符合审美习惯。
②视觉效果舒适,不刺眼、不疲劳。
③画面构图美观、科学、符合阅读习惯。

演示画面由前景和背景构成,前景主要是指标题、文字、图形和图片;背景则是指由单色、过渡色或图片构成的大面积背景画面。协调好前景色和背景色,是保证画面美感的关键。前景色与背景色的颜色搭配要点如下:

①文字亮,背景暗。文字采用亮度高的颜色,例如白色、亮黄色等;背景采用亮度低的颜色,并以冷色为主,例如黑色、深蓝色、暗紫色、暗绿色等。如果背景采用图片,图片应事先经过处理,使其整体色调符合对背景的要求。这种配色对突出主题很有帮助,即使长时间观看,眼睛也不易疲劳,视觉效果舒适,特别适合正式而严肃的场合,例如国际会议、教育教学、科学技术讲座等场合。

②在气氛活跃的场合。例如文娱活动、广告以及商品介绍等场合,前景要富于变化,例如文字的字体、字号、颜色以及排列方式等方面的变化,图片要有新意,其内容要与表达的主题相符。背景的亮度和饱和度要与前景相互协调。

③喜庆的场合。例如婚礼、各种盛事、电影发布、举办音乐会的海报等,色彩的运用以鲜艳、热烈为主。世界各国对喜庆的颜色有着不同的习惯和理解。例如,我国民间喜庆的颜色多为红色,用以表现热烈的气氛。喜庆用色通常采用亮度高、色调清晰、饱和度高的配色方案。

④温馨、沉静的场合。例如关爱、爱情、沉思、探讨人生等主题,适宜运用淡雅的色彩渲染气氛。通常采用亮度适中的粉红色、淡蓝色为背景,亮度高的文字为前景的配色方案。

3. 色彩的象征意义

人们对色彩的理解源于经验、经历和学习。例如,看到红色就想到太阳;看到绿色犹如看到了广阔的大草原;见到蓝色就联想到一望无际的大海和天空,等等。了解色彩的象征意义,引起人们对色彩的联想,是正确、有效地使用色彩的重要依据。

表5.1列出了一些典型色彩具有的象征意义。在色彩设计中,参照色彩、联想与象征意义,可以准确地运用色彩来表现需要的主题。一般而言,大多数人对于色彩的理解是一致的,但由于国家、地域、文化的不同,色彩的象征意义稍有差异。如果读者希望了解有关知识,请查阅美学相关书籍。

表5.1 色彩的象征意义

色彩	直接联想	象征意义
红	太阳、旗帜、火、血等	热情、奔放、喜庆、幸福、活力、危险
橙	柑橘、秋叶、灯光等	金秋、欢喜、丰收、温暖、嫉妒、警告
黄	光线、迎春花、梨、香蕉等	光明、快活、希望、帝王专用、古罗马的高贵色
绿	森林、草原、青山等	和平、生意盎然、新鲜、可行
蓝	天空、海洋等	希望、理智、平静、忧郁、深远、西方象征名门血统
紫	葡萄、丁香花等	高贵、庄重、神秘、我国和日本昔日服装的最高等级、古希腊的国王服饰
黑	夜晚、没有灯光的房间等	严肃、刚直、恐怖
白	雪景、纸张等	纯洁、神圣、光明
灰	乌云、路面、静物等	平凡、朴素、默默无闻、谦逊

5.2 矢量图形与图像

5.2.1 矢量图形的概念

图形实际上是抽象化了的图像，是依据某个标准对图像进行分析而产生的结果。它通常是用各种绘图工具绘制的，由诸如直线、圆、弧线、矩形、曲线和文字等图元构成，如工程图等。在计算机中，图形是以指令集合的形式描述的。这些指令描述一幅图中所包含的各图元的位置、大小、形状和其他一些特性，也可以用更为复杂的形式来表示图像中曲面、光照、材质等效果。因此人们将它称为矢量图形，简称为图形，它的主要特点是数据量小。在计算机显示器上显示一幅图形时，首先由专用的软件来读取并解释这些指令，然后将它们转换成屏幕上显示的形状和颜色，最后通过使用实心的或者有深浅等级的单色或彩色填充一些区域而形成图形。

5.2.2 图形的分类与特征

图形一般分为二维图形和三维图形两大类。二维图形是平面的，其变换都在二维空间中进行。三维图形则要进行三维空间的显示与变换。普通的三维图形只是在三维空间对线条或简单曲面进行变换显示，若再增加光照、质材等效果，使其尽可能逼近真实图形效果，就成为真实感图形。显然，三维图形及其真实感图形的生成需要更多的计算时间和存储空间。

图形占用较小的存储空间。矢量图的一个突出的优点是不需要对图上的每一个点的信息进行保存，而只需要描述对象的几何形状即可，所以需要的存储空间与点阵图像相比要小得多。

图形的矢量化使得有可能对图中的各个部分分别进行控制。因为所有的矢量图形部分都可以用数学的方法加以描述，从而可以方便地实现对图形的移动、缩放、旋转、叠加和扭曲等变换与修改。因此，矢量图形常用用在画图、工程制图、美术字等方面，绝大多数 CAD 和 3D 软件均使用矢量图形作为基本图形存储格式，但用它来表现人物或风景照片时很不方便。PC 机上常用的矢量图形文件有.3DS 和.DXF(用于 3D 造型和 CAD)以及.WMF(用于桌面出版)。

矢量图形的产生需要计算时间。由于矢量图形在每一次显示时要根据描述来重新生成图形，故对比较复杂的图形需要较多的计算时间。并且图形越复杂，要求越高，所需的时间也就越多。

5.2.3 图像的概念

图像通常是指人类视觉系统所感知的信息形式或人们心目中的有形想象，是图与像的总称，这里的图是指用描绘或摄影等方法得到的外在景物的相似物，而像则是指直接或间接的视觉印象。图像是通过扫描仪、数字相机、摄像机等输入设备导入到计算机中的。在计算机中原始图像分割成许许多多的点阵，由这些点阵构成的图像为点阵图。点阵图像即为最基本的一种图像形式。

点阵图是指在空间和亮度上已经离散化了的图像。可以把点阵图看作一个矩阵，矩阵中的每一个元素对应于图像中的一个点，而元素的值则对应于该点量化后得到的灰度(或颜色等级。这个矩阵中的元素就称为像素,它存放于显示器缓冲区中,与显示器上的显示点一一对应,故又称之为位图映射图像,简称位图。因此,点阵图像就是以数字化的形式对构成图像的各个像素点的颜色和深度等相关信息进行描述和存储。当点阵图像中的灰度(颜色)值仅为两个等级时,称之为二值图像,否则称之为灰度(彩色)图像。显然,灰度(彩色)等级越高,图像就越逼真。

5.2.4 图像的基本属性

描述一幅图像需要使用图像的属性。图像具有多种属性,例如,分辨率、颜色深度等,这些属性对于图像的质量有重要的影响。

1. 图像分辨率

图像分辨率是指组成一幅图像的像素密度的度量方法,通常使用单位打印长度上的图像像素的数目多少,即用每英寸多少点(dot per inch,dpi)表示。比如,320×240 表示一幅图像用 240 行,320 列,即 240×320 个像素组成。对同样的一幅图,如果组成该图的图像像素数目越大,则说明图像的分辨率越高,看起来就越逼真。反之则图像就越粗糙。在同样大小的面积上,图像的分辨率越高,则组成图像的像素点越多,像素点越小,图像的清晰度越高。

对于那些在扫描时采用低分辨率得到的图像,不能通过提高分辨率的方法来提高图像的质量,因为这种方法仅仅是将一个像素的信息扩展成了几个像素的信息,并没有从根本上增加像素的数量。

2. 显示分辨率

显示分辨率与图像分辨率是两个不同的概念。显示分辨率是指屏幕上能够显示的像素的数目。比如,800×600 表示显示屏幕可以显示 600 行、800 列,即 600×800 个像素。屏幕显示的像素数目越大,显示出来的图像越细腻。

显示分辨率确定显示图像的区域大小。如果显示分辨率为 640×480,那么一幅 320×240 的图像只占显示屏幕的 $\frac{1}{4}$;而 2 400×3 000 的图像在这个显示屏上就不能显示出一个完整的画面。在显示分辨率一定的条件下,图像分辨率越高,图像显示的尺寸就越大,越能反映真实图像的原始风貌。

3. 颜色深度

位图图像中每个像素的颜色(或灰度)信息被量化后将用若干二进制数据位来表示,描述每个像素所使用的二进制数称为图像的颜色深度(也称为图像深度、颜色深度或深度)。对于彩色图像来说,颜色深度决定了该图像可以使用的最多颜色数目;对于灰度图像来说,颜色深度决定了该图像的可以使用的亮度级别数目。颜色深度反映了构成图像所用的颜色(或灰度)的总数,记作位/像素(bits per pixel,bpp)。例如,颜色深度为 1 bpp 时,图像只能有两种颜色(一般为黑色和白色,但也可以是另外两种色调或颜色),这样的图像称为单色图像;深度为 4 bpp 的图像可以有 16 种颜色;深度为 8 bpp 的图像可表示 256 种颜色;深度为 24 bpp 的图像称为真彩色图像。各种颜色深度所能表示的最大颜色数见表 5.2。

表 5.2 图像的颜色数量

颜色深度/bpp	数 值	颜色数量	颜色评价
1	2^1	2	二值(单色)图像
4	2^4	16	简单色图像
8	2^8	256	基本色图像
16	2^{16}	65 536	增强色图像
24	2^{24}	16 777 216	真彩色图像
32	2^{32}	4 294 967 296	真彩色图像
36	2^{36}	68 719 476 736	真彩色图像

4. 真彩色

真彩色是指在组成一幅彩色图像的每个像素值中,有 R、G、B 共 3 个基色分量,每个基色分量直接决定显示设备的基色强度,这样产生的彩色称为真彩色。

例如,用 R、G、B 各 8 位表示的彩色图像,R、G、B 分量大小的值直接确定 3 个基色的强度,这样得到的彩色是真实的原图彩色。

5. 真彩色图像

真彩色图像是指当用 R、G、B 各 8 位来表示一个像素的值时可生成的颜色数是 16 777 216 种,而人的眼睛是很难分辨出这么多种颜色的。因此在许多场合将这样的图像称为真彩色图像,也称为全彩色图像。

5.2.5 图形与图像

图形和图像是两个不同的概念,但它们之间又存在着一定的关系,且各有优势,用途也各不相同。具体表现在以下几个方面。

(1)图形的基本元素是图元,也就是图形指令。而图像的基本元素是像素,其显示要更加逼真一些。

(2)图形的显示过程是按照图元的顺序进行的,而图像的显示过程是按照位图图像中所安排的像素顺序进行的,与图像内容无关。

(3)图形缩放变换后不会发生变形失真,而图像的变换则会发生失真。

(4)图形能以图元为单位单独进行修改、编辑等操作,且局部处理不影响其他部分,而图像则不行。因为在图像中没有关于图像内容的独立单位,只能对像素或像素块进行处理。

(5)图形实际上是对图像的抽象,而这种抽象可能会丢失原始图像的一些信息(可能对应用有用,也可能对应用无用)。

(6)如果绘制的图形比较简单,图形的数据量要远远小于位图,但不如图像表现的自然、逼真。

5.2.6 位图的数据量

位图所需的存储空间可用公式(5.1)来计算

$$位图所需存储空间/Byte = (位图高度 \times 位图宽度 \times 位图深度)/8 \qquad (5.1)$$

其中,位图高度和位图宽度分别是位图图像垂直和水平方向上的像素个数;位图深度是存储图像像素点颜色信息的位数。例如,一幅 640×480 的 256 色原始图像(未压缩)的数据量为

$$(640×480×8)/8 = 307\ 200\ 字节$$

5.2.7 常用的图像文件格式

对于图像,由于记录的内容不同,所以文件的格式也不相同。在计算机中,不同的文件格式,用不同的文件后缀标识。各种文件格式的设计都有一定的背景,有些是为了特定的显示适配器开发的,有些是为了某个特定目的开发的,每种文件格式都有各自的特点及适用范围。下面介绍几种常用的图像文件格式。

1. PCX 格式

PCX 格式最初是由 ZS-Soft 公司为其图像处理软件 PC Paintbrush 设计的文件格式。它是目前使用比较广泛的图像文件格式之一。该格式简单,使用行程编码方法进行压缩,压缩比适中,适用于一般的软件使用,压缩和解压缩的速度都比较快。另外,由各种扫描仪扫描得到的图像几乎都能存储成 PCX 格式。

2. BMP 格式

BMP 格式是微软公司为 Windows 环境设置的标准图像文件格式,而且 Windows 系统软件中还同时内含了一系列支持 BMP 图像处理的 API 函数。随着 Windows 的不断普及,BMP 文件格式无疑也已经成为 PC 机上的流行图像文件格式。它的主要特点可以概括为:文件结构与 PCX 文件格式类似,每个文件只能存放一幅图像;图像数据是否采用压缩方式存储取决于文件的大小与格式,即压缩处理成为图像文件的一个选项,用户可以根据需要进行选择。其中,非压缩格式是 BMP 图像文件所采用的一种默认格式,故此数据量比较大。

3. TIF 格式

TIF 格式由 Aldus 和 Microsoft 公司合作开发。最初用于扫描仪和桌面出版业,是工业的标准格式,支持所有的图形类型,同时被许多图形应用软件支持。TIF 格式分为压缩和非压缩两类。非压缩的 TIF 独立于软硬件环境。

4. TGA 格式

TGA 格式是 Truevision 公司为支持图像的捕获以及本公司的显示卡而设计的一种图像文件格式,其全称为 Targa 格式。由于 Truevision 公司的 Targa 图形板不必借助于调色板就可以直接显示 16 M 种不同的色彩,因此它是一流的计算机显示设备,而 TGA 图像文件格式则是一种适合于 Targa 板的图像显示文件格式。它支持任意大小的图像,而且图像的色彩可以从 1 位到 32 位,因此这种图像文件格式具有很强的颜色映像表达能力。另外,虽然 TGA 文件格式是针对特定显示卡而设计的,但现在已经广泛地应用于动画设计、真彩色扫描等领域,成为一种国际上通用的图像文件格式。

5. GIF 格式

GIF 格式,由 CompuServe 公司设计开发。其最初的目的是为了方便网络用户传输图像数据而设计的。目前有两个版本:87a 和 89a。主要特点是一个文件可以存放多幅图像,若选择适当的 Web 浏览器可以播放 GIF 动画,另外,GIF 只支持 256 种颜色,文件压缩比较高,是网络上普遍使用的一种图像文件格式。

6. JPG 格式

JPG 格式是用 JPEG 压缩标准压缩的文件格式,现在使用的非常广泛。其特点是文件小,可以调整压缩比,失真率较小。

7. PNG 格式

PNG 格式是为了适应网络数据传输而设计的一种图像文件格式,用于取代 GIF 图像文件格式,甚至还有望取代 TIF 图像文件格式。其主要特点有:在绝大多数情况下,压缩比高于 GIF 文件(一般可以提高 5%~20%),利用 Alpha 通道可以调节透明度,提供 48 位真彩色或 16 位灰度图,一个 PNG 文件只能存放一幅图像。

8. PSD 格式

PSD 格式是 Photoshop 提供的自定义的,专门针对 Photoshop 的功能和特征进行优化的格式。PSD 格式保存了每个可以在 Photoshop 中应用的属性,包括图层、通道和文件信息等。

PSD 以自定义的格式打开和保存图像的速度比采用其他格式要快,这一点是很自然的。自定义格式还提供了图像压缩功能。PSD 格式的缺点在于除了 Photoshop 之外,其他程序很少支持这种格式。而且,即使有些程序支持 PSD 格式,但实现的并不十分完善。自定义格式从未打算成为程序间的标准,它是供 Photoshop 自己使用的。如果要与其他程序交换图像,应该使用 TIF、JPG 或本章中介绍的其他通用格式。

9. PDF

PDF 格式是 Postscript 打印语言的变种,它使用户能够在屏幕上查看用电子方法产生的文档。这意味着可以在 QuarkxPress 或 PageMaker 中创建出版物,然后将它导出为 PDF,并进行分版而无须考虑分色、装订及其他印刷费用问题。使用称为 Adobe Acrobat 的程序,能够打开 PDF 文档,进行放大或缩小,通过单击突出显示等操作。

5.3 图像的数字化过程

现实生活中以照片形式或视频记录介质保存的图像是一种模拟信号,图像是连续的。计算机无法接收和处理这种空间分布和亮度取值均分布的图像。要把真实的图像转变成计算机能够接受的存储和处理形式,必须对其进行数字化。图像数字化就是将连续图像离散化,其过程分为采样、量化和编码三个步骤。

5.3.1 图像采样

图像采样就是把图像分割成为一系列小区域,用特定的数值来表示每一个小区域的亮度、色彩等特征。由于图像是一种二维分布的信息,所以具体的做法就是将图像在水平方向和垂直方向上等间隔地分割成矩形网状结构,所形成的矩形微小区域,称之为像素点。被分割的图像若水平方向有 M 个间隔,垂直方向上有 N 个间隔,则一幅图像画面就被表示成 $M×N$ 个像素构成的离散像素点的集合,如图 5.4 所示,$M×N$ 称为图像的分辨率。

在进行采样时,采样频率是影响图像质量的重要指标。采样频率是指一秒钟内采样的次数,它反映了采样之间的间隔大小。采样频率越高,得到的图像样本就越细腻逼真,图像的质量越高,存储量就越大。所以说采样频率决定了采样后所得到的图像真实地反映原图像的程度。根据奈奎斯特(Nyquist)定理,要从采样样本中精确恢复原图像,图像的采样频率必须大于或等于原图像最高频率的两倍。

采样时,对于黑白图像,得到各个像素点的亮度值;而彩色图像的每个像素点则分解成 R、G、B 三种基色,每一种基色的数据代表特定的颜色强度,当这三种基色的数据在计算机中重新混合时又显示出原来的颜色。

图像的采样涉及图像分辨率这一概念,图像分辨率是影响数字图像质量的重要因素,不同采样精度所获得的图像分辨率不同,采样后,图像分辨率就表示数字化图像尺寸的大小。

图5.4 把一幅图像分割成 20×20 的网状

5.3.2 图像量化

采样后得到的亮度值(或色彩值)在取值空间上仍然是连续值。把采样后所得到的这些连续量表示的像素值,离散化为有限个特定数的过程叫做量化。图像量化实际就是将图像采样后的样本值的范围分为有限多个区域,把落入某区域中的所有样本值用同一值表示,是用有限的离散数值量来代替无限的连续模拟量的一种映射操作。

在量化时所确定的离散取值个数称为量化级数,表示量化的亮度值(或色彩值)所需的二进制位数称为量化字长,也称图像深度。例如,对于一个黑白图像(灰度图像),若只有黑白之分,则可用 0 或 1 两个值(1 个位)来表示,这种图称为二值图,量化级数为 2,量化字长为 1。当量化字长为 8 时,可表示 256 级的灰度值。彩色图像的表示取决于它所选用的色彩空间,可用几个分量的量化值来表示。对于单色灰度图像,只有一个位平面。彩色图像若用 R、G、B 三个分量来表示,则有三个位平面,其颜色深度为该图像的所有位平面的颜色深度之和。量化字长越大,就越能真实地反映图像的原有效果,但得到的数字图像的容量就越大。

5.3.3 图像的编码与压缩

图像的编码,就是按照一定的格式把图像经过采样和量化得到的离散数据记录下来。图像中的分辨率越高,图像的深度越大,则图像的数据量就越大。例如,一幅 800×600 的真彩色(24 位)图像,其数据量(单位为 MB)大约为:$800×600×24/8 \approx 1.37$。

由此可见,数字化后得到的图像数据量十分巨大,必须采用压缩技术进行编码,减少图像信息的数据量。压缩编码技术是实现图像传输与存储的关键。常用的图像压缩编码有预测编码和变换编码。

图像的预测编码是将图像数据的空间变化规律和序列变化规律用一个预测公式表示,如果知道了某一像素的前面各相邻像素值之后,就可以用公式预测该像素值。采用预测编码,一般只需传输图像数据的起始值和预测误差。

变换编码方法是将整幅图像分成一个个小的数据块,再将这些数据块经过变换、量化和编码,图像显示时再经过逆变换即可重构原来图像。

5.4 图形、图像的获取方式

要想利用计算机处理图形、图像,首先要解决的问题就是如何获取它们,由于图形、图像是两种不同形式的媒体,所以它们的制作过程也有所不同,这一点每个人可能都很清楚。图形出自于画家之手,图像出自于摄影家之手,同样将它们获取到计算机中的方式也不太一样。

5.4.1 图形的获取方式

1. 利用软件绘制图形

在现实生活中,想画一幅画时,首先要准备纸、笔、颜料这些必备的工具,然后要具有一定的绘画技巧,比如,笔的使用方法、颜色的搭配原则等,最后再加上创作灵感,就可以创作一幅美丽的图画了。可以想象,如果计算机为你提供了所有绘画的工具及施展各种绘画技巧的手段,就可以直接在计算机上创作自己的绘画作品。现在,这些已经成为了现实。市场上有很多绘制矢量图形的软件,比较著名的有 Illustrator、AutoCAD、CorelDraw、FreeHand 等,这些软件都提供了绘制图形的基本工具、图元以及多种多样的使用手段。

2. 利用数字化仪绘制图形

除利用软件绘制图形外,还可以利用数字化仪将图形信息转换成相应的二进制码并输入到计算机中。数字化仪由绘图板和游标器、指示笔组成。绘图板是一个平整的平面,板上有检测 x,y 坐标的垂直网格传感器,用来确定平面内每一点的坐标。常用的传感器类型有电磁感应式、光电式、电容式和电阻式等。通常绘图板中央部分用于图形输入,两旁有各种常用的图形符号供选用。游标器类似于鼠标,所不同的是游标器所附带的透明塑料板上画有十字形标记定位线。当使用者将十字形标记的交叉点对准板上某一点时,传感器即在屏幕上显示出对应的一点,使用者按下相应的按钮,就可以在这一点上进行所需的操作,也可以用游标器对准两旁的某一图形,把该图形送入计算机进行处理。利用数字化仪可以很方便地在计算机屏幕上作图。20 世纪 70 年代以来,数字化仪已经在计算机辅助设计和计算机辅助工程领域中得到广泛地使用,是交互式绘图常用的一种输入设备。

3. 利用光笔绘制图形

光笔是一种与显示器或特殊的书写板配合使用的输入设备。它的外形很像一支笔,上面有按钮,用电缆与主机相连(也可采用无线的)。使用者只要把笔指向屏幕或书写板上某一点,按动按钮,就可以在屏幕或书写板上进行作图、改图、放大或移动图形等一系列操作。

光笔有两种使用方式:一种是指点方式,即用光笔选择图形或字符,进行删除、修改、旋转、放大等操作;另一种是作图方式,即光笔对准光标在屏幕或书写板上以一定的速度拖动,使光标在屏幕上画出所需要的曲线,从而画出各种图形。

5.4.2 图像的获取方式

图像可以利用图像采集设备将其输入到计算机中。尽管不同的图像采集设备的精度、速度和成本可能大不相同,但其工作原理都是一样的,即光学系统将景物或图片投影到平面上,传感器将其转换成电信号并进行缓冲和放大,必要的话,还要转换为适于采集的电压,该电压经过模数转换器变成数字信号,数字图像的获取可以根据不同的来源采取不同的方法。

1. 利用抓图热键获取图像

在 Windows 操作系统上，无论运行的是什么应用软件，都可以采用抓图热键来获取当前屏幕图像。其方法是：按下 Print Screen 键，可以抓下当前屏幕显示的全屏图像；按下 Alt+Print Screen 键，可以抓当前工作窗口。抓图之后，图像的内容就存入剪贴板内，我们可以运行 Windows 自带的"画图"软件或 Photoshop 等图像处理软件，粘贴后保存为一个图像文件，也可以直接把抓取的内容粘贴在一个打开的文件中。

2. 用数字转换设备采集数字图像

这种方式是将模拟图像转换成数字图像数据。影像或视频可通过视频采集卡转换。对于平面图像而言，最常用的设备是扫描仪，对于已有的图片，扫描是获取图像最简单的方法。通过扫描仪可将各种照片、平面图画、幻灯片、艺术作品等变换成不同质量的数字图像，并可利用多种图像处理软件对图像文件进行修饰和编辑。

3. 用数字化设备摄入数字图像

目前可与计算机相连的数字化摄入设备包括数字照相机和数字摄像机。用这些数字设备可以直接拍摄任何自然景象，并按数字格式存储。数字照相机和数字摄像机都带有标准接口与之相连，通过连接转换软件可以将拍摄的数字图像和影像数据转换成计算机中的图像文件和影像文件。

4. 从素材光盘及其他途径获取图像

在市场上我们可以找到许多商品图像库光盘，我们可以利用它们中的一部分素材来进行编辑创作。最好有选择性地将其拷贝到本地硬盘上，然后进行处理。

在互联网高速发展的今天，网上有许多优秀的站点提供免费的图片下载，我们的许多资料都可以从它那里得到。

5.5 图像处理工具软件 Photoshop 的使用

5.5.1 Photoshop 简介

Adobe Photoshop 是目前使用最多和应用最广泛的图像处理软件之一，利用计算机进行图像处理的人没有不知道这个软件的。该软件的特点是功能强大，在出版印刷、广告设计、美术创意、图片加工等诸多领域中均得到应用。目前该软件已成为许多涉及图像处理行业的标准。随着软件版本号的不断提高，Photoshop 在加强图像处理能力的同时，也提高了对图形处理的能力。特别是在矢量文字方面应用的加强和 ImageReady（网页制作工具）的有机结合，利用本身开放式的结构，支持第三方厂商开发滤镜的不断扩充，使得 Photoshop 的应用更加广泛和深入。本节介绍的 Photoshop CS（Creative Suite）是 2003 年 8 月推出的一款功能强大的版本。Photoshop CS 不但增强了矢量图形处理的功能，而且进一步加强了对网页设计的能力，利用相关联的 ImageReady CS 可以直接输出 Flash 动画文件。下面将其主要功能做一个简单介绍。

1. 支持大量的图像格式

Photoshop 可以支持绝大部分的图像文件格式，其中包括 BMP、PCX、TIF、JPG（JPEG）、GIF、TGA 等，并且它本身还提供了 PSD 和 PDD 两种专用的文件格式，用来保存图像创作中所有的数据，并且它还是一个图像文件格式转换器，可以将一种图像文件格式转换为其他文件格式的图像。

2. 绘图功能

Photoshop 提供了丰富的绘图工具。遮光和加光工具可以有选择的改变图像的曝光程度，海绵工具可以选择性的加减色彩的饱和度，另外还提供了诸如喷枪、画笔、文字工具组，并可以随意的设置画笔的模式、压力、边缘等参数，以控制其绘制效果。

3. 选取功能

在 Photoshop 中，我们可以利用魔术棒，在图像内按照颜色选取某一个区域；利用选取工具，按矩形、椭圆形、多边形等形状选取某一个区域；利用套索工具，手工选择一些无规则、外形复杂的区域。

4. 调整颜色

用户可以通过多种途径查看或者调整图像的色度、饱和度和亮度，本书前面所提到的 RGB、CMYK、HSB 等色彩模型在 Photoshop 中都能够表现出来。

5. 图像变形

可以旋转、拉伸、倾斜图像，并根据需要改变图像的分辨率和大小。

6. 支持层的概念

Photoshop 是最早提出图层概念的软件，运用图层功能，我们可以将一幅复杂的图像分解成若干层，每一层都是独立存在的，可以对其进行单独的处理而不会影响到其他层，这样就使图像的处理过程更加灵活、更加容易控制。

7. 提供通道和屏蔽功能

Photoshop 提供了两种通道，一是颜色通道，用来储存图像的颜色信息；另一种是 Alpha 通道，用来储存和评比图像中特定的选择区域，以便使用户免于对图像中复杂的部分进行重复选择。

8. 丰富的滤镜功能

Photoshop 最有特色的功能之一就是它提供了大量的滤镜，运用滤镜可以得到很多特殊的效果，原本需要很多步骤才能完成的工作现在只需要简单的几步即可完成。Adobe 公司也在不断地推出新的滤镜，用户可以去下载并在 Photoshop 中使用，使得 Photoshop 具有很强的扩展功能。

5.5.2 Photoshop 工作界面

启动 Photoshop CS 程序，屏幕显示 Photoshop 主界面，如图 5.5 所示。

Photoshop 界面中各个部分的作用如下。

1. 菜单栏

菜单栏包含了 Photoshop 中所有的下拉菜单，共九项，分别为：文件、编辑、图像、图层、选择、滤镜、视图、窗口、帮助。

2. 工具箱

工具箱包含了 Photoshop 中所有的绘图工具，如图 5.6 所示。鼠标停在某个工具图标上面时 Photoshop 将会自动给出该工具的名称。需要注意的是，某些图标的右下角有一个黑色小三角标记，标识该工具是一个工具组，当单击该工具时，会出现一个下拉菜单，标明该工具组具体包含哪些工具。

多媒体技术及应用

图 5.5　Photoshop CS 操作界面

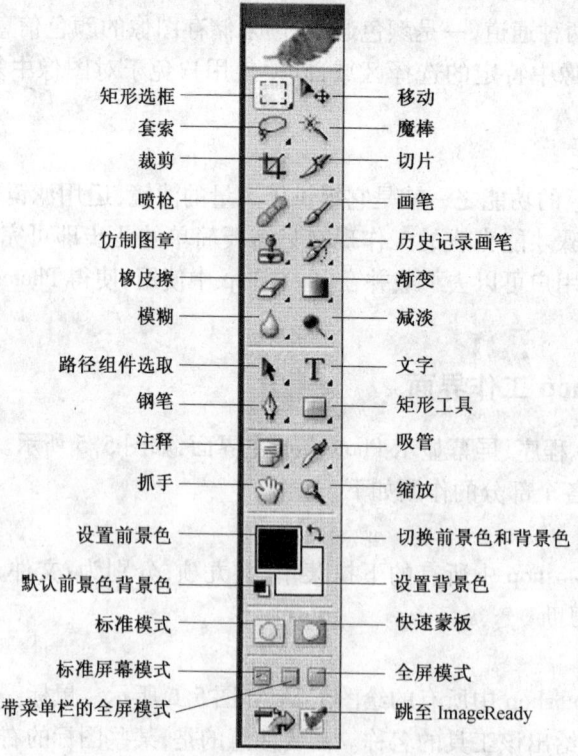

图 5.6　工具箱

3. 工具选项栏

工具栏位于菜单栏下方,它提供当前所使用工具的有关信息及其相关属性设置。当选择不同的工具时工具栏会随之改变。

4. 浮动面板

浮动面板主要包括导航器、信息、颜色、色板、样式、历史记录、动作、图层、通道、路径、字符、段落等面板,这些面板以及工具箱、工具栏都可以通过菜单栏中的窗口菜单来使其隐藏或者显示。

5.5.3 Photoshop 中图像文件的基本操作

有关图像文件的基本操作,主要包括新建、打开、保存和关闭等。

1. 新建文件

在"文件"菜单中单击"新建"命令,出现"新建"对话框,如图 5.7 所示。可以通过设置图像的物理尺寸、分辨率和颜色模式等来调整图像的大小。

(1) 宽度和高度。设置画布的大小。单位有像素、英寸和厘米等。

(2) 分辨率。设置图像的精度。精度越高,图像的质量越好,默认值为 72 像素/in。

(3) 颜色模式。设置图像所采用的颜色模式,如位图、灰度、RGB 颜色、CMMK 颜色和 Lab 颜色等。新建图像的默认模式为 RGB 模式。

(4) 背景内容。用于设置新图像的背景色,如白色、背景色和透明等。

按图 5.7 所示的参数设置,将新建一个大小为 130×30、白色背景的空白图像窗口,这就是绘画作图的画布。

2. 打开文件

在"文件"菜单中单击"打开"命令,或在 Photoshop 主窗口的空白处双击,将显示"打开"文件对话框,可在相应的驱动器和文件夹中选取一个或多个文件,再单击"打开"按钮,以打开相应的图像文件。

Photoshop 支持多种类型的图像格式。为了能快速找到某一类格式的图像文件,可以先在"文件类型"列表框中选择要打开的图像格式,以限制在文件列表框中仅显示具有这种格式的文件。若要同时打开多个文件,可以先按住 Shift 键,再单击第一个和最后一个文件,同时选中多个相邻的文件;或者,先按住 Ctrl 键,再依次单击要打开的文件,同时选中多个不相邻的文件。

3. 保存和关闭文件

"文件"菜中提供了"存储"、"存储为"和"存储为 Web 所用格式"等几种保存文件的方法。第一次存储文件或执行"存储为"操作时,会打开如图 5.8 所示的"存储为"对话框。

其中,各存储选项的含义如下。

(1) 作为副本。在 Photoshop 中打开当前文件的同时存储文件副本。

(2) Alpha 通道。将 Alpha 通道信息与图像一起存储。禁用该选项可将 Alpha 通道从存储的图像中删除。

(3) 图层。保留图像中的所有图层。如果该选项被禁用或不可用,则所有的可视图层将拼合或合并(取决于所选的图像格式)。

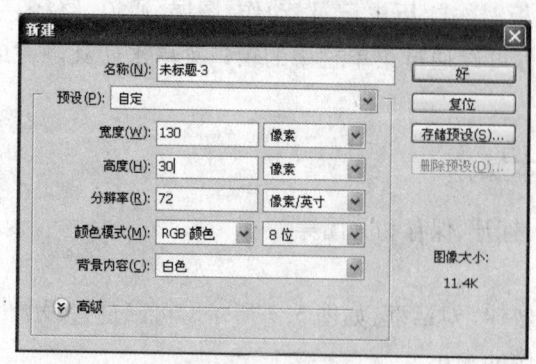
图 5.7 "新建"图像对话框

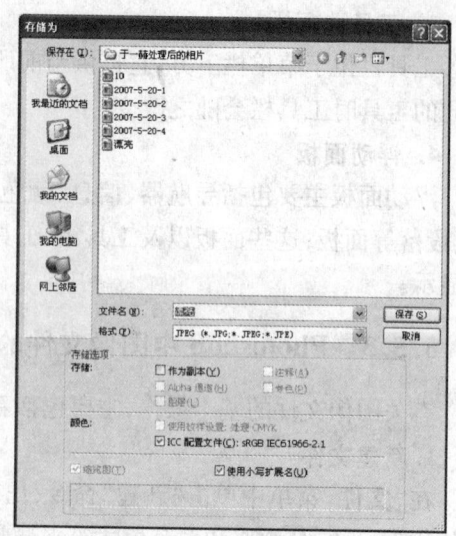
图 5.8 "存储为"对话框

(4)注释。将注释信息与图像一起存储。

(5)专色。将专色通道信息与图像一起存储。禁用该选项时将专色从已存储的图像中删除。

(6)使用校样设置、ICC 配置文件或嵌入颜色配置文件,创建色彩管理文档。

(7)缩览图。存储文件的缩览图数据。要使该项有效,必须在"编辑"菜单中单击"预置/文件处理"命令,在打开的"预置"对话框中将"图像预览"选项设置为"存储时提问"。

(8)使用小写扩展名。使文件扩展名为小写。禁用该选项时,文件扩展名为大写。

上述各选项的可用性取决于要存储的图像和所选的文件格式。

当单击"存储为 Web 所用格式"命令执行操作时,将存储用于 Web 的优化图像。

保存文件时,应正确选择文件类型。其中 PSD 格式是 Photoshop 的专用图像格式,可以包含图层、通道、路径以及图像版权等信息。

由于多媒体开发工具软件一般都不能识别 PSD 格式的图像文件,因此,在 Photoshop 中处理完某个图像后,应该为以后要使用的多媒体工具正确选择能够识别的文件格式。

在"文件"菜单中单击"关闭"命令,或者单击工作区窗口右上角的"关闭"按钮可关闭图像文件。对新建的图像文件,或者刚修改但还未存盘的,系统将提示用户选择是否存盘。

5.5.4 图像的选取

在 Photoshop 中,使用选取工具选取图像范围是最基本也是最重要的环节。要对图像进行某些操作,如移动、复制或制作特效等,必须先选定图像区域,才能完成设置。

1. 选框工具组

选框工具组是工具箱中最基本、最常用的规则区域选取工具组,该工具组中包括矩形、椭圆、单行和单列 4 种选框工具。

(1)矩形选框工具。利用矩形选框工具可以在图像中创建出矩形选区。矩形选框工具选项栏如图 5.9 所示。

图 5.9 矩形选框工具选项栏

矩形选框工具选项栏中有如下功能设置。

① "选区组合方式"按钮组（ ）。包括新选区（用于创建独立的新选区）、添加到选区（以添加方式建立新选区）、从选区减去（原有选区会减去与新建选区相交的部分）、与选区交叉（原有选区仅保留与新建选区相交的部分）。

② 羽化。柔化选区的边缘，并产生一个渐变过渡，羽化范围为 0～250 像素。

③ 消除锯齿。通过淡化边缘像素与背景像素之间的颜色转换，使选区的锯齿状边缘平滑。

④ 样式。用于准确地控制选区的创建形式。

矩形选框工具的使用方法如下。

单击工具箱中的矩形选框工具，然后将鼠标移至图像编辑窗口中，鼠标变成十字形状，拖拽鼠标可以创建一个矩形选区。

若同时按下 Shift 键，则可以创建一个正方形选区。若同时按下 Alt 键，则可以创建一个以起点为中心的矩形选区。若同时按下 Shift+Alt 键，则可以创建一个以起点为中心的正方形选区。

(2) 椭圆选框工具。利用椭圆选框工具可以在图像中创建出椭圆形或圆形选区。

椭圆选框工具使用方法同矩形选框工具，以下不再赘述。

若同时按下 Shift 键，则可以创建一个圆形选区。若同时按下 Alt 键，则可以创建一个以起点为中心的椭圆形选区。若同时按下 Shift+Alt 键，则可以创建一个以起点为中心的圆形选区。

(3) 单行选框工具。利用单行选框工具可以在图像中创建出高度为 1 个像素的单行选区。

(4) 单列选框工具。利用单列选框工具可以在图像中创建出宽度为 1 个像素的单列选区。

2. 套索工具组

利用套索工具组中的工具可以创建任意形状的选区，该工具组中包括套索、多边形套索和磁性套索 3 种工具。

(1) 套索工具。利用套索工具可以在图像中以徒手的方式创建出不规则形状的选区。

套索工具的使用方法如下：单击工具箱中的套索工具，接着在图像编辑窗口中单击以确定选区的起点，然后沿着要选取的区域的边缘拖拽鼠标，完成选取后释放鼠标，系统自动用直线将起点和终点连接起来，形成一个封闭选区。

(2) 多边形套索工具。多边形套索工具的用法与套索工具基本相同，多边形套索工具常用来选择边缘呈直线的复杂图形。

多边形套索工具的使用方法如下：在工具箱中选择多边形套索工具，接着在图像编辑窗口中单击以确定选区的起点，然后释放鼠标并移动鼠标，在需要拐弯处再次单击鼠标，此时两点之间用一条直线连接起来，不停地单击鼠标，就可以创建一个不规则的多边形选区。最后将鼠标移至起点处，其右下角会出现一个小圆圈，这时单击鼠标就可将选区封闭起来。如果在选取的过程中，终点没有回到起点，则双击鼠标，系统自动用直线将起点和终点连接起来，形成一个封闭选区。

(3)磁性套索工具。使用磁性套索工具,选择边框会紧贴图像中定义区域的边缘。磁性套索工具特别适用于快速选择与背景对比强烈且边缘复杂的对象。

磁性套索工具的使用方法如下:在工具箱中选择磁性套索工具,接着在图像编辑窗口中单击以确定选区的起点,然后释放鼠标,并沿着要选取的图像边界移动鼠标,系统会自动在设置的像素宽度内分析图像,从而精确定义选区边界。要结束区域定义,可以双击鼠标连接起点和终点。

当所选区域的边界不太明显时,使用磁性套索工具可能无法精确定义边界,此时,用户可以首先按 Delete 键以删除系统自定义的节点,然后在选区边界位置单击鼠标,手工定义节点,从而精确定义选区。

3. 魔棒工具

魔棒工具是根据一定的颜色范围来创建选区而不必跟踪图像的轮廓。选择了魔棒工具,然后单击图像中的某点,附近与该点颜色相同或相近的点,都自动融入到选区中。

魔棒工具选项栏如图 5.10 所示。

图 5.10 魔棒工具选项栏

魔棒工具选项栏中有如下功能设置。

(1)容差。用于控制选定的颜色范围,容差值的范围在 0~255 之间,默认值为 32。容差值越大,选择的颜色范围越广,选择的精度就越低;容差值越小,选择的颜色范围越窄,选择的精度就越高。

(2)消除锯齿。用于去除选区的锯齿状边缘。

(3)连续的。勾选此复选框,选择与单击处位置相邻且颜色相近的区域;清除此复选框,则选择图像范围内所有与单击处颜色相近的区域。

(4)用于所有图层。用于具有多个图层的图像。勾选此复选框,在所有可见图层中选择与单击处颜色相近的区域;清除此复选框,则只对当前图层起作用。

4. 裁切工具

裁切工具是用于裁切图像的。它可以把图像四周没用的部分去掉,只留下中间有用的部分,裁切后的图像尺寸也将变小。

在使用裁切工具时,首先在图像编辑窗口中拖拽鼠标,选择要保留的图像部分,释放鼠标后创建一个裁切框,在确定裁切前,还可以对裁切框进行旋转、变形和设定裁切部分的分辨率等操作,最后按下 Enter 键完成裁切操作。

5. 切片工具组

切片工具组主要用于网页设计,该工具组中包括切片工具和切片选取工具。

切片工具主要用于切割图像。切片选取工具主要用于编辑切片,例如,排列切片、定义切片选项、提升到用户切片、划分切片和隐藏自动切片等。

在图像中创建切片后,按 Delete 键可将切片删除。

5.5.5 图像的编辑与绘制

1. 填充颜色

工具箱中的色彩控制工具 可用来设定前景色和背景色。单击前景或背景色彩控制框将弹出"拾色器"对话框,以便从中选取颜色。单击切换标志 可以互换前景色和背景色。单击默认前景色背景色 可以使前景色和背景色恢复到初始状态,初始状态的前景色为黑色,背景色为白色。利用吸管工具 也可以方便地从图像或"颜色"控制面板中吸取颜色作为前景色或背景色。使用吸管工具时,直接在图像窗口中单击所需要的色彩,就可以更改前景色。若要更改背景色,按住 Alt 键的同时单击图像中所需的色彩即可。

填充工具组中的工具都是用来填充色彩的,该工具组中包括渐变工具和油漆桶工具。

(1)渐变工具。利用渐变工具可以在图像中创建多种颜色的渐变效果。渐变工具选项栏如图 5.11 所示。

图 5.11　渐变工具选项栏

渐变工具选项栏中有如下功能设置。

①渐变编辑( )。单击右侧下拉按钮,打开"渐变拾色器"对话框,在其中单击所需的渐变图案即可将此渐变选中。如果用户要自定义渐变图案,可先选取一种较为接近要求的渐变图案,然后在工具选项栏中单击该渐变图案,打开"渐变编辑器"对话框,在此对话框中用户可以修改、新建或删除渐变图案。

②渐变样式( )。渐变样式共有 5 种,依次为线性渐变、径向渐变、角度渐变、对称渐变和菱形渐变。

③模式。设置填色时的混合模式。

④不透明度。设置填色时的不透明度值,数值越小,透明度越大。

⑤反向。勾选此复选框可以反转渐变填色的顺序。

⑥仿色。勾选此复选框可以使用递色法来增加中间色调,从而使渐变颜色间的过渡更加平滑。

⑦透明区域。勾选此复选框,"渐变编辑器"对话框中的"不透明度"选项设置才会生效;清除此复选框,图像中的透明区域显示为前景色。

(2)油漆桶工具。利用油漆桶工具可以在图像或选区内,在容差值范围内填充前景色或图案。油漆桶工具选项栏如图 5.12 所示。

图 5.12　油漆桶工具选项栏

油漆桶工具选项栏中有如下功能设置。

①填充。选择以前景色或指定的图案来填充。

②图案。在填充中选择图案后,可在此下拉列表框中选择具体的填充图案。

③容差。用于设置图像的填充范围。容差值越小,可填充的区域越小;容差值越大,填充

的区域就越大。

2. 图像的移动和复制

用户在图像中定义了选区后,就可以对它进行移动或复制。

对图像进行移动和复制可以利用移动工具 。移动工具的主要作用是对整个图像或选区进行移动、剪切、复制和变换等操作。

使用移动工具移动图像时,按住 Shift 键可沿水平、垂直、45°三个方向移动;按住 Alt 键,拖动图像可将图像复制;按住 Shift + Alt 组合键可以沿水平、垂直、45°三个方向复制。如果将选定的图像区域利用移动工具移到其他的图像编辑窗口中,即进行了复制操作。

执行"编辑/剪切|拷贝/粘贴"命令,也可以完成图像的移动或复制工作。

3. 图像的旋转

如果要对整幅图像进行旋转处理,可选择"图像"菜单中"旋转画布"子菜单中的任意一项命令。其中"180 度"表示将图像旋转 180°;"90 度(顺时针)"表示将图像顺时针旋转 90°;"任意角度"表示按自定义的角度和方向旋转图像;"水平翻转图像"表示水平翻转图像;"垂直翻转图像"表示垂直翻转图像。

4. 图像的变形

选择"编辑"菜单中的"自由变换"命令,这时在图像四周将出现一个调整框,利用调整框周围的 8 个控制点来对图像进行缩放、旋转、斜切和扭曲等操作。

5. 调整图像尺寸

利用"图像"菜单中的"图像大小"命令可以改变图像的尺寸和分辨率。当改变了图像的大小时,图像中的像素数目也会随之变动。当像素增加时,系统会参考相近像素的颜色来增加新的像素;反之,则将不需要的像素删除。

6. 调整画布尺寸

利用"图像"菜单中的"画布大小"命令来调整图像的显示区域。在改变画布尺寸时,如果输入的尺寸大于原图像,系统会在原图像周围铺上空白的区域;如果输入的尺寸小于原图像,则起到了图像裁切的功能。

7. 图像的绘制

画笔工具组中的工具是最常用的绘制图像工具,该工具组中包括画笔工具和铅笔工具。

(1)画笔工具。画笔工具可以模仿中国的毛笔,在图像上以当前前景色绘制出带柔边的笔触。画笔工具选项栏如图 5.13 所示。

图 5.13　画笔工具选项栏

画笔工具选项栏中有如下功能设置。

①画笔。用来选择或设置画笔的大小和形状。

②模式。用来设置绘图时的颜色与当前图像编辑窗口中颜色的混合模式。选择不同的模式,将产生不同的图像效果。

③不透明度。设置使用画笔绘图时所绘颜色的不透明度。该值越小,所绘出的颜色越浅;反之,就越深。

④流量。设置画笔在绘画时的压力大小。该值越大,画出的颜色就越深。

⑤喷枪。按下此按钮,画笔会具有喷枪的特性。

(2)铅笔工具。铅笔工具模拟真实的铅笔,以当前前景色来进行绘画,产生一种硬性的边缘线效果。

在铅笔工具选项栏中,除"自动抹掉"选项外,其他选项与画笔工具相同。勾选"自动抹掉"复选框,铅笔会根据落笔点的颜色来变化绘制的颜色。如果落笔处不是前景色,那铅笔工具将使用前景色绘图;如果落笔处是前景色,铅笔工具将使用背景色绘图。

8. 图像的修改

图章工具组的作用是复制图像,但复制方式和作用各不相同。该工具组中包括仿制图章工具和图案图章工具。橡皮工具用来擦除图像的颜色,也就是在擦除的位置上填充背景颜色或设置为透明区。

(1)仿制图章工具。仿制图章工具可以从已有的图像中取样,然后将取到的样本应用于其他图像或同一图像上,以达到复制图像的效果。

仿制图章工具的使用方法如下:在工具箱中选择仿制图章工具,然后将鼠标移到需要仿制的图像上,按住 Alt 键,鼠标变成"取样形状",单击鼠标,然后将鼠标移到需要覆盖的地方来回拖拽,即可将图像复制到新的位置。

(2)图案图章工具。图案图章工具不是以取样源点进行图像复制的,而是利用用户自定义的图案进行复制的。定义图案时可以利用矩形选框工具选择图案,然后选择"编辑"菜单中的"定义图案"命令,在弹出的对话框中定义图案名称,接着在工具箱中选择图案图章工具,并在图案图章工具选项栏的"图案"下拉列表中选取新定义的图案,最后在要复制的图像内来回拖拽鼠标即可完成图像的复制。

(3)橡皮擦工具。橡皮擦工具是最基本的擦除工具,它用于擦除图像中的颜色。橡皮擦工具选项栏如图 5.14 所示。

图 5.14 橡皮擦工具选项栏

橡皮擦工具选项栏中有如下功能设置。

①模式。设置橡皮擦擦除时的模式,包括画笔、铅笔和块三种模式。

②抹到历史记录。勾选此复选框,橡皮擦就具有了历史记录画笔工具的功能。在历史记录控制面板中首先要确定擦除到的状态,然后勾选此项,再进行擦除时,将以历史控制面板中选定的图像状态覆盖当前的图像。

使用橡皮擦工具时,在工具箱中单击选中此工具,并在选项栏中设定各选项,然后在图像编辑窗口中拖拽鼠标进行图像擦除工作。当在背景图层上擦除时,被擦除的区域将填入背景色;当在其他图层上擦除时,被擦除的区域将显示透明色。

(4)背景色橡皮擦工具。背景色橡皮擦工具可用于将图层上的像素抹成透明,从而可以在抹除背景的同时在前景中保留对象的边缘。通过指定不同的取样和容差选项,可以控制透明度的范围和边缘的锐化程度。背景色橡皮擦工具选项栏如图 5.15 所示。

图 5.15 背景色橡皮擦工具选项栏

背景色橡皮擦工具选项栏中有如下功能设置。

①限制。用于限制擦除颜色范围。包括不连续(抹除出现在画笔下任何位置的样本颜色)、邻近(抹除包含样本颜色并且相互连接的区域)、查找边缘(抹除包含样本颜色的连接区域,同时更好地保留形状边缘的锐化程度)三个子选项。

②保护前景色。勾选此复选框,可以保护和当前前景色一样的颜色不被擦除。

③取样。用于决定擦除颜色的方式。包括连续(可以擦除鼠标经过处的所有颜色)、一次(鼠标在图像单击处的颜色将作为擦除的颜色,只要不松手即可一直擦除这种颜色)、背景色板(只擦除和当前背景色一样的颜色)三个子选项。

(5)魔术橡皮擦工具。魔术橡皮擦工具可以进行智能化的擦除,使用时只需在需要清除的地方单击一下,即可删除与该点颜色相近的所有区域。

在对 Photoshop 的界面及基本功能有了初步认识之后,下面我们通过一个实例,让大家了解一些 Photoshop 的基本操作技能。

【实例 5.1】 魔棒工具的使用。

(1)打开图像文件"1.jpg"和"2.jpg",如图 5.16 所示。

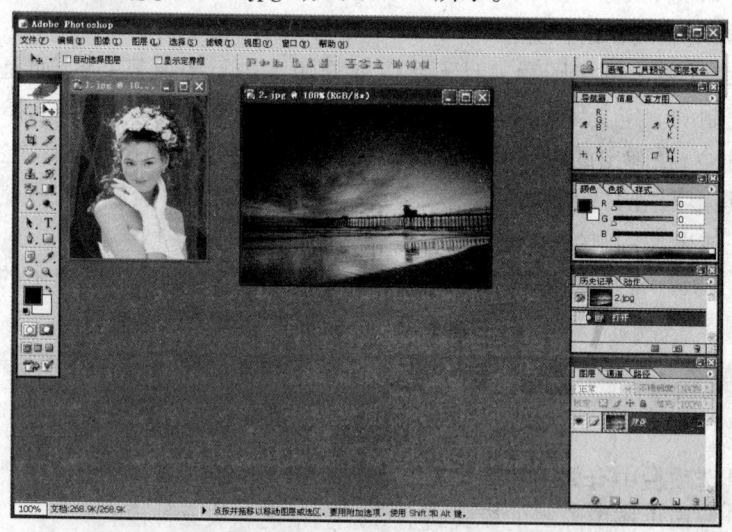

图 5.16 打开图像文件"1.jpg"和"2.jpg"

(2)选中工具箱中的魔棒工具,使用默认的容差值 32,然后在图像"1.jpg"蓝色背景处点一下,你会看到有一部分蓝色背景被虚线包围,说明这部分蓝色背景图像被选中,在魔棒工具选项栏中,选择"添加到选区"方式,多次在蓝色背景处点击鼠标,就可以把所有的蓝色背景选中,然后使用"选择/反选"选项,就可以把整个选区反选,选中人物图像。

(3)使用"编辑/复制"命令,就可以将人物图像复制到剪切板上。

(4)激活"2.jpg"图像窗口,使用"编辑/粘贴"命令就可以将刚才复制到剪切板上的图像粘贴到"2.jpg"中,从而达到了为原始图像置换背景图案的目的,如图 5.17 所示。

(5)使用"编辑/自由变换"可将图像进行缩放、旋转、斜切和扭曲等操作,将鼠标移动到八个控点上,进行拖拽即可缩放人物图像,如图 5.18 所示。

(6)选择"文件/存储为"可以选择一种文件类型进行保存。

图 5.17　人物更换背景图案

图 5.18　缩放人物图像

9. 文字工具

在 Photoshop 中，可以很方便地写入简短的文字，并对其艺术化。我们可以使用工具箱中的文字工具 T，对文字进行编辑，Photoshop 提供了四种文字工具，分别是横排文字工具、直排文字工具、横排文字蒙板工具、直排文字蒙板工具来对各种样式的文字进行编辑。并且可以通过文字工具选项栏，对文字进行字体、字号、对齐方式、文字形状、文字颜色等的设置。

【实例 5.2】　多彩的文字效果。

(1) 制作阴影字。

①选择"文件/新建"选项，新建一个文件。

②将系统的前景色和背景色设置为默认值，即黑色和白色。单击工具箱中的文字工具，在编辑区中单击鼠标，并输入文字"美丽人生"，在字符控制面板中设置文字大小为"72 点"，字体为"华文行楷"，颜色为"红色"，单击工具箱中的移动工具，用鼠标将输入的文字移动到合适的位置，如图 5.19 所示。

③在文字上面单击鼠标右键，并在弹出的快捷菜单中选择图层样式选项，在出现的图层样式窗口中单击左侧选项中的"投影"，各项设置如图 5.20 所示。设置完成后单击"好"按钮完成设置。

设置好阴影效果，文字被添加上了阴影效果，如图 5.21 所示。

(2) 制作光芒四射文字效果。

①建立一个图像文档，背景色为黑色，使用文字工具输入白色文字，如图 5.22 所示。

②选择文字图层，执行"图层/栅格化/文字"，将文字转换为栅格。

③使用"滤镜/扭曲/极坐标"，选择"极坐标到平面坐标"，将图像的坐标转换为平面坐标系，如图 5.23 所示。

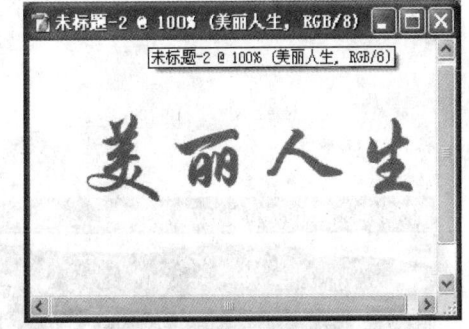
图 5.19　设置完属性的文字

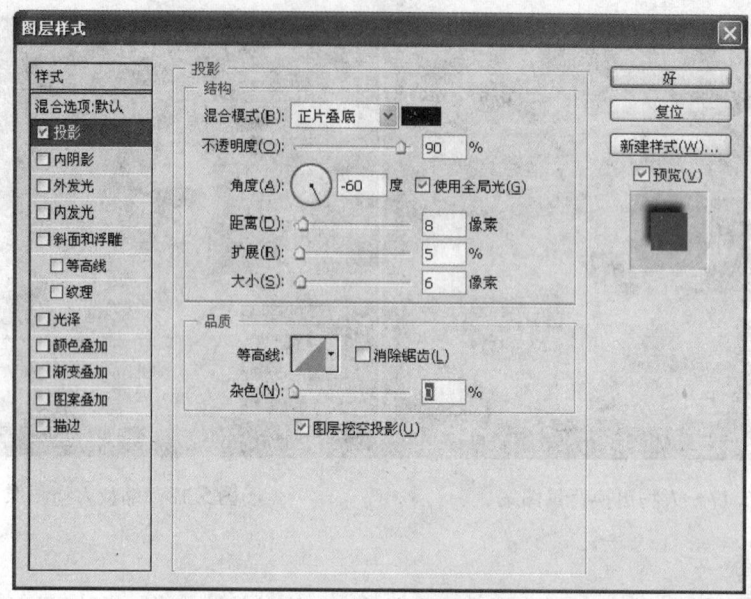

图 5.20 图层样式设置窗口

图 5.21 阴影字的效果

图 5.22 输入文字

④执行"图像/旋转画布/顺时针旋转 90 度",将图像顺时针旋转 90°。
⑤连续两次执行"滤镜/风格化/风",产生风吹效果,如图 5.24 所示。

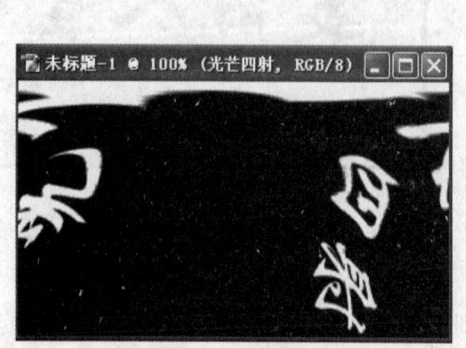

图 5.23 转换为平面坐标系的文字

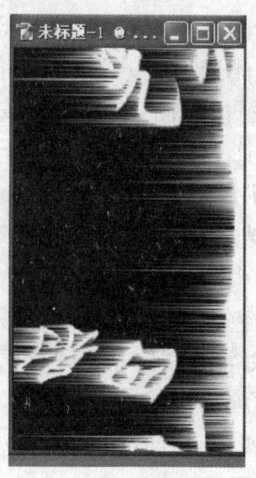

图 5.24 风吹效果

⑥执行"图像/旋转画布/逆时针旋转 90 度",将图像逆时针旋转 90°。

⑦使用"滤镜/扭曲/极坐标",选择"平面坐标到极坐标",将图像的坐标转换为极坐标系,最终效果如图 5.25 所示。

图 5.25 最终效果

5.5.6 图层

1. 认识图层

我们可以把每个图层理解为一张透明的薄膜,在制作图像时,将同一幅图像的不同部分分别绘制在不同的图层上,所有的图层叠放在一起,就构成了一张完整的图像。这样既便于图像的合成,又便于图像的修改,特别是对图像进行局部修改十分方便。例如,在制作动画片的过程中,每一帧的图像之间往往差别不大,利用图层来绘制就可以大大提高工作效率。

2. 图层控制面板

图层控制面板上显示了图像中的所有图层、图层组和图层效果,使用图层控制面板上的各种功能可以完成一些图像编辑任务,例如,创建、隐藏、复制和删除图层等。还可以使用图层模式改变图层上图像的效果,如添加阴影、外发光、浮雕等。另外,还可以通过对图层的光线、色相、透明度等参数的设置来制作不同的效果。

默认情况下,图层控制面板与通道、路径等控制面板一起成组出现。通过选择"窗口"菜单中的"图层"命令或单击 F7 键隐藏或显示图层控制面板。图层控制面板如图 5.26 所示。

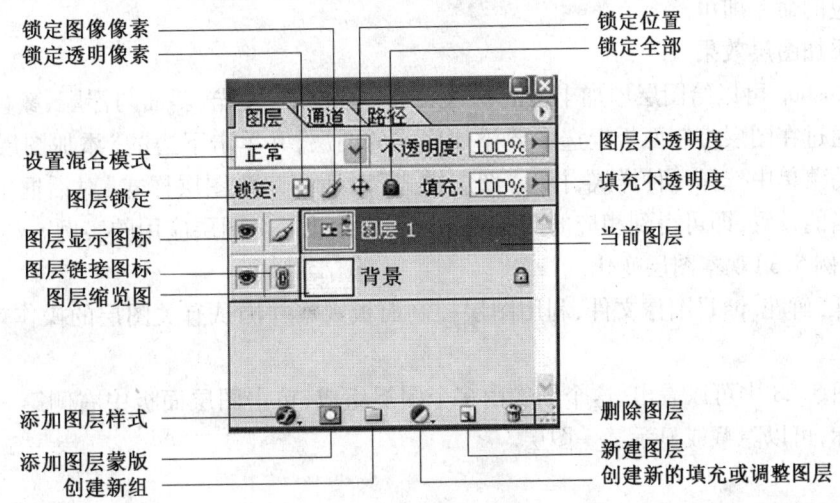

图 5.26 图层控制面板

在图层控制面板中列出的各图层是按从上到下的顺序依次排列的,越靠上,其在图像上的位置就越往上。调整控制面板中图层的位置就可以调整图像中图层的叠放顺序。如果在任一图层上单击,表示使该图层成为当前图层,就可以对它进行编辑操作。

3. 图层蒙版

图层蒙版控制图层或图层组中的不同区域如何隐藏和显示。通过更改图层蒙版,可以对图层应用各种特殊效果,而不会实际影响该图层上的像素,然后可以应用蒙版使这些更改永久生效,或者删除蒙版而不应用更改。

在图层控制面板中选择要添加蒙版的图层,然后单击控制面板底部的"添加图层蒙版"按钮,就会在所选择的图层上出现一个白色的蒙版图层,如图 5.27 所示。

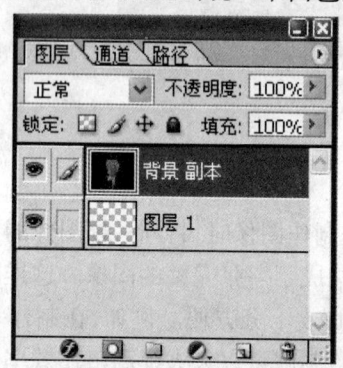 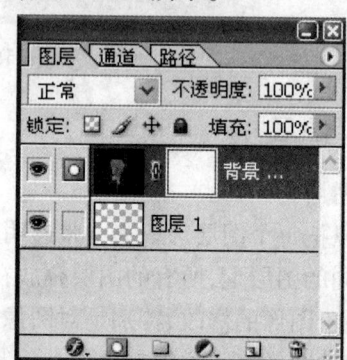

图 5.27　图层蒙版

图层蒙版上以白色显示的部分为图像显示区域,以黑色显示的部分为隐藏图像区域。如果用画笔工具在图像上涂抹,黑色显示的部分将完全遮盖住图像,白色显示的部分将完全显示出图像,灰色部分将以半透明显示,灰色量不同,则图像显示的程度将不同。

如果图像中有选区,单击图层控制面板底部的"添加图层蒙版"按钮,可为选区以外的区域添加蒙版,也就是遮盖住选区以外的图像。

如果想进行删除蒙版、暂停使用蒙版等操作,则在蒙版上右击鼠标,从弹出的快捷菜单中选择相应的命令即可。

4. 添加图层效果

Photoshop 可以给图层添加丰富的特殊效果。有投影、发光、斜面与浮雕、颜色填充等。我们可以通过在图层控制面板上选中要添加样式的图层,并单击下边的"添加图层样式"按钮,在弹出的菜单中选择一种样式,打开"图层样式"对话框,对"图层样式"对话框中的各项参数进行适当的设置,即可得到相应的图层效果。下面给出一个图层应用的实例。

【实例 5.3】观察图层变化。

打开"鲜花.psd"图像文件,利用图层控制面板观察并测试有关图层的操作效果,如图 5.28 所示。

从图 5.28 中可以看出,这个图像由多个图层组成,单击图层面板中右侧第一列中的图层显示图标,可以隐藏或显示某一图层。

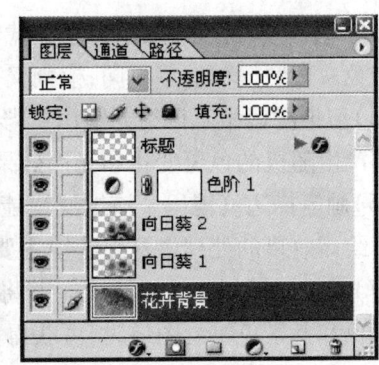

图 5.28 "鲜花.psd"图像文件和图层控制面板

5.5.7 滤镜的应用

滤镜是 Photoshop 的重要组成部分,Photoshop CS 自身携带的滤镜超过近百种。另外 Photoshop 接受第三方开发的滤镜,这部分滤镜常称为外挂滤镜。外挂滤镜安装到 Plug-Ins 目录下,即可成为 Photoshop 滤镜中的一部分。

对图像使用滤镜,不但能大大简化工作过程,而且能够产生让人难以置信的惊人效果,因此在图像编辑过程中应用滤镜已成为重要的操作。滤镜只应用于当前图层、选区或通道。除 RGB 颜色模式外,其他颜色模式受到部分限制,当滤镜为"灰色"显示时,表示在当前模式下不能使用。菜单栏"滤镜"命令下各滤镜组名称及部分内容如下。

1. 滤镜的组成

在打开滤镜的下拉命令栏中,可以看到用三条细线把滤镜划为三个部分。

第一部分由一些实用工具组成。如:能进行细致抠图(把对象从背景中提取出来)的抽出工具;能实时观察常用滤镜效果并进行调整的滤镜陈列室工具;能对图像任意区域进行推、拉、旋转、反射、折叠和膨胀等操作的液化工具和制作无缝背景的图案生成器工具。

第二部分是内置滤镜,内置滤镜分为 13 个滤镜类型组,每个类型组中又包含有多个相应的滤镜。第二部分是 Photoshop 滤镜的主体。

第三部分中显示的是第三方开发的外挂滤镜。当外挂滤镜安装到指定的 Plug-Ins 目录,该外挂滤镜就会在这部分出现。外挂滤镜数以千计,其中较为著名的有 Alien Skin 公司开发的 Xenofex、Eye Candy 滤镜组和 MetaCreations 公司开发的 KPT 系列滤镜组等。外挂滤镜能带来更多的应用效果和简化工作程序,但安装过多的外挂滤镜,会影响到系统资源的使用效率。

2. 内置滤镜的基本功能

(1) 像素化滤镜组。这组滤镜通过使单元格中颜色值相近的像素结成块来清晰地定义一个选区。如马赛克效果、晶格化效果等。

(2) 扭曲滤镜组。该组滤镜对图像进行几何扭曲操作,达到像素点在平面空间上位置的"置换"。如极坐标变换、旋转扭曲、波浪变化等。

(3) 杂色滤镜组。该组滤镜通过添加移去杂色,创建出杂色纹理或移去图像中灰尘或划痕等杂色。

(4) 模糊滤镜组。该组滤镜是通过对图像中要进行模糊处理的区域进行像素的平均化处理,使之产生平滑的过渡效果。模糊滤镜对柔化图像非常有效,能消除图像中有明显颜色变化处的杂色。按照模糊效果不同,模糊又分为动态模糊、径向模糊、高斯模糊等多种。

(5)渲染滤镜组。该组滤镜由云彩图案、光照效果、镜头光晕、纤维效果等组成。渲染滤镜能够产生随机的色斑变化和光照效果来实现特殊的图像效果。

(6)画笔描边滤镜组。该组滤镜能够创建出不同的画笔和油墨描边效果,使图像得到一种艺术绘画效果的处理。这组滤镜主要有喷色描边、烟灰墨效果处理、阴影线效果等。

(7)素描滤镜组。该组滤镜能够将纹理添加到图像上,通常用于画笔的特殊效果。在使用前景色和背景色重绘图像时,可获得具有浮雕效果的艺术处理。如基底凸现、炭笔绘画等。

(8)纹理滤镜组。该组滤镜用来在图像上产生纹理效果,如颗粒效果、龟裂纹图案纹理等。

(9)艺术效果滤镜组。该组滤镜可以模拟多种现实世界的艺术手法,制作精美的艺术绘画效果,有彩色铅笔绘画效果、壁画效果、涂抹棒绘画效果、塑料包装、木刻、霓虹灯光等15种处理效果。

(10)视频滤镜组。该组滤镜中只有逐行和NTSC颜色两个滤镜,通过它们来对视频信号进行必要的处理,解决与视频图像交换时系统产生的差异。

(11)锐化滤镜组。该组滤镜的作用恰好和模糊滤镜组的作用相反,它通过增加相邻像素的对比度来聚焦模糊的图像。该组滤镜主要有锐化、锐化边缘等。

(12)风格化滤镜组。该组滤镜的主要作用是移动所要操作范围内图像的像素,提高像素的对比度,产生印象派及其他风格作品的效果,如扩散、浮雕效果、凸出、查找边缘、等高线、风等效果。

(13)其他滤镜组。该组滤镜组提供了5个滤镜,其主要效果是修饰图像中的某些细节部分。其中自定滤镜提供了只需在表中填入适当的数字,便可根据预定义的数学运算方法(卷积),来更改图像中每个像素的亮度值,创建出自己设计的特殊滤镜。

滤镜的内容和内涵相当丰富,在此只能介绍滤镜的基本组成和作用。只有通过对更专业书籍的学习,经过大量的实际操作练习,用心揣摩,才能掌握滤镜应用的要领,体会到Photoshop应用的奥秘,创造出更精彩的艺术效果。

5.5.8 Adobe Photoshop 综合实例

前面通过一些简单的例子阐述了Photoshop的常用工具的使用方法和一些基本概念,下面通过几个比较实用的例子来让大家对Photoshop有更深入的了解。

【实例5.4】 利用Photoshop进行图像合成处理——合成婚纱照。

(1)执行"文件/新建"命令,建立一个宽度和高度分别为700像素和1 000像素的图像文件,设置前景色为"绿色",背景色为"黄色"。

(2)执行"滤镜/渲染/云彩"命令,使图像背景产生一种云彩效果。

(3)打开本书素材图片"1.jpg"、"荷花1.jpg"、"荷花2.jpg"三个图像文件。

(4)使用魔棒选择工具,将"1.jpg"、"荷花1.jpg"、"荷花2.jpg"三个文件中的人物图像、荷花图像分别从原始文件中选取出来,放入新建的图像文件中,这时我们可以看到在新建的图像文件的"图层控制"面板中,新增加了三个图层,我们把这三个图层重新命名为"人物"、"荷花 1"、"荷花 2"图层,如图 5.29 所示。关闭"1.jpg"、"荷花 1.jpg"、"荷花 2.jpg"三个图像文件。

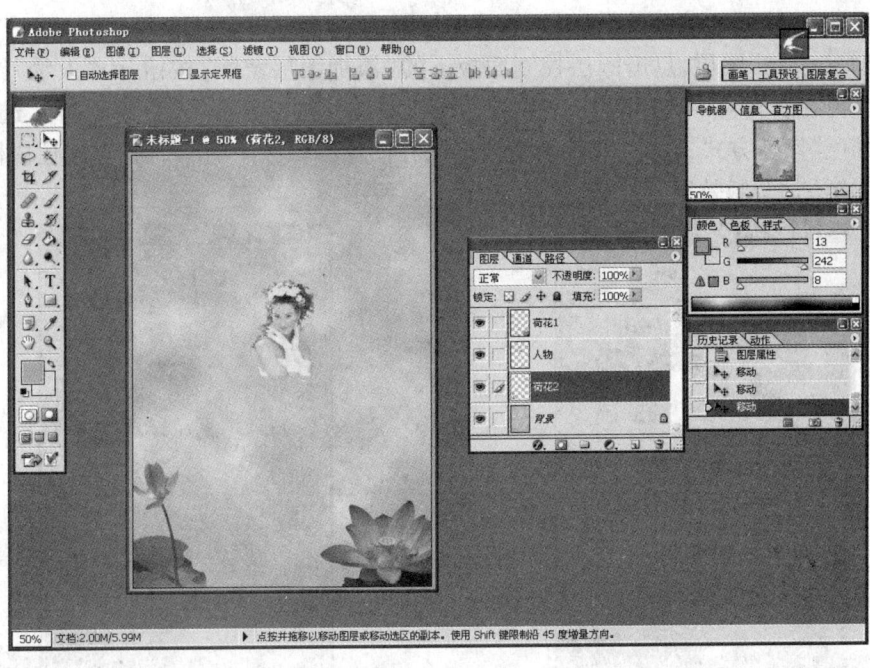

图 5.29　重新命名图层

(5)使用自由变换工具,分别对"人物"、"荷花 1"、"荷花 2"三个图层进行缩放操作,并且把人物和荷花移动到适当的位置,如图 5.30 所示。

图 5.30　调整好大小和位置的图像　　　图 5.31　为"荷花 1"添加了图层蒙版效果的图像

(6)选择"荷花 1"图层,点击图层控制面板下的"添加图层蒙版"按钮,为"荷花 1"图层添加图层蒙版。再在工具箱中选择渐变工具,在渐变工具选项栏上点击"渐变编辑器",选择"从前景色到背景色"渐变方式,选择"径向渐变"样式,在图像编辑区中的"荷花 1"上按住鼠标左键拖拉,为"荷花 1"添加蒙版效果,得到的效果如图 5.31 所示。

(7)选择"荷花 2"图层,点击图层控制面板下的"添加图层蒙版"按钮,为"荷花 2"图层添加图层蒙版。再在工具箱中选择渐变工具,在渐变工具选项栏上点击"渐变编辑器",选择"从前景色到背景色"渐变方式,选择"线性渐变"样式,在图像编辑区中的"荷花2"上按住鼠标左键拖拉,为"荷花2"添加蒙版效果,得到的效果如图5.32所示。

(8)选择"人物"图层,点击图层控制面板下的"添加图层蒙版"按钮,为"人物"图层添加图层蒙版。再在工具箱中选择渐变工具,在渐变工具选项栏上点击"渐变编辑器",选择"从前景色到背景色"渐变方式,选择"线性渐变"样式,在图像编辑区中的"人物"上按住鼠标左键拖拉,为"人物"添加蒙版效果,得到的效果如图5.33所示。

图5.32 "荷花2"添加了"图层蒙版"效果　　图5.33 "人物"添加了"图层蒙版"效果

(9)为了使人物图层有一种提亮的效果,我们在人物图层之上新建一个图层"图层1",然后使用椭圆选框工具,前景为白色,使用油漆桶工具进行椭圆选区的填充,如图5.34所示。使用Ctrl+D键的组合取消选区,使用"滤镜/模糊/高斯模糊"命令,设置模糊半径35,如图5.35所示。

(10)调整"图层1"与"人物"图层的位置,将"图层1"移至"人物"图层下方,得到的图像如图5.36所示。

图5.34 填充选区之后的图像　图5.35 应用高斯模糊效果后的图像　图5.36 调整图层位置后的图像

第 5 章　图形图像素材处理与制作　117

(11) 执行"文件/存储为",选择所需的图像文件格式,将图像保存起来。至此完成了图像的合成处理。

【实例 5.5】　利用 Photoshop 进行图像的绘制——制作大红灯笼。

(1) 执行"文件/新建"命令,建立一个宽度为 16 cm,高度为 12 cm,白色背景的图像文件。

(2) 设置前景色为蓝色,背景色为白色,执行"滤镜/渲染/云彩"命令,得到背景图。

(3) 单击图层控制面板底部"新建图层"按钮 ,创建"图层 1",选择工具箱上的椭圆选框工具,在工作区上绘制椭圆区域,设置前景色 RGB 值分别为(230,0,17),按 Alt+Delete 键填充前景色,如图 5.37 所示。

(4) 执行"滤镜/渲染/镜头光晕"命令,各项参数设置如图 5.38 所示。

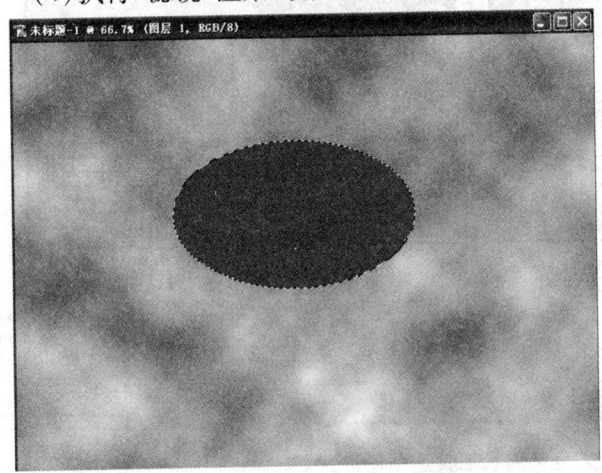

图 5.37　填充了红色的椭圆选框

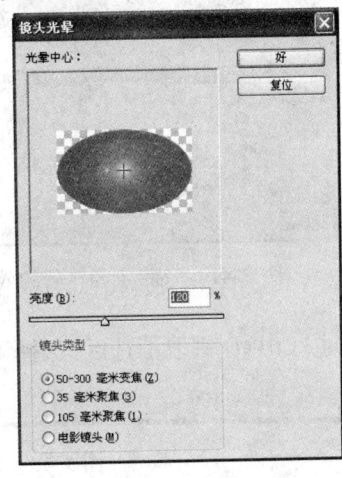

图 5.38　"镜头光晕"设置对话框

(5) 单击图层控制面板底部的新建按钮,创建"图层 2",选择工具箱上的画笔工具,(注:设置前景色为黑色)按 Shift 键不松绘制直线,反复多次绘制直线,得到的效果如图 5.39 所示。

(6) 选择工具箱上的文字工具,在工作区单击输入"福"字,单击图层控制面板下的添加图层样式按钮 ,选择"混合选项",弹出"图层样式"对话框,选择"描边"效果,设置描边颜色为"黄色",大小为"4 像素",如图 5.40 所示。

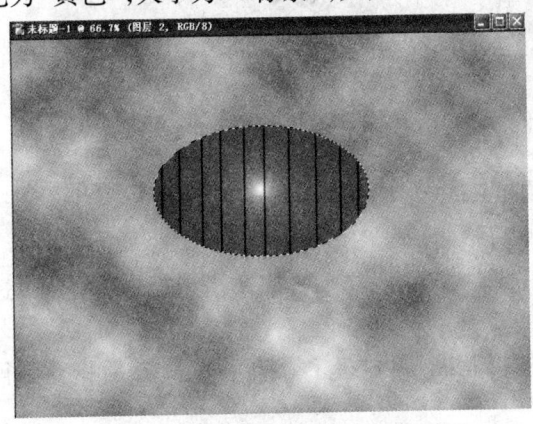

图 5.39　使用画笔绘制线条

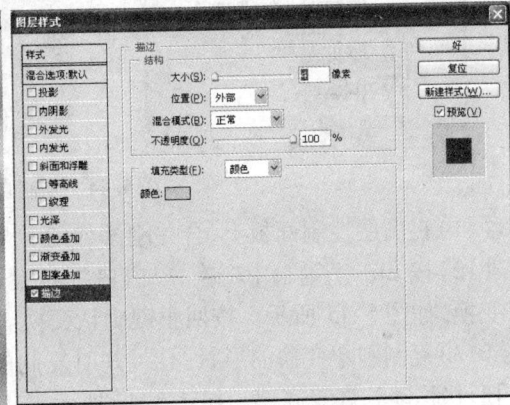

图 5.40　为文字添加描边效果

(7)执行"编辑/变换/垂直翻转"命令,再次执行"编辑/变换/水平翻转"命令,得到的效果如图 5.41 所示。

(8)按 Ctrl+E 键两次向下合并图层,按 Ctrl 键不松,单击当前图层选择对象,执行"滤镜/扭曲/球面化"命令,如图 5.42 所示。

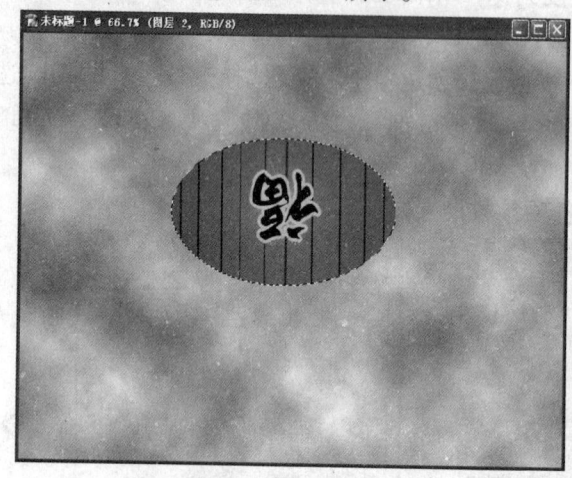
图 5.41 "福"字翻转后的效果

图 5.42 "球面化"对话框

(9)按 Ctrl+D 键取消选区,选择工具箱上自定义形状工具,属性栏设置如图 5.43 所示。

图 5.43 自定义定义形状工具选项栏设置

(10)在工作区内绘制形状,选择工具箱上移动工具,按 Alt 键不松,在工作区上移动对象得到图层副本,如图 5.44 所示。

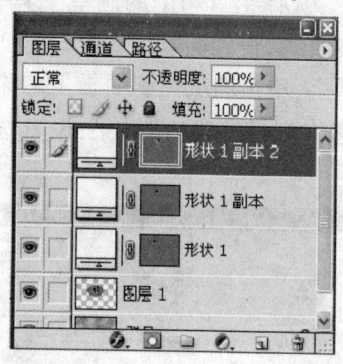

图 5.44 复制自定义定义形状

(11)在图层控制面板上,合并刚添加的 3 个自定义形状图层。

(12)按 Ctrl+T 键自由变换,单击鼠标右键选择"垂直翻转",再次单击鼠标右键选择"透视"变换,如图 5.45 所示。按回车键确认变换。

(13)复制刚才变换的形状图层,并对复制的形状图层做"垂直翻转"操作,然后将复制得到的形状移动到灯笼底部。如图 5.46 所示。

图 5.45　执行"透视"变换后的效果　　　　图 5.46　灯笼底部添加了形状

(14) 按 Ctrl + E 键向下合并图层,单击图层控制面板上的"新建图层"按钮,创建"图层 2",选择工具箱上的矩形选框工具,绘制矩形区域。选择工具箱上的渐变工具,设置渐变属性栏中的各项如图 5.47 所示,在选区内从左向右水平渐变,得到的效果如图 5.48 所示。

图 5.47　渐变工具属性栏设置

(15) 按 Ctrl + D 键取消选区,选择工具箱上的移动工具,在工作区内移动对象得到"图层 2"的副本,移动到灯笼的底部,如图 5.49 所示。

 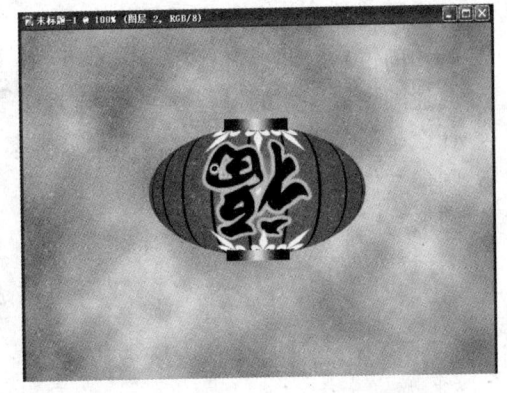

图 5.48　为选区添加渐变效果　　　　图 5.49　复制"图层 2"并调整位置

(16) 按 Ctrl + E 键向下合并,单击图层控制面板下的"新建图层"按钮,创建新图层。选择工具箱上的画笔工具,设置前景颜色为黄色,绘制直线,作为灯笼的穗子,如图 5.50 所示。再次绘制矩形,用线性渐变填充,效果如图 5.51 所示。

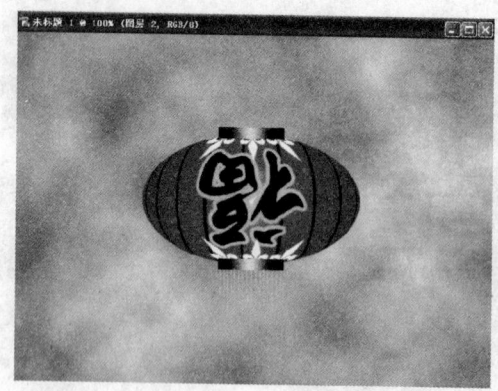
图 5.50　添加灯笼穗子

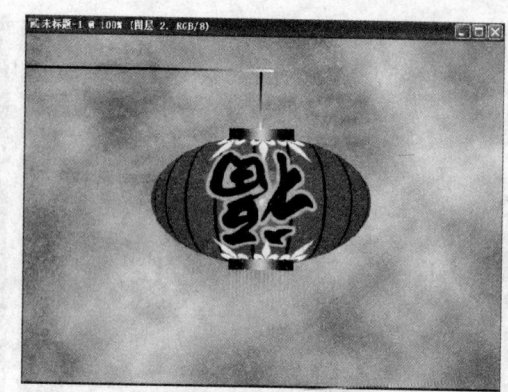
图 5.51　最终效果

小　　结

　　本章介绍了色彩构成和图形图像的基础知识,包括色彩三要素,色彩空间构成,在进行多媒体作品创作时如何使用色彩,图像的基本属性,图形与图像的区别,常见的图像文件的格式,图像数字化过程,以及如何使用专业的图像处理软件 Adobe Photoshop 进行图像的合成与处理。

习　　题

1. 什么是三基色？它的原理是什么？
2. 常用的色彩空间有哪些？
3. 简述图像数字化的过程。
4. 什么是图像的分辨率？它与显示分辨率有何区别和联系？
5. 图像文件的常用格式有哪些？
6. 图形与图像有哪些区别？

第6章 计算机动画

本章重点：计算机动画的基本概念；动画制作软件 Flash 基本工具的使用。
本章难点：补间动画、遮罩动画和引导层动画的创建。

动画技术的广泛应用，使世界发生了巨大的变化。它的应用领域包括影视作品制作、电子游戏、教学教程制作、平面绘图、建筑设计、网页制作等各个方面，使人们可以充分体验到计算机动画的无穷魅力。

6.1 计算机动画的基本知识

所谓计算机动画是指借助于计算机生成一系列连续画面并可动态实时播放这些画面的计算机技术。计算机动画创作原理与传统动画基本相同，只是把计算机技术用于动画的处理当中。计算机动画常常借助于编程或动画制作软件来完成，通过以一定的频率连续播放静止的图像来产生运动的效果。这里的运动泛指使画面发生改变的所有动作。实验证明，如果动画或电影的画面刷新率为 24 帧/s 左右，则人眼看到的是连续的画面效果，这种现象是由视觉暂留造成的，正是由于这种特性产生了连续的动态效果。

根据运动的控制方式可以将计算机动画分为实时动画和逐帧动画，根据视觉空间的不同，又可以分为二维动画和三维动画。

1. 实时动画和逐帧动画

实时动画又称为算法动画，采用各种算法来实现运动物体的运动控制。实时动画的响应时间与许多因素有关，如计算机的运算速度、软硬件处理能力、景物的复杂程度、画面的大小等。游戏软件以实时动画居多。

逐帧动画又称为帧动画或关键帧动画，通过一帧一帧显示每个关键帧中的内容来实现运动的效果。

2. 二维动画和三维动画

二维动画是平面动画，无论以何种角度看，画面的深度是不变的。三维动画则不然，一个真正的三维动画，它的景物既有正面，也有反面和侧面，通过调整三维空间的视点，能够看到不同的内容。

6.2 动画创作工具 Flash

6.2.1 Flash 简介

1. Flash 的特性及优点

在众多的动画软件中,Flash 是基于矢量的具有交互性的图形编辑和二维动画制作软件,它具有强大的动画制作功能和卓越的视听表现力,著名的微软 MSN 新闻站就采用了大量的 Flash 动画,Flash 动画有如下明显的优势。

(1)基于矢量的图形系统,占用的存储空间只是位图的几千分之一,非常适合在网络上使用。可以无级放大,无论用户的浏览器使用多大的窗口,图像始终可以完全显示,并且不会降低画面质量。

(2)有很多增强功能。比如,支持位图,支持声音,支持渐变色,Alpha 透明等。有了这些功能,你就可以用它来建成一个生动活泼漂亮的 Flash 站点或产品广告宣传。

(3)提供"准"流(Stream)的形式,在观看一个大动画的时候,可以边下载边观看,哪怕后面的内容还没有完全下载到硬盘,我们也可以开始欣赏动画。

(4)强大的交互性,可以通过编程来实现人机互动。

(5)界面明快简洁,容易上手。

2. Flash 动画用途

(1)网站应用。在做网站首页时要求视觉效果强烈,具有震撼力。一般时间较短,几十秒左右,画面变化迅速,声效多而短促,常配有企业的名称、标志、产品等图片或文字。用它做出来的网页的导航条,漂亮多变、个性鲜明;也可以用来做成 gif 动画,用做网页的 Logo 或 Banner,利用其良好的交互性,还可以做留言板、论坛、商务购物系统,等等。

(2)广告制作。具有制作周期短,成本低,适用媒体广泛的特点,目前主要是在网络和电视上播放,随着能播放 Flash 手机的问世,Flash 在广告界中的应用将更加广泛。

(3)MTV 动画。歌曲、动作、文字三者巧妙的配合到一起,就会演绎出一段动人心弦的故事,或调侃出一段令人捧腹的小品,如雪村的《东北人都是活雷锋》。

(4)多媒体课件。活泼有趣的情节、色彩丰富的画面,再加上声情并茂的讲解,能极大地引发孩子们的学习兴趣。通过演示,一些很难理解的原理、实验变得生动、形象。

此外,Flash 动画还有制作游戏、贺卡、短片等多种用途。

6.2.2 绘图工具、填充工具介绍

Flash 提供了各种工具,用来绘制自由形状或准确的线条、形状和路径,并可用来对对象进行上色,图 6.1 所示是 Flash 的工具箱。

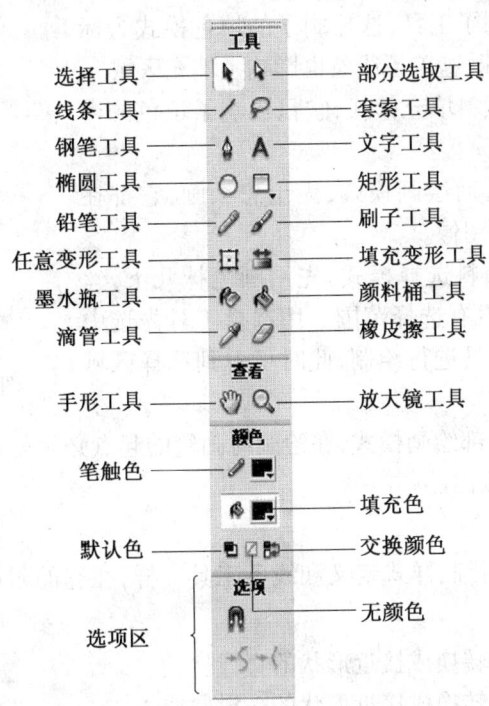

图 6.1　Flash 工具箱

1. 线条的绘制与处理

线条工具 ╱ 是 Flash 中最简单的工具。用鼠标单击线条工具,移动鼠标到舞台上,按住鼠标并拖动,松开鼠标,一条直线就画好了。用线条工具能画出许多风格各异的线条来。打开属性面板,在其中,我们可以定义直线的颜色、粗细和样式,如图 6.2 所示。

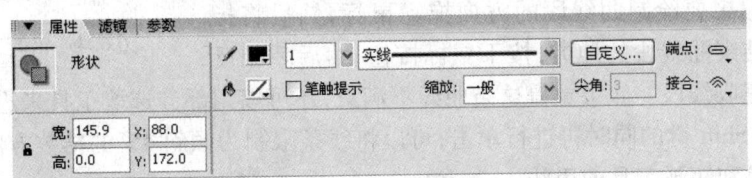

图 6.2　直线属性面板

滴管工具 和墨水瓶工具 可以很快地将一条直线的颜色样式套用到别的线条上。用滴管工具单击上面的直线,看看属性面板,它显示的就是该直线的属性,此时,所选工具自动变成了墨水瓶工具。

使用墨水瓶工具单击其他样式的线条,可以看到,所单击线条的属性都变成了当前在属性面板中所设置的属性了。

如果需要更改线条的方向和长短,可以用选择工具 来实现。选择工具的作用是选择对象、移动对象、改变线条或对象轮廓的形状。在工具箱中选择选择工具,然后移动鼠标指针到直线的端点处,指针右下角变成直角状 ,这时拖动鼠标可以改变线条的方向和长短。

刷子工具用于涂色或绘制任意形状色块的矢量图。下面来详细讲解它的填色模式。在选项下单击 按钮,则弹出填充模式下拉列表,如图 6.3 所示。

(1)标准绘画。选择刷子工具,选择刷子的填色模式为标准绘画模式,你将发现,它既遮盖了线条也影响了填充区域。

(2)颜料填充。选择颜料填充模式,它只影响了填色的内容,不会遮盖住线条。

(3)后面绘画。选择后面绘画模式,无论怎么画,它都在图像的后方,不会影响前景图像。

(4)颜料选择。选择颜料选择模式,先用画笔抹几下,丝毫不起作用。这是因为还没有选择范围。用选择工具先选中一部分区域,再选择刷子工具进行绘制,此时可看到选择区域被涂上所选的颜色。

图 6.3　刷子的填色模式

(5)内部绘画。选择内部绘画模式,在绘画时画笔的起点必须是在轮廓线以内,而且画笔的范围也只作用在轮廓线以内。

2. 铅笔工具的用法

铅笔工具 的颜色、粗细、样式定义和线条工具一样,在它的附属选项里有三种模式,如图 6.4 所示。

(1)伸直模式。把线条转换成接近形状的直线。

(2)平滑模式。把线条转换成接近形状的平滑曲线。

(3)墨水模式。不加修饰,完全保持鼠标轨迹的形状。

3. 钢笔工具和部分选取工具的用法

用钢笔工具画路径是非常容易的。选择钢笔工具后,在舞台上不断地单击鼠标,就可以绘制出相应的路径,如果想结束路径的绘制,双击最后一个点。创建曲线的要诀是在按下鼠标的同时向你想要绘制曲线段的方向拖动鼠标,然后将指针放在你想要结束曲线段的地方,按下鼠标按钮,然后朝相反的方向拖动来完成线段。如果觉得这条曲线不满意,还可以用部分选取工具来进行调整。

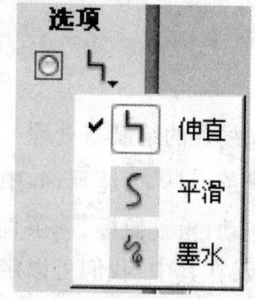

图 6.4　铅笔工具选项

说明:按住 Shift 键的同时再进行单击,可以将线条限制为倾斜45°的倍数方向。

4. 椭圆工具和矩形工具的用法

在工具箱中选择椭圆工具 ,将鼠标移动到场景中,拖动鼠标可绘制出椭圆或圆形。选择矩形工具 ,在场景中拖动鼠标可绘制出方角或圆角的矩形。在属性面板中可以设定填充的颜色及外框笔触的颜色、粗细和样式,这与线条工具的属性设置一样。

5. 套索工具

套索工具是一种选取工具,使用的时候不是很多,主要用在处理位图时。选择套索工具后,会在选项中出现魔术棒、魔术棒属性和多边形模式,如图 6.5 所示。

图 6.5　套索工具选项

执行"文件/导入/导入到舞台"命令,在 Flash 中导入一幅位图图像,保证图像处于选中状态,执行"修改/分离"命令(快捷键 Ctrl+B),将位图分离,如图 6.6 所示。这时可以选择魔术棒,单击需要选择的部分。

魔术棒用于对位图的处理。如果要选取位图中同一色彩,可以先设置魔术棒属性。单击魔术棒属性按钮,弹出魔术棒设置对话框,对于阈值,输入一个介于 1～200 之间的值,用于定义所选区域内,相邻像素达到的颜色接近程度。数值越高,包含的颜色范围越广。如果输入 0,则只选择与所单击像素的颜色完全相同的像素。在平滑菜单中有四个选项,用于定义所选区域边缘的平滑程度,如图 6.7 所示。

图 6.6　选择图像背景

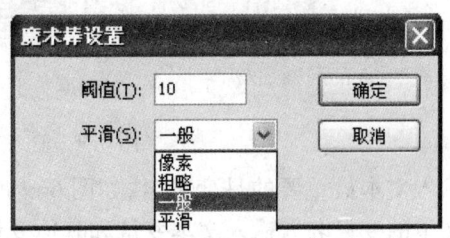
图 6.7　"魔术棒设置"对话框

【说明】利用上面叙述的方法可以将位图图像的背景去掉。具体方法是,将位图图像打散,选择魔术棒,设置魔术棒属性,选取位图背景,然后按下 Delete 键将所选背景删除。

6. 橡皮擦工具

顾名思义,橡皮擦工具就和橡皮一样,可以擦去你不需要的地方。双击橡皮擦工具,可以删除舞台上的所有内容。选择橡皮擦工具,单击按钮,在弹出的菜单中有几个选项,如图 6.8 所示。

（1）标准擦除。擦除同一层上的笔触和填充。

（2）擦除填色。只擦除填充,不影响笔触。

（3）擦除线条。只擦除笔触,不影响填充。

（4）擦除所选填充。只擦除当前选定的填充,并不影响笔触(不管笔触是否被选中)。以这种模式使用橡皮擦工具之前,请选择要擦除的填充。

（5）内部擦除。只擦除橡皮擦笔触开始处的填充。如果从空白点开始擦除,则不会擦除任何内容。以这种模式使用橡皮擦并不影响笔触。

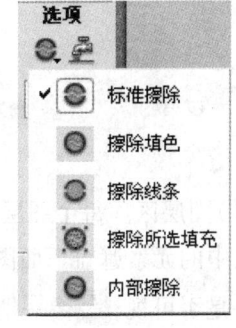
图 6.8　橡皮擦工具选项

在选项下选择水龙头,单击需要擦除的填充区域或笔触段,可以快速将其擦除。如果只擦除一部分笔触或填充区域,就需要通过拖动进行擦除。

6.2.3　文本工具

在 Flash 中,文本分为静态文本、动态文本和输入文本三种类型。

1. 静态文本

静态文本主要用于影片的说明或提示,这些文本在影片播放过程中不能被更改。

2. 动态文本

动态文本主要用于动态显示一些需要随时更新的信息。动态文本的内容可以由外部文件或变量读入。

3. 输入文本

输入文本是可以接受用户输入的文本,是响应键盘事件的一种,是一种人机交互的工具。

和动态文本一样,使用文本工具也可以创建输入文本框,用文本工具在场景拖出一个文本框,选中该文本框,在属性面板中选择输入文本即可,如图6.9所示。

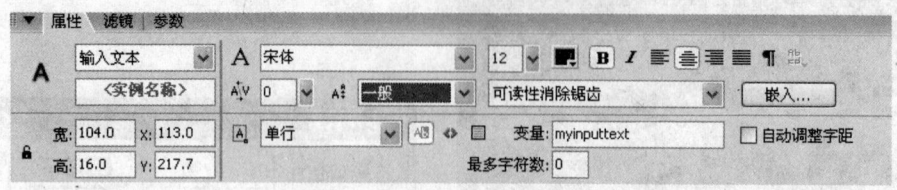

图6.9 输入文本属性面板设置

输入文本最重要的是变量名,如图6.9所示中的变量文本框,其中的myInputText即是该输入文本的变量名。输入文本变量和其他变量类似,变量的值会呈现在输入文本框中。

另外,输入文本对象也具有text属性,这个属性的实用方法和动态文本对象类似。

6.2.4 时间轴与场景

1. 时间轴

一部Flash动画就像一部小电影,时间轴就是用来组织和控制影片内容在一定时间内如何播放的地方。我们先来认识"时间轴"面板,如图6.10所示。

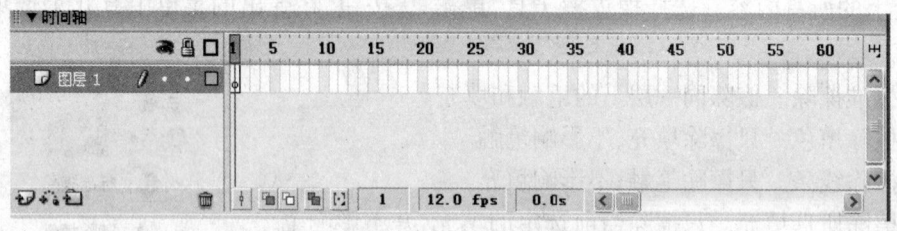

图6.10 "时间轴"面板

(1) 图层区。每个图层都包含一些舞台中的动画元素(包括声音或action指令语句),上面图层中的元素遮盖下面图层中的元素。图层区的最上面有三个图标。 用来控制图层中的元件是否可视; 像一把小锁,单击后该图层被锁定,图层的所有的元件不能被编辑; 是轮廓线,单击后图层中的元件只显示轮廓线,填充将被隐藏,这样能方便编辑图层中的元件。

图层有以下几种。

① 层文件夹,图标是 ,组织动画序列的组件和分离动画对象,有两种状态, 是打开时的状态, 是关闭时的状态。

② 引导层,图标是 ,使被引导层中的元件沿引导线运动,该层下的图层为被引导层。

③ 遮罩层,图标是 ,使被遮罩层中的动画元素只能透过遮罩层被看到,该层下的图层就是被遮罩层,层图标是 。

④普通层,图标是 ▯,放置各种动画元素。

(2)时间轴区。Flash 影片将播放时间分解为帧,用来设置动画运动的方式、播放的顺序及时间等。默认时是每秒播放 12 帧。

在时间帧面板上,每 5 帧有个"帧序号"标识,常见"帧符号"意义如下。

①关键帧。关键帧定义了动画的变化环节,逐帧动画的每一帧都是关键帧。而补间动画在动画的重要点上创建关键帧,再由 Flash 自己创建关键帧之间的内容。实心圆点是有内容的关键帧,即实关键帧;而无内容的关键帧(即空白关键帧)则用空心圆表示。

②普通帧。普通帧显示为一个个的单元格。无内容的帧是空白的单元格,有内容的帧显示出一定的颜色。不同的颜色代表不同类型的动画,如动作补间动画的帧显示为浅蓝色,形状补间动画的帧显示为浅绿色。而静止关键帧后的帧显示为灰色。关键帧后面的普通帧将继承该关键帧的内容。

③帧标签。帧标签用于标识时间轴中的关键帧,用红色小旗加标签名表示,如 ▯。

④帧注释。用于为你自己或处理同一文件的其他人员提供提示。用绿色的双斜线加注释文字表示,如 ▯。

⑤播放头。指示当前显示在舞台中的帧,将播放头沿着时间轴移动,可以轻易地定位当前帧。用红色矩形表示 ▯,红色矩形下面的红色细线所经过的帧表示该帧目前正处于"播放帧"。

(3)状态栏。状态栏位于时间轴的最下方,指示所选的帧编号、当前帧频以及到当前帧为止的运行时间,如图 6.11 所示。最左边的是一组帧显示模式按钮,也就是所谓的"描图纸"或者"洋葱皮"功能,它能将某个动画过程以一定透明度完整显示出来,而且还可以进行"多帧编辑"。

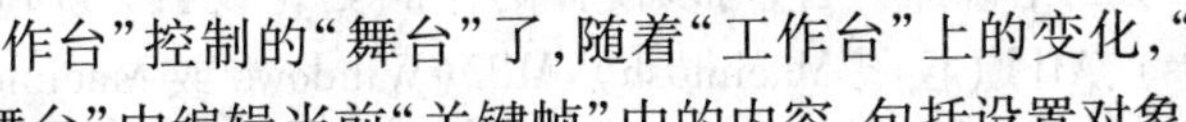

图 6.11　时间轴状态栏

2. 场景

(1)打开场景面板。

时间轴面板下面,占据界面最大的区域就是场景。时间轴面板好比是个"导演工作台",那么,场景就是受"工作台"控制的"舞台"了,随着"工作台"上的变化,"舞台"上的内容也将同步变化。可以在"舞台"中编辑当前"关键帧"中的内容,包括设置对象的大小、透明度、变形的方式和方向等等。

根据需要,你可以增、删场景,多场景动画适合较复杂的作品或者舞台上的动画元素差别较明显的情况。Flash 将按照它们的先后顺序播放,此外,你还可以利用指令交互地实现不同场景间的跳转。

增、删场景以及为场景命名是在场景面板中进行的。下面介绍一下场景面板的功能和使用方法。

执行"窗口/设计面板/场景"命令,打开场景面板,如图 6.12 所示。

(2)操作场景面板。在场景面板中可以进行下列操作。

①复制场景。先选中要复制的场景,再单击 ▯ 按钮,就可以复制出一个和原场景一模一

样的场景,复制出的场景还可以进行再复制。

②增加场景。单击增加场景按钮 ✚,可以添加一个新的场景。

③删除场景。选中要删除的场景,单击 🗑,就可以删除该场景。

④更改场景名称。在场景面板中双击场景名称,然后输入新名称,按回车键确认。

⑤更改场景顺序。在场景面板中按住场景名称并拖动到不同的位置,松开鼠标即可。

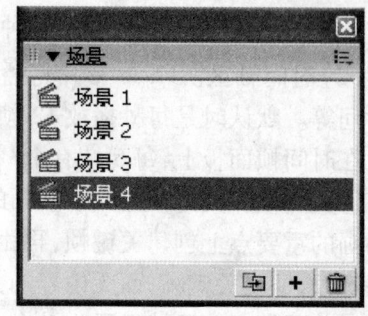

图 6.12　打开场景面板

⑥转换场景。可在"视图/转到"菜单中选择场景名称,可以选择相应的场景,也可以在时间轴面板上单击场景切换按钮 ,打开场景切换菜单,选择相应的场景,如图 6.13 所示。

3. 帧内容

有了"导演工作台"和"舞台",还要有演员才能演出一幕有声有色的"舞台剧",在场景中的动画元素就是演员,一般常用的有如下几种。

(1)矢量图形。在场景中用鼠标或压感笔画出的图形。由一个个单独的"节点"构成一个"矢量路径",每一个"矢量路径"都有其各自的属性,如位置、颜色、透明度、形状等。对矢量图进行缩放时,图形对象仍保持原有的清晰度和光滑度,不会发生任何偏差,是 Flash 中最基本的动画元素。

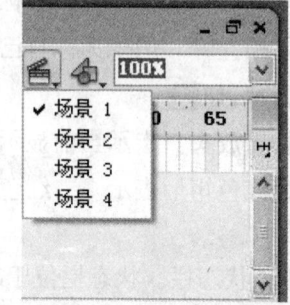

图 6.13　场景切换菜单

(2)位图图像。在 Flash 中导入的 *.gif、*.jpg、*.png 等格式的图片。图片由像素构成。像素点的多少将决定位图图像的显示质量和文件大小,位图图像的分辨率越高,其显示越清晰,文件所占的空间也就越大。对位图图像进行缩放时,图像质量出现明显变化,如常见的"锯齿状"等,位图在 Flash 中多用做背景。

(3)文字对象。单击工具箱中的文本工具 **A**,在属性面板上选好要输入的文本类型、字体大小、颜色、排版方式等,就可以在场景中输入文字了。

(4)声音对象。在动画中添加声音,可以使你的作品更有吸引力。Flash 支持的声音文件有 WAV(仅限 Windows)、AIFF(仅限 Macintosh)、MP3(Windows 或 Macintosh)。如果你的机器上装有 QuickTime4 或更高的版本,还可以支持更多的格式。

(5)按钮对象。按钮在实现 Flash 交互性方面有非常重要的作用,通过按钮,你可以实现场景之间的跳转、指定实例的动作、定义与各种按钮状态关联的图形等。按钮要实现交互性功能,必须在创建好的按钮实例上添加动作脚本语句。

(6)影片剪辑。影片剪辑是 Flash 中的小型影片,它有自己的时间轴和属性,可以用动作脚本控制播放、跳转等。它可以包含交互式控件、声音甚至其他影片剪辑实例。也可以将影片剪辑实例放在按钮元件的时间轴上,以创建动画按钮。

(7)动作脚本语句。动作脚本是 Flash 的脚本撰写语言,通过它你就可以随心所欲地创建影片、实现场景之间的跳转、指定和定义实例的各种动作等。

动作脚本语句可以添加在时间帧、实例、按钮上。如果添加在时间帧上,在时间帧面板的相应帧上，会出现一个"a"字，如图6.14所示。

在影片剪辑、按钮上添加动作脚本语句的方法是先选择要添加的对象，然后在动作面板中进行定义。

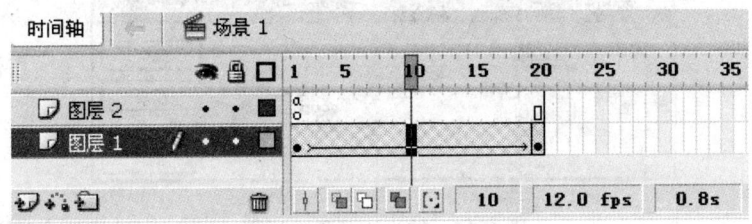

图6.14　添加动作脚本语句后时间帧上的标记

6.2.5　库、元件及实例

1. 库概述

库是使用频度最高的面板之一，缺省情况下，库被安置在面板集合中，鉴于它的重要性，建议你把库从面板集合中取出，让它单独存放于舞台上。

打开库的快捷键为 F11 键或者 Ctrl+L 组合键，它是个"开关"按钮，重复按下 F11 键能在库窗口的"打开"、"关闭"状态中快速切换。

库可以随意移动，放置在你认为最合适的地方，库还可以设置大小模式，库面板上还有库菜单，以及元件的项目列表和编辑按钮，在保存 Flash 源文件时，库的内容同时被保存。

库存放着动画作品的所有元件，灵活使用库，合理管理库对我们的动画制作无疑是极其重要的。

2. 元件和实例

元件就是位于当前影片库面板中的可重复使用的元素。如果把元件拖动到编辑区它就成为实例。也就是说，实例是元件在编辑区的实际应用。使用元件可以简化影片的编辑，把影片中要多次使用的对象做成元件，当修改了元件后，它的所有实例都会随之更新，而不必逐一更改。

元件存放在库面板中，而实例在编辑区创建。

（1）元件类型。按照元件在动画中的表现形式，可以分为图形、影片剪辑和按钮三种类型。

图形元件可以是一帧静止的矢量图形对象，也可以是一段没有音效和交互的动画片段。它的主要用途是制作静态图形、不具有交互性的动画。交互性控制和声音不能在图形元件的动画中工作。

影片剪辑具有独立播放性，它有自己的时间轴，可嵌入主时间轴中重复使用。我们可以在影片剪辑中添加动画、动作、声音、图形、按钮或其他影片剪辑。它在主时间轴上只需一个关键帧即可播放。

按钮元件可以响应鼠标和键盘事件，以实现与用户的交互。值得注意的是，当我们想为按钮某种状态设定动作时，动作只能分配给它的实例，它本身不能直接被分配动作。

（2）创建元件。如果在空元件编辑模式中创建元件，可以选择菜单栏中的"插入/新建元件"命令（快捷键为 Ctrl+F8）来创建。

如果想要将以存在的对象转换为元件,可以先选中需要转换的对象,然后选择菜单栏中的"插入/转换为元件"命令(按 F8 键),打开"转换为元件"对话框,如图 6.15 所示。

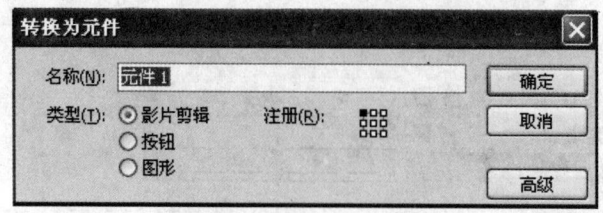

图 6.15 转换为元件对话框

(3)元件属性。下面来看元件的属性栏里的内容,如图 6.16 所示。

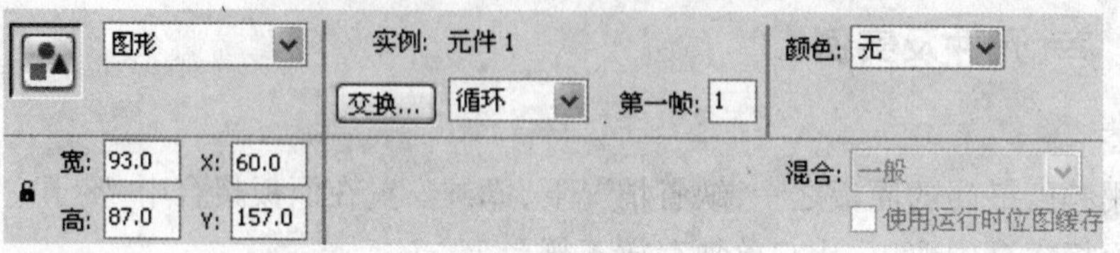

图 6.16 元件属性

宽、高——就是元件的长宽,如果想成比例放大的话,就把左边的锁给锁上。

X、Y——元件的坐标,可以准确到 0.1。

交换——就是把这个元件和其他元件换一下,但是位置不变。

颜色——这里主要讲的是"颜色",它有下面四个经常用的选项,见表 6.1。

表 6.1 颜色选项

选　项	功　能
亮　度	给元件加上亮度
色　调	给整个元件加上颜色
Alpha	给整个元件增加透明度
高　级	可以增加颜色、透明度,上面三种方法的总和

元件类型——根据元件在动画中的表现形式,可以分为图形、影片剪辑和按钮三种类型。

① 图形元件。它可以是一帧静止的矢量图形对象,也可以是一段没有音效和交互的动画片段。它的用途是制作静态图形、不具有交互性的动画以及与时间轴紧密联系的主影片。交互性控制和声音不能在图形元件的动画中工作。

② 影片剪辑。它具有独立播放性,可看作一个小型动画,有自己的时间轴。可嵌入主时间轴中重复使用。可以在影片剪辑中添加动画、动作、声音、图形、按钮或其他影片剪辑。也可以在按钮中放入影片剪辑,以创建动态按钮。影片剪辑在主影片播放的时间轴中只需要一个关键帧即可播放。

③ 按钮。它可以响应鼠标和键盘事件,以实现与用户的交互。用户可以为按钮定义不同的状态,对每种状态都可以设置按钮的动作。动作本身不能直接分配给按钮元件,只能分配给它的实例。

【实例6.1】 "焰火"制作。

启动Flash软件,执行"插入"菜单下的"新建元件"命令,在打开的对话中输入名称为"火焰",选择"影片剪辑"。点击 确定 按钮。选择椭圆工具,边框选择无色,在调色板面板中选择填充为"径向"(就是从中心向四周填充)。用鼠标点击左边的滑块(标记1),然后用鼠标点颜色选取按钮选择黄色,同样的方法将右边的滑块(标记2)设为红色。绘制椭圆,用箭头工具将外形修改为火焰形状,用改变填充工具修改填充,如图6.17。

在第5帧处插入关键帧(方法是右击鼠标),用箭头工具改变火焰的形状,然后鼠标放在1到5帧中间,在属性栏选择创建动画方式为"形状",直接敲回车进行预览,看火焰是否能正常摆动。如果正常,就用同样的方法依次在第15帧和第20帧处创建关键帧。

其实,以上所做的工作都是在给演员(火焰这个影片剪辑)化装,化好装后演员就可以蹬上舞台(场景)进行表演了。回到场景,按F11打开库,将火焰拖到场景中。按Ctrl+回车测试一下影片,一个动态的火焰就出现在我们眼前了。双击图层一可以对它进行命名,此处取名为"火焰",回车即可。

点击"新建图层"按钮就增加了一个新图层,取名为"蜡烛体"。然后我们就在这一层上面绘制蜡烛体。选择箭头工具,修改属性栏上的背景色为深绿色。用矩形工具绘制一个白色矩形,选择墨水瓶工具,调整属性栏上面线条的颜色、粗细和类别,然后点击白色矩形,这样就给白色矩形添加了一个白色粗糙的边框,如图6.18。

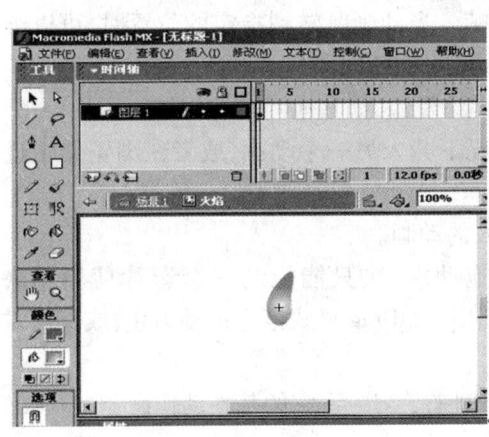
图6.17 火焰

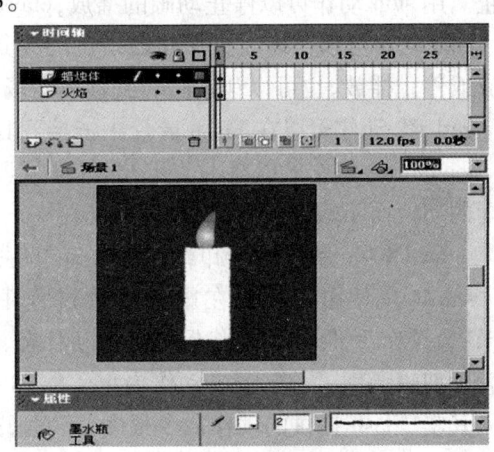
图6.18 蜡烛体

然后再新建一层,取名为"蜡烛芯"。绘制一个黑色小矩形,用墨水瓶添加黑色粗糙的边框,然后将这个矩形和边框一起转换成图形元件并调整其透明度。此时,蜡烛芯把蜡烛体挡住了,看上去不太真实,所以需要将蜡烛芯向下移一层。用鼠标按住图层进行拖动就可以方便的改变图层之间的叠放顺序。

按Ctrl+回车测试一下影片,如果觉得蜡烛火焰做得不理想的话,可重新编辑它,方法是直接双击蜡烛火焰或按F11在库里面双击"火焰"影片剪辑。如果还想对它进行美化的话,可以给它添加蜡烛油。

6.2.6 基本交互动作

Flash提供了许多的动作命令,每个命令都有其特定的功能。表6.2所示为Flash常用的基本动作命令的功能。

表 6.2 常用动作命令的功能

动作命令	功　能
stop	在某帧上停止运动
play	跳转到某帧并开始运动
gotoAndPlay	跳转到某帧并开始播放
gotoAndStop	跳转到某帧并停止
getURL	连接到某个网址
loadMovie	加载外部某个文件
unloadMovie	卸载外部某个文件
startDrag	拖动一个影片剪辑
stopDrag	停止拖动一个影片剪辑

如果没有专门的命令,一旦动画开始播放便会连续播放时间轴上的每一帧,直到播放完毕为止。用 stop 动作可以停止动画的播放,play 动作可以从停止的位置开始继续播放。

goto 动作可以把播放头移动到指定的场景或帧。当动画跳转到指定的位置时,可以继续播放或停止播放,也可以让动画转到前一个场景或后一个场景,前一帧或后一帧。

getURL 动作可以在 Flash 影片中链接到其他网络资源,如其他网站、网页等。

loadMovie 动作可以在不关闭 Flash 播放器情况下载入另一个动画,或者在浏览器中进行动画的切换而不改变页面。

unloadMovie 动作用于卸载 loadMovie 方法载入的动画。

startDrag 使影片剪辑在影片播放过程中可拖动,一次只能拖动一个影片剪辑。执行 startDrag 操作后,影片剪辑将保持可拖动状态,直到用 stopDrag 显式停止拖动为止,或直到对其他影片剪辑调用了 startDrag 动作为止。

其实,Flash 提供的动作命令很多,下面通过实例来了解一下它的基本动作命令。

【实例 6.2】 假鼠标的制作。

该例是制作一个比较大的假鼠标,让它能随着鼠标移动。制作分为两个过程:首先要让真实的鼠标隐藏起来;然后,要让绘制的假鼠标能够跟着真实的鼠标移动。制作步骤如下:

(1)绘制鼠标图形并转换成影片剪辑。启动 Flash 软件,用直线工具绘制一个鼠标并将其填充为白色,并整体转换成影片剪辑,如图 6.19 所示。

(2)调整鼠标图形位置。鼠标双击影片剪辑对它进行编辑,调整假鼠标的位置让它的尖端和影片剪辑的中心对齐。因为只有这样假鼠标的尖端和隐藏的真鼠标的尖端才算对齐,假鼠标在移动或点击的时候才符合正常的习惯,否则就变成假鼠标的中心在跟着真实的鼠标运动。

(3)回到场景,选中影片剪辑并在属性栏输入 shubiao(不能用数字开头,最好全部是英文)。

(4)为帧添加动作。执行"窗口"下的"动作"命令将动作面板打开。用鼠标单击第 1 帧,依次打开 Objects、Movie、Mouse、Methods，然后双击 hide。

(5) 预览效果。此时先预览一下，发现真实的鼠标不见了。

下面来制作假鼠标跟着真实的鼠标一起移动。

(6) 为第 1 帧添加动作。用鼠标点击一下第 1 帧，然后依次打开 Action、Movie Clip Control，双击 startDrag。

(7) 把光标放在目标里，然后点击 ⊕，选择刚才的"Shubiao"影片剪辑，单击"确定"按钮，然后选择"锁定鼠标到中央"。

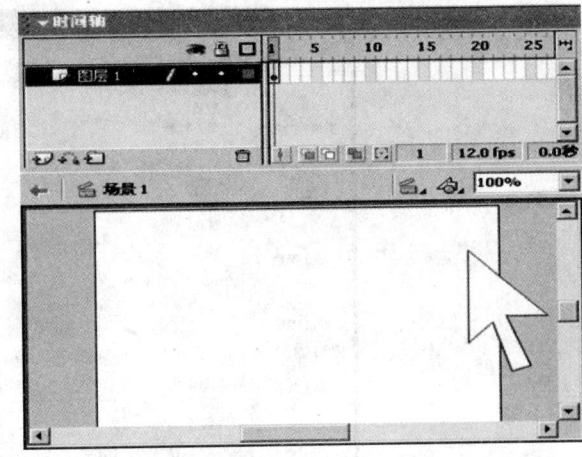

图 6.19　箭头

至此，预览就可以看到自己制作的鼠标像真实鼠标一样的效果了。

6.2.7　声音的应用

Flash 提供了许多使用声音的方式。可以使声音独立于时间轴连续播放，或使动画与一个声音同步播放。还可以向按钮添加声音，使按钮具有更强的感染力。另外，通过设置淡入、淡出效果还可以使声音更加优美。由此可见，Flash 对声音的支持已经由先前的实用，转到了现在的既实用又求美的阶段。

1. 将声音导入 Flash

只有将外部的声音文件导入到 Flash 中以后，才能在 Flash 作品中加入声音效果。能直接导入 Flash 的声音文件，主要有 WAV 和 MP3 两种格式。另外，如果系统上安装了 QuickTime 4 或更高的版本，就可以导入 AIFF 格式和只有声音而无画面的 QuickTime 影片格式。

下面介绍如何将声音导入 Flash 动画中。

(1) 新建一个 Flash 影片文档或者打开一个已有的 Flash 影片文档。

(2) 执行"文件/导入/导入到库"命令，弹出导入到库对话框，在该对话框中，选择要导入的声音文件，单击打开按钮，将声音导入，如图 6.20 所示。

(3) 等声音导入后，就可以在库面板中看到刚导入的声音文件，今后可以像使用元件一样使用声音对象了。

2. 引用声音

将声音从外部导入 Flash 中以后，时间轴并没有发生任何变化。必须引用声音文件，声音对象才能出现在时间轴上，才能进一步应用声音。

(1) 将"图层 1"重新命名为"声音"，选择第 1 帧，然后将库面板中的声音对象拖放到场景中。

(2) 这时会发现"声音"图层第 1 帧出现一条短线，这其实就是声音对象的波形起始，任意选择后面的某一帧，比如第 35 帧，按下 F5 键，就可以看到声音对象的波形，如图 6.21 所示。这说明已经将声音引用到"声音"图层了。这时按一下键盘上的回车键，可以听到声音了，如果想听到效果更为完整的声音，可以按下快捷键 Ctrl+Enter。

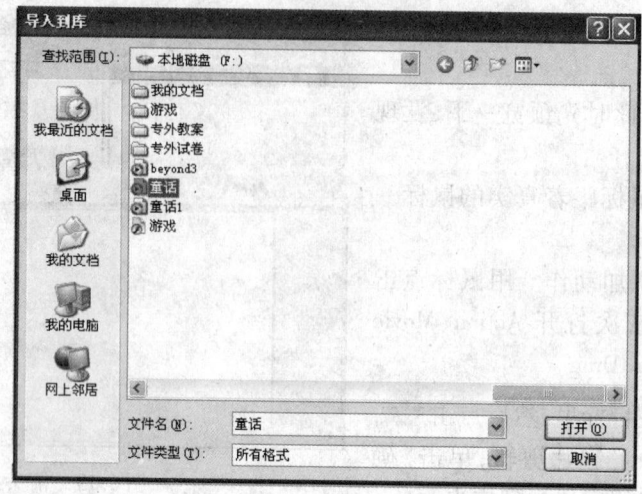

图 6.20　声音的导入

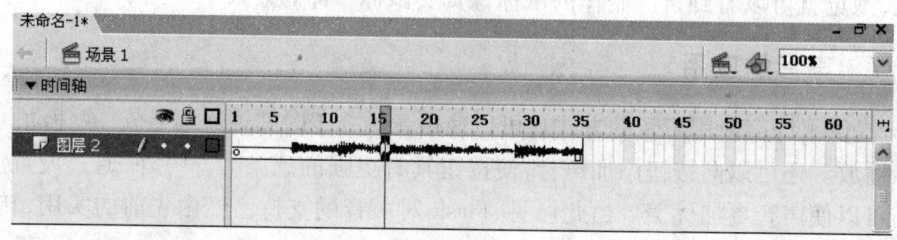

图 6.21　图层上的声音

3. 声音属性设置和编辑

选择"声音"图层的第 1 帧，打开属性面板，可以发现属性面板中有很多设置和编辑声音对象的参数，如图 6.22 所示。

面板中各参数的意义如下。

（1）声音选项。从中可以选择要引用的声音对象，这也是另一个引用库中声音的方法。

（2）效果选项。从中可以选择一些内置的声音效果，比如，让声音淡入、淡出等效果。

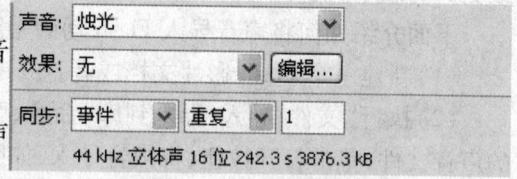

（3）编辑按钮。单击这个按钮可以进入到声音的编辑对话框中，对声音进行进一步的编辑。

图 6.22　声音的属性面板

（4）同步。这里可以选择声音和动画同步的类型，默认的类型是事件类型。另外，还可以设置声音重复播放的次数。

引用到时间轴上的声音，往往还需要在声音的属性面板中对它进行适当的属性设置，才能更好地发挥声音的效果。下面详细介绍有关声音属性设置以及对声音进一步编辑的方法。

（1）效果选项。在时间轴上，选择包含声音文件的第一个帧，在声音属性面板中，打开效果菜单，可以用该菜单设置声音的效果，如图 6.23 所示。

以下是对各种声音效果的解释。

①无。不对声音文件应用效果，选择此选项将删除以前应用过的效果。

②左声道/右声道。只在左或右声道中播放声音。

③从左到右淡出/从右到左淡出。会将声音从一个声道切换到另一个声道。

④淡入。会在声音的持续时间内逐渐增加其幅度。

⑤淡出。会在声音的持续时间内逐渐减小其幅度。

⑥自定义。可以使用"编辑封套"创建声音的淡入和淡出点。

(2)同步属性。打开同步菜单,这里可以设置事件、开始、停止和数据流四个同步选项,如图 6.24 所示。

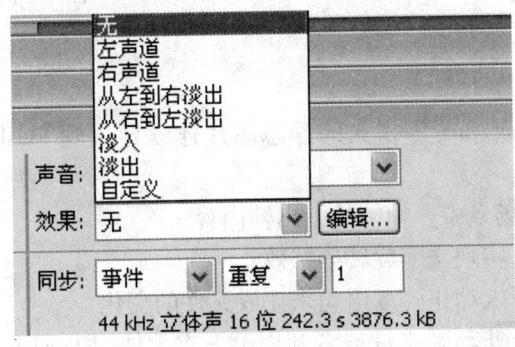

图 6.23　声音效果设置

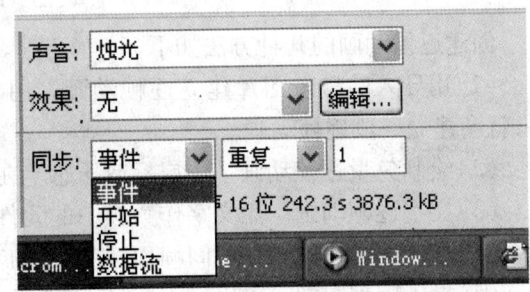

图 6.24　同步属性

事件选项会将声音和一个事件的发生过程同步起来。事件与声音在它的起始关键帧开始显示时播放,并独立于时间轴播放完整的声音,即使 SWF 文件停止执行,声音也会继续播放。当播放发布的 SWF 文件时,事件与声音混合在一起。

开始选项与事件选项的功能相近,但如果声音正在播放,使用开始选项则不会播放新的声音实例。

停止选项将使指定的声音静音。

数据流选项将强制动画和音频流同步。与事件声音不同,音频流随着 SWF 文件的停止而停止。而且,音频流的播放时间绝对不会比帧的播放时间长。当发布 SWF 文件时,音频流混合在一起。

通过同步弹出菜单还可以设置同步选项中的重复和循环属性。为重复输入一个值,以指定声音应循环的次数,或者选择循环以连续重复播放声音。

6.2.8　基础动画

以下将给大家介绍 Flash 中的五种常见的动画形式:逐帧动画、形状补间动画、动作补间动画、遮罩动画、引导路径动画。

1. 逐帧动画

逐帧动画(Frame By Frame)是一种常见的动画形式,它的原理是在"连续的关键帧"中分解动画动作,也就是每一帧中的内容不同,连续播放而成动画。

由于逐帧动画的帧序列内容不一样,不仅增加制作负担而且最终输出的文件量也很大,但它的优势也很明显,因为它与电影播放模式相似,很适合于表演很细腻的动画,如 3D 效果、人物或动物急剧转身等效果。

在时间帧上逐帧绘制帧内容称为逐帧动画,由于是一帧一帧地画,所以逐帧动画具有非常大的灵活性,几乎可以表现任何想表现的内容。

逐帧动画在时间帧上表现为连续出现的关键帧,如图6.25所示。

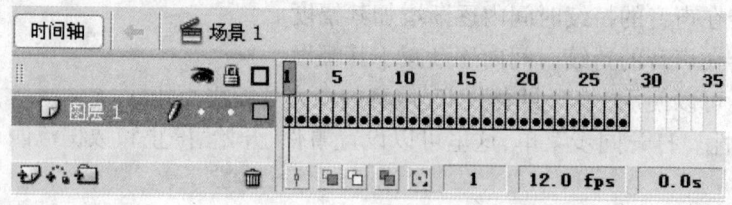

图6.25 逐帧动画

创建逐帧动画的几种方法如下。

(1)用导入的静态图片建立逐帧动画。用jpg、png等格式的静态图片连续导入到Flash中,就会建立一段逐帧动画。

(2)绘制矢量逐帧动画。用鼠标或压感笔在场景中一帧帧的画出帧内容。

(3)文字逐帧动画。用文字作为帧中的元件,实现文字旋转等特效。

(4)指令逐帧动画。在时间帧面板上,逐帧写入动作脚本语句来完成元件的变化。

(5)导入序列图像。可以导入gif序列图像、swf动画文件或者利用第三方软件(如swish、swift 3D等)产生的动画序列。

2. 绘图纸功能

(1)绘画纸的功能。绘画纸是一个帮助定位和编辑动画的辅助功能,这个功能对制作逐帧动画特别有用。通常情况下,Flash在舞台中一次只能显示动画序列的单个帧。使用绘画纸功能后,就可以在舞台中一次查看两个或多个帧了。当前帧中内容用全彩色显示,其他帧内容以半透明显示,它使我们看起来好像所有帧内容是画在一张半透明的绘图纸上,这些内容相互重叠在一起。当然,这时你只能编辑当前帧的内容。

(2)绘图纸各个按钮的介绍。

①绘图纸外观按钮。按下此按钮后,在时间帧的上方,出现 绘图纸外观标记。拉动外观标记的两端,可以扩大或缩小显示范围。

②绘图纸外观轮廓按钮。按下此按钮后,场景中显示各帧内容的轮廓线,填充色消失,特别适合观察对象轮廓,另外可以节省系统资源,加快显示过程。

③编辑多个帧按钮。按下后可以显示全部帧内容,并且可以进行多帧同时编辑。

④修改绘图纸标记按钮。按下后,弹出菜单,菜单中有以下选项:

◆ 总是显示标记选项。会在时间轴标题中显示绘图纸外观标记,无论绘图纸外观是否打开。

◆ 锚定绘图纸选项。会将绘图纸外观标记锁定在它们在时间轴标题中的当前位置。通常情况下,绘图纸外观范围是和当前帧的指针以及绘图纸外观标记相关的。通过锚定绘图纸外观标记,可以防止它们随当前帧的指针移动。

◆ 绘图纸2选项。会在当前帧的两边显示两个帧。

◆ 绘图纸5选项。会在当前帧的两边显示五个帧。

◆ 绘制全部选项。会在当前帧的两边显示全部帧。

前面已经全面介绍了逐帧动画的特点和创建方法,现在来动手制作一个逐帧动画实例,以加深对逐帧动画的认识。

【实例 6.3】 打字效果。

(1) 新建文件,影片尺寸大小为 300×200(宽×高),背景设为蓝色。

(2) 在时间轴第 1 帧,使用工具箱文本工具,字体设为"隶书",文字大小为 40 磅,颜色为黑色,输入文字"欢"。第 2 帧处按下 F6 插入关键帧。

(3) 在第 3 帧,输入文字"迎",第 4 帧处按下 F6。在第 5 帧,输入文字"光",第 6 帧处按下 F6。在第 7 帧,输入文字"临",第 8 帧处按下 F6。

(4) 选择第 1 帧的文本,执行"修改/分离"命令,然后再执行"窗口/变形"命令打开变形面板,在该面板中将文字缩放为原来的 50%。同样的,将第 3、5、7 帧处的文字也缩放为原来的 50%。

(5) 按下 Ctrl+Enter 键,预览影片。效果如图 6.26 所示。

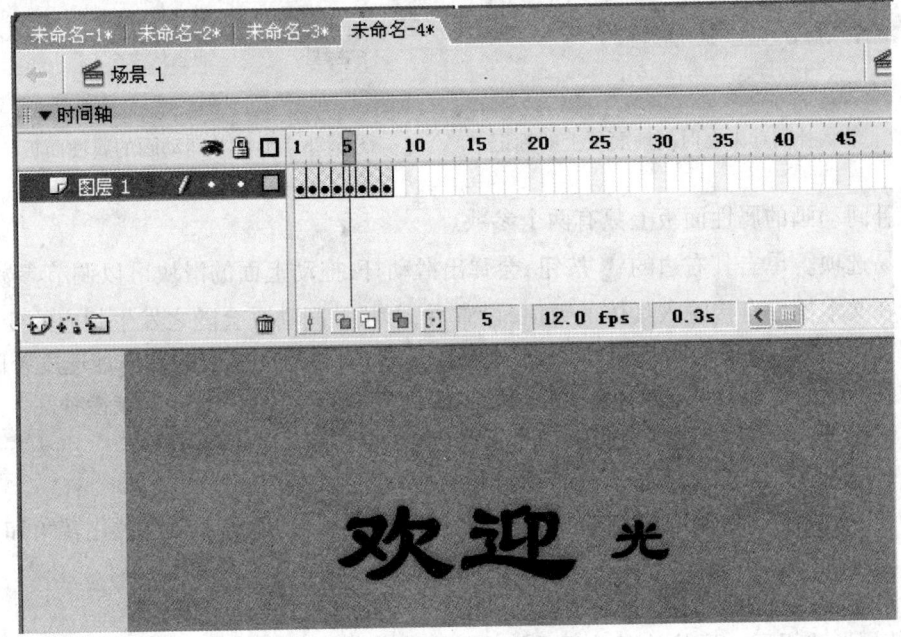

图 6.26 打字效果

3. 形状补间动画

形状补间动画是 Flash 中非常重要的表现手法之一,运用它,可以变幻出各种奇妙的、不可思议的变形效果。

(1) 形状补间动画的概念。在一个关键帧中绘制一个形状,然后在另一个关键帧中更改该形状或绘制另一个形状,Flash 根据两者之间的帧的值或形状来创建的动画被称为"形状补间动画"。

(2) 构成形状补间动画的元素。形状补间动画可以实现两个图形之间颜色、形状、大小、位置的相互变化,其变形的灵活性介于逐帧动画和动作补间动画两者之间,如果使用图形元件、按钮、文字,则必先"打散"才能创建变形动画。

形状补间动画建好后,时间帧面板的背景色变为淡绿色,在起始帧和结束帧之间有一个长长的箭头。

(3) 形状补间动画在时间帧面板上的表现。形状补间动画建好后,时间帧面板的背景色变为淡绿色,在起始帧和结束帧之间有一个长长的箭头,如图 6.27 所示。

(4) 创建形状补间动画的方法。在时间轴面板上动画开始播放的地方创建或选择一个关键帧并设置要开始变形的形状,一般一帧中以一个对象为好,在动画结束处创建或选择一个关键帧并设置要变成的形状,再单击开始帧,在属性面板上单击补间旁边的小三角,在弹出的菜单中选择形状,此时,一个形状补间动画就创建完毕。Flash 的属性面板随鼠标选定的对象不同而发生相应的变化。

(5) 认识形状补间动画的属性面板。Flash 的属性面板随鼠标选定的对象不同而发生相应的变化。当建立了一个形状补间动画后,单击帧,属性面板如图 6.28 所示。

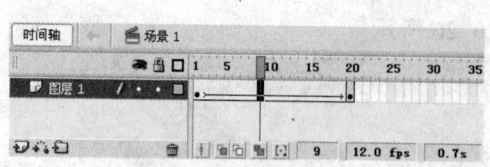

图 6.27 形状补间动画在时间帧面板上的标记

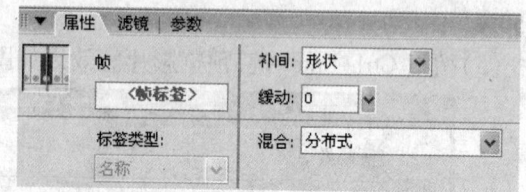

图 6.28 形状补间动画的属性面板

形状补间动画的属性面板上只有两个参数。

①简易选项。单击其右边的 按钮,会弹出滑动杆,拖动上面的滑块可以调节参数值,当然也可以在文本框中直接输入具体的数值,设置后,形状补间动画会随之发生相应的变化。

在-1 到-100 的负值之间,动画运动的速度从慢到快,朝运动结束的方向加速度补间。

在 1 到 100 的正值之间,动画运动的速度从快到慢,朝运动结束的方向减慢补间。

默认情况下,补间帧之间的变化速率是不变的。

②混合选项。"混合"选项中有以下两项供选择。

角形选项:创建的动画中间形状会保留有明显的角和直线,适合于具有锐化转角和直线的混合形状。

分布式选项:创建的动画中间形状比较平滑和不规则。

(6) 使用形状提示。形状补间动画看似简单,实则不然,Flash 在"计算"2 个关键帧中图形的差异时,远不如想象中的"聪明",尤其前后图形差异较大时,变形结果会显得乱七八糟,这时,"形状提示"功能会大大改善这一情况。

①形状提示的作用。在"起始形状"和"结束形状"中添加相对应的"参考点",使 Flash 在计算变形过渡时依一定的规则进行,从而较有效地控制变形过程。

②添加形状提示的方法。先在形状补间动画的开始帧上单击一下,再执行"修改/形状/添加形状提示"命令,该帧的形状上就会增加一个带字母的红色圆圈,相应地,在结束帧形状中也会出现一个"提示圆圈",用鼠标左键单击并分别按住这 2 个"提示圆圈",放置在适当位置,安放成功后开始帧上的"提示圆圈"变为黄色,结束帧上的"提示圆圈"变为绿色,安放不成功或不在一条曲线上时,"提示圆圈"颜色不变,如图 6.29 所示。

【说明】 在制作复杂的变形动画时,形状提示的添加和拖放要多方位尝试,每添加一个形状提示,最好播放一下变形效果,然后再对变形提示的位置作进一步的调整。

③添加形状提示的技巧。

形状提示可以连续添加,最多能添加 26 个。将变形提示从形状的左上角开始按逆时针顺序摆放,将使变形提示工作得更有效。形状提示的摆放位置也要符合逻辑顺序。

形状提示要在形状的边缘才能起作用,在调整形状提示位置前,要打开工具栏上选项下面的吸附开关 ,这样,会自动把形状提示吸附到边缘上,如果形状提示仍然无效,则可以用工具栏上的缩放工具 单击形状,放大到足够大,以确保形状提示位于图形边缘上。

另外,要删除所有的形状提示,可执行"修改/形状/删除所有提示"命令。删除单个形状提示,可用鼠标右键单击它,在弹出的菜单中选择删除提示。

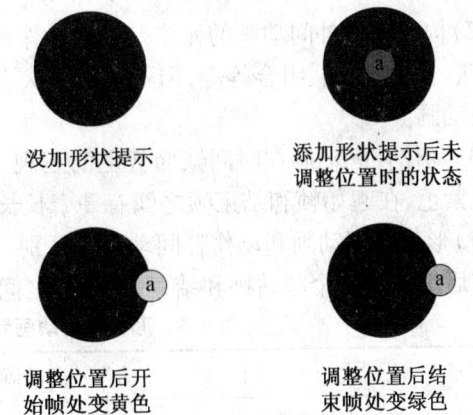

图 6.29 添加形状提示后各帧的变化

至此,形状补间动画的相关知识已都介绍完,下面来制作一个实例,体会一下形状补间动画的奇妙。

【实例 6.4】 变形效果制作。

(1)新建文件,背景色为白色。在第 1 帧,使用椭圆工具绘制一个无边框的正圆。

(2)在第 15 帧处插入空白关键帧,利用线条工具和颜料桶工具绘制一个三角形。在任意帧处单击鼠标,在下方的属性面板的补间选项中选择"形状"。

(3)按 Ctrl+Enter 键预览,效果如图 6.30 所示。

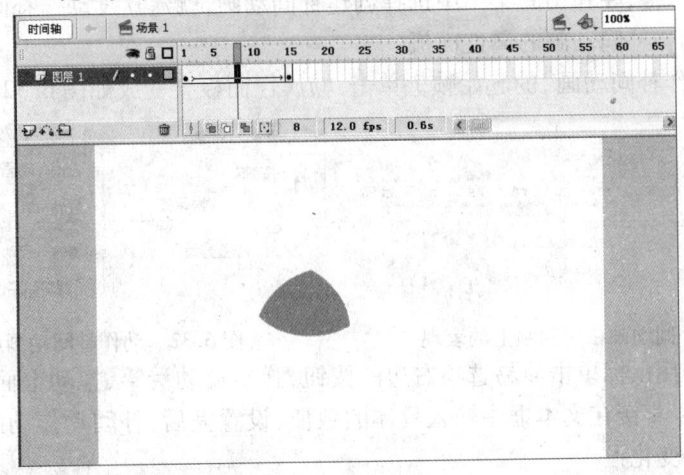

图 6.30 变形效果

4. 动作补间动画

动作补间动画也是 Flash 中非常重要的表现手段之一,与形状补间动画不同的是,动作补间动画的对象必须是元件或成组对象。

运用动作补间动画,你可以设置元件的大小、位置、颜色、透明度、旋转等种种属性。

(1)动作补间动画的概念。在一个关键帧上放置一个元件,然后在另一个关键帧改变这个元件的大小、颜色、位置、透明度等,Flash 根据两者之间的帧的值创建的动画被称为动作补间动画。

(2) 构成动作补间动画的元素。构成动作补间动画的元素是元件,包括影片剪辑、图形元件、按钮、文字、位图、组合等等,但不能是形状,只有把形状组合或者转换成元件后才可以做动作补间动画。

(3) 动作补间动画在时间帧面板上的表现。动作补间动画建立后,时间帧面板的背景色变为淡紫色,在起始帧和结束帧之间有一个长长的箭头,如图6.31所示。

(4) 形状补间动画和动作补间动画的区别。形状补间动画和动作补间动画都属于补间动画。前后都各有一个起始帧和结束帧,两者之间的区别如表6.3所示。

表6.3 形状补间动画和动作补间动画的区别

区别之处	动作补间动画	形状补间动画
在时间轴上的表现	淡紫色背景加长箭头	淡绿色背景加长箭头
应用元素	影片剪辑、图形元件、按钮、文字、位图等	绘制的形状。如果使用图形元件、按钮、文字,则必须先打散
完成的作用	实现一个元件的大小、位置、颜色、透明等的变化	实现两个形状之间的变化,或一个形状的大小、位置、颜色等的变化

(5) 创建动作补间动画的方法。在时间轴面板上动画开始播放的地方创建或选择一个关键帧并设置一个元件,一帧中只能放一个项目,在动画要结束的地方创建或选择一个关键帧并设置该元件的属性,再单击开始帧,在属性面板上单击补间旁边的"小三角",在弹出的菜单中选择动作,或单击右键,在弹出的菜单中选择创建补间动画,就建立了动作补间动画。

下面来认识动作补间动画的属性面板。

在时间线"动作补间动画"的起始帧上单击,帧属性面板会变成如图6.32所示。

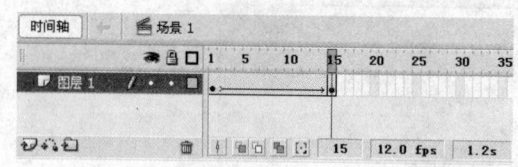

图6.31 动作补间动画在时间帧上的表现　　图6.32 动作补间动画属性面板

①简易选项。用鼠标单击简易选项右边的按钮,弹出拉动滑竿,拖动上面的滑块,可设置参数值,当然也可以直接在文本框中输入具体的数值,设置完后,补间动作动画效果会以下面的设置作出相应的变化:

在-1~-100的负值之间,动画运动的速度从慢到快,朝运动结束的方向加速补间。

在1~100的正值之间,动画运动的速度从快到慢,朝运动结束的方向减慢补间。

默认情况下,补间帧之间的变化速率是不变的。

②旋转选项。有四个选择,选择无(默认设置)可禁止元件旋转;选择自动可使元件在需要最小动作的方向上旋转对象一次;选择顺时针(CW)或逆时针(CCW),并在后面输入数字,可使元件在运动时顺时针或逆时针旋转相应的圈数。

③调整到路径。将补间元素的基线调整到运动路径,此项功能主要用于引导线运动,在后

文将会介绍此功能。

④同步复选框。使图形元件实例的动画和主时间轴同步。

⑤对齐选项。可以根据其注册点将补间元素附加到运动路径,此项功能主要也用于引导线运动。

【实例6.5】 图片展示。

(1)新建文件,影片尺寸为400×300(宽×高),浅蓝色背景。

(2)"文件/导入/导入到舞台"命令,导入一个素材图片,按下F8键将图片转换为图形元件,并将该图形元件移动至灰色工作区。

(3)在时间轴第20帧处按下F6键插入关键帧,按住Shift键不放,将其水平移至舞台中央。在1~20帧,创作移动渐变动画。

(4)在时间轴第25帧、30帧处按下F6键插入关键帧。在第30帧处,将元件的Alpha值设为0,让其透明不可见。第25~30帧,创建动作渐变。

(5)按Ctrl+Enter键,预览影片。

5. 遮罩动画

在Flash的作品中,常常看到很多炫目神奇的效果,而其中不少都是用最简单的"遮罩"完成的,如水波、万花筒、百叶窗、放大镜、望远镜等等。

(1)遮罩动画的概念。

①什么是遮罩。遮罩动画是Flash中的一个很重要的动画类型,很多效果丰富的动画都是通过遮罩动画来完成的。在Flash的图层中有一个遮罩图层类型,为了得到特殊的显示效果,可以在遮罩层上创建一个任意形状的"视窗",遮罩层下方的对象可以通过该"视窗"显示出来,而"视窗"之外的对象将不会显示。

②遮罩的用途。在Flash动画中,遮罩主要有两种用途,一个是用在整个场景或一个特定区域,使场景外的对象或特定区域外的对象不可见,另一个是用来遮罩住某一元件的一部分,从而实现一些特殊的效果。

(2)创建遮罩的方法。

①创建遮罩。在Flash中没有一个专门的按钮来创建遮罩层,遮罩层其实是由普通图层转化的。只要在某个图层上单击右键,在弹出菜单中选择遮罩层,使命令的左边出现一个小勾,该图层就会生成遮罩层,层图标就会从普通层图标 ▯ 变为遮罩层图标 ▧ ,系统会自动把遮罩层下面的一层关联为被遮罩层,在缩进的同时图标变为 ▧ ,如果想关联更多层被遮罩,只要把这些层拖到被遮罩层下面就行了。

②构成遮罩和被遮罩层的元素。遮罩层中的图形对象在播放时是看不到的,遮罩层中的内容可以是按钮、影片剪辑、图形、位图、文字等,但不能使用线条,如果一定要用线条,可以将线条转化为"填充"。

被遮罩层中的对象只能透过遮罩层中的对象被看到。在被遮罩层,可以使用按钮、影片剪辑、图形、位图、文字、线条。

③遮罩中可以使用的动画形式。可以在遮罩层、被遮罩层中分别或同时使用形状补间动画、动作补间动画、引导线动画等动画手段,从而使遮罩动画变成一个可以施展无限想象力的创作空间。

（3）应用遮罩时的技巧。遮罩层的基本原理是能够透过该图层中的对象看到被遮罩层中的对象及其属性（包括它们的变形效果），但是遮罩层中的对象中的许多属性如渐变色、透明度、颜色和线条样式等却是被忽略的。比如，不能通过遮罩层的渐变色来实现被遮罩层的渐变色变化。应用遮罩时需注意如下技巧。

◆ 要在场景中显示遮罩效果，可以锁定遮罩层和被遮罩层。

◆ 可以用"Actions"动作语句建立遮罩，但这种情况下只能有一个被遮罩层，同时，不能设置 Alpha 属性。

◆ 不能用一个遮罩层试图遮蔽另一个遮罩层。

◆ 遮罩可以应用在 gif 动画上。

◆ 在制作过程中，遮罩层经常挡住下层的元件，影响视线，无法编辑，可以按下遮罩层时间轴面板的显示图层轮廓按钮，使之变成 ■，使遮罩层只显示边框形状，在这种情况下，还可以拖动边框调整遮罩图形的外形和位置。

◆ 在被遮罩层中不能放置动态文本。

下面通过实例，来感受一下遮罩动画的神奇吧！

【实例 6.6】 探照灯效果。

（1）新建文件，影片尺寸为 500×200（宽×高），蓝色背景。

（2）按 Ctrl+F8 键，创建图形元件"mask"。使用椭圆工具，任意填充色，绘制一个无边框圆球。

（3）按 Ctrl+F8 键，创建图形元件"text"。使用文本工具，字体为"隶书"，字体大小为 79point，颜色为白色，输入"闪客在线"，按下 Ctrl+G，将文字组合。

（4）回到主场景，插入一个新图层。在图层 1 第 1 帧，将图形元件"text"放入场景，在第 30 帧处按下 F5 键。

（5）在图层 2 第 1 帧处，将元件"mask"放入场景，将其放置在文字的最左侧。第 15 帧、30 帧处按 F6 插入关键帧。在第 15 帧处将元件"mask"移动到文字的最右边。

（6）在第 1~15 帧、15~30 帧创建移动渐变动画。

（7）将图层 2 设为遮蔽层，图层 1 为被遮蔽层。

（8）按 Ctrl+Enter 键，预览影片。最终效果如图 6.33 所示。

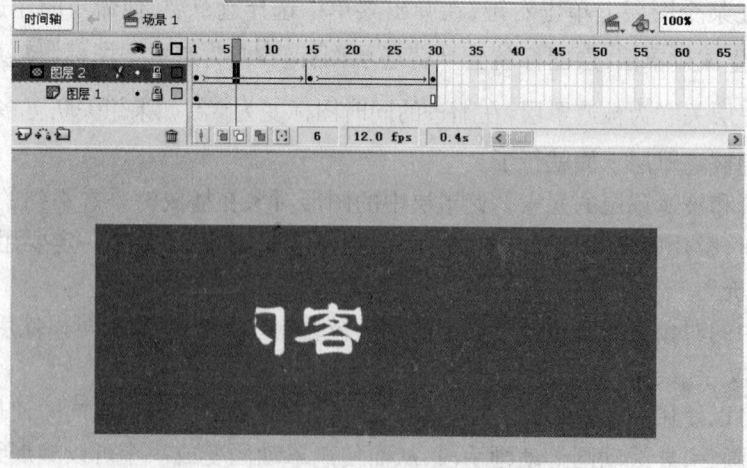

图 6.33　探照灯效果

6. 引导路径动画

在生活中,有很多运动是弧线或不规则的,如月亮围绕地球旋转、鱼儿在大海里遨游等,在 Flash 中能不能做出这种效果呢?

答案是肯定的,这就是引导路径动画。

将一个或多个层链接到一个运动引导层,使一个或多个对象沿同一条路径运动的动画形式被称为引导路径动画。这种动画可以使一个或多个元件完成曲线或不规则运动。

(1) 创建引导路径动画的方法。

①创建引导层和被引导层。一个最基本引导路径动画由两个图层组成,上面一层是引导层,图标为 ,下面一层是"被引导层",图标为 ,同普通图层一样。

在普通图层上单击时间轴面板中的添加运动引导层按钮 ,该层的上面就会添加一个引导层,同时该普通层缩进成为被引导层。

②引导层和被引导层中的对象。引导层是用来指示元件运行路径的,所以引导层中的内容可以是用钢笔、铅笔、线条、椭圆工具、矩形工具或画笔工具等绘制出的线段。

而被引导层中的对象是跟着引导线走的,可以使用影片剪辑、图形元件、按钮、文字等,但不能应用形状。

由于引导线是一种运动轨迹,不难想象,被引导层中最常用的动画形式是动作补间动画,当播放动画时,一个或数个元件将沿着运动路径移动。

③向被引导层中添加元件。引导动画最基本的操作就是使一个运动动画"附着"在引导线上。所以操作时特别得注意引导线的两端,被引导的对象起始、终点的 2 个中心点一定要对准引导线的 2 个端头。这一点非常重要,是引导线动画顺利运行的前提。

(2) 应用引导路径动画的技巧。

①被引导层中的对象在被引导运动时,还可作更细致的设置,比如运动方向,在属性面板上,选中路径调整复选框,对象的基线就会调整到运动路径。而如果选中对齐复选框,元件的注册点就会与运动路径对齐,如图 6.34 所示。

②引导层中的内容在播放时是看不见的,利用这一特点,可以单独定义一个不含被引导层的引导层,该引导层中可以放置一些文字说明、元件位置参考等,此时,引导层的图标为 。

③在做引导路径动画时,按下工具箱中的对齐对象按钮 ,可以使"对象附着于引导线"的

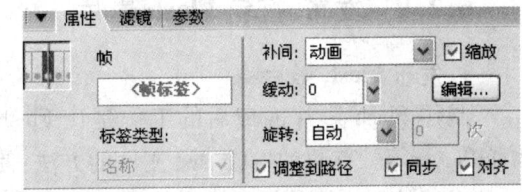

图 6.34 路径调整和对齐

操作更容易成功,拖动对象时,对象的中心会自动吸附到路径端点上。

④过于陡峭的引导线可能使引导动画失败,而平滑圆润的线段有利于引导动画成功制作。

⑤向被引导层中放入元件时,在动画开始和结束的关键帧上,一定要让元件的注册点对准线段的开始和结束的端点,否则无法引导,如果元件为不规则形,可以点击工具箱中的任意变形工具,调整注册点。

⑥如果想解除引导,可以把被引导层拖离引导层,或在图层区的引导层上单击右键,在弹出的菜单上选择属性,在对话框中选择正常,作为正常图层类型,如图 6.35 所示。

⑦如果想让对象作圆周运动,可以在引导层画一根圆形线条,再用橡皮擦工具擦去一小

段,使圆形线段出现2个端点,再把对象的起始、终点分别对准端点即可。

⑧引导线允许重叠,比如,螺旋状引导线,但在重叠处的线段必须保持圆润,让Flash能辨认出线段走向,否则会使引导失败。

接下来,我们来制作一个实例,以巩固学到的知识。

【实例6.7】 小球运动。

(1)新建文件,背景为淡蓝色。按Ctrl+F8键创建"球"图形元件,在编辑元件状态下,使用椭圆工具,创建一个无边框、蓝色径向渐变填充的圆球。

(2)回到主场景,添加一个新图层2。在图层2中第1帧,使用铅笔工具,选择平滑选项,绘制一条平滑路径。第30帧处按下F5键。将图层2设为引导层。

(3)在图层1中,将"球"元件放置在第1帧,第30帧处按下F6键插入关键帧。将第1帧处的小球吸附在路径的左端,第30帧处的小球吸附在路径的右端。在1～30帧,创建动作渐变动画。将图层1设为被引导层。

(4)按Ctrl+Enter键,预览影片,最终效果如图6.36所示。

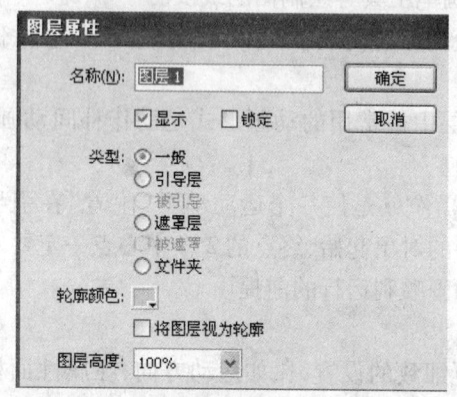

图6.35 图层属性面板

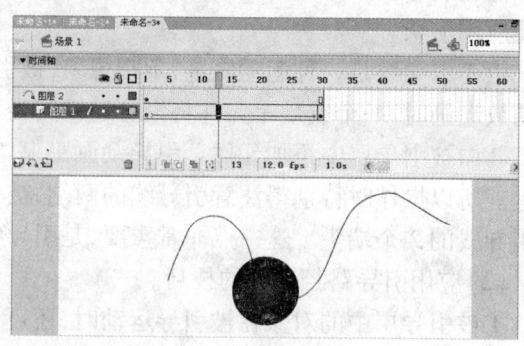

图6.36 小球运动

6.2.9 发布、打包Flash影片

1. 发布Flash影片

制作Flash影片的最后的工作是让Flash影片能够在某种传输媒体上运行。例如web、RealPlayer等。有两种生成.swf文件的方法:使用导出影片命令和发布命令。导出影片命令是一种直接的创建简单的.swf文件的方法。发布命令是生成影片的HTML代码最快速的方法。使用发布设置命令能够一次性自定义文件的格式属性。

2. 打包Flash影片

Flash作品完成后要作为独立影片播放或演示,就需要将动画播放文件.swf打包处理,成为独立的影片。这样可以直接打开经过打包处理的文件,欣赏制作好的Flash动画,而不必在系统中安装Flash插件或相应的浏览器。

打包处理的方法是使用与Flash一起发行的播放器的可执行文件创建独立播放器文件.exe。在Flash应用程序文件夹的Players文件夹中可以找到Flash Player应用程序。双击此应用程序图标,进入程序编辑窗口,选择"文件/打开"命令,弹出"打开"对话框,在"位置"输入文本框中输入要打开的动画文件路径及名称。接着,选择"文件/创建播放器"命令,弹出"另存为"对话框,输入文件名并选择默认的播放器保存类型(.exe),然后单击保存按钮即可生成 Flash 独立播放器可执行文件。

6.2.10 动画创作综合实例

1. 水中倒映特效

(1)新建文件,背景为黑色。

(2)按下 Ctrl+F8 键,创建图形元件"图片",导入一张素材图片。

(3)按下 Ctrl+F8 键,创建图形元件"光线"。用椭圆工具,绘制一个扁长、无边框的椭圆,填充白黑的径向渐变。

(4)按下 Ctrl+F8 键,创建图形元件"mask"。用矩形工具,绘制多个无边框、灰色填充的细小矩形,效果如图 6.37 所示。

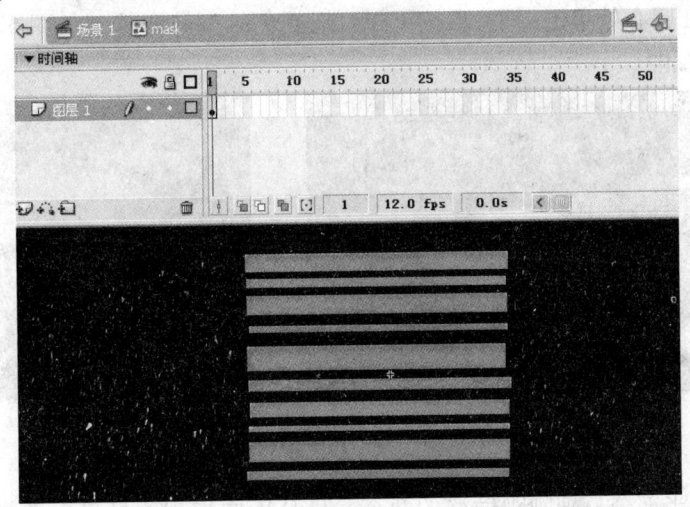

图 6.37 图形元件"mask"

(5)按下 Ctrl+F8 键,创建图形元件"水面"。在图层 1 第 1 帧,用矩形工具,绘制一个无边框、黑至深蓝色的线形渐变填充的矩形。

(6)回到主场景,新添加 5 个图层。在各图层 35 帧处按下 F5 键。分别将图层 1 命名为"倒影 100%",将图层 2 命名为"倒影 60%",将图层 3 命名为"蒙板",将图层 4 命名为"水面 30",将图层 5 命名为"图片",将图层 6 命名为"光线"。

(7)单击"图片"层第 1 帧,把"图片"元件放到场景中。

(8)单击"倒影 100%"层第 1 帧,把"图片"元件放到场景中。选择"修改/变形/垂直翻转",把"图片"元件倒转放置,可以将该层锁住,以防误操作。

(9)单击"倒影 60%"层第 1 帧,把"图片"元件放到场景中,使其与"倒影 100%"图层图片重合,设置"倒影 60%"图层的图片 Alpha=50%,使其呈半透明。

(10)单击"蒙板"层第 1 帧,将"mask"元件放到场景中,覆盖住"倒影 60%"层的图片。在第 35 帧处按下 F6 键,将"mask"元件向右下角移动一段距离。在 1~35 帧处创建移动渐变动画。设"蒙板"层为遮蔽层。

(11)单击"水面 30"层第 1 帧,将"水面"元件放在倒影图片上,设其 Alpha=50%。

(12)单击"光线"层第 1 帧,将"光线"元件放在图片与倒影图片交接处,设其 Alpha

=35%。

（13）按下 Ctrl+Enter 键，预览影片。

2. 环形文字效果制作

（1）新建一个文件。设置背景色为黑色，大小为350×300。

（2）先来做球体，选择椭圆工具，进入渐进色设置面板设置填充色，新建一种颜色，使它的渐进色定义为 ▊▎▊▎ ，其中灰色的 RGB 值均为139，其填充色为 ◯ 。用这个填充色拉出一个不带边线的正圆。然后用颜料桶工具的 ▧ ，把球的色彩方向调整到如图 6.38 所示，然后选择这个球，按 F8 把它转换为元件"ball1"。

（3）再来做一个球。再进入渐进色设置面板，新建一个颜色，把渐进色定义条设置为 ▊▎▊▎ ，其颜色设为 ◯ 。然后把刚才转换好的球体元件的实例按 Ctrl+B 打散，用颜料桶工具设定的颜色在圆心处单击一下，再按下 ▧ ，把颜色的方向调整到如图 6.39 所示，同样把它也转换成元件 ball2。

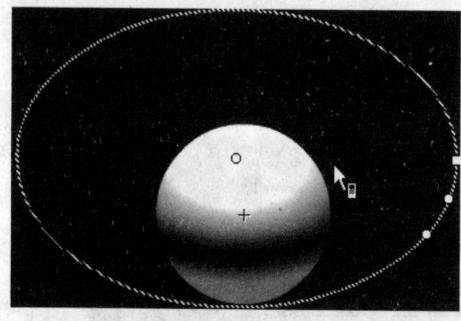 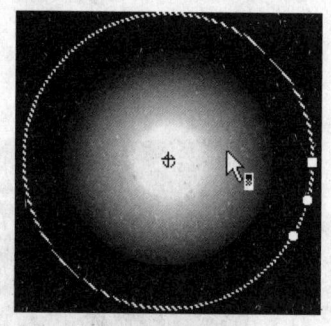

图 6.38　球体 1　　　　　图 6.39　球体 2

（4）做球的上半部分。把刚刚做好的两个元件从库中拖到主场景中并排放置，同时把它们两个选中，使其横向对齐，再按 Ctrl+B 打散，用箭头工具拉出一个大框把两个球的上半部分套住，则球的上半部分被选中，如图 6.40 所示。

然后稍稍拖动被选中的部分使上下分开，再把下面的部分删掉。把剩下的两个球的上半部分分别转换成元件"uball1"和"uball2"。

（5）做球的投影。新建一个渐进色 ▊▎▊▎ ，设置灰色的 RGB 值均为124。把一个做好的球体"ball1"或"ball2"拖出来，打散再填充这个颜色，把它转换成元件"shadow"即可。

图 6.40　球的上半部

（6）做按钮用以触发文字的立体环绕。按 Ctrl+F8 新建一个按钮类元件，名为"Button"。在第 4 帧 Hit 帧上按 F6 插入关键帧 ▊▎▊▎ ，并把"ball1"从图库中拖出，按 Ctrl+B 打散，再填充白色。这一帧表示当鼠标移到这个区域时按钮激活。

（7）文字的制作。球体表面的文字较为简单，在此不再赘述。下面介绍一下环绕球体运动的文字的制作。

按 Ctrl+F8 新建图形类元件"rotate text"。先选好要做成环绕运动的文字，这里用"YOUR

BEST MENTOR ＊ YOUR BEST FRIEND ＊"。用文字工具选白色 Copperplate Gothic 字体 18 号字写下文字。要打散这串文字,然后再对每个字母单独处理,所以最好写的时候相邻的字母间加上空格。

按 Ctrl+B 打散它们。为了使它们可以在圆的周围排放得整齐些,新建一个层把"ball1"拖到编辑区中心。把这些文字按顺序分别拖动到球的四周,如图 6.41 所示。

（8）按 Ctrl+Alt+I 打开变形面板。依次选择每一个字母,设置旋转值,使得字母的方向总是指向圆心。然后再多次微调字母之间的位置间距,以获得比较好的效果。可以先画一个大圆环套在球体外面,然后把文字依次放在环上,这样比较容易排放整齐。设置好的环绕文字如图 6.49 所示,把球体和圆环删掉,这个元件就做好了。

（9）下面来做这个文字元件旋转的动画并把它转换成影片剪辑元件。在主场景中把上面做好的元件"rotate text"拖进来,在第 100 帧按 F6 插入关键帧。在第 1 帧修改帧属性为运动渐变,并把 rotate 项设为 Counterclockwise,times 设置为 1 次。在第 100 帧双击,在帧属性对话框中选 Actions 标签,使 Actions 变为 gotoAndPlay(1) 就行了。这样这个文字元件就可以不停地逆时针旋转了。按 F8 把它转换成影片剪辑元件"rotating text"。

（10）为了加强效果,在球体和这圈文字中间再放上一个旋转的"FLASHTIMES",首先和做"rotate text"的方法一样,做一个图形类元件"Flashtimes",如图 6.43 所示,在十字定位符处用不带边框的黑色画一个很小的圆,以方便定位。

图 6.41 排列文字

图 6.42 环绕文字

图 6.43 旋转文字

然后再做一个影片剪辑元件,名为"rotating Flashtimes",在第 1 帧把刚才做好的"Flashtimes"元件拖进来放在下面中间的那个图所示位置,也就是让这个元件的十字定位符与编辑窗口的十字定位符重合。然后分别在第 8 帧,第 20 帧,第 27 帧按 F6 插入关键帧。在第 1 帧用变形监控板把它逆时针旋转 90° 放在如下图左所示的位置,双击这个实例把 Alpha 值改为 0。在第 27 帧把它顺时针旋转 90°,将它的 Alpha 值也设为 0。然后设置第 1 帧和第 20 帧的帧属性为运动渐变。

（11）现在准备工作就全部做好了,下面就要来把这些元件按一定规律摆放并设置它们的运动变化过程。

新建一个影片剪辑元件,名为"Cool ball",在这个元件中将把所有的效果都做进去。

新建若干层备用,在最上层把按钮 Button 拖到编辑区正中间,双击按钮设置 Actions,选 On MouseEvent,选中 Press,再选一条 Play 命令即可,这样在点击按钮后,执行播放操作。在第

30帧按F6插入关键帧,在第60帧按F5键。

(12)第二层(从上往下,下同)放上写在球表面的文字,在第60帧按F5键。

(13)第三层放球的上半部分。把"uball2"先拖到正中间,再把"uball1"拖到正中间,将其设置中心对齐。双击"uball1"设置Alpha值为65,使得下面的"uball2"可以稍稍显示出来。在第60帧按F5键。

(14)第四层放置在球外的内圈旋转的文字"FLASHTIMES"的影片剪辑。应用"rotating flashtimes"元件,让它的十字定位符与球心重合。在第2帧按F7插入空帧,在第60帧按F6插入关键帧,把第1帧的内容拷贝到第60帧。

(15)第5层放上做立体环绕的文字动画,把"rotating text"元件拖到正中间,在第30帧,第60帧分别按F6插入关键帧。在第30帧把变形面板参数设置为如图6.44所示,并把Tint值设置为天蓝色。

(16)在第1帧和第30帧分别设置帧属性为运动渐变,并且Actions均设置为Stop( )。这样在每次文字变形完成后将保持在这种形状进行旋转直到下一次按钮被点击。在第60帧设置帧属性Actions为gotoAandStop(1)。

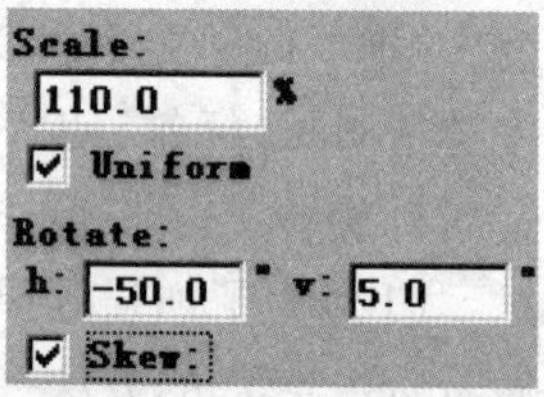

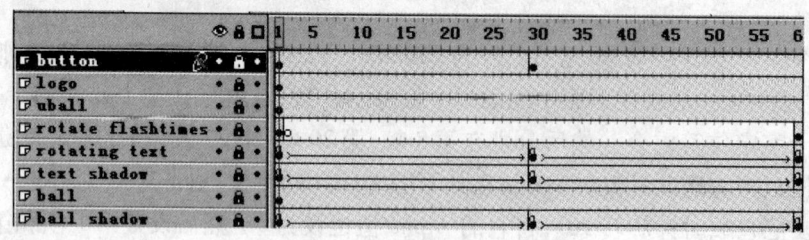

图6.44 变形参数

(17)在第6层做上面一层的投影,再拖一个"rotating text"元件进来放在正中,把它的Tint标签下Tint项调到100,RGB值均设为100。在第1帧和第30帧分别按F6插入关键帧,在第30帧用变形监控板设置Scale项为115%,Rotate项h值为-45,v值为1.3,把它的位置也向下和左移动一些,具体移动多少要看最后的效果而定。然后帧属性的设置同上一层。

(18)第7层放整个球体,把"ball2"和"ball1"依次拖到正中心对齐放置,设置"ball1"的Alpha值为65。在第60帧按F5键。

(19)第8层放上球体的阴影。把元件"shadow"拖到中心位置,然后稍稍向左下方移动一点,使它略微露出一些。在第30帧和第60帧分别按F6插入关键帧,在第30帧,用变形监控板设置Rotate项的h值为-50,v值为2,并向左移动一些位置。帧属性的设置完全和第5层相同。

现在这个元件就完全做好了,设置好的时间轴窗口如图6.45所示。

图6.45 环形文字时间轴

3.文字摆动出现效果

(1)启动Flash软件,用文本工具输入"FLASH"。

(2)执行一次"分解组件"命令(当然再执行一次将它彻底打散也可以),把它们分配到每个层后将每个字母都转换成图形元件。

(3)在F层第10帧处和第15帧处插入关键帧。

(4) 调整第 1 帧 F 的位置并让它完全透明。调整第 2 帧 F 的位置,把不透明度设置为 80%。

(5) 分别在 1~10 帧之间和 10~15 帧之间创建动画。

(6) 用相同的方法处理剩下的几个字母。

(7) 预览一下,此时看到文字是同时出现的,我们想要的效果是让前一个字母在完全出现之前下一个字母开始出现,也就是说让它们出现的顺序发生错位。用鼠标拖动的方法将 L 层上所有帧都选中后松开鼠标,然后用鼠标按住整体向后移动使它与前面一层发生 5 帧的错位,如图 6.46 所示。采取同样方法做完下面三层。

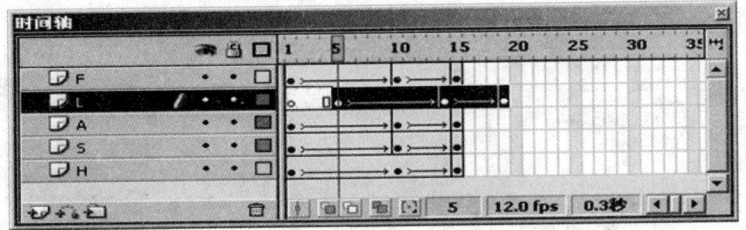

图 6.46 产生错位

(8) 再次预览一下,可以看到还没有等到后面的字母出现完,前面已经出现的字母就先后消失了。为了解决这个问题,可以插入能够延续画面停留时间的帧,这样每个字母出现之后就会等到最后一个字母出现。

(9) 点击编辑元件按钮修改字母的颜色,如图 6.47 所示。

(10) 最终,预览一下,可以看到文字摆动出现的效果。

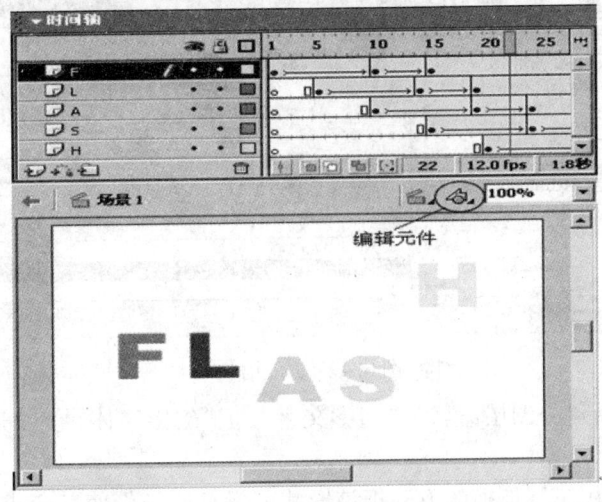

图 6.47 最终效果

4. 鼠标幻影

本例可以实现当鼠标在画面上移动时,会有幻影文字效果,制作步骤如下。

(1) 启动 Flash 软件,将图层 1 命名为"背景"并导入一张图片。

(2) 执行"插入"/"新建元件"命令新建一影片剪辑,命名为"幻影字体",点击"确定"后在第 2 帧处插入空白关键帧并用文本工具输入"ying"。

(3) 把输入的文本转换成图形元件,在第 13 帧处插入关键帧。

(4)用缩放工具将图形元件调大并在属性栏将其不透明度设置为 0,然后创建补间动画。

(5)执行"插入"/"新建元件"命令新建一按钮,命名为"鼠标划过",用矩形工具绘制一无边框的矩形。在反映区插入关键帧。

(6)编辑"幻影字体"影片剪辑,点击一下"绘图纸外观"按钮使第 2 帧内容显示出来。

(7)打开库,把"鼠标划过"按钮拖放到第 1 帧并调整其大小使它和第 2 帧的图形元件大小相当。

(8)按 F9 键打开动作面板,给第 1 帧添加 stop 动作,然后给按钮添加 on 动作并修改事件如图 6.48 所示。

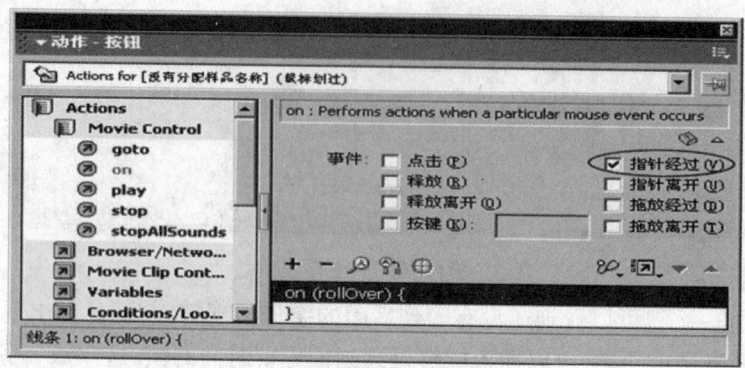

图 6.48　动作面板

(9)再给按钮添加 goto 语句并调整相应参数,如图 6.49 所示。

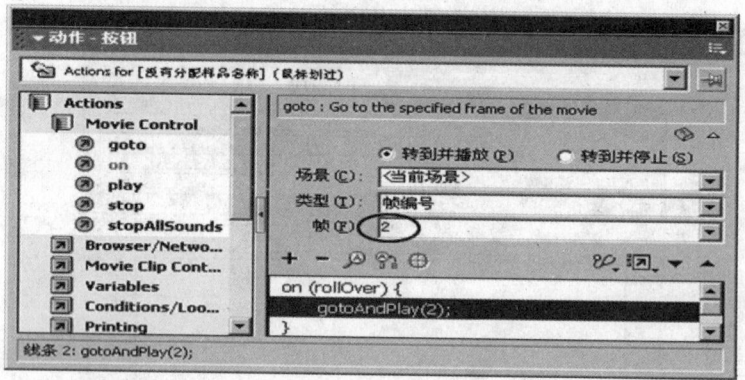

图 6.49　goto 语句

(10)回到场景,新建一图层命名为"幻影文字",把"幻影字体"影片剪辑从库中拖放到场景中。

(11)按住 Ctrl 键用鼠标拖拽的方式把该影片剪辑复制一份使其变成两个,然后使用相同的方法复制两个成 4 个,依此类推布满整个画面。

(12)编辑按钮,将按钮第 1 帧内容清空。

(13)回到场景预览一下,把鼠标放上去移动一下看看效果。

(14)还可以给它添加背景音乐。新建一影片剪辑命名为"音乐",导入声音,把声音从库中拖到场景中,在第 1 帧后面任意处插入帧将声音延续完。

(15)回到场景,新建一图层命名为"背景音乐",把"音乐"影片剪辑从库中拖到场景中。

此时再预览一下效果。

小　　结

本章我们学习了计算机动画的基本概念,以及使用矢量动画编辑软件 Flash 如何创建一个生动的影片并将其发布、打包生成独立的影片。

在制作动画前,应注意对整个动画的结构有一个系统的认识,有很好的创意和构思,这样就可以节省制作动画的时间。在制作动画时,要注意控制文件的大小,尽量优化动画。对制作完成的动画仔细地进行调试,也可以保证动画的品质。

习　　题

1. 形状补间动画和动作补间动画两者之间的区别有哪些?
2. 制作引导层动画需要注意哪些问题?
3. 在 Flash 中遮罩有哪些用途?

第7章 视频处理技术

本章重点：非线性编辑的概念与特性；Adobe Premiere 基本功能，After Effects 影视编辑软件的基本应用。

本章难点：素材关键帧动画参数的设置；After Effects 影视编辑处理。

视频是各种媒体中携带信息量最丰富、表现力最强的一种媒体。当今计算机不仅可以播放视频，而且还可以精确地编辑和处理视频信息，这就为广大用户有效地控制视频并对视频节目进行再创造，提供了展现艺术才能的大舞台。After Effects 更为特效、特技电影提供了更为广泛的空间。

7.1 数字视频的基础知识

1. 什么是视频

人的眼睛有一种视觉暂留的生物现象，即人们观察的物体消失后，物体映像在眼睛的视网膜上会保留一个非常短暂的时间(大约 0.1 s)。利用这一现象，将一系列画面中的物体移动或形状改变很小的图像，以足够快的速度连续播放，人眼就会感觉画面变成了连续活动的场景。

所谓视频就是指连续地随时间变化的一组图像，有时将视频称为活动图像或运动图像。在视频中，一幅幅单独的图像称为帧(Frame)，而每秒钟连续播放的帧数称为帧率，单位是帧/s。典型的帧率是 24 帧/s、25 帧/s 和 30 帧/s，这样的视频图像看起来才能达到顺畅和连续的效果。通常伴随着视频图像的还有一个或多个音频轨，以提供音效。

2. 视频的特点

与其他媒体相比，视频信息具有以下几个特点。

(1) 视频信息具有高分辨率、色彩逼真(真彩色)。

(2) 人类接受的信息约 70% 来自视觉，视觉信息是最直观、生动、具体的一种承载信息的媒体。

(3) 视频信息容量大，通过视觉获得的视频信息往往比通过听觉获取的音频信息有更大的信息量。

常见的视频信号有：电影和电视。

3. 电视制式

所谓电视制式，实际上是一种电视显示的标准。不同的制式对视频信号的解码方式、色彩处理方式以及屏幕扫描频率的要求都有所不同，因此如果计算机系统处理的视频信号与连接的视频设备制式不同,播放时图像的效果就会明显下降,有的甚至根本没有图像。

下面简要介绍几种常见的彩色电视制式。

(1) NTSC 制式。NTSC 是 National Television Systems Committee 的缩写,译为国家电视制式委员会。它是 1952 年美国国家电视标准委员会定义的彩色电视广播标准。美国、加拿大等大部分西半球国家,以及日本、韩国、菲律宾等国和中国的台湾地区采用这种制式。

NTSC 制式规定:30 帧/s,每帧 525 行,宽高比是 4∶3,隔行扫描,场扫描频率是 60 Hz,颜色模式为 YIQ。

(2) PAL 制式。PAL 是 Phase-Alternative Line 的缩写,译为逐行相位交换。它是 1962 年德国(当时的联邦德国)制订的一种彩色电视广播标准,德国、英国等一些西欧国家,以及中国、朝鲜等国家采用这种制式。

PAL 制式规定:25 帧/s,每帧 625 行,宽高比是 4∶3,隔行扫描,场扫描频率是 50 Hz,颜色模式为 YUV。

(3) SECAM 制式。SECAM 是法文 Sequential Colour Avec Memoire 的缩写,译为顺序传送彩色与存储。它是 1965 年法国提出的一种彩色电视广播标准,这种制式与 PAL 制式类似,其差别是 SECAM 中的色度信号时频率调制(FM)。法国、前苏联以及东欧国家采用这种制式。

SECAM 制式规定:25 帧/s,每帧 625 行,宽高比是 4∶3,隔行扫描,场扫描频率是 50 Hz。

(4) HDTV。HDTV 是 High Definition TV 的缩写,译为高清晰度电视。它是目前正在蓬勃发展的电视标准,尚未完全统一。但一般认为:每帧扫描在 1 000 行以上,宽高比是 16∶9,逐行扫描,有较高的扫描频率,传送的信号全部数字化。

4. 视频的数字化

多媒体计算机处理图像和视频,首先必须把连续的图像函数 $f(x,y)$ 进行空间和幅值的离散化处理,空间连续坐标 (x,y) 的离散化,叫做采样;$f(x,y)$ 颜色的离散化,称之为量化。两种离散化结合在一起,叫做数字化,离散化的结果称为数字图像。

普通的视频,如 NTSC、PAL 或 SECAM 制式视频信号都是模拟的。而计算机只能处理和显示数字信号,因此在计算机使用 NTSC、PAL 或 SECAM 制式电视信号前,必须进行数字化处理,这涉及视频信号的扫描、采样、量化和编码。也就是说,光栅扫描形式的模拟视频数据流进入计算机时,每帧画面均应对每一像素进行采样,并按颜色或灰度量化,故每帧画面均形成一幅数字图像。对视频按实际逐帧进行数字化得到的图像序列即为数字视频。因此,可以说图像是离散的视频,而视频是连续的图像。

数字视频可以用图 7.1 表示。由图可见,数字视频由一幅幅连续的图像序列构成。其中,x 轴和 y 轴表示水平和垂直方向的空间坐标,而 t 轴表示时间坐标。沿时间轴若一幅图像保持一个时间段 Δt,利用人眼的视觉暂留作用,可形成连续运动图像的感觉。

数字视频由一系列图像帧组成。沿 x 轴的扫描行上分布有像素点,沿 y 轴表示垂直方向的行数。这样每一像素点的颜色或亮度 E 可变式为函数 $E(x,y,t)$。

通常把送入计算机中的一段数字视频称为原始视频流,图像帧是组成视频的最小单位。如果视频信息仅以图像帧和原始视频流存储,对视频内容的检索十分不利,因此常在这两级结构中引入若干级中间结构,如镜头、场景等。把原始视频流划分为镜头,称为视频分割技术,视频分割是数字视频和视频数据管理系统中的基本问题。

视频数字化后,就能做到模拟视频许多无法实现的事情。数字视频的主要优点有:

(1) 便于处理。模拟视频只能简单地调整亮度、对比度和颜色等，因此限制了处理手段和应用范围。而数字视频由于可以存储到计算机中，因此很容易进行创造性的编辑与合成，并可进行动态交互。

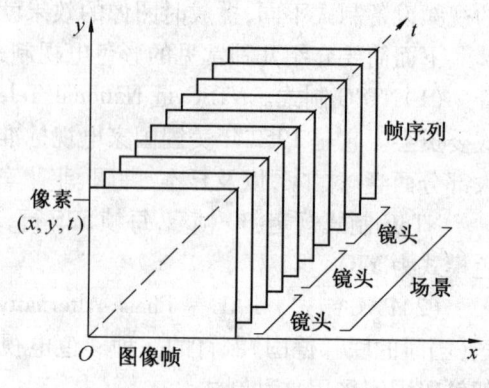

图 7.1　数字视频示意图

(2) 再现性好。由于模拟信号是连续变化的，所以复制时失真不可避免，经过多次复制，误差就很大。而数字视频可以不失真地进行多次复制，其抗干扰能力是模拟视频无法比拟的，它不会因复制、传输和存储而产生图像质量的退化，从而能够正确地再现视频图像。

(3) 网络共享。通过网络，数字视频可以很方便地进行长距离传输，以实现视频资源共享。而模拟视频在传输过程中容易产生信号的损耗与失真。

5. 常见的视频文件格式

视频文件的使用一般与标准有关，例如 AVI 与 Video for Windows 有关，MOV 与 QuickTime 有关，而 MPEG 和 VCD 则使用自己专有的格式。

(1) AVI 文件。AVI 是 Audio Video Interleaved 的缩写，它是 Microsoft 公司开发的一种符合 RIFF 文件规范的数字音频与视频文件格式，原先用于 Microsoft Video for Windows 环境，现在已被 Windows、OS/2 等多数操作系统直接支持。AVI 文件格式允许音频和视频交错在一起同步播放，支持 256 色和 RLE 压缩，但 AVI 文件并未限定压缩标准。因此，AVI 文件格式只是作为控制界面上的标准，不具有兼容性，用不同压缩算法生成的 AVI 文件，必须使用相应的解压缩算法才能播放出来。常用的 AVI 播放驱动程序，主要是 Microsoft Video for Windows 或 Windows 操作系统中的 Video 1，以及 Intel 公司的 Indeo Video。AVI 文件目前主要应用在多媒体光盘上，用来保存电影、电视等各种视频信息，有时也出现在 Internet 上，供用户下载并欣赏新影片的精彩片断。

(2) MOV 文件。MOV 文件是 Apple 公司在其生产的 Macintosh 机中推出的视频文件格式，其相应的视频应用软件为 Apple's QuickTime for Macintosh，该软件的功能与 Video for Windows 类似。随着大量原本运行在 Macintosh 上的多媒体软件向 Windows 环境移植，导致了 QuickTime 视频文件的流行。同时 Apple 公司也推出了适用于 PC 机的视频应用软件 Apple's QuickTime for Windows，因此在 MPC 机上也可以播放 MOV 视频文件。

MOV 格式的视频文件可以采用不压缩或压缩的方式，其压缩算法包括 Cinepak、Intel Indeo Video R3.2 和 Video 编码，其中，Cinepak 和 Intel Indeo Video R3.2 算法的应用效果与 AVI 格式类似。而 Video 格式编码适合于采集和压缩模拟视频，并可从硬件平台上高质量回放，从光盘平台上回放质量可调。这种算法支持 16 位图像深度的帧内压缩和帧间压缩，帧率可达 10 帧/s 以上。

(3) MPEG 文件。MPEG 文件是一种运动图像压缩算法的国际标准，它采用有损压缩方法减少运动图像中的冗余信息，同时保证 30 帧/s 的图像动态刷新率。现在市场上销售的 VCD、SVCD、DVD 均是采用 MPEG 技术，MPEG 压缩标准是针对运动图像而设计的，其基本方法是在单位时间内采集并保存第 1 帧信息，然后只存储其余帧相对第 1 帧发生变化的部分，从而达到压缩的目的。它主要采用两个基本压缩技术,即运动补偿技术和变换域压缩技术,运动补偿技术(预测编码和插补码)实现时间上的压缩,变换域压缩技术(离散余弦变换 DCT)实现空间上的压缩。MPEG 的平均压缩比为 50:1,最高可达 200:1,压缩效率非常高,同时图像和音响的质量也非常好,且在微型机上有统一的标准格式,兼容性强。

(4) DAT 文件。DAT 文件是 VCD 和卡拉 DVD 数据文件的扩展名,也是基于 MPEG 压缩技术的一种文件格式。

7.2 视频信号的获取

7.2.1 主要视频源格式

1. 模拟录像格式

(1) VHS(Video Home System)格式。一种标准分辨率的视频格式。原本是日本松下公司率先开发的一种"螺旋扫描、两磁头、1/2 in 盒式带家用录像系统"。俗称"大二分之一盒式录像带格式",后来发展成为占统治地位的国际通用的"家用级录像标准"。

(2) S-VHS(Super-VHS)格式。一种高分辨率的视频格式文件。原本是 JVC 公司开发的一种超高带 VHS 录像机标准。为了兼容高清晰度电视发展的需要,录像机采用新开发的非晶金属视频磁头和高性能涂钴磁带,在记录亮度信号时采用了高带方式。

(3) Betacam 格式。一种广播级的分量视频格式。原本是索尼公司开发的一种采用小 1/2 规格盒式带的广播级高带录像机标准。

(4) U-matic 格式。日本电子机械工业协会 1973 年通过的专业级 3/4 in 磁带录像机的技术标准。最早是索尼公司 1972 年率先开发出来,统称为 U 规格录像机,很快便在世界范围内成为电视台、电教部门及教育部门应用最广的录像机。

(5) Hi8 格式。它是 S-Video 视频的一种,原本是高带 8 mm 录像机标准。采用高性能的蒸镀型金属磁带(ME)和磁头,实现了高带记录。

2. 数字录像格式

(1) DV(Digital Video)格式。它是一种 S-Video 视频格式,原本是家用数字摄录机标准。在家用数字摄录机的开发研制阶段,为了避免重蹈家用模拟录像机格式之争的覆辙,世界各大公司于 1994 年达成共识,制订了一个公认的标准,即家用数字盒式录像带 DVC 格式,其中用于家用数字摄录机的格式称为 DV 格式。DV 格式摄录机采用宽度为 6.35 mm、厚度为 7 μm,具有较高耐磨强度和较高磁性能的低噪声高输出的金属蒸镀型磁带。图像清晰度高、色彩还原逼真、音响效果好,是 DV 格式数字摄录机的一个重要特点。

(2) D1(Digital-1)格式。它是第一代广播电视与专业领域数字录像机的标准。第一台广播质量的数字分量录像机 D1,由索尼公司在 1986 年 NAB 展览会上正式推出。D1 对电视信号采用分量方式进行记录,对亮度信号 Y 和两个色差信号 R-Y、B-Y 分别进行数字化处理和记录。亮度信号的取样频率为 13.5 MHz,两个色差信号的取样频率为 6.75 MHz,三者之间的比例关系为 4:2:2(以 3.375 MHz 为 1)。亮度信号和两个色差信号均按 8 bit 量化,以分时方式传送,经通道编码和纠错编码,磁头记录的总码率为 243 Mbps。D1 具有非常优越的录放性能,复制 20 代以上不产生图像、声音质量的劣化,为节目的后期提供了极大的方便,代表了第一代广播电视与专业领域数字录像机的最高水平。

7.2.2 数字视频素材的获取

从计算机视频角度来说,视频素材的获取称之为"视频捕获"或"视频采集",原意是指利用视频卡从视频源获取模拟视频信号并将其转变为数字视频信号的过程,又称桌面视频捕获。

电视录像的素材拍摄属于实时的现场视频捕获,直接面对的是实际景物或实际发生的事件,涉及的主要是摄像技术与摄影技术,而桌面视频直接面对的是视频输入设备,如摄像机、录像机、视频光盘机、数字相机等。它不但涉及视频捕获硬件——视频捕获卡,还涉及视频采集程序——视频采集程序可以是采集卡配套的应用程序,也可以是一个第三方厂家提供的应用程序。

数字视频的来源主要有三种:一种是利用计算机生成动画,使用 3DS MAX、COOL 3D 等三维动画制作软件,可以生成 AVI、FLC、GIF 等数字视频文件;另一种是把静态图像或图形文件序列组合成视频文件序列;最后一种,也是最主要的一种,是通过视频采集卡把模拟视频转换成数字视频,或通过视频采集卡把数字摄像机录制的视频采集到计算机中,并按数字视频文件格式保存下来。计算机视频素材的获取是基于计算机视频的多媒体编辑制作的第一步,也是决定最终视频产品质量的关键环节。

获取数字视频素材大致可以分为以下两步。

(1)视频素材的准备和收集。这里的视频素材就是来自于传统视频设备的原始视频资料,如来源于摄像机、录像机、影碟机等视频源的,包括从民用消费级到专业质量级的素材,甚至是计算机本身获得的图形、动画等资料。为了获得高质量的最终视频产品,高质量的原始素材至关重要。

(2)视频采集与数字化。这一过程是多媒体视频编辑制作中关键的一环,其结果直接影响到最终产品的品质。它是通过视频采集压缩插板及相应的软件来实现的。主要工作是对视频信号进行动态捕获、压缩和存储。目的是将视频的模拟信号转换为计算机中的数字文件。不同的视频硬件卡的性能不同。其采集视频后的品质也有所差别,用户应该根据要求选择合适的硬件卡。

从硬件平台的角度分析,通常数字视频的获取需要三个部分的配合,首先是提供模拟视频输出的设备,如录像机、电视机、电视卡等;然后是可以对模拟视频信号进行采集、量化和编码的设备,这一般都由专门的视频采集卡来完成;最后,由多媒体计算机接收和记录编码后的数字视频数据。在这一过程中起主要作用的是视频采集卡,它不仅提供接口以连接模拟视频设备和计算机,而且具有把模拟信号转换成数字数据的功能。

因此,一个视频采集系统一般要包括一块实时视频采集卡,视频信号源如录像机、音箱及电视等外接设备,最后要配有较高档次的 MPC 系统。

7.2.3 视频编辑原则

实现数字视频数据获取之后需要对视频数据进行编辑,首先要做的就是将视频信息中无关紧要的信息裁剪掉,使视频内容更加紧凑;对相关内容进行拼接,将所拍摄的素材串接成节目,增强艺术感染力,最大限度地表现节目的内涵,突出和强化拍摄主体的特征。在对素材进行剪接加工的过程中,必须遵循以下的一些基本规律。

1. 突出主题

突出主题，合乎思维逻辑，是对每一个节目剪接的基本要求。在剪辑素材中，不能单纯追求视觉习惯上的连续性，而应该按照内容的逻辑顺序，依靠一种内在的思想实现镜头的流畅组接(这里所说的镜头是指电影或电视拍摄时的一段固定或活动图像的内容)，达到内容与形式的完善统一。

2. 注意遵循"轴线规律"

轴线规律是指组接在一起的画面一般不能跳轴。镜头的视觉代表了观众的视觉，它决定了画面中主体的运动方向和关系方向。如拍摄一个运动镜头时，不能是第一个镜头向左运动，下一个组接的镜头向右运动，这样的位置变化会引起观众的思维混乱。

3. 剪辑素材时，要动接动，静接静

这个剪辑原则是说，在剪辑时，前一个镜头的主体是运动的，那么组接的下一个镜头的主体也应该是运动的；相反，如果前一个镜头的主体是静止的，那么组接的下一个镜头的主体也应该是静止的。

4. 素材剪接时，景别的变化要循序渐进

这个原则是要求镜头在组接时，景别跳跃不能太大，否则就会让观众感到跳跃太大、不知所云。因为人们在观察事物时，总是按照循序渐进的规律，先看整体后看局部。在全景后接中景与近景逐渐过渡，会让观众感到清晰、自然。

5. 要注意保持影调、色调的统一性

影调是针对黑白画面而言，在剪接中，要注意剪接的素材应该有比较接近的影调和色调。如果两个镜头的色调反差强烈，就会有生硬和不连贯的感觉，影响内容的表达。

6. 注意每个镜头的时间长度

每个素材镜头保留或剪掉的时间长度，应该根据前面所介绍的原则，确定每个镜头的持续时间，该长则长，该短则短。画面的因素、节奏的快慢等都是影响镜头长短的重要因素。

总而言之，进行素材的剪辑是为了将影片中这些镜头更好地融合为一个完整的统一体，从而使观众更好地理解影片。

7.3 影视制作的基本流程

影视制作一般流程制定的目的在于提高成功的几率，同时可以理清制作程序，有序地加快制作速度。其中流程中的每一步都要做到很好的把握，因为只有把握好了每个环节才能很好地完成最后的作品。下面将分别以常见的影视广告和影视包装的制作流程为例来介绍。

7.3.1 影视广告制作的一般流程

1. 提交创意文案

当创意完全确认、并获准进入拍摄阶段时，公司创意部会将创意的文案、画面说明及提案给客户的故事板(Storyboard)呈递给制作部(或其他制作公司)，并对广告片的长度、规格、交片日期、目的、任务、情节、创意点、气氛和禁忌等做必要的书面说明，以帮助制作部理解该广告片的创意背景、目标对象、创意原点及表现风格等。同时要求制作部在限定的时间里呈递估价(Quotation)和制作日程表(Schedule)以供选择。

2. 制作方案与报价

制作部收到脚本说明（Storyboard Briefing）后，会根据对创意的理解预估将合适的制作方案及相应的价格呈报给客户部，供客户部确认。

因为制片的规模大小、制作的精细程度直接影响估价，所以应该有一个大致的制作预算，这个预算一般是在播出费用的10%左右。制片公司以这个预算为基准所做的估价才是有意义的，以这个估价为基准的制作方案才是值得考虑的。

3. 签合同

由客户部将制作部的估价呈报给客户，当客户确认后，由客户、客户部、制作部签定具体的制作合同。然后根据合同和最后确认的制作日程表（Schedule），制作部会在规定的时间内准备接下来的第一次制作准备会（PPM1）。

4. 拍摄前期的准备工作

在此期间，制作部将就制作脚本（Shootingboard）、导演阐述、灯光影调、音乐样本、布景方案、演员试镜、演员造型、道具、服装等有关广告片拍摄的所有细节部分进行全面的准备工作，以寻求将广告创意呈现为广告影片的最佳方式。

5. 召开制作准备会议

PPM是英文Pre-Product Meeting（制作准备会）的缩写。在PPM上，将由制作部就广告影片拍摄中的各个细节向客户呈报，并说明理由。通常制作部会拿出不止一套的制作方案。准备会议不只一次，可以多次召开，就上一次未能确认的部分进行商讨确认。最后的准备会议，就未能确认的所有方面，客户、客户部和制作部三方达成一致，确认后作为拍片的基础。

6. 拍摄前的最终检查

在进入正式拍摄之前，制作部的制片人员对最终制作准备会上确定的各个细节，进行最后的确认和检视，以杜绝任何细节在拍片现场发生状况，确保广告片的拍摄完全按照计划顺利进行。其中尤其需要注意的是场地、置景、演员、特殊镜头等方面。另外，在正式拍片之前，制作部会向包括客户、客户部、摄制组相关人员在内的各个方面，以书面形式的"拍摄通告"告知拍摄地点、时间、摄制组人员、联络方式等。

7. 进行拍摄

按照最终制作准备会的决定，拍摄工作在安排好的时间、地点由摄制组按照拍摄脚本（Shooting Board）进行拍摄工作。

8. 冲洗胶片

拍摄使用的电影胶片需要在专门的冲洗厂里冲洗出来。这是大多数的电视广告制作人员都不会看到的工序，是真正的暗箱操作。

9. 胶片转换成视频

胶片转换成视频英文为Film-to-Video Transfer。冲洗出来的电影胶片必须经过此道技术处理，才能由电影胶片的光学信号转变成用于电视制作的磁信号，然后才能输入电脑进入剪辑程序。转磁的过程中一般会对拍摄素材进行色彩和影调的处理。这个程序也被称作过TC。

10. 初剪

初剪，也称作粗剪。初剪阶段，导演会将拍摄素材按照脚本的顺序拼接起来，剪辑成一个没有视觉特效、没有旁白和音乐的版本。

11. 为客户提供 A 拷贝

所谓 A 拷贝,就是经过初剪的没有视觉特效、没有音乐和旁白的版本。这个版本是将要提供给客户以进行视觉部分修正的,这也是整个制作流程中客户第一次看到制作的成果。

12. 精剪

在客户认可了 A 拷贝以后,就进入了正式剪辑阶段,这一阶段也被称为精剪。精剪部分,首先要根据客户在看了 A 拷贝以后所提出的意见进行修改,然后将特技部分的工作合成到广告片中去。

13. 制作音乐

广告片的音乐可以作曲或选曲。

14. 影片的旁白和对白

音乐完成以后,音效剪辑师会为广告片配上各种不同的声音效果。这是广告片制作方面的最后一道工序,在这一步骤完成以后,则广告片就已经完成了。

15. 交片

将经过广告客户认可的最终成片,以合同约定的形式按时交到广告客户手中,完成最后的交片环节。

7.3.2 影视包装制作的一般流程

1. 客户提出需求

客户通过业务员联系,或电话、电子邮件、在线订单等方式提出制作方面的"基本需求"。

2. 提供"制作方案和报价"

回答客户的咨询,对客户的需求予以回复,提供实现方案和报价供客户参考和选择。公司根据自己对创意的理解预估将合适的制作方案及相应的价格呈报,供广告客户确认。

3. 确定合作意向

双方以面谈、电话或电子邮件等方式,针对项目内容和具体需求进行协商,产生合同主体及细节。双方认可后,签署"影视包装制作合同"。合同附件中包含"包装文案"。公司会在规定的时间内准备接下来的第一次制作准备会。

4. 制作会议进行策划

按照客户所提出的详细要求进行广泛的讨论,确定制作的创意以及思路,并制定出相关的详细制作计划。

5. 设计主体 LOGO

标识是影视包装中动画的核心表现内容,也是定位特点的核心体现。

6. 搜集素材

搜集符合表现 LOGO 的元素和表现形式。元素是动画组成的基础,不同的组合方式可以形成不同的分镜头。

7. 制作三维模型

根据镜头的表现创建相关的三维模型,设置材质以及镜头的表现。

8. 制作分镜头

根据影视包装的记叙过程,使用选择好的元素和颜色,制作分镜头,注意分镜头的画面构图一定要讲究,也就是力求精美,这样在交付客户审核的时候会让其满意度提高。

9. 客户审核

这是一个重要的环节,可能在一开始客户会提出些反馈的要求,这时就要继续修改分镜头来最终满足客户的需要。通过这一步,客户将确定当前包装定位的整个形式。

10. 整理镜头

最终确定镜头顺序。在 After Effects 中,根据所制作的音乐节奏剪辑分镜头,确定三维元素的动画长度。

11. 设置三维动画

根据客户确定的分镜头长度,设置具体的动画元素和镜头的运动。

12. 制作粗模动画

使用 After Effects 导入 PSD 分镜头文件。使用渲染好的粗模动画代替静止元素。配合镜头运动,制作出各个静止元素的动画。

13. 渲染三维成品

渲染是影视包装制作中最为耗时的步骤。通过反复测试长度,并检查动画中存在的问题,这样才是减少耗时的有效方法。

14. 制作成品动画

用三维精细动画代替粗模动画,制作后期效果。调整画面中的装饰元素完成最终的制作。

15. 将样片交付客户审核

将最终制作好的样片交付给客户,等待其审核并通知。如果有修改的地方,再根据客户所提出的修改意见进行修改并最终完成成片。

16. 完成成片后支付余款并交付成片

待客户确认最终成片后支付余款,并在此之后将最终的成片交付给客户。

【注意】上面是影视包装动画制作的一般步骤,可以应用到各种类型的制作项目中,比如片头的制作、栏目的整体包装或者是频道的整体包装等。仔细把握好各个环节是最为重要的,否则在制作之后就不能达到理想的效果。

7.4 Adobe Premiere 非线性编辑软件

7.4.1 概述

1. 编辑系统的发展过程

早期广播电视节目的编辑方式是复制编排和物理剪辑。首先借助放大镜对磁带上的磁迹进行定位,然后使用刀片或切刀在特定的位置切割磁带找出所需的节目片段,用胶带把它们粘在一起。这种对磁带的损伤是永久性的,制作过节目的磁带以后不能再使用。而且编辑点的选择无法保证精确。编辑人员只能凭经验并借助刻度来确定剪辑内容的大致长度。为了改善编辑精度与提高编辑效率,专业广播设备厂商在稳定带速和增加搜索速度上做了很多工作。尽管如此,由于信号记录媒体的固有限制,磁带编辑仍然无法实现实时编辑定位,由于磁带复制造成的信号损失也无法彻底避免。

20 世纪 80 年代初,纯数字的非线性编辑系统开始投入商业广告的制作。这些系统主要用于数字视频方面,使用磁盘和光盘作为数字视频信号的记录媒体。由于当时的磁盘存储容量小,压缩硬件也不成熟。所以数据是以非压缩方式记录的,系统所能处理的节目长度为几十秒至几百秒,因此仅能用于制作简短的广告和片头。20世纪80年代末到20世纪90年代初,非线性编辑系统进入快速发展时期。这得益于视音频压缩标准的确立、实时压缩半导体芯片的出现、数字存储技术的发展和其他相关硬件与软件技术的进步。同时,由于多种主要媒体都以数字化的形式存在、在存储和记录形式上实现真正的统一,因此非线性编辑系统的应用范围也大大超越了传统的编辑设备。它不仅能够编辑视音频节目,还可以处理文字、图形、图像和动画等多种形式的素材。极大地丰富了广播电视和多媒体制作的手段。20世纪90年代中期,广播电视行业开始全面向数字化过渡。其典型标志就是数字非线性编辑系统被各电视台、电台和影视制作单位广泛采用。

2. 视频非线性编辑系统介绍

非线性编辑系统是一个扩展的计算机系统,它的一切操作都符合计算机的操作规范,非线性编辑系统进行工作时首先要将所有需要编辑的素材,包括录像带上的视频信号、线路上传输的视频信号,经过数字化采集后转换成图像文件的形式,只不过这个图像文件不同于以往常见的计算机单帧固定画面图像文件,它的文件内容是活动图像,画面的内容随时间的变化而变化,也就是说这是一个有时间长度的图像文件,称为视频文件。这个转换的理解非常重要,由传统的信号流在时间轴上连续按顺序的操作转变为在计算机内部对含有时间信息的视频文件进行无须按照时间顺序的任意操作,完成了在视频信号编辑操作概念上的根本性变化。

在非线性编辑系统内部,对视频文件的操作非常简单,完全是在指定的时间轴上进行文件的拼接,只要没有最后生成影片输出或留档,对这些文件在时间轴上的摆放位置和时间长度的修改都是非常随意的,这也就是所谓的非线性编辑。但是作为一个系统,非线性编辑系统包括硬件部分和软件部分。非线性编辑系统的硬件部分实际上就是一台高性能计算机加一块或一套视音频输入/输出卡,俗称非线性卡和一些辅助卡,再配上一个大容量SCSI硬盘阵列便构成了一个非线性编辑系统的基本硬件。从非线性编辑系统的硬件结构来看,该系统的硬件只是完成了视音频数据的输入/输出、压缩/解压缩、存储等工作,或者说只是提供了一个扩展了的计算机工作平台,还没有涉及非线性编辑。当要进行非线性编辑时,还需要配以非线性编辑应用软件,才能组成一个完善的非线性编辑系统,从而着手进行非线性编辑工作。

非线性编辑系统一般可以分为以下三种。

(1)依靠强大硬件实时进行编辑,价格十分昂贵。

(2)依靠各类专业视频卡实现实时编辑。目前大多数电视台和广告公司都采用这种。

(3)非实时编辑,影像合成通过软件渲染生成,花费的时间较长。

非线性编辑的典型过程大致如下:先创建一个编辑平台,然后将数字化的视频素材用拖拽的方式放入平台,这个平台可自由设置编辑信息,灵活调用编辑软件提供的各种工具,如剪辑、重新排序、组接素材、添加特效、二三维特技划像、运动、叠加中英文字幕和动画等。在平台内各种参数可反复调整,使用户对于过程控制和最终效果拥有非常精准的把握。

3. Adobe Premiere Pro

Adobe Premiere Pro是一个非线性编辑软件,编辑对象是数字信息,包括图像、声音与文本,工作平台就是微型计算机和网络,与周边设备沟通的桥梁是信号线、模拟或数字硬件接口。

打开Adobe Premiere Pro软件,出现欢迎界面,根据实际需要选择"新建项目"或"打开项目",初次使用该软件,应该选择"新建项目",然后对要编辑的项目文件进行设置。

项目设置可以自定义设置,它分为四部分:常规、采集、视频渲染和默认时间线。根据实际需要进行设定即可。

项目设定是不能出错的,一旦项目被创建,某些设置即被锁定,如时基,防止以后编辑时随意改动设置而出现内部冲突。

设置好相应的参数后单击确定,进入 Adobe Premiere Pro 的工作区界面。

主工作区域有四个重要窗口,如图 7.2 所示,A 为项目窗、B 为监视器窗、C 为工具箱窗、D 为时间线窗,搞清楚四个窗口的关系和作用,对于高效率完成编辑非常重要,此外,图中 E 为浮动面板。

图 7.2 编辑窗口

(1)项目窗。输入、保存、管理片段的参考信息。窗口中列出项目中用到的素材,可以对离线文件进行批处理采集替换。用鼠标直接拖动项目窗口中的素材到时间线窗即可。

(2)监视器窗。包括源视窗和节目视窗。用源视窗观看独立的视频片段,使用节目视窗分析、控制当前时间线编辑位置的视频节目。系统默认特效控制窗与源视窗"绑定"。

(3)工具箱窗。提供对素材进行编辑操作的各种工具。

(4)时间线窗。为可视化编辑提供平台,包含的内容有序列、视频、音频和复合轨道。在此任何编辑操作的结果,都可以在节目视窗中看到。

Adobe Premiere Pro 还提供了执行特殊功能的窗口,如采集窗、字幕设计窗、特效控制窗和混音窗。

退出 Adobe Premiere Pro 时,窗口和调板的文件信息自动保存在项目文件中。也可以将自己喜好的工作窗口信息重新保存并作为新的工作区,在今后的项目中方便调用。

7.4.2 视频编辑基本操作

1. 工具箱

可以使用监视器源视窗或节目视窗的控制工具,对时间线上的素材进行剪切,也可以使用时间线窗工具箱,对素材进行直观编辑,调整结构关系。

首先来看时间线窗的工具箱中的工具,如图 7.3 所示。

2. 向时间线窗增加素材

向时间线窗增加素材有两种方法:一种是从项目窗拖动素材到时间线窗,另一种是通过监视器窗控制工具将素材插入或覆盖到时间线轨。

3. 自动添加素材至序列

选择"项目/自动到时间线"命令,从故事板或项目窗向时间线窗口添加多个素材。这种方法与目标轨道无关,并且仅在视频 1 轨道和音频 1 轨道上实施。

4. 在时间线窗选择素材

在工具箱中选择工具 ,点击轨道上的一个素材。

如果选择对象包含音频、视频,而我们只想选择其中一个,按住 Alt 键,同时使用 点击需要的文件部分。

按住 Shift,同时用 点击多个素材。如果想取消某一个选定,按住 Shift,再次点击素材。

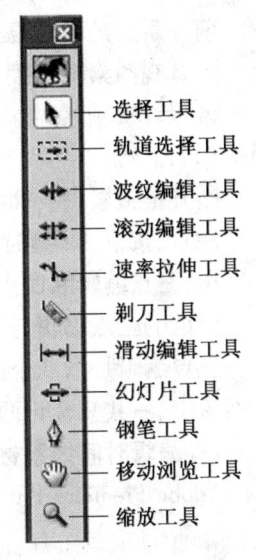

图 7.3 工具箱

选择多个素材还可以使用 在时间线窗轨道区域拖出一个矩形选框,框选需要选择的多个素材。

5. 素材编组

在编辑过程中,如果需要对多个素材同时操作,最好的选择就是将这些素材编组作为一个对象使用。编组后的素材不能使用基于素材的命令。效果也不能添加到编组素材上。

素材编组:选择多个素材,选择"素材/群组"命令。

取消编组:选择一个素材编组,选择"素材/取消群组"命令。

选择编组素材内一个素材:按住 Alt 键,点击其中一个素材。

选择编组素材内多个素材,按住 Shift + Alt 键,同时选择多个素材。

6. 在时间线窗移动素材

选择轨道素材,按鼠标左键,拖动素材到一个空位,然后释放鼠标。

确认时间线窗口下方的边缘吸附状态为 ,两个素材贴近时,会自动对齐或靠拢。

7. 切割素材

在时间线窗轨道上,使用工具箱中的剃刀工具 切割素材。

选择剃刀工具,鼠标移到需要分割处,点击鼠标左键。也可以在时间线窗中,将编辑线放在目标分割处,选择"时间线/剃刀工具"命令。

如果轨道锁定,需要解除轨道锁定后再使用剃刀工具编辑素材。

8. 剪切、粘贴素材

同 Office 软件一样,可以使用剪切、粘贴命令对素材进行相关操作。

覆盖粘贴:选择素材并复制,在时间线窗轨道上选择粘贴位置,选择"编辑/粘贴"命令。

插入粘贴:选择素材并复制,在时间线窗轨道上选择粘贴位置,选择"编辑/插入粘贴"命令。

属性粘贴:选择素材并复制,在时间线窗轨道上选择目标素材,选择"编辑/粘贴属性"命令。前一素材的属性拷贝给当前素材。

9. 音视频素材链接

链接音视频素材:按下 Shift 键,在时间线窗中同时选择音频、视频素材,选择"素材/音视频链接"命令。

断开链接素材:在时间线窗中选择素材,选择"素材/解开音视频链接"命令。

注意,按下 Alt 键时同时拖拉素材边缘,也可以临时解开同步。

10. 三点编辑和四点编辑

所谓的三点编辑与四点编辑,都是指对于与源素材的剪辑方法。

三点编辑是指两个出点一个入点或两个入点一个出点。四点编辑是指在源素材视窗和节目视窗中,一共只标记两个入点、两个出点。

11. 编辑时间线素材

Adobe Premiere Pro 提供了四种实用的编辑工具,对时间线轨道上相邻素材进行调整。

滚动编辑工具:使用该工具编辑素材时,相邻节目总长度不变,只是改变两个素材的剪接点。使用该工具最少需要两个相邻的素材。

波纹编辑工具:使用该工具对当前素材编辑时,只改变当前素材的入点或出点,不改变其他相邻素材的出入点和长度,节目总长度会发生改变。

滑动编辑工具:使用该工具时,会同时改变当前素材的入点或出点,不改变其他素材的入点或出点和持续长度,节目总长度保持不变。

幻灯片工具:使用该工具对当前素材进行调整时,不改变当前素材的入点或出点和持续长度,而会同步改变当前素材左侧素材的出点及右侧素材的入点,节目的总长度保持不变。使用该工具最少需要三个相邻素材。

使用上述四种工具对素材进行编辑时,素材的入点或出点不能是原始入点或出点,否则编辑工具不起作用。

12. 提升和提取

提升:在时间线窗中,设置节目的入点及出点,点击节目视窗下方的 图标,入点、出点之间的内容将被删除,看上去如同抽走一样,留下空白区域,快捷键为";"。

提取:在时间线窗中,设置节目的入点及出点,点击节目视窗下方的 图标,入点、出点之间的内容将被删除,后边的素材自动填补空白区,快捷键为"'"。

13. 修整视窗

用修整视窗对相邻素材进行精确剪辑。修整视窗与监视器视窗没有直接联系。

可以操作波纹编辑或滚动编辑。左侧出口显示相邻左侧素材的出点画面,右侧视窗显示相邻右侧素材入点画面。这种编辑方式,可以非常直观地在视窗当中看到编辑的结果,是一种实用、高效的编辑方法。

点击监视器右下角的 图标,或按下快捷键 Ctrl+L 打开修整编辑视窗。

14. 分离剪辑

有时候对一段影片的画面和声音分开剪辑,就需要为音频、视频设定不同的入点、出点。这种编辑手法称为分离剪辑。

15. 预演序列

按下键盘上的 Enter 键或选择"时间线/渲染工作区域"命令,系统先对需要渲染的区域进行处理,完成后便会从工作区起始点向后以实际速度进行播放。

此外,对于复杂的剪辑,可以在时间线上直接拖动编辑线实时观看图像。

16. 实例制作——速度和静帧

利用时间线设计制作简单视频动画,其步骤如下。

(1) 运行 Premiere pro 程序,选择"新建项目"选项。

(2) 选择"自定义设置"选项卡,设置本例相关常规参数。

编辑模式:Video for Windows

时基:25

帧大小:320×240

纵横比:方形像素

场:无场

显示格式:25 fps 时基码

在完成窗口中各项参数的设置之后,在参数窗口下部的"名称"和"路径"选项中输入创建的项目名称以及保存路径,之后,单击确定按钮即可。

(3) 双击项目窗口空白处,"导入"文件窗口中选择"Cyclers.avi"文件。

(4) 将鼠标移到项目窗口中的剪辑"Cyclers.avi"上面,按住鼠标左键,将剪辑"Cyclers.avi"拖入时间线窗口中的视频 1 轨道并释放鼠标。

(5) 选择剃刀工具 ,在 2 s 处将"Cyclers.avi"剪辑分割为两部分,右键选择后一个"Cyclers.avi"文件,在打开的快捷键菜单中选择重命名命令,更名为"Cyclers1.avi"(更名只是为了操作方便,不影响剪辑)。

(6) 在时间线窗口中,右键选择"Cyclers1.avi"剪辑,在打开的快捷菜单中选择"速度/持续时间",设置其速度参数为 40%。将"Cyclers1.avi"剪辑的速度变为原始的 40%。单击确定退出。

(7) 接着在时间线窗口中,再次将"Cyclers.avi"拖入视频 1 轨道,与"Cyclers1.avi"相连。右键选择刚放入的"Cyclers.avi",在打开的快捷菜单中选择重命名命令,将其更名为"Cyclers2.avi",确定。

(8) 在时间线窗口中,右键选择"Cyclers2.avi",在打开的快捷菜单中选择"帧保持"命令,打开"帧保持选项"对话框,勾选"继续"复选框,并选择"出点"参数。单击确定退出。这个选项会使视频画面固定在最后一帧,即静帧处理。

(9) 此时预览,就会看到画面前 2 s 正常运动,以后是慢动作处理,最后定格。

7.4.3 对音频素材的编辑

1. 编辑规划

经过改进的 Adobe Premiere Pro 的音频功能十分强大,可以编辑音频素材、添加音效、单声道混音、立体声或 5.1 环绕声的制作。

(1)音轨分类。对于音轨,无论是时间线窗,还是调音台,都可以增加、删除轨道。轨道类型可以从两个角度去划分。

①根据音频信号的走向和编组功能,序列的音频轨道可以划分为三种类型。

普通音轨:包含实际的声音波形。

副混合:主要用于管理混音,统一调整音频效果。

主混合:相当于调音台的主输出,它汇集所有音轨的信号,然后重新分配输出。

②从听觉效果上,按照声音的多少划分为单声道、立体声和 5.1 环绕声道。5.1 环绕声道包含五个主声道和一个低频效果声道(LFE——Low-Frequency Effects)。

(2)制订合理的编辑策略。由于 Adobe Premiere Pro 音频集成在软件操作方面的不同,所以在使用时应该根据个人水平和创作项目制订合理的编辑策略。

◆ 如果仅仅是使用简单的音频编辑,多数操作可以在时间线窗音轨完成。

◆ 如果需要在序列轨道上直接录音,就需要在调音台中设置音频输入通道。

◆ 如果是非常复杂的多轨音频编辑,应该考虑将素材组织为副混音轨或嵌套序列。

也可以分别对轨道和素材进行独立的音量、效果编辑。在调音台和时间线窗中设置轨道音量或效果;在效果控制窗和时间线窗中设置素材音量和效果。如同视频编辑一样,可以在时间线上添加关键帧,调整音量、声像的变化。

2. 调音台

调音台实质是一个虚拟调音台,是音频信号的中枢处理系统,可以对若干路外来信号作总体或单独调整。在调音台可以听着声音,看着轨道,调节多轨音量电平、声像和平衡,调音台结构如图7.4所示。

3. 副混合轨道

副混合轨道是单独的音频调整和最终主输出之间的一个过渡状态。使用副混合,可以充分利用计算机的系统资源,避免每个音轨都进行重复处理。副混合轨道并不包含任何音频素材,因此副混合音轨不能录音,也不能添加素材。在时间线窗中,副混合轨道前也没有扬声器图标和显示风格图标。副混合的颜色比其他音轨的背景颜色略深一些。

在调音台"发送"控制面板中,单击下拉箭头,选择需要创建的副混合。如同普通音轨分类一样,副混合也分为单声道、立体声和 5.1 混合声道。在调音台窗口中,默认情况下,轨道输出指定为主混合轨道,也可以在推子下端的 POP-UP 菜单选择信号发送到副混合音轨。

4. 调节素材增益

素材增益的调节不依赖于调音台或时间窗设置,但在最终输出时会影响主输出音量的大小。调节素材增益步骤如下。

(1)在时间线上选择素材(或用范围选择工具圈定区域)。

(2)选择"素材/音频选项/音频增益"命令。

(3)0 dB 表示素材原始增益,调节增益或点击标准化自动优化增益,点击确定。

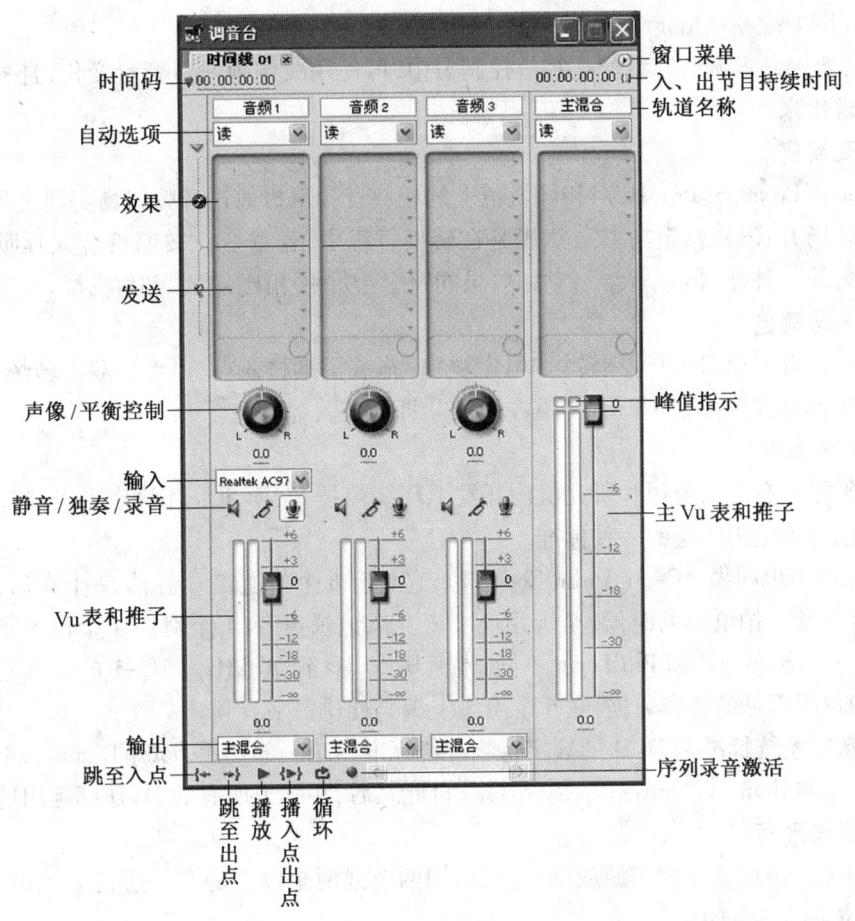

图 7.4 调音台结构

为了防止数字录音中的过载或失真,数字录音输入电平应该在-12～-4 dB之间。这样不仅能获得均等的好的录音电平,也会为录入轨的混缩留下自由空间。能够录制较低电平而不会加入噪音。

5. 关键帧音量调节

在时间线上对音频波形设定关键帧,通过钢笔工具调节关键帧,实现声音淡入、淡出及其他形式的丰富变化。

(1)音频轨道控制区。

🔊:轨道静音/放音切换按钮。

🔒:轨道锁定/解锁切换按钮。

▦:波纹显示/文件名显示按钮。

◀◆▶:增加或移动关键帧,左右两个箭头分别为跳转至前/后一个关键帧。

🔧:素材、轨道关键帧和音量控制按钮,点击展开。

设定关键帧,可以在任何一点精确调节音量。时间线上关键帧音量调节同调音台中音量推子相对应。

(2) 利用关键帧在指定点调节音量。

(3) 特效控制窗调节音量。在特效控制窗中,可使用关键帧调节音量变化,且关键帧的属性可以显现出来。

6. 交叉淡化

在 Adobe Premiere Pro 中,对相同轨道上的相邻音频素材通过音频转场实现交叉淡化。

默认转场方式是"恒定功率",意思是在转换过程中,音量变化按照符合人耳听觉规律线性变换。另外一种是"恒定增益",它的效果同"恒定功率"相比,似乎更为机械。

7. 淡入与淡出

在项目的效果窗口,将音频转场"恒定功率"拖放至素材入点/出点。双击转场,在效果控制窗中将对齐方式选择为"开始/结束在切口",即为淡入/淡出。

8.5.1 环绕声

目前国际上有多家公司和研究机构开发了环绕声技术,而 5.1 环绕声是目前在数字环绕声系统当中应用较为广泛的一种标准。

5.1 环绕声也叫做 AC-3(Audio Code-3),它具有 6 个声道,2 个在前,2 个在后,一个在中间,一个重低音。拍电影的时候,至少用 5 个麦克风记录声音(1 个对白 4 个记录背景音响效果)。与 Dolby Surround 和 Pro Logic 不同,带宽从 20 Hz 到 20 kHz。AC-3 的名称是指编码技术,消除用户听不见的声音数据,在 6 个声道上编码杜比数字音频。

杜比数字系统标准是 DVD 的数字音响环绕标准。第一部使用 Dolby Digital 5.1 音轨的电影是 1992 年的 Batman Returns(蝙蝠侠 2)。自此之后,实际上所有的 DVD 都延用这个标准。

9. 声像与平衡

(1) 声像。声像又称虚声源或感觉声源,用两个或两个以上的音箱进行立体声放音时,听者对声音位置的感觉印象。

(2) 平衡。平衡改变的是声道之间的相对属性。调节单声道素材,可以在左右声道或多个声道之间定位。如果素材本身是立体声,声像是无法移动的,因为左右声道已经包含了音频信息,这时,声像移动的是素材左右声道的音量平衡。

如果所有的输出音轨都是单声道或 5.1 环绕音轨,声像和平衡均不起作用。

10. 素材声道转换

(1) 声道分离。在项目窗选择一个立体声或 5.1 环绕声材料,选择"素材/音频选项/转换为单声道"命令,可以将声道分裂为多个单声道。立体声分为 2 个、5.1 环绕声分为 6 个。

(2) 单声道素材按立体声素材处理。在项目窗选择音频素材,选择"素材/音频选项/对待为双声道"命令。时间线音轨上的单声道素材不能转换为立体声素材。

11. 轨道录音

在音频硬件设置对话框中,对轨道录音设定基本参数,如 AISO,设置音频输入连接。副混合和主混合音轨不可以设做录音轨道的。

(1) 设置轨道输入。在调音台中选中 ,激活录音功能,在 上方的小窗口中指定音频硬件。

(2) 调整音频硬件参数。选择"编辑/参数选择/音频硬件"命令,在对话框中设置具体参数。选择输入/输出设备,制定输入映射通道。

12. 音轨添加效果

在调音台窗口中,每个音轨最多添加五个效果,如图 7.5 所示。

由于 Adobe Premiere Pro 按照添加的效果列表顺序处理,所以顺序变动会影响最终效果。在时间线窗中实现效果预听和调整。从音频信号的传送顺序上看,效果分为推子前、推子后两类应用,在效果上单击鼠标右键,在弹出的菜单中设定。

图 7.5　效果控制窗

13. 信号送出

每个音轨包含 5 个信号送出设定,菜单中称为"发送"。"发送"经常用来将音轨信号发送到指定的副混合音轨进行效果处理。然后,副混合将信号返送回主输出主混合,或发送至其他副混合继续处理。

14. 声音通道混缩

有时候需要将多声道节目转换为单声道或立体声,这就需要通道混缩。选择"编辑/参数选择/音频"命令进行设置。

15. 调音台自动模式

拖动编辑线到指定位置,或改变调音台左上角的时间值。打开自动菜单,选择模式如图 7.6 所示。

(1) 关闭。播放时不读取保存的音频及声像/平衡数据。允许调音台实时调节,对改变不作记录。

(2) 读。播放时读出先前保存的音量及声像/平衡数据。

(3) 锁存。拖动音量推子,改变声像/平衡,修改数据。释放鼠标,控制保持调整位置。再次记录时,数据回到初始位置。

(4) 涉及。拖动音量推子,改变声像/平衡,修改数据。释放鼠标,控制又返回初始位置。

(5) 写。拖动音量推子,改变声像/平衡,修改数据。释放鼠标,控制保持调整位置,并一直保持下去,直到再次改变,所以也称为一直记录。

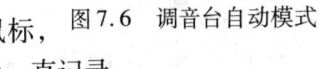

图 7.6　调音台自动模式

7.4.4　字幕

字幕,是以各种书写体、印刷体、浮雕和动画等形式出现在荧屏上的中外文字的总称。如影视片的片名、演职员表、译文、对白、说明及人物介绍、地名和年代。字幕设计与书写是影视片造型艺术之一。

Adobe Premiere Pro 高质量的字幕功能使用起来得心应手。根据对象类型不同,Adobe Premiere Pro 的字幕创作系统主要由文字和图形两部分构成。制作好的字幕放置在叠加轨道上与其下方素材进行合成。

1. 字幕基本操作

字幕作为一个独立的文件保存,不受项目的影响。在一个项目中允许同时打开多个字幕窗口,也可打开先前保存的字幕进行修改。制作和修改好的字幕放置在项目窗内管理。

(1) 创建和保存字幕。选择"文件/新建/字幕"命令,打开字幕窗"Adobe 字幕设计",或点击项目窗下端新建按钮。选择"文件/保存"命令,保存字幕。指定保存的路径与文件名,点击保存。

(2)打开字幕。选择"文件/导入新近文件"命令。选择先前保存的字幕,点击打开。如需修改字幕,在时间线窗或项目窗中双击字幕文件,打开 Adobe 字幕设计,即可修改。

2. Adobe 字幕设计

用 Adobe 字幕设计创建从简单到复杂的字幕,如水平分布、垂直分布和路径字,对字幕添加各种效果。充分利用预设模板创建专业化的风格。Adobe 字幕设计为制作个性化的字幕效果提供了灵活、高效的创作平台。字幕设计窗口如图 7.7 所示。

图 7.7 字幕设计窗

(1)工具箱。

左为选择工具,右为旋转工具。用选择工具选择文本框。双击文本选区,选择字符,也可将鼠标指针放在框内,框选一个或多个字符。移动选区文本,将鼠标放在选区文本的上方,按下鼠标左键进行新的定位。

左为创建水平字幕工具,右为创建垂直字幕工具。使用这两种工具创建字幕时,默认的情况下,当文本到达安全区域边界时不会自动换行。选择"字幕/自动换行"命令,文本到达边界时自动换行。

左为水平段落字幕工具,右为垂直段落字幕工具。

用水平段落字幕工具在工作区域中拖出一个选区,字母在选区内水平向右延伸,当到达右边界时,自动跳动到下一行的左边界继续,直到选区内填满文字。

用垂直段落字幕工具,在工作区域中拖出一个选区,字母在选区内垂直右边界向下延伸,到达下边界时,自动跳转到下一行的上边界继续向下延伸,直到选区内填满文字。字幕垂直排列方向从右至左。

为路径工具。选择路径工具,在工作区域内创建路径,文字按路径排列。左图标表示创建时,使用默认的字间距,右图标表示创建时,文字沿着路径平均分布。点击鼠标的同时拖动鼠标即可改变路径曲度。也可在创建完成后,用定位点转换工具修改路径曲度。

左为钢笔工具,创建自定义图形。右为增加定位点工具,在线段上增加定位点。

左为删除定位点工具,使用该工具点击线段上的定位点,删除定位点。右为定位点转换工具,点击线段上定位点的同时拖动鼠标,改变曲度。

左为矩形工具,右为斜角矩形工具。

左为圆形导角矩形工具,右为圆形矩形工具,与上面的工具产生相似的形状,但导角略有不同。

左为斜角工具,创建楔形图形。右为弧形工具,创建圆弧。

左为椭圆工具,创建椭圆。右为画线工具,绘制线段。

(2) 使用位图作为标志。

电视台的台标或公司徽标等图案经常会出现在电视的左上角或右下角,起到标识作用。制作字幕时,通常引入位图文件作为标志使用。

① 选择"字幕/标志/插入标志"命令,为字幕引入位图文件,保持原始尺寸。

② 选择"字幕/标志/插入标志到正文"命令,将标志插入文本。

(3) 创建滚动字幕。根据滚动方向不同,滚动字幕分为两种,上滚字幕和左飞字幕。

① 从字幕类型菜单中选择上滚或左飞。

② 选择创建字幕或图形工具。

③ 选择"字幕/上滚|左飞选项"命令或点击字幕窗口 按钮,在对话窗中设定运动速度。

制作滚动字幕前,一定要将字符或图形布满绘制区域,否则看不到字幕滚动效果。

3. 向项目中添加字幕

当创建一个字幕并将其保存后,字幕会自动出现在项目窗中,字幕在项目窗中作为素材使用。用如下两种操作方法可以改变时间线窗中字幕长度。

① 拖动字幕的入点或出点。

② 在时间线窗选择字幕,选择"素材/速度/持续时间"命令,输入新数值。

4. 预演字幕

点击时间线窗或监视器窗的任何播放控制按钮,即可在节目视窗中预演。

5. 实例制作——滚动字幕

(1) 启动 Adobe Premiere Pro 软件,单击新建项目按钮新建一个工程文件。

(2) 展开 DV-PAL,选择 DV-PAL Standard 48 kHz。选择保存文件位置,将文件命名为"滚动字幕"。

(3) 双击项目窗口空白处,导入"荷花"素材,并拖动"荷花"素材到时间线视频 1 轨道。

(4) 选择"文件/新建/字幕"命令,打开字幕设计窗口,勾选 显示视频。

(5) 从字幕工具箱中选择范围工具按钮 ,在字幕窗口安全区域拖划,建立字幕输入区域。打开"爱莲说"文本文件,将文字进行复制。在文字输入状态下,将复制好的文字粘贴到该区域。

(6)用选择工具 ![箭头] 选取文字区域,单击浏览按钮 ![图标],选择 FZZhunyuan 字体。在右侧对象风格栏中设置字体相应属性,如图 7.8 所示。

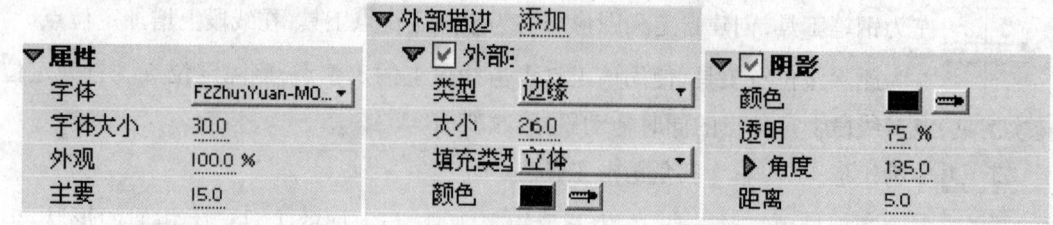

图 7.8 字幕属性设置

(7)使用文本工具,选择第一行字,设置其字体大小为 50。

(8)使用选择工具,拖动文字四周控制点,使范围工具所做区域窄一些长一些,并调整所有文字都在文字区域内显示。

(9)将字幕类型设置为"上滚",点击上滚/左飞选项按钮 ![图标],弹出选项框,其设置如图 7.9 所示。

◆ Start Off Screen:字幕从画面外进入;反之,按字幕创建时的位置开始运动。

◆ End Off Screen:结束时字幕移出画面;反之,按字幕创建时的位置保持在画面中。

◆ Preroll:字幕开始运动前,保持第一帧的静止长度。

◆ Ease-In:设定滚动字幕开始时,由静止到正常运动的加速时间,加速起到缓冲作用,平滑运动效果。

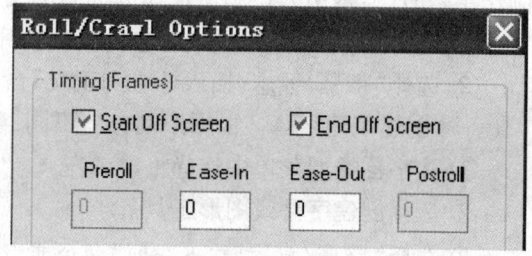

图 7.9 滚动参数设置

◆ Ease-Out:设定滚动字幕在结束时,由运动到静止的减速时间。

◆ Postroll:字幕结束时,保留最后一帧的静帧长度。

(10)保存设置好的字幕,关闭字幕设计窗口。

(11)拖动项目窗口的"滚动字幕"素材到时间线视频 2 轨道即可。

7.4.5 Adobe Premiere 特技

Adobe Premiere Pro 包含一百余种视频、音频特效,这些特效命令包含在特效窗中,将其拖放到时间线的音频或视频素材上并双击,可以在特效控制窗中调整特效参数。特效控制窗含有运动和透明特效。

1. 特效窗

除了运动和透明度两个特效设置包含在特效控制窗中外,音频效果器、音频处理、视频特效和视频转场都放置在特效窗,特效窗对特效进行管理,如图 7.10 所示。

2. 关键帧

关键帧是动画的源泉,它几乎已经成为描述动画使用频率最高的术语之一,设置关键帧是

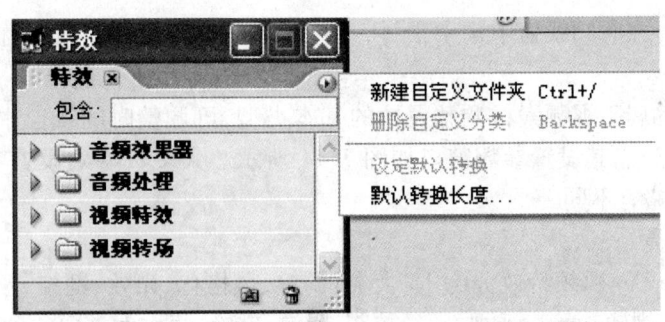

图 7.10 特效窗口

制作动画最常用、最简单的方法。

插值技术,在关键帧中得到大量运用。Adobe Premiere Pro 在关键帧之间自动插入线性的、连续变化的进程控制值。这意味着不用为每一个帧制作一个关键帧。

关键帧插值方式主要有以下几种。

(1) 正常入/出:不会改变运动速度,是默认的插值方式。

(2) 快入/出:关键帧前/后半部属性加速变化。

(3) 慢入/出:关键帧前/后半部属性减速变化。

(4) 曲线入/出:以曲线方式入/出。

(5) 限制入/出:关键帧前/后半部属性保持不变。

3. 视频特效应用与控制

时间线窗中的素材施加特效后,素材下方出现一条红色线,特效设置同时出现在特效控制窗中。在该窗口可以调整效果参数,拷贝与粘贴效果属性,完整复制效果设置。

(1) 特效控制窗。特效依照添加到素材上的先后顺序自动排列。在特效控制窗中调整特效属性,为属性设置关键帧。选择"窗口/特效控制"命令,打开特效控制窗。窗口右侧是窗口展开、收缩控制按钮,其中 ⌃ 为特效展开,⌄ 为效果收缩。首先,全面浏览效果控制窗的工具按钮和功能分布,如图 7.11 所示。

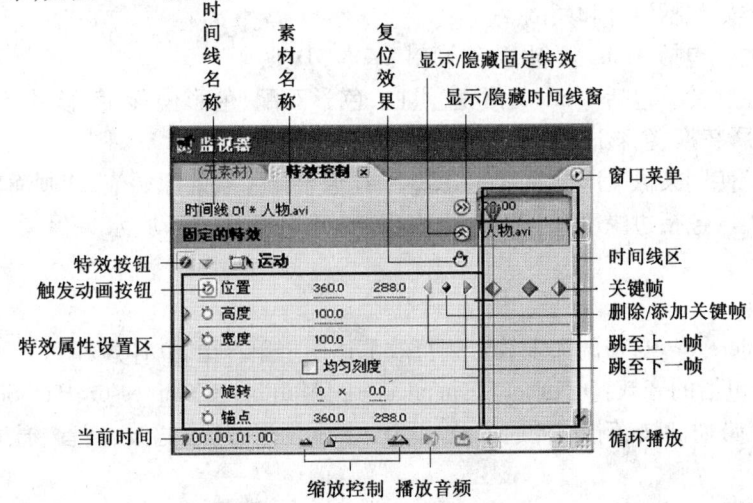

图 7.11 特效控制窗

（2）删除特效。在时间线窗中选中素材，在特效控制窗中点击特效名称，可多选，按键盘 Delete 键删除。

（3）运动。运动属于视频素材调整属性的基本类型，可调整时间线窗中素材位置、旋转、缩放和中心点(锚点)。其设置参数窗口如图 7.11 所示。大多数特效设置与该窗口类似，只是各自的细微设置略有不同。

4. 视频特效分类

Adobe Premiere Pro 视频特效分为 15 大类：调整、风格化、光效、键控、颗粒、模糊锐化、扭曲、色彩校正、时期、视频、通道、透视、图像控制、噪波、转换，每一大类中包含若干特效。

（1）调整类。包括调色、多色调分色、黑白锐化、亮度对比度、色阶、通道混合。

（2）风格化类。包括 Alpha 发光、风、浮雕、复制、马赛克、平铺、曝光、闪光灯、纹理、寻找边缘、颜色浮雕、噪波。

（3）光效类。包括镜头眩光、闪电效果、斜面罩。

（4）键控。键控是使图像中某一部分透明，将所选颜色或亮度从图像中去除，从而使去掉颜色的图像部分透出背景，没去掉颜色的部分依旧保留原来的图像，以达到合成的目的，这一处理过程就叫做键控。键控包括 Alpha 调整、RGB 不同扣像、差异扣像、非红色扣像、跟踪扣像、跟踪遮罩、蓝屏扣像、亮度键、绿屏扣像、屏幕键、增加键、色度键、图像遮罩扣像、无用信号遮罩、移除遮罩。

（5）颗粒。包括玻璃颗粒、彩玻颗粒、平面。

（6）模糊锐化类。包括定向模糊、放射状模糊、快速模糊、高斯模糊、高斯锐化、镜头模糊、抗锯齿、锐化、锐化边缘、通道模糊、重影。

（7）扭曲类。包括边角、波浪、波纹、反射、光学变形、锯齿、球形、视频变形、视频坐标变形、收缩、弯曲、修剪、旋转。

（8）色彩校正。包括一项 color Corrector(颜色修正)。

（9）时期类。包括重复和、多色调分色时期。

（10）视频类。包括插入新场和广播颜色。

（11）通道类。包括混合和颠倒。

（12）透视类。包括 Alpha 倾斜、边缘倾斜、基本 3D、阴影。

（13）图像控制类。包括 Gamma 修正、黑白、色彩匹配、色彩偏移、色彩平衡(HLS)、色彩平衡(RGB)、色彩替换、色彩通道(过)、色调。

（14）噪波。使用某像素周围像素的 RGB 平均值替换像素的原始值，使画面变得柔和。

（15）转换类。包括边缘羽化、裁剪、垂直保持、垂直翻转、滚动、水平保持、水平翻转、素材、相机镜头。

5. 音频特效

Adobe Premiere Pro 自带的大多数音频特效都适用于单声道、立体声和 5.1 环绕声素材。

5.1 环绕声包括的音效：DeNoiser、Dynamics、EQ、MultibandCompressor、PitchShifter、Reverb、凹槽、参量均衡、带通滤波、倒置、低通滤波、低音、多重延迟、高通滤波、高音、通道音量、延迟、音量。

立体声包括的音效：DeNoiser、Dynamics、EQ、MultibandCompressor、PitchShifter、Reverb、凹槽、参量均衡、带通滤波、倒置、低通滤波、低音、多重延迟、高通滤波、高音、交换通道、平衡、填充右声道、填充左声道、通道音量、延迟、音量。

单声道包括的音效：DeNoiser、Dynamics、EQ、MultibandCompressor、PitchShifter、Reverb、凹槽、参量均衡、带通滤波、倒置、低通滤波、低音、多重延迟、高通滤波、高音、延迟、音量。

音频特效控制窗如图7.12所示。

窗口中参数可根据设计需要而定，不同的特效其参数也各不相同。

6. 转场效果

影视创作中的编辑是服务于内容的，是用条理清晰、合乎逻辑、令人信服的方法排列每一场及每一场中的不同镜头。前面讲到剪辑方法，概括起来看，主要是直接转场，转场分为无技巧转场与技巧转场。不同的转场手法各有侧重。

无技巧转场侧重于连贯，连贯中有分隔，称为"连贯方式"，一般用直接切换来完成。即不借助任何附加的光学技巧来交待时间、空间变化和场景转换的剪辑方式。

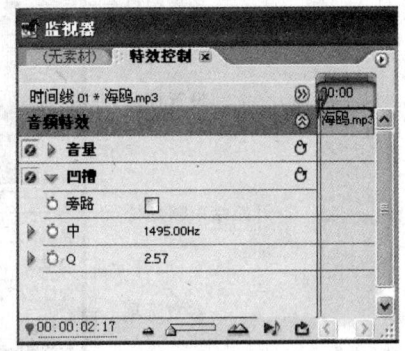

图7.12 特效控制窗

技巧转场侧重于分隔段落、场面，分隔中有连贯，称为"分隔方式"，一般用特殊的技巧画面来完成。

（1）转场特效窗口。Adobe Premiere Pro将音频特效、视频特效、视频转场合并在一个窗口中统一管理。点击特效窗口的视频转场文件夹，逐层展开各种转场设置。

（2）创建视频转场特效。在特效窗口中选择某一转场命令，直接拖到时间线中需要添加转场效果素材上即可。

（3）替换、删除视频转场特效。替换转场特效时可直接拖动想要替换的转场特效到原来的转场特效上即可替换。鼠标左键在时间线上选择转场特效，按Delete键即可。

（4）转场特效控制。在时间线窗选择转场特效，在特效控制窗可进行相应属性设置。其属性窗口如图7.13所示。转场窗口参数设置如下。

持续时间：转场时间。可以在时间线窗中拖动转场边缘调节时间，也可以在特效控制窗中改变时间数值。

对齐：选择对齐方式。A和B代表相邻素材的重叠画面。

显示实源：显示实际的素材画面。

边框宽/色：设置转场时调节素材间的边缘宽度和颜色。

反转：反转转场。

抗锯齿质量：调解边缘平滑度，可选择关闭、低、中、高质量。

有些转场设置扩展性很强，出现的可调选项也会相应增多。

（5）3D过渡。包括窗帘、翻页、翻转、关门、筋斗翻出、立体旋转、内关门、外关门、旋转、折叠。

（6）擦除。包括擦除、插入、带形擦除、挡光板、方格擦除、方格下划、积木碎块、轮转风车、泼溅油漆、倾斜擦除、软百叶窗、射线擦除、时钟擦除、随机擦除、随机碎片、楔形擦除、旋转消失。

（7）滑行。包括百叶窗1、百叶窗2、带形滑行、多方格旋转、分开、滑行、交换、推、斜线滑

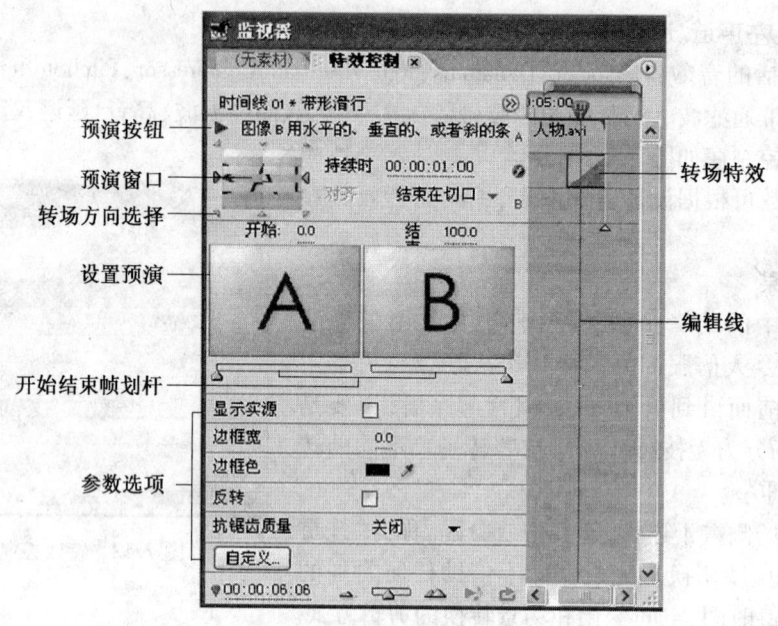

图 7.13 转场控制窗

行、中心分裂、中心融合、漩涡。

(8) 划像。包括方形划像、菱形划像、十字划像、四角划像、五角星划像、圆形划像、钻石形划像。

(9) 卷页。包括单重卷页、滚动卷页、卷页、四重卷页、削落卷页。

(10) 溶解。包括淡入淡出、附加溶解、颗粒溶解、随机颠倒、无附加溶解。

(11) 伸展。包括变形进入、交叉伸展、快速飞入、漏斗、伸展。

(12) 缩放。包括跟踪缩放、盒子缩放、十字缩放、缩放。

(13) 特技。包括红蓝输出、获取、图形遮罩、位移、纹理、直接。

(14) 映射图。包括通道映射图和亮光过渡。

7. 转场效果实例——局部马赛克

(1) 新项目文件,展开 DV-PAL,选择 DV-PAL Standard 48 kHz。选择保存位置,命名为"局部马赛克"。

(2) 导入"人物"素材,将其分别放置在视频 1 轨道和视频 2 轨道上,使两素材重叠。

(3) 单击 👁 轨道隐藏按钮,将视频 2 轨道设置为隐藏状态。

(4) 选择"特效/视频特效/转换/裁剪",拖放在视频 2 轨道上。

(5) 在特效控制窗口,旋开并单击选择"裁剪",设置其参数如下。

    0 帧   设置四个关键帧   调整画面大小为脸部位置

    2 秒   设置四个关键帧   调整画面大小为脸部位置

    4 秒   设置四个关键帧   调整画面大小为脸部位置

    6 秒   设置四个关键帧   调整画面大小为脸部位置

(6) "特效/视频特效/风格化/马赛克",拖放到视频 2 轨道上。

在特效控制窗口,旋开"马赛克",设置其参数如下。

Horizontal Blocks :20

Vertical Blocks : 20

（7）再次单击轨道显示按钮，恢复视频 1 轨道显示 👁 状态即可。

（8）按键盘上的 Enter 键可进行预演。

7.4.6 合成输出

在序列中完成内容制作后，需要以文件或音、视频信号的形式输出到目标媒介之上。

Adobe Premiere 不仅提供如 DV、DVD、CD、VCD、SVCD 等高质量的输出格式，也支持 Web、AAF 等可在多平台上使用的文件类型。还可以在计算机非线性编辑系统中播放，通过硬件设备记录在录像机磁带上。

选择文件菜单下的输出，输出包含六个方向，如图 7.14 所示，不同的输出方向之间也有相互交叉。

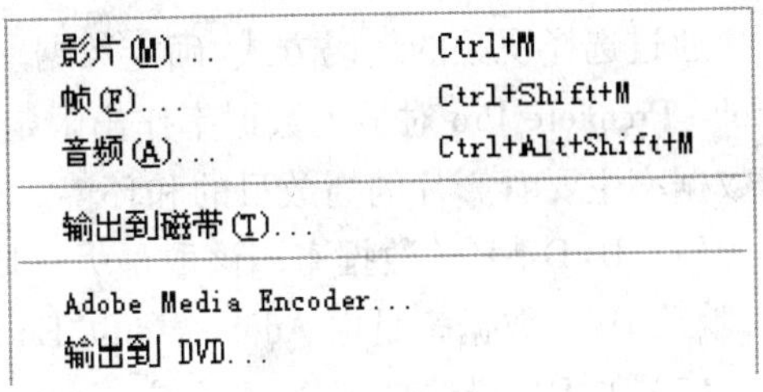

1. Adobe Premiere Pro 可以输出的文件格式

（1）视频格式。包括：Microsoft AVI、DV AVI、Animated GIF、MPEG1、MPEG1 - VCD、MPEG2、MPEG2 - DVD、MPEG2 - SVCD、RealMedia、QuickTime、Windows Media。

（2）音频格式。包括：Microsoft AVI、DV AVI、MPEG、MP3、Real Media、QuickTime、Windows Media。

图 7.14 输出选项

（3）静止图像格式。包括：Filmstrip、FLC/FLI、Targa、TIFF、Windows Bitmap。

（4）序列图像格式。包括 GIF Sequence、Targa Sequence、TIFF Sequence、Windows Bitmap Sequence。

2. 输出到 DVD

如果计算机系统连接了 DVD 刻录机，则可以从序列中直接输出 DVD 光碟。由于 Adobe Premiere Pro 在输出 DVD 时会同时生成草稿文件（Scratch Files），要确定 DVD 盘片有足够的磁盘空间。

3. Adobe Media Encoder

Adobe Media Encoder 实际上是一个格式编码工具，默认设置提供多样化的输出类型，如 MPEG1、MPEG1 - VCD、MPEG2、MPEG2 - DVD、MPEG2 - SVCD、QuickTime、RealMedia、Windows Media。

4. 输出影片

做完编辑工作后，需要将项目内容输出为信号或者文件，以便可以在其他系统平台上使用，或者在其他的编辑软件中再次修改。

5. 输出到磁带

通过视频采集/回放卡或 IEEE1394 卡，在非线性编辑系统中制作的节目可以直接记录到录像带上。

6. 输出帧

可以从当前时间线位置输出静帧，也可以从素材视窗、源视窗、节目视窗中输出静帧。

7. 输出音频
可以从时间线将文件中的音频导出为单独文件。

8. 创建 Internet 媒体内容
包括实时流式文件、顺序流式文件、MPEG 影像、动画 GIF。

9. 输出 After Effects 使用的项目文件
在 After Effects 中，可以直接引入 Adobe Premiere Pro 的项目文件，使用一些高级的合成功能。

10. 压缩关键帧
压缩关键帧不等同于前面所说的轨道控制或素材属性调整的关键帧。压缩关键帧在输出影片时以固定间隔自动置入。

11. 数据率
通过选择视频的编码方式，确定数据率。数据率控制着每秒钟播放时所处理的画面信息。Adobe Premiere Pro 对最大数据率作出限定，因为实际的数据率取决于每一帧画面的内容。确定数据率主要看影片的播放目的和环境。

（1）DVD 制作，数据率应该取最大品质的数值，达到 DVD 的要求。在 Adobe Premiere Pro 中，默认 DVD 数据率是由 Adobe Media Encoder 自动调整的。

（2）非 DV 录像带制作，数据率不要超过计算机和硬盘所能承受的范围。

（3）硬盘播放，了解目标播放硬盘的性能，尽量选择较大的数据率。

（4）CD-ROM 播放，数据率的选择不能高于播放光驱的速度。

（5）Intranet 内部播放，只要局域网的传输速度许可，数据率可以达到 100 kbps 甚至更高。

7.5 After Effects 影视编辑软件

After Effects 也由 Adobe 公司出品，它和 Premiere 同属视频编辑软件，但是它与 Premiere 有所不同。

After Effects 可以在视频片段上创作许多神奇的效果，例如抠像、局部透明、文字旋转和按路径移动文字等，经过处理的视频片段或图像文件可以重新生成视频文件。

After Effects 和 Photoshop 一样具有层的功能，用户可以在无限的层上添加各种效果和动作。可以说 After Effects 就是视频处理上的 Photoshop。

After Effects 可以认为是一个前期的软件，使用它可以对采集的视频文件和三维软件生成的动画文件进行深入加工。Premiere 是一个后期的软件，它可以把 After Effects 处理过的多个视频文件使用多种蒙太奇的手法连接成一个视频文件，或者使用某一种抠像方法，将多个视频文件叠加在一起，生成复杂的效果。

After Effects 是一个专业性较强的软件，中央电视台的许多节目片头和广告也是用它制作的。它的价位不高，但效果却非常好。在某些方面可以同工作站级的视频处理软件和专用的字幕机相媲美，使用它可以组成性价比很高的视频处理系统，适用的范围非常广泛。

下面介绍一个使用 After Effects 制作的"闪亮登场的文字动画"视频实例。

本实例制作一个旋转变化着飞入的文字，加上色彩模糊和眩光闪亮登场。制作步骤如下：

1. 文字动画

(1) 新建合成 CH1-1

①打开 After Effects,按 Ctrl+N 键新建一个名为 CH1-1 的合成,采用 PAL D1/DV 制式,长度为 5 s。

②按 Ctrl+S 键将当前项目文件命名保存,此处命名为 CH 1-1.aep。在随后的制作中可随时按 Ctrl+S 键保存文件。

(2) 建立文字 After Effects

选择"图层/新建/文字",建立一文字层。在"字符"面板中将其颜色选用白色,然后在视图中输入 After Effcts,按小键盘 Enter 键结束。在字符和段落面板中,分别设置合适的字体、大小、位置等,如图 7.15 所示。

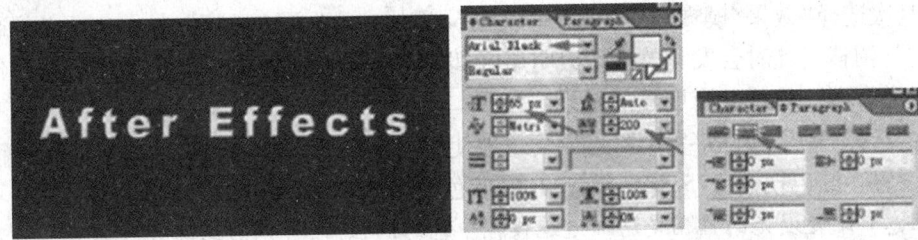

图 7.15 设置字符

(3) 设置文字逐一显示的动画

①在时间线中展开文字,单击打开"动画"后的弹出菜单选择"透明度",添加一个"动画1",将其下面的透明度设为 0%。"展开其范围选择器 1",在第 0 帧时单击打开"偏移"前面的码表,设置动画关键帧如下:第 0 帧为 0%,第 2 秒 24 帧为 100%。

②按小键盘 0 键预览结果,文字从左至右渐出。

(4) 设置文字缩放和旋转动画

①在"动画 1"右侧"添加"后的弹出菜单"属性/比例",等比放大为原来的 1 000%。

②同样,再单击打开"添加"后的弹出菜单选择"属性/旋转",设置其反向旋转 2 周。

③按小键盘 0 键预览结果,由于受前面已设置的"偏移"动画关键帧的影响,已产生缩放和旋转的动画。

(5) 调整文字旋转中心

文字在旋转时为甩动的方式,没有以每个字母中心来平稳地转动,这是因为每个字母的轴心点都在其底部,需要将其调整到中部。单击动画后的弹出菜单选择"锚点",添加一个"动画2",并在其下设置"锚点"为 0,-20,使每个字母的轴心点居中。

【注意】可以打开合成窗口中左下角的字幕安全框,观察字母轴心点居中情况。

(6) 为文字添加一个不断变化字母的效果

①在"动画 1"右侧"添加"后的弹出菜单选择"属性/字符偏移",设置其为 20。

②预览动画查看文字旋转飞入的同时,在不断地变化着不同的字母。

(7) 为文字添加一个画面延续效果和 Alpha 斜角效果

①选择"效果/透视/Alpha 斜角(Alpha 斜角)",设置合适的"边缘浑浊"为 3 和"灯光强度"为 0.8。

②选择菜单"效果/时间/重复",设置"重复数量"为 3 和"衰减"值为 0.7,使文字飞入的

同时产生延续的幻影。不过要将"Alpha 斜角"拖至"重复"的下方,否则"Alpha 斜角"会失去作用。

2. 文字模糊

(1)复制模糊文字层

①我们要复制一个文字层放在原文字层之下,对其设置模糊效果,使其与文字动画同步。选择原 After Effects 文字层,按 Ctrl+D 键复制一份,按 Enter 键将其重命名为"After Effects 模糊",将其拖至原文字层之下,在时间线将其展开,删除这个模糊文字层效果下的"重复"和"Alpha 斜角"效果,以及"动画 1"下的"比例"。

②单击打开"模糊层"的 solo 开关,单独显示本层查看效果。首先选择"效果/模糊和锐化/方向模糊",设置"模糊长度"为 50,产生纵向的模糊效果。

③其次选择"效果/模糊和锐化/通道模糊",添加一个"通道模糊"效果,对几个"通道模糊"值进行调整。此时会发觉效果不太明显,可以再在其下添加一个"发光"效果,然后再回头调整"通道模糊",这样会有明显的效果。

④再选择"效果/风格/发光",可以简单地使用其默认的设置效果。然后对通道模糊进行适当的设置。红色模糊:175;绿色模糊:100;蓝色模糊:150;Alpha 模糊:125。

【注意】此处发光的作用是增加通道模糊中色彩的强度,可以看到其效果显著。另外在其他涉及与光效相关的制作中,也常配合发光来加强表现效果。

(2)设置模糊动画

①选择"After Effects 模糊"层,按 E 键显示其所添加的效果。按 Home 键将时间线移至第 0 帧处,展开"方向模糊"的参数项,单击打开"模糊长度"前面的码表,设置动画关键帧。第 0 帧时为 0;第 3 秒时为 50;第 3 秒 12 帧时为 0;第 4 秒时为 50;第 4 秒 12 帧时为 0。这样模糊的长度开始慢慢变长,然后收缩两下结束。

②再将时间移至第 3 秒处,展开"通道模糊"下的参数项,分别单击打开红色模糊、绿色模糊、蓝色模糊和 Alpha 模糊前面的码表,设置动画关键帧。第 3 秒时,红、绿、蓝及 Alpha 的模糊分别为 175,100,150,125;第 4 秒 12 帧时,红、绿、蓝及 Alpha 的模糊均为 0。这样彩色的模糊效果逐渐减弱并消失。

③设置完毕再单击关闭模糊层的 solo 开关,恢复上层原 After Effects 文字层的显示。

3. Movingbar 背景

(1)建立条形文字层

①准备建立一个 Movingbar 动画放置到文字的后面,Movingbar 的制作方法有多种,这里就发挥文字层来进行制作。可以先单击两个文字层最左侧的眼睛按钮,暂时关闭其显示状态。在工具面板中选择 T 文字工具,在合成视图中部单击,建立一文字层(与选择菜单新建文字层作用相同),输入 10 个"|"符号(F11 下方的按键),按小键盘的 Enter 键结束输入状态。

②在字符面板右上角单击打开弹出菜单,选择"重置文字面板",恢复默认的参数设置。

③选择 Arial 字体和蓝色的字色(RGB 为 128,0,255)。

④选择条形符号的文字层,按 Ctrl+Alt+F 键将条形文字整体缩放至整个画面大小。

(2)设置条形文字的 Movingbar 动画方式

①单击动画后的弹出菜单选择位置,添加一个"动画 1",再添加一个位移动画。

②单击"动画 1"右侧"添加"后的弹出菜单选择"选择/扭动",此时在水平的方向上调整

"位置"的位移动画,就可以看到竖条的晃动效果了。这里设置为100,0。

③单击"动画1"右侧"添加"后的弹出菜单,选择"属性/比例",添加一个缩放动画,设置"比例"为800,100%。这时可以看到竖条发生了宽度不一的变化。

④单击"动画1"右侧"添加"后的弹出菜单选择"属性/透明度",设置"透明度"为0%,可以看到竖条的不透明度也变得各不相同了。

⑤预览此时的Movingbar效果动画,可适当降低晃动速度,将"蠕动选择器"下的摆动/秒设为0.2。

⑥另外可以展开图层的"转换",将透明度设为75%,将其透明度整体降低一些。

⑦可以单击打开两个文字层最左侧的眼睛钮,恢复其显示状态,并将这个竖条形文字拖至底层。

4. 眩光效果

(1)建立眩光固态层

①按Ctrl+Y键以当前合成的尺寸建立一个黑色的固态层,命名为Flare。

②选中这个Flare层,选择菜单"效果/生成/镜头闪耀",添加一个镜头眩光效果。

(2)设置眩光动画

①选中Flare层,将其图层的叠加方式由默认的Normal改为"添加"方式,顺便将文字层和模糊层也改为添加方式。

②将Flare层的时间范围设为文字飞入过程的时间范围,即第5帧至第2秒24帧。将时间移至第5帧处,按[键移动入点,再将时间移至第2秒24帧处,按Alt+]键剪切出点。

③将"闪耀亮度"设为120%,并在第5帧时单击打开"光源位置"前面的码表,设置眩光位移动画,使其与飞入的文字大致同步。第5帧时为100,288,与飞入的文字在同一位置;第2秒24帧时为620,288,与最后一个文字在同一位置。

④可以将眩光在两个单词飞入的间隔处闪烁一下,在第一个词飞入结束处的第1秒5帧处,选择Flare层,按Ctrl+Shift+D键断开。将时间移至第二个词开始飞入的第1秒15帧处,选择后一个Flare层,按Alt+[键剪切入点。

本例制作完毕。可以按Ctrl+M键打开渲染设置窗口,渲染输出最终结果。

7.6 视频制作应用专题及综合实例

7.6.1 剪辑分割原始素材

(1)启动Adobe Premiere Pro软件,单击"新建项目"按钮,新建一项目文件。

(2)展开DV-PAL,选择通用的DV-PAL Standard 48 kHz。选择文件夹,将新文件命名为"旅游宣传片",单击确定即可。

(3)双击项目窗口,导入"原始素材"、"片头音乐"、"片花音乐"和"背景音乐"。

(4)在项目窗口新建一"素材"文件夹,将刚导入的素材放入文件夹中。

(5)将默认的"时间线01"重命名为"原始素材剪辑"。并在项目窗口新建两个时间线,分别为"片头"和"旅游宣传片"。

(6)打开时间线"原始素材剪辑",从项目窗口中将"原始素材"拖至时间线中0帧位置。

(7) 为后面操作方便,将原始素材进行切割。时间位置如下。

第一部分:天涯海角

5 秒 00 帧	26 秒 12 帧	34 秒 05 帧	37 秒 08 帧
39 秒 18 帧	52 秒 22 帧	57 秒 20 帧	1 分 03 秒 03 帧
1 分 09 秒 13 帧	1 分 12 秒 17 帧	1 分 19 秒 14 帧	1 分 25 秒 15 帧

第二部分:海底世界

1 分 30 秒 15 帧	2 分 03 秒 10 帧	2 分 08 秒 10 帧	2 分 29 秒 01 帧
2 分 33 秒 00 帧	2 分 33 秒 03 帧	3 分 09 秒 07 帧	

其中 2 分 33 秒 00 帧处有一个 3 帧长的夹帧画面,按小键盘"*"设置标记。

第三部分:海山奇观

3 分 14 秒 07 帧	3 分 18 秒 16 帧	3 分 24 秒 18 帧	3 分 33 秒 24 帧
3 分 42 秒 19 帧	3 分 50 秒 07 帧	4 分 01 秒 05 帧	4 分 02 秒 10 帧
4 分 10 秒 03 帧	4 分 26 秒 18 帧	4 分 34 秒 14 帧	4 分 43 秒 08 帧
4 分 55 秒 00 帧			

并将每一段素材按时间重命名,例如,"500"、"2612"、"3708"等。

7.6.2 制作片头

1. 准备片头音乐

(1) 打开"片头"时间线,将素材文件夹中的"片头音乐"拖至时间线。因为这是一个单声道的音频文件,所以自动适配到音频 4 轨道中。

(2) 播放音频预听效果,这是一段节奏清新明快的乐曲,开始处有 1 秒长度的静音和弱音,将时间线移至 1 秒处,Ctrl+K 切割素材,删除前一部分,将后部音频前移到 0 帧处。然后在时间线中:第 5 秒 11 帧、第 10 秒 03 帧、第 14 秒 10 帧和第 18 秒 00 帧位置分别按下小键盘"*"键添加标记。其中第一段准备制作"天涯海角"内容、第二段制作"海底世界"内容、第三段制作"海山奇观"内容,最后一段制作标题字幕内容。

2. 准备片头第一部分素材

(1) 打开"原始素材剪辑"时间线窗口,依次选择"2612"、"500"、"10913"、"11217"四个镜头,复制粘贴到"片头"时间线视频 1 轨道中,并按需要的先后顺序放置,即选择顺序(可手动调整位置)。

(2) 双击素材"2612",在源素材预览窗中打开,设置时间为 28 秒 02 帧,单击" }"设置新入点。在时间线窗将该素材移至 0 帧处。移动编辑线到 5 秒 03 帧处,按 Ctrl + K 分割。

(3) 选择被分开的前部分素材,右键单击,选择"速度/持续时间"命令,设置速度为 800%;选择被分开的后部分素材,右键单击,选择"速度/持续时间"命令,设置速度为 70%,并移至前一素材之后。

(4) 编辑线移至 1 秒 15 帧,将素材"500"移至视频 2 轨道 1 秒 15 帧处。编辑线移至 4 秒 07 帧分割素材,并删除分割后的后一部分素材。

(5) 在时间线中双击素材"10913",在源素材预览窗口中将时间移至 1 分 11 秒 15 帧,单击" }"设置新入点。将时间移至 1 分 12 秒 16 帧,单击" }"设置新出点。右键单击剩余的素材"10913",将其移至时间线 2 秒 20 帧处,右键选择"速度/持续时间"命令,设置速度为 50%。

(6)在时间线中双击素材"11217",在源素材预览窗口中将时间移至 1 分 14 秒 24 帧,单击" "设置新入点。将其移至时间线视频 2 轨道的第 4 秒 12 帧处。将时间移至 5 秒 23 帧处切割素材"11217",删除后一部分。

3. 准备片头第二部分的海洋奇异生物镜头

(1)打开"原始素材剪辑"时间线,复制"13015"、"20810"和"23303"三段素材,打开"片头"时间线将复制的素材粘贴在原来的素材之后的视频 1 轨道上。

(2)将素材"13015"移至 5 秒 23 帧处,移动编辑线到 11 秒 21 帧处,切割素材。

(3)在 28 秒 16 帧和 30 秒 13 帧切割素材,并删除 11 秒 21 帧到 28 秒 16 帧之间的素材。

(4)在 33 秒 23 帧处切割素材,并删除 30 秒 13 帧到 33 秒 23 帧间的素材。

(5)在时间线中将挑选出来的第一个镜头在视频 1 轨道中移至 5 秒 11 帧处。将时间线移至 7 秒 06 帧处切割素材,删除后一部分。

(6)在时间线中将挑选出来的第二个镜头在视频 1 轨道中移至 7 秒 06 帧处。将时间线移至 7 秒 12 帧处切割素材,删除后一部分。

(7)在时间线中将挑选出来的第三个镜头在视频 1 轨道中移至 7 秒 12 帧处。将时间线移至 11 秒 00 帧处,切割素材,删除 7 秒 12 帧和 11 秒 00 帧之间的素材,将后面的素材前移至 7 秒 12 帧处。

(8)将时间线移至 8 秒 05 帧处,切割素材,并删除后一部分素材。

4. 准备片头第二部分素材的海龟镜头

(1)将素材"20810"移至前面剪辑好的素材之后,即 8 秒 05 帧处。8 秒 12 帧处切割素材。

(2)将时间移至 21 秒 00 帧处,切割素材,删除 8 秒 12 帧至 21 秒 00 帧之间的素材,将后面素材前移至 8 秒 12 帧处。

(3)在第 8 帧 20 秒处分割素材,删除后部分。

5. 准备片头第二部分素材的鱼群镜头

(1)将素材"23303"移至前面剪辑好的素材之后,即 8 秒 20 帧处。在 16 秒 00 帧处切割素材。删除 8 秒 20 帧至 16 秒 00 帧间素材。移动后部分素材至 8 秒 20 帧处,在 9 秒 15 帧处切割素材。

(2)将时间移至 29 秒 18 帧处切割素材。删除 9 秒 15 帧和 29 秒 18 帧之间的素材,后面的素材移至 9 秒 15 帧处。

(3)在 10 秒 03 帧处切割素材,删除后部分素材。

6. 准备片头第三部分素材

(1)打开"原始素材剪辑"时间线,复制"33324"、"31816"、"31407"、"32418"、"35007"和"44308"6 个镜头,打开"片头"时间线将复制的素材按照选择顺序粘贴在视频 1 轨道原来的素材之后。

(2)在时间线中双击"33324",在源素材窗口 3 分 42 秒 07 帧处单击 设置新入点,3 分 42 秒 09 帧处单击 设置出点。将挑选出来的素材连接到前面挑选好的素材之后,即 10 秒 03 帧处。

(3) 在时间线中双击素材"31816",在源素材窗口 3 分 18 秒 19 帧处单击 设置新出点。将挑选出来的素材"31816"连接到前面挑选好的素材之后,即 10 秒 06 帧处。

(4) 在时间线中双击"31407",在源素材窗口 3 分 14 秒 12 帧处单击 设置新出点。将挑选出来的素材连接到前面挑选好的素材之后,即 10 秒 10 帧处。

(5) 双击"32418",在源素材窗口 3 分 29 秒 24 帧处单击 设置新入点。将挑选出来的素材连接到前面挑选好的素材之后,即 10 秒 16 帧处。

(6) 将时间移至第 14 秒处切割素材。右键单击前一部分选择"速度/持续时间"命令,设置速度为 400%。此时素材被缩短,在时间线中位置为 10 秒 16 帧至 11 秒 12 帧之间。

(7) 在时间线中将分割开的后一部分素材移至 11 秒 12 帧处。

(8) 将素材"35007"移至视频 2 轨道的第 11 秒 16 帧处。将时间线移至 13 秒 19 帧处切割素材,删除后一部分。

(9) 将素材"44308"移至视频 1 轨道的第 13 秒 07 帧处,并在 18 秒处切割素材,删除后面部分。

7. 为片头素材调整亮度和添加转场

(1) 选择"特效/视频转场/调整/亮度对比度"特效,拖至时间线中 6 秒到 10 秒之间"海底世界"的素材上,调整 Brightness 值为 20 即可。

(2) 选择"特效/视频转场/擦除/擦除",拖至视频 2 轨道中第 1 秒 15 帧的素材开始处,并设置转场的长度与其下视频 1 轨道中的素材出点对齐,为 12 帧。

(3) 再将"擦除"转场特效拖至视频 2 轨道中第 1 秒 15 帧的素材结束处,并设置转场的长度与其下视频 1 轨道中的素材入点对齐,在特效控制窗口勾选"反转"属性。

(4) 选择"特效/视频转场/擦除/倾斜擦除"特效,拖至视频 2 轨道中第 4 秒 12 帧处的素材开始处,并设置转场的长度与其下视频 1 轨道中的素材出点对齐。

(5) 同样,在视频 2 轨道中第 5 秒 11 帧处的素材结束处,添加"倾斜擦除",设置转场长度与其下视频 1 轨道中的素材出点对齐,并在特效控制窗口中勾选"反转"属性。

(6) 最后为视频 2 轨道中的第 11 秒 16 帧处的素材也添加"倾斜擦除"转场,并作相同的设置。

8. 为片头建立字幕

(1) 选择"文件/新建/字幕"命令新建一字幕,命名为"ptzm1",选择文本工具 **T** 创建文字"天涯海角",字体为 STLiti,字体大小为 70,字距为 20,倾斜 15°。填充颜色为 RGB(0,118,255)。添加外部描边,大小为 40,颜色为白色。

(2) 单独选择"海"字,字体大小为 80,倾斜为 0°。填充颜色为 RGB(255,96,0)。外描边不变。

(3) 选择"文件/新建/字幕"命令新建一字幕,命名为"ptzm2",选择文本工具 **T** 创建文字"海底世界",字体为 STZhongsong,字体大小为 45,字距为 15。填充颜色为 RGB(45,120,0)。添加外部描边,大小为 40,颜色为白色。

(4) 单独选择"海"字,字体大小为 60,倾斜为 0°。填充颜色为 RGB(0,118,255)。外描边不变。

（5）选择"文件/新建/字幕"命令新建一字幕，命名为"ptzm3"，选择文本工具 T 创建文字"海山奇观"，字体为 Lisu，字体大小为45，字距为10。填充颜色为黑色。添加外部描边，大小为40，颜色为白色。

（6）单独选择"海"字，字体大小为60，倾斜为15°。填充颜色为RGB(255,245,0)。添加外部描边，大小为40，颜色为白色。

（7）选择"文件/新建/字幕"命令新建一字幕，命名为"ptzm4"，选择文本工具 T 创建文字"海南之旅"，字体为STXingKai，字体大小为60，字距为25。填充颜色为RGB(215,60,0)。添加外部描边，类型为凸出，大小为30，颜色为白色。勾选"阴影"，距离为5。

（8）在"海南之旅"的下方建立字母"HAINANZHILV"，字体为Lithos Pro，字体大小为30，字距为10。填充色为RGB(215,60,0)。添加外部描边，类型为凸出，大小为30，转角为30°，颜色为白色。

9. 为片头放置字幕

（1）打开"片头"时间线，在素材窗口中将"ptzm1"拖至时间线视频3轨道中的第1秒15帧处，并将其出点设为第5秒11帧。

（2）将"ptzm2"拖至时间线视频3轨道中的第5秒23帧处，并将其出点设为第9秒15帧。

（3）将"ptzm3"拖至时间线视频3轨道中的第10秒12帧处，并将其出点设为第13秒19帧。

（4）将"ptzm4"拖至时间线视频3轨道中的第14秒处，并将其出点设为第18秒处。

（5）打开特效窗口，选择"视频转场/擦除/倾斜擦除"，拖至视频3轨道中第一个字幕"天涯海角"的开始处，并设置转场长度为1秒。同样，将前三个文字的开始和结束处添加1秒长度的"倾斜擦除"转场，为第四个文字的开始处添加一个长为1秒12帧的"倾斜擦除"转场。

7.6.3 制作片花1

1. 准备片花音乐

（1）在素材窗口新建时间线"片花1"，并添加一个视频4轨道。双击"片花1"，打开其时间线窗口，将"片花音乐"拖至"片花1"时间线的音频1轨道中。将时间移至第1秒21帧处，切割素材，在分割开的素材前一部分上右键单击，选择"波纹删除"，后面的素材移至0帧处。

（2）在第2秒、第5秒20帧及第10秒处分别按小键盘"*"添加标记。

2. 建立片花1-1时间线

（1）新建时间线"片花1-1"。并添加一个视频4轨道。

（2）在素材窗口中双击"原始素材"，将其在源素材预览窗口中打开，将时间移至5秒处，单击 设置入点，再将时间移至14秒24帧处，单击 设置出点。在"片花1-1"时间线窗口中选中视频1轨道，将时间线移至0帧处，在源素材预览窗中单击 将素材"覆盖"到时间线中视频1轨道中。

（3）在源素材预览窗中单将时间移至22秒10帧处，单击 设置入点，再将时间移至32秒09帧处，单击 设置出点。在"片花1-1"时间线窗口中选中视频2轨道，将时间线移至0帧处，在源素材预览窗中单击 将素材"覆盖"到时间线中视频2轨道中。

(4)在源素材预览窗中单将时间移至34秒05帧处,单击 设置入点,再将时间移至44秒04帧处,单击 设置出点。在"片花1-1"时间线窗口中选中视频3轨道,将时间线移至0帧处,在源素材预览窗中单击 将素材添加到时间线中视频3轨道中。

(5)在源素材预览窗中单将时间移至52秒22帧处,单击 设置入点,再将时间移至第1分02秒21帧处,单击 设置出点。在"片花1-1"时间线窗口中选中视频4轨道,将时间线移至0帧处,在源素材预览窗中单击 将素材添加到时间线中视频4轨道中。

(6)在时间线中选择视频4轨道的素材,在特效控制窗口中设置刻度为48,位置为530,422。

在时间线中选择视频3轨道的素材,在特效控制窗口中设置刻度为48,位置为190,422。
在时间线中选择视频2轨道的素材,在特效控制窗口中设置刻度为48,位置为530,154。
在时间线中选择视频1轨道的素材,在特效控制窗口中设置刻度为48,位置为190,154。

3. 建立"片花1-2"时间线

(1)新建"片花1-2"时间线。

(2)在素材窗口中双击"原始素材",将其在源素材预览窗口中打开,将时间移至第1分16秒15帧处,单击 设置入点,再将时间移至第1分25秒14帧处,单击 设置出点。在"片花1-2"时间线窗口中选中视频1轨道,将时间线移至0帧处,在源素材预览窗中单击 将素材添加到时间线中视频1轨道中。

(3)选择"文件/新建/字幕"命令,新建一字幕文件,命名为"ph圆形轮廓"。在字幕窗口中选择椭圆工具 绘制椭圆,在转换中设置高度为560,宽度为560。取消其填充。添加内部描边,将其颜色设为黑色。分别设置水平居中和垂直居中。

(4)然后同样再建立一个小圆,在转换中设置高度为85,宽度为85。取消其填充。添加一个内部描边,并将其设为5,其颜色设为黑色。分别设置水平居中和垂直居中。

(5)在当前字幕的基础上选择"文件/另存为"一个名为"ph大圆"的字幕,选中字幕中的大圆,勾选填充,将其填充为任意颜色。

(6)在当前字幕的基础上选择"文件/另存为"一个名为"ph小圆"的字幕,删除字幕中的大圆,然后选中小圆,勾选填充,将其填充为任意颜色。关闭字幕设计窗口,设置时间线时间为0帧。

(7)从素材窗口将"ph大圆"拖至视频2轨道中,将"ph小圆"拖至视频3轨道中,将"ph圆形轮廓"拖至视频3轨道上方的空白处,会自动添加一个视频4轨道并放置在其中。

(8)在时间线中将"ph大圆"和"ph小圆"所在的视频2轨道和视频3轨道的显示关闭。打开特效下的键控,从中将"跟踪扣像"拖至视频1轨道中的素材上为其添加效果。

(9)在时间线中选中视频1轨道中的素材,在特效控制窗口对其进行设置。将"跟踪扣像"下的"遮片"设为视频2,这样大圆形状的圆形范围内显示出素材图像。

(10)再为其添加一个"跟踪扣像",在特效控制窗口对其进行设置,将其第二个"跟踪扣像"下的"遮片"设为视频3,同时勾选中"颠倒",这样小圆形状的圆形范围内素材图像被排除。

4. 合成片花 1

(1) 打开"片花 1"时间线。选择"文件/新建/彩色场"命令新建一个任意颜色的遮罩。将其命名为"色彩背景",将其从素材窗口拖至时间线视频 1 轨道中,并将长度设置为 10 秒。

(2) 选择"特效/光效/斜面罩",将其拖至视频 1 轨道的"色彩背景"上,为其添加一个渐变色特效。

(3) 在时间线中选中"色彩背景",并将时间线移至 0 帧处。在特效控制窗中对"斜面罩"参数进行设置。0 帧,单击"斜面罩"前四个参数前的设置固定动画按钮 ⏱,添加关键帧,并设置该帧参数值如下。

    Start of Ramp:360,280
    Start Color:RGB(255,120,0)
    End of Ramp:800,150
    End Color:RGB(255,255,50)

3 秒 08 帧 Start of Ramp:160,150
    Start Color:RGB(250,180,110)
    End of Ramp:1000,600
    End Color:RGB(190,10,200)

6 秒 16 帧 Start of Ramp:0,700
    Start Color:RGB(220,250,10)
    End of Ramp:2000,600
    End Color:RGB(190,10,200)

9 秒 24 帧 Start of Ramp:800,0
    Start Color:RGB(255,240,10)
    End of Ramp:100,100
    End Color:RGB(100,200,10)

(4) 按住 Ctrl 键同时在素材窗口中双击"片花 1-1",将其在源素材窗口中打开。在时间线中选中视频 2 轨道,并将时间移至 0 帧处。单击源素材窗口右下角的切换获取视音频按钮将其切换为 🎬,只获取视频,再单击 📥 将素材添加到时间线中视频 2 轨道中。

(5) 按住 Ctrl 键同时在素材窗口中双击"片花 1-2",将其在源素材窗口中打开。在时间线中选中视频 3 轨道,并将时间移至第 1 秒处。单击源素材窗口右下角的切换获取视音频按钮将其切换为 🎬,只获取视频,再单击 📥 将素材添加到时间线中视频 3 轨道中。

(6) 在时间线中选中视频 3 轨道中的"片花 1-2",在其特效控制窗中的"运动"下设置关键帧动画。将时间移至 2 秒处,单击"位置"、"刻度"和"旋转"前的码表 ⏱,记录动画关键帧。

  位置:360,288;刻度:60;旋转:0°。
  将时间移至 1 秒处,位置:800,288;刻度:30;旋转:360°。

(7) 在时间线的视频 2 轨道中选中"片花 1-1",在其特效控制窗中的"运动"下设置"刻度"为 90。

(8) 选择"文件/新建/字幕"命令,创建一名为"ph1zm"的字幕,输入文字"天涯海角",字体为FZShuTi,字体大小为75,字距为30。填充色为RGB(215,60,0)。添加外部描边,类型为凸出,大小为30,颜色为白色。勾选阴影,颜色为黑色,距离为5。

(9)在"天涯海角"下输入字母"TIANYAHAIJIAO",字体为Lithos Pro,字体大小为25,字距为11。填充颜色为RGB(215,60,0)。添加外部描边,类型为凸出,大小为30,转角为30度,颜色为白色。勾选阴影,颜色为黑色,距离为5。

(10)从素材窗中将"ph1zm"拖至时间线中视频3轨道上方空白处,会自动添加一个视频4轨道并放置在其中,并移至5秒15帧处。

(11)在特效控制窗,将时间移至6秒05帧,单击打开"刻度"前的码表,记录动画关键帧,当前值为100,再将时间移至5秒15帧处,将"刻度"设为0即可。

7.6.4 制作片花2

在素材窗口中右键单击"片花1",选择"副本"命令,建立一个"片花1复制",将其更名为"片花2",同样由"片花1-1"建立"片花2-1",由"片花1-2"建立"片花2-2"。

1. 修改制作"片花2-1"

(1)在素材窗口中双击"片花2-1",打开其时间线。在其时间线窗口中双击视频1轨道中的素材在源素材窗口中打开。将时间移至1分40秒14帧处,单击 ⁍ 设置出点,再将时间移至1分30秒15帧处,单击 ⁌ 设置入点。在时间线窗口视频1轨道空白处右键单击,选择"波纹删除"命令删除空白区域,右侧素材自动移动到0帧处。

(2)在视频2轨道中作同步骤"(1)"相同操作,但出点时间为2分03秒09帧,入点时间为1分53秒10帧。

(3)在视频3轨道中作同步骤"(1)"相同操作,但出点时间为2分18秒09帧,入点时间为2分08秒10帧。

(4)在视频4轨道中作同步骤"(1)"相同操作,但出点时间为2分43秒02帧,入点时间为2分33秒03帧。

2. 修改制作"片花2-2"

(1)在素材窗口中双击"片花2-2",打开其时间线窗口。

(2)在"片花2-2"时间线窗口,双击视频1轨道中的素材在源素材窗口中打开。将时间移至3分09秒05帧处,单击 ⁍ 设置出点,再将时间移至3分00秒06帧处,单击 ⁌ 设置入点。在时间线窗口视频1轨道空白处右键单击,选择"波纹删除"命令删除空白区域,右侧素材自动移动到0帧处。

3. 修改制作"片花2"

(1)在素材窗口中双击"片花2",打开其时间线窗口。

(2)从素材窗口中,将"片花2-1"拖至"片花2"时间线中视频2轨道原有的"片花1-1"之后,将"片花2-2"拖至"片花2"时间线中视频3轨道原有的"片花1-2"之后。

(3)在时间线中右键单击"片花2-1"选择"解除音视频链接"命令将音视频分开,并将音频删掉。同样将"片花2-2"的音频部分删掉。

(4)右键单击"片花1-1"选择"复制"命令,右键单击"片花2-1"选择"粘贴属性"命令,将"片花2-1"前移代替"片花1-1"的位置。

(5)右键单击"片花1-2"选择"复制"命令,右键单击"片花2-2"选择"粘贴属性"命令,将"片花2-2"前移代替"片花1-2"的位置。

(6)双击"ph1zm",在此基础上建立"ph2zm",将"天涯海角"改为"海底世界",将字母改为"HAIDISHIJIE",字体大小为30,字母间距为18。

(7)右键单击时间线中选中视频4轨道中的"ph1zm"选择"复制",然后将时间线移至"ph1zm"开始处,删除"ph1zm",从素材窗中将"ph2zm"拖至时间线中5秒15帧处,并将出点与下面轨道的素材对齐,右键单击"ph2zm"选择"粘贴属性"命令。

7.6.5 制作片花3

同制作"片花2"操作流程相同。复制出"片花3","片花3-1"和"片花3-2"。

1. 修改制作"片花3-1"

(1)在素材窗口中双击"片花3-1",打开其时间线。在其时间线窗口中双击视频1轨道中的素材,在源素材窗口中打开。将时间移至3分24秒06帧处,单击 设置出点,再将时间移至3分14秒07帧处,单击 设置入点。在时间线窗口视频1轨道空白处右键单击,选择"波纹删除"命令删除空白区域,右侧素材自动移动到0帧处。

(2)在视频2轨道中作同步骤"(1)"相同操作,但出点时间为3分39秒09帧,入点时间为3分29秒10帧。

(3)在视频3轨道中作同步骤"(1)"相同操作,但出点时间为3分52秒18帧,入点时间为3分42秒19帧。

(4)在视频4轨道中作同步骤"(1)"相同操作,但出点时间为4分12秒09帧,入点时间为4分02秒10帧。

2. 修改制作"片花3-2"

(1)在素材窗口中双击"片花3-2",打开其时间线窗口。

(2)在"片花2-2"时间线窗口,双击视频1轨道中的素材在源素材窗口中打开。将时间移至4分52秒07帧处,单击 设置出点,再将时间移至4分43秒08帧处,单击 设置入点。在时间线窗口视频1轨道空白处右键单击,选择"波纹删除"命令删除空白区域,右侧素材自动移动到0帧处。

3. 修改制作"片花3"

(1)在素材窗口中双击"片花3",打开其时间线窗口。

(2)从素材窗口中,将"片花3-1"拖至"片花3"时间线中视频2轨道原有的"片花1-1"之后,将"片花3-2"拖至"片花3"时间线中视频3轨道原有的"片花1-2"之后。

(3)在时间线中右键单击"片花3-1"选择"解除音视频链接"命令将音视频分开,并将音频删掉。同样将"片花3-2"的音频部分删掉。

(4)右键单击"片花1-1"选择"复制"命令,右键单击"片花3-1"选择"粘贴属性"命令,将"片花3-1"前移代替"片花1-1"的位置。

(5)右键单击"片花1-2"选择"复制"命令,右键单击"片花3-2"选择"粘贴属性"命令,将"片花3-2"前移代替"片花1-2"的位置。

(6)双击"ph1zm",在此基础上建立"ph3zm",将"天涯海角"改为"海山奇观",字体大小为75,字距为30。将字母改为"HAISHANQIGUAN",字体大小为30,字距为12。

(7)右键单击时间线中选中视频4轨道中的"ph1zm"选择"复制",然后将时间线移至"ph1zm"开始处,删除"ph1zm",从素材窗中将"ph3zm"拖至时间线中5秒15帧处,并将出点与下面轨道的素材对齐,右键单击"ph3zm"选择"粘贴属性"命令。

(8)将在项目窗口完成的各项任务归类整理。

7.6.6 剪辑宣传片

1. 剪辑第一部分内容

(1)在素材窗口中双击"旅游宣传片"打开其时间线窗口。

(2)从素材窗口中将"片头"拖至时间线视频1轨道中的0帧处。

(3)从素材窗口中将"片花1"拖至时间线视频2轨道中,紧接在"片头"之后,即18秒处。

(4)从素材窗口中双击"原始素材剪辑"打开其时间线,从中选择"天涯海角"部分素材进行复制。

(5)返回"旅游宣传片"时间线中,将时间移至"片花1"之后,确认并选中视频1轨道进行粘贴。

(6)将视频1轨道中素材进行调整,按住Ctrl键将"2612"拖至"500"入点处释放即可。

(7)将"3405"放在"3918"之后,将"5222"和"5720"调换次序。(可将"3405"和"5222"先拖放在视频2轨道上)

(8)将时间移至26秒处,将视频1轨道上的视频素材移至该位置。选择"特效/视频转场/划像/圆形划像"拖至视频2轨道"片花1"的出点处,为其增加一个2秒长的转场效果(直接在特效控制窗中将持续时间改为2秒即可)。

(9)将时间移至1分26秒00帧处,按小键盘"*"添加标记。即第一部分素材长度剪辑为1分钟。

(10)对第一部分素材进行适当剪辑,为了在部分镜头之间添加淡入淡出过渡转场,将部分镜头移至视频2轨道中,然后为需要淡入淡出的部分预留2秒的重叠。选中视频2轨道,将时间指示线移至需要淡入淡出的位置按Ctrl+D键添加淡入淡出过渡。

2. 剪辑第二部分内容

(1)从素材窗口中将"片花2"拖至时间线视频2轨道中,紧接在第一部分之后,即1分26秒处。

(2)从素材窗口中双击"原始素材剪辑"打开其时间线,从中选择"海底世界"部分素材,并排出2分33秒处的一个夹镜头进行复制(即3帧海龟镜头)。

(3)返回"旅游宣传片"时间线中,将时间移至"片花2"之后,确认并选中视频1轨道进行粘贴。

(4)给复制进来的第二部分内容添加"亮度对比度"特效,设置其亮度参数,增加素材亮度。

(5)调整好素材对比度之后,给片花和内容之间添加一个转场特效。将时间移至1分34秒处,将内容素材前移至这个时间指示线位置,然后打开特效窗口,选择"特效/视频转场/划像/圆形划像"拖至视频2轨道中"片花2"出点处,为其添加一个2秒长的转场。

(6)将时间移至2分34秒00帧处,按小键盘"*"添加标记。即第二部分素材长度剪辑为 1 分钟。

(7) 对第二部分素材进行适当剪辑,为了在部分镜头之间添加淡入淡出过渡转场,将部分镜头移至视频 2 轨道中,然后为需要淡入淡出的部分预留 2 秒的重叠。选中视频 2 轨道,将时间指示线移至需要淡入淡出的位置按 Ctrl + D 键添加淡入淡出过渡。

3. 剪辑第三部分内容

(1) 从素材窗口中将"片花 3"拖至时间线视频 2 轨道中,紧接在第二部分之后,即 2 分 34 秒处。

(2) 从素材窗口中双击"原始素材剪辑"打开其时间线,从中选择"海山奇观"部分素材,并排出 4 分 01 秒 05 帧处的一个较短的晃动镜头,再进行复制。

(3) 返回"旅游宣传片"时间线中,将时间移至"片花 3"之后,确认并选中视频 1 轨道进行粘贴。

(4) 给复制进来的第三部分内容的三个镜头"40210"、"42618"和"43414"添加"亮度对比度"特效,设置其亮度参数为 20,增加素材亮度。

(5) 调整好素材对比度之后,给片花和内容之间添加一个转场特效。将时间移至 2 分 42 秒处,将内容素材前移至这个时间指示线位置,然后打开特效窗口,选择"等效/视频转场/划像/圆形划像"拖至视频 2 轨道中"片花 3"出点处,为其添加一个 2 秒长的转场。

(6) 将时间移至 3 分 42 秒 00 帧处,按小键盘"*"添加标记。即第三部分素材长度剪辑为 1 分钟。

(7) 对第三部分素材进行适当剪辑,为了在部分镜头之间添加淡入淡出过渡转场,将部分镜头移至视频 2 轨道中,然后为需要淡入淡出的部分预留 2 秒的重叠。选中视频 2 轨道,将时间指示线移至需要淡入淡出的位置按 Ctrl + D 键添加淡入淡出过渡。

7.6.7 添加淡出到黑场和字幕

(1) 将时间线移至 1 分 26 秒处,选中视频 1 轨道,按 Ctrl+D 添加一个默认的淡入淡出转场,将画面淡出到黑场。同样,在 2 分 34 秒和 3 分 42 秒处添加淡入淡出转场。

(2) 打开"简介.txt",选择第一段文字复制。

(3) 选择"文件/新建/字幕"先为第一部分建立一个字幕,命名为"左飞 1",在字幕窗中将文字粘贴,设置字体为 SimHei,字体大小为 40,填充色为白色,添加外部描边,添加黑色轮廓。勾选阴影,颜色为黑色。

(4) 选中字幕"左飞 1",选择"字幕/位置/降到第三"命令,将其放置在屏幕底部字幕安全框的上面。然后单击按钮,设置参数。勾选 Start Off Screen 和 End Off Screen。

(5) 从素材窗口中将"左飞 1"拖至时间线中第一部分内容的中间位置,将其长度设为 30 秒。

(6) 同样,在"简介.txt"文本文件中复制第二段文字并建立"左飞 2"。在"简介.txt"文本文件中复制第三段文字并建立"左飞 3"。分别将"左飞 2"和"左飞 3"放置在第二部分和第三部分的中间位置,长度均设为 30 秒。

7.6.8 添加背景音乐

(1) 从素材窗口中拖动"背景音乐"至音频 1 轨道中第一部分的开始处,即 26 秒位置。

(2)选中"背景音乐",在特效控制窗口中关闭"级别"的记录关键帧状态的码表,将其值设置为-6。

(3)在时间线窗口1分26秒处切割素材,在特效控制窗口为其第一部分结束位置处的音乐设置一个音量逐渐落下去直到消失的效果。将时间线移至1秒24帧处,单击打开"级别"前面的记录关键帧状态的码表,当前值为-6。再将时间移至1分26秒处,将"级别"音量的滑钮拖至最左侧设为最低音量。

(4)在时间线窗将分隔开的音频的后一半移至第二部分的开始位置,即1分34秒处,然后将时间线移至第二部分的结束位置,即2分34秒处切割素材。

(5)选中"背景音乐",在特效控制窗口中为其第二部分开始位置处的音乐设置一个由无到有的渐起效果。将时间移至第1秒36帧处,单击打开"级别"前的码表记录关键帧动画,当前值为-6,再将时间线移至1秒34帧处,将"级别"音量的滑钮拖至最左侧设为最低音量。

(6)同样,在第二部分的结束位置处的音乐作一个渐落效果。将时间移至第2秒32帧处,单击关键帧按钮记录下当前数值的关键帧,当前值为-6,再将时间移至2秒34帧处,将"级别"音量的滑钮拖至最左侧设为最低音量。

(7)在时间线窗口中继续将被分割开的音频的后一半移至第三部分的开始位置,即2分42秒处,如果将时间线移至第三部分的结束位置,即3分42秒,切割素材并删除后面多余部分。

(8)选中"背景音乐",在其特效控制窗口中用同样的方法为其第三部分开始和结束设置一个音量渐起渐落的关键帧动画。

7.6.9 输出影片

1. 渲染视频实时播放

(1)在时间线中,有些时间段因为有多层素材或是素材添加了转场、特效等,使得在播放时不流畅或出现停顿,同时在时间标尺下有红色线显示。可以先设置好工作区域,按 Enter 键在工作区域内渲染不能实时播放的部分。

(2)渲染结束后,在时间标尺下面以绿色显示,此时可以实时预览效果了。

2. 输出成片为 avi 文件

(1)可以将时间线中的成片内容输出为一个单独的视频文件,方便保存和使用。选择"文件/输出/影片"命令,打开输出窗口进行设置。

范围:工作区域栏;勾选"完成后添加到工程";确认勾选"输出音频";单击确定按钮。然后确认输出的文件名称,单击保存按钮即可。

(2)因为勾选了"完成后添加到工程",所以在输出渲染结束,生成了"旅游宣传片.avi"之后,自动将其添加到素材窗口中。

3. 输出成片为 MPEG1-VCD

(1)可以将时间线中的成片内容输出为 MPG 文件,这样可以刻录成 VCD 光盘来播放。选择菜单命令"文件/输出/Adobe Media Encoder",打开输出设置窗口,将"转码设置"下的"格式"设为"MPEG1-VCD","预设"为"PAL VCD Standard 1 Pass",勾选"音频"和"视频",在"多路复用器"下将"多路转换类型"选择为"VCD",点击"确定",将"Export Range"设为"Work Area"。

(2)在窗口取得输出文件名称,这里为"旅游宣传片",类型为 MPEG1-VCD(*.mpg)。单击"保存"按钮。

4. 输出成片为 MPEG2-DVD

(1)可以将时间线中的成片内容输出为 MPEG2 文件,这样可以刻录成 DVD 光盘来播放。选择菜单命令"文件/输出/Adobe Media Encoder",打开输出设置窗口,将"转码设置"下的"格式"设为"MPEG2-DVD","预设"为"PAL Progressive High Quality 4M VBR2-Pass",勾选"音频"和"视频",在"多路复用器"下将"多路转换类型"选择为"DVD",点击"确定",将"Export Range"设为"Work Area"。

(2)在窗口取得输出文件名称,这里为"旅游宣传片",类型为 MPEG2-DVD(*.mpg)。单击"保存"按钮。

小 结

本章首先讲解了视频基础知识及视频编辑系统,以便为讲解视频编辑软件 Adobe Premiere Pro 打下良好基础。

Adobe Premiere Pro 是一个非线性编辑工具,提供从硬件采集设备到多种输入、输出格式的强大支持,编辑环境与其他应用软件无缝结合,使视频实时编辑得以实现。本章主要介绍了在 Adobe Premiere Pro 中如何编辑视频素材及音频素材,如何对视音频素材施加特效,如何制作字幕,以达到专业设计水平。最后简单介绍了视频文件最终的输出格式。本章以实例的形式讲解各种特效的实际应用,以加强对特效的理解和应用能力。

好的编辑必须能够在保持观众兴趣的同时,有效地讲述故事。这要求制作人员首先能够有效地操作编辑系统,然后再从视觉艺术的角度构建流畅的镜头段落,并为这个段落选择合适的转场及特效技巧。

习 题

1. 如何创建滚动字幕?
2. 副混音轨道与普通音轨的区别是什么?
3. 练习闪电效果的使用。
4. 通过实例操作试比较素材与修剪应用效果对于图像的影响。
5. Adobe Premiere Pro 输出多种格式文件时都应注意哪些问题?
6. 影视编辑制作的过程是什么?

第8章 多媒体著作工具——Authorware

本章重点:交互图标的各种交互形式的使用;顺序分支、随机分支和计算分支的应用;变量和函数的使用。

本章难点:利用 Authorware 进行多媒体著作的创作。

多媒体应用系统设计不仅需要利用计算机技术将各种媒体信息有机地结合起来,而且需要对其进行精彩的创意和精心的组织,使其变得更加自然化和人性化。所谓多媒体著作工具,是指能够集成处理和统一管理多媒体信息,使之能够根据用户的需要生成多媒体应用系统的工具软件。

8.1 多媒体著作工具

8.1.1 多媒体著作工具的特点

1. 具有集成性的开发环境

多媒体著作工具具有输入通道,可以随时输入利用其他软件编辑制作的多媒体数据素材,如文本、图形、图像、动画、视频影像、声音等,并可对这些素材进行编辑处理,使之按照一定的要求交互性地呈现。

2. 可大大缩短开发周期

多媒体著作工具对于多媒体信息(如文本、图形、图像、动画、视频影像、声音等)的呈现提供了完善的服务功能,创作人员毋需再去处理呈现这些信息的函数、过程、接口地址,可以把全部精力用于设计多媒体信息呈现方式及其交互操作界面的形式等方面。

3. 具有交互性的、面向对象的操作环境

对于出现于多媒体应用软件中的任一多媒体信息,创作人员可以根据需要,对它们进行编辑处理,如移动、延时、声音起止时间的设定、图形呈现与消隐特技,等等,这些控制方式都是全方位的。创作人员的创作过程,是一个对多媒体信息进行交互性操作与控制的过程,而这些多媒体信息都是可视的,创作人员面对的是具有一定意义的对象元素。这就使得多媒体应用软件创作人员的工作充满了情趣与活力,能够很好地激发创作人员的创造性思维,从而可以提高多媒体应用软件的质量。

4. 功能的可扩充性

多媒体著作工具强大的多媒体信息处理功能为创作人员提供了完善的开发环境。但是,对于某些特殊需要的创作人员(如 Authorware 上实现数据库管理功能),利用已有的功能是不能实现的。这就需要利用多媒体著作工具的扩充功能。一般的多媒体著作工具都提供了同其他高级程序设计语言(如 C 语言、SQL 语言等)的接口通道,创作人员可以利用高级程序设计语言实现自己的特殊需要,然后同多媒体著作工具编辑的多媒体应用软件链接即可。

5. 操作简便

多媒体著作工具的各项功能,毋须通过编程实现。多媒体应用软件的创作人员只需根据需要,操作特定的功能键、鼠标等,即可实现对多媒体信息的编辑处理。

8.1.2 多媒体著作工具的种类

1. 流线或图标编辑控制类

流线或图标编辑控制类的多媒体著作工具主要有:Authorware Professional、Htools(Windows 版)等。以 Authorware Professional 为例,该著作系统提供了 13 类图标,分别完成 13 项基本功能。创作多媒体应用软件时,系统提供一条流线,供放置不同类型的图标使用。多媒体素材的呈现是以流线为依据的,在流线图上可以对任一图标进行编辑。流线或图标控制的优点是调试方便,根据需要可将图标放于流线图上的任何位置,并可任意调整图标的位置,对每一图标都可以命以不同的名字以便对图标进行管理。缺点是当多媒体应用软件制作得很大时,图标及分支变得很多,不利于软件的维护与修改。

2. 卡片或页编辑控制类

Asymetrix ToolBook、Microsoft PowerPoint 及 Hypercard 等多媒体工具是卡片或页编辑控制类的代表。其基本思想是:将多媒体素材根据需要编辑在一幅画面之中,即称为一张卡或一页书。不同的卡或书页,根据需要交互性地呈现,即形成多媒体应用软件。这种编辑思想的优点是便于组织与管理多媒体素材,就像阅览一本书,比较形象、直观。缺点是当要处理的内容非常多时,卡或书页的数量将非常大,不利于维护与修改。

3. 时间线编辑控制类

这类多媒体著作工具的典型代表是 Action。Action 中多媒体信息的呈现是以时间来控制的,多媒体信息的呈现顺序也是以呈现时间的先后来实现的。这种控制方式的优点是操作简便、形象、直观,在一个时间段内,可以任意调整多媒体素材的属性(如位置、是否有配音、转向、出图与消失方式的特技类型等)。缺点是需要对每一素材的呈现时间做出精确的安排,而具体实现时可能还要做很多调整,增加了调试的工作量。

8.2 Authorware 7 简介

在各种多媒体应用软件的开发工具中,Macromedia 推出的多媒体制作软件 Authorware 是不可多得的开发工具之一。Authorware 采用面向对象的设计思想,是一种基于图标和流线的多媒体开发工具。它把众多的多媒体素材交给其他软件处理,本身则主要承担多媒体素材的集成和组织工作。Authorware 操作简单,程序流程明了,开发效率高,并且能够结合其他多种开发工具,共同实现多媒体的功能。它易学易用,不需大量编程,使得不具有编程能力的用户也能创作出一些高水平的多媒体作品,对于非专业开发人员和专业开发人员都是一个很好的选择。

8.2.1 Authorware 的主要特点

1. 面向对象的可视化编程

这是 Authorware 区别于其他软件的一大特色,它提供直观的图标流程控制界面,利用对各种图标逻辑结构的布局,来实现整个应用系统的制作。它一改传统的编程方式,采用鼠标对图标的拖放来替代复杂的编程语言。

2. 丰富的人机交互方式

Authorware 提供 11 种内置的用户交互和响应方式及相关的函数、变量。人机交互是评估课件优劣的重要尺度。

3. 丰富的媒体素材的使用方法

Authorware 具有一定的绘图功能,能方便地编辑各种图形,多样化地处理文字。Authorware 为多媒体作品制作提供了集成环境,能直接使用其他软件制作的文字、图形、图像、声音和数字电影等多媒体信息。对多媒体素材文件的保存采用三种方式,即:保存在 Authorware 内部文件中;保存在库文件中;保存在外部文件中,以链接或直接调用的方式使用,还可以按指定的 URL 地址进行访问。

4. 强大的数据处理能力

利用系统提供的丰富的函数和变量来实现对用户的响应,允许用户自己定义变量和函数。

8.2.2 Authorware 7 的用户界面

安装 Authorware 7,当第一次启动时,在欢迎界面展示完毕后出现如图 8.1 所示的新建程序对话框,其中列出了三个知识对象 Accessibility Kit、应用程序和测验。选中一个知识对象,单击确定按钮,启动相应的知识对象创建一个程序文件。如果不想创建知识对象程序文件,可以单击取消或不选按钮。

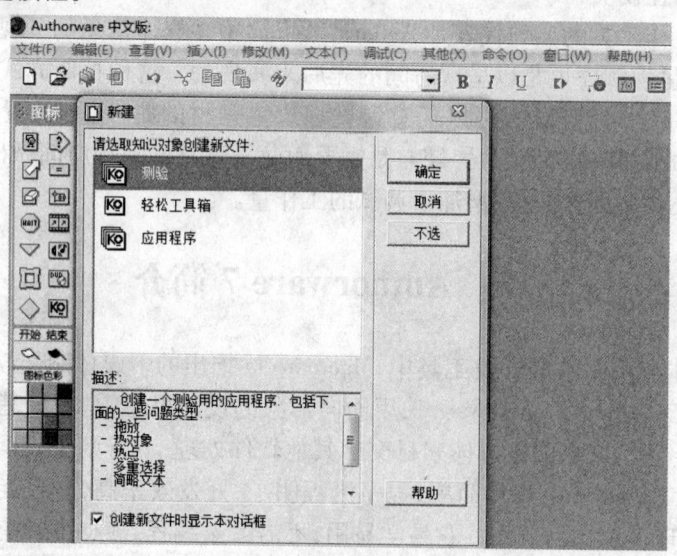

图 8.1 新建程序文件界面

Authorware 7 具有良好的用户界面,它的用户界面中包含标题栏、菜单栏、常用工具栏、设计窗口、图标工具栏和演示窗口,如图 8.2 所示。

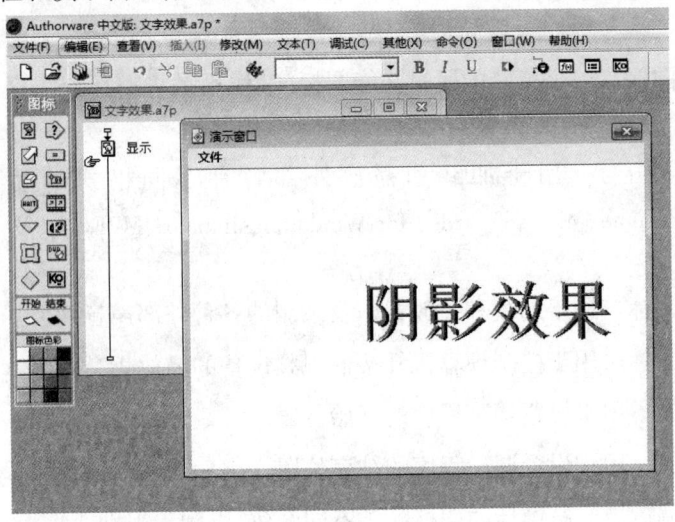

图 8.2　Authorware 7 的用户界面

1. 菜单栏

Authorware 7 菜单栏中包含 11 个菜单项,其中菜单项可以根据选定的对象或当前状态不同而变化。

2. 常用工具栏

常用工具栏是 Authorware 7 窗口的组成部分,其中每个按钮实质上是菜单栏中的某一个命令,由于使用频率较高,被放在常用工具栏中,熟练使用常用工具栏中的按钮,可以使工作事半功倍。

3. 图标工具栏

图标工具栏是 Authorware 7 窗口左侧的一个条形图标组,它们是构成 Authorware 7 程序的基本要素。

(1) 显示图标。Authorware 中最重要、最基本的图标,可用来制作课件的静态画面、文字,可用来显示变量、函数值的即时变化。

(2) 移动图标。与显示图标相配合,可制作出简单的二维动画效果。

(3) 擦除图标。用来清除显示画面、对象。

(4) 等待图标。其作用是暂停程序的运行,直到用户按键、单击鼠标或者经过一段时间的等待之后,程序再继续运行。

(5) 导航图标。其作用是控制程序从一个图标跳转到另一个图标去执行,常与框架图标配合使用。

(6) 框架图标。用于建立页面系统、超文本和超媒体。

(7) 判断图标。其作用是控制程序流程的走向,完成程序的条件设置、判断处理和循环操作等功能。

(8) 交互图标。用于设置交互作用的结构,以达到实现人机交互的目的。

（9）▣ 计算图标。用于计算函数、变量和表达式的值以及编写 Authorware 的命令程序，以辅助程序的运行。

（10）▣ 群组图标。一个特殊的逻辑功能图标，其作用是将一部分程序图标组合起来，实现模块化子程序的设计。

（11）▣ 电影图标。用于加载和播放外部各种不同格式的动画和影片，如用 3DStudioMAX、QuickTime、Microsoft Video for Windows、Animator、MPEG 以及 Director 等软件制作的文件。

（12）▣ 声音图标。用于加载和播放音乐及录制的各种外部声音文件。

（13）▣ 视频图标。用于控制计算机外接的视频设备的播放。

（14）▣ 开始旗。用于设置调试程序的开始位置。

（15）▣ 结束旗。用于设置调试程序的结束位置。

（16）▣ 图标调色板。给设计的图标赋予不同颜色，以利于识别。

4．设计窗口

设计窗口最明显的特征是窗口中的一条竖直的流程线，流程线的上下两端各有一个长方形的标记，表明程序流程的开始和结束。流程线左侧的手形标记称为粘贴指针，用以指明当前操作的位置。

5．演示窗口

用户在设计中看到的只是程序中包含的设计图标，如果要查看和编辑图标中的内容，就必须通过演示窗口完成。

Authorware 7 的启动、文件的打开和保存、退出这些基本操作都和其他窗口程序类似。

8.3　处理文本和图像

一个好的多媒体交互程序不可能仅仅只有文字，而没有图形/图像对象，否则只能叫做电子图书。因此，作为一个多媒体制作软件，Authorware 7 具有强大的图形/图像处理能力。Authorware 7 提供了一系列二维图形创建工具，同时也可以处理多种格式的外部图像。

8.3.1　认识工具箱

在 Authorware 7 中，文本可以放置到显示图标中作为阅读材料、学习材料以及图片说明等，也可以放置到交互图标中提供交互说明等。打开显示图标或交互图标时，如图 8.3 所示的工具箱会自动出现在演示窗口上。

下面对工具箱中的各个工具进行说明。

（1）▣ 图标显示区。用以标记演示窗口中打开的图标。如果打开的是显示图标 ▣，此区域形状为显示图标 ▣，此时双击该区域可

图 8.3　工具箱

以选中此图标下的所有对象；如果打开的是交互图标，此区域变成交互图标，此时双击该区域可以弹出交互属性窗口，同时选中交互图标下的所有对象。

(2) 指针工具。使用指针工具可以选择和移动对象，并且可以改变对象大小。单击可以选中对象，按住 Shift 键再单击可以选中多个对象，选中的对象周围出现控制框。拖动对象控制框内部可以改变对象位置。拖动控制框边框可以改变对象大小。双击指针工具可以打开如图 8.4(a)所示的显示模式对话框，再次双击指针工具可以关闭该对话框。

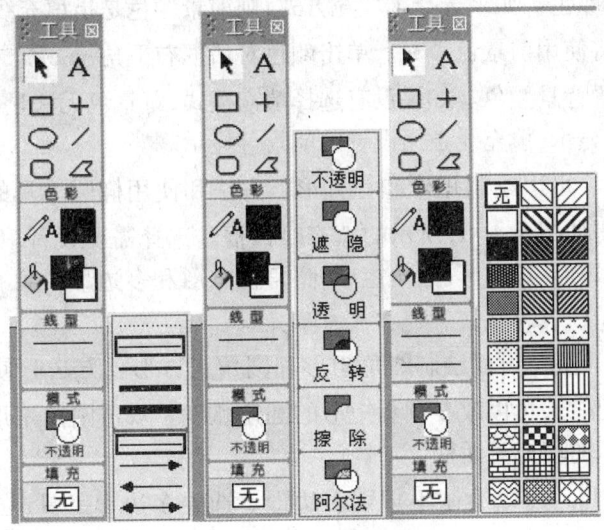

图 8.4 各种模式选择面板

①不透明模式。在此模式下的对象会覆盖掉其后面的所有显示对象，而该对象本身不发生任何变化。不透明模式是 Authorware 7 的默认模式。

②遮隐模式。遮隐模式相似于不透明模式，对于一个设置为遮隐模式的图形/图像对象，所有空白区将从显示对象边缘移去，只保留显示对象的内部部分。

③透明模式。一个图形/图像对象设置成透明模式，对象中有颜色的区域将覆盖掉它下面的对象，而其无色区域(显示为白色区域)将不掩盖下面的对象。此模式是使用最多的一种。

④反转模式。此模式下的对象，在白色背景上使用正常的显示模式；如果背景色不是白色，图形/图像中的白色部分将以背景色显示，而有色部分将显示成它的互补色。

⑤擦除模式。将图形/图像对象设置成此模式时，图形/图像对象中背景色与其下层对象不一致的部分将被擦除。

⑥阿尔法模式。如果图像中没有阿尔法通道，使用该模式显示的对象将以不透明模式显示；如果图像中有 Alpha 通道，使用阿尔法模式则仅显示图像中的阿尔法通道部分。

(3) 文本。可以在显示图标或者交互图标中直接输入文本对象。

(4) 直线工具。可以在演示窗口中画出水平线、垂直线和 45°斜线，双击直线工具可以打开/关闭如图 8.4(b)所示的线型对话框。选中需要修改线型的图形对象。从线型对话框上部选择线型粗细，从线型对话框下部选择箭头形式。

(5) 斜线工具。可以画出任意角度的斜线。如果在拖动过程中按住 Shift 键，则可以实现直线工具所具有的功能，即画出水平线、垂直线和 45°斜线。双击斜线工具也可以打开/关闭如图8.4(b)所示的线型对话框。

(6) ◯ 椭圆工具。可以绘制椭圆和正圆。在演示窗口中,单击鼠标左键并拖动,至适当位置放开就得到椭圆。如果在拖动过程中按住 Shift 键,就可以得到正圆。双击椭圆工具可以打开/关闭如图8.4(c)所示的颜色对话框。单击颜色对话框左下角 ✎A 右侧的颜色方块,设置文本颜色、图形线条和边框颜色。单击颜色对话框右下角 ✎ 右侧两个颜色方块的上层方块,选择颜色来设置前景颜色。如果选择了填充方式,则前景颜色是指填充线条的颜色;如果不选择填充方式,则图形将使用前景色填充。单击颜色对话框右下角 ✎ 标志右侧两个颜色方块的下层方块,就可以设置背景颜色。如果没有选择填充模式,背景色无法显示;选择填充模式后,背景用设置的背景色显示,填充线条用设置的前景色显示。

(7) ▢ 矩形工具。可以绘制矩形和正方形。方法和使用椭圆工具的方法类似。双击矩形工具可以打开/关闭如图8.4(d)所示的填充对话框。选择需要设置填充效果的对象,填充效果只对椭圆/正圆、矩形/正方形、圆角矩形/圆角正方形和多边形对象有效。选择要使用的填充方式。

(8) ▢ 圆角矩形工具。可以绘制圆角矩形和圆角正方形。方法和使用矩形工具的方法类似。通过拖动控制按钮,可以改变圆角矩形的圆角弧度。双击圆角矩形工具,也可以打开/关闭如图8.4(d)所示的填充对话框。

(9) ▱ 多边形工具。可以绘制不规则多边形。选中多边形工具,在演示窗口中单击鼠标,移动到下一个定点处单击鼠标,依次操作完成多边形的绘制,最后双击鼠标完成绘制。双击多边形工具,同样可以实现打开/关闭如图8.4(d)所示的填充对话框。

8.3.2 文本的创建和导入

在 Authorware 7 中,添加文本可以直接创建或者由外部文件导入。

1. 文本的创建

对于比较简单、少量的文本,可以直接在 Authorware 7 的演示窗口中创建,在流程线上放置一个显示图标,命名为"文本",双击该图标打开演示窗口,出现工具箱。在工具箱中选择文本工具。鼠标指针变为"I"形状,表示进入文本编辑状态。在演示窗口中单击鼠标左键,窗口中出现一条文本缩进线和文本输入标志。缩进线上的控制点用于调整文本的边界和段落属性。输入需要的文本对象。输入完毕后,选择工具箱中的指针工具,输入的文本对象周围出现六个控制点。在文本对象控制点内部按住鼠标左键拖动,可以改变对象的位置。

2. 文本的导入

在 Authorware 中直接创建文本对象的方法只适用于少量的文本,而对于篇幅较大的文本,可以使用直接从外部文档导入文本的方法,下面将其使用方法一一说明。

(1) 加载外部文档。使用外部文字处理系统,例如 Word、Notebook 等创建一个 RTF 文件或 TXT 文件。在流程线上添加一个显示图标。双击打开这个显示图标,选择菜单命令"文件/导入"或单击工具栏 ▣ 按钮,打开对话框,选择需要导入的文件,单击导入按钮,出现 RTF 导入对话框。在 RTF 导入对话框中共有四个选项,选中忽略将会忽略 RTF 文件中的硬分页;选中创建新的显示图标选项,RTF 文件中的每一页都会产生一个新的显示图标;选中标准选项,导入的文件将创建标准文本对象;选择滚动选项,会创建出带有垂直滚动条的文本对象。选中适当的选项后,单击确定按钮,完成文档的导入。

(2)粘贴外部文档。打开外部文档文件,选中需要粘贴的文本,并将其复制到剪贴板上。在流程线上添加一个显示图标,双击打开这个显示图标,选择菜单命令"编辑/粘贴"或单击工具栏 按钮,完成文本的粘贴。

(3)拖放外部文档。打开 Authorware 7,新建一个程序。在相应的文档上按住鼠标左键,将该文档拖动到 Authorware 7 的流程线上,放开鼠标左键。Authorware 7 会自动在流程线上添加一个显示图标,并以该文件的名称命名图标,并将文件中的内容加载到该图标中。

8.3.3 图像的导入

虽然 Authorware 7 提供了一些绘图功能,但是仍然无法满足需要。毕竟 Authorware 7 不是专业的绘图工具,无法达到一些专业绘图工具(如 Photoshop 等)制作处理得到的图形效果,为了解决这个问题,在 Authorware 7 中可以导入现有的图像,导入图像的方法与导入文本的方式基本相似,这里就不在赘述。

导入的图像周围会出现 8 个控制点,表示该对象处于选择状态,双击需要修改的图像,打开"图像属性"对话框。选中图标,执行"修改/图标/属性"菜单命令,或者按住 Ctrl 键后双击图标,或者是点击鼠标右键,选择属性,都可以打开如图 8.5 所示的"图像属性"对话框。这些方法同样适用于打开其他图标的属性对话框。

其中图像选项卡如图 8.5 所示,其中包含以下的几项内容。

(1)导入按钮。单击此按钮会弹出"导入哪个文件?"对话框,可以选择需要导入的图像文件。

(2)文件。用于给出导入文件的路径及名称,由系统添加,用户无法直接进行修改。

(3)存储。用于表示该文件的状态,即该文件在 Authorware 中是内部储存还是外部。

(4)方式。文件的显示模式。

(5)颜色。用于选择前景颜色,还是选择图像的背景色。

要设置图像的布局属性,可以单击版面布局标签,激活如图 8.6 所示的版面布局选项卡。在选项下拉列表框中可以选择图像在演示窗口中的处理方式。设置方式不同,对应选项卡的内容也不同。其中包含以下的内容。

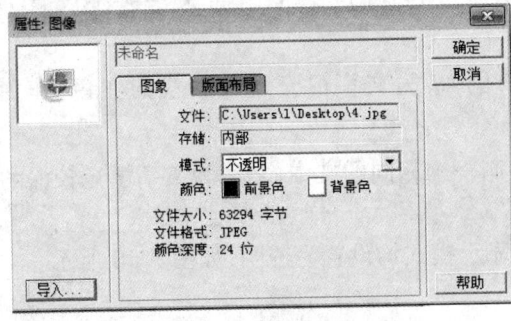

图 8.5 "图像属性"对话框

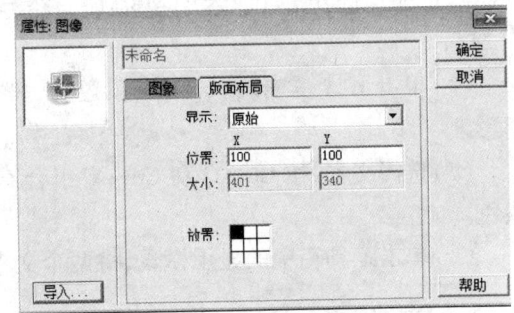

图 8.6 "图像属性"对话框的版面布局选项卡

(1)位置。用于设置图像对象的中心位置。
(2)大小。用于设置显示图像的大小。
(3)非约束比例大小。用于显示图像的原始大小,不可更改。
(4)原始大小。用于显示图像的原始大小,不可更改。
(5)比例。用于设置图像放缩的比例来设置显示图像的大小。
(6)放置。用于设置图像对象在框架中的位置。

8.3.4 实例

有了前面的准备知识,现在即可学习制作一些简单的程序。本节以制作阴影效果文字为例,练习文本、图形、图像、绘图工具及覆盖模式的综合应用,运行效果如图8.7所示。

(1)启动Authorware,新建一个文件,将其保存为"阴影效果"。

(2)选择"修改/文件/属性"命令,打开"文件属性"对话框,按如图8.8所示进行设置。

(3)在流程线上添加一个显示图标,命名为"背景",双击该图标,打开演示窗口,单击工具栏上的导入按钮,弹出"导入哪个文件?"对话框,在对话框中选择一幅图片,单击导入按钮,将选择的图片插入到演示窗口中,然后调整图片的大小以使图片的大小和演示窗口大小吻合。

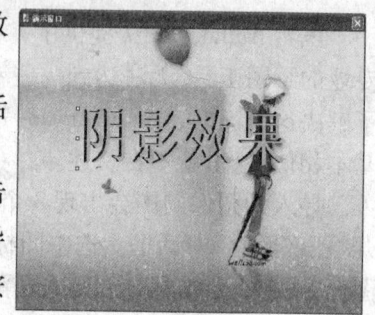

图8.7 阴影效果

(4)在流程线上添加一个显示图标,命名为"阴影效果",双击该图标,打开演示窗口,调整窗口大小。使用A工具在窗口中输入"阴影效果",如图8.9所示。

图8.8 "文件属性"对话框

(5)选择文本,选择"文本/字体/其他"命令,弹出"字体"对话框,在字体下拉列表中选择"黑体"。单击确定按钮,关闭对话框。然后选择"文本/大小/其他",将文字大小设置为80号。

(6)单击工具箱中A右端的颜色块,弹出调色板,为文字填充一种较浅的颜色,作为阴影。

(7)选择文本,按Ctrl+C和Ctrl+V组合键,复制一个相同的文本,之后为文字填充较深的颜色。

(8)单击工具箱中的显示模式,将两个文本的显示模式均设置为透明,如图8.10所示。

图8.9 阴影图标的内容　　　　　图8.10 设置显示模式

（9）调整两个文本的位置,使其产生阴影效果。

（10）保存文件。单击工具栏上的运行  按钮可以看到效果。

8.4　制作等待和删除效果

8.4.1　等待效果

计算机的运行速度很快,如果流程线上有连续数个显示图标,为使用户欣赏到画面的内容,就需要使用等待图标设置显示画面的保留时间,让程序等待一段时间,当用户需要时再继续运行。

1. 设置等待

从图标栏中拖动等待图标到流程线上要添加的位置即可。为了改变等待图标的默认设置,可在流程线上双击等待图标,自动切换为等待图标的属性面板,如图8.11所示。

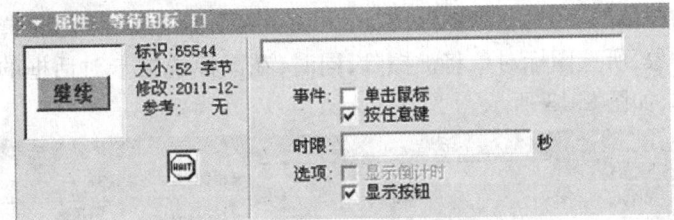

图8.11　"等待图标属性"对话框

（1）单击鼠标。如果该选项选中,则在暂停后,单击屏幕,流程就会继续向下运行。

（2）按任意键。如果该选项选中,则在暂停后,按任意键,流程就会继续向下运行。

（3）时限。可以输入等待的时间,当程序执行到等待图标时会暂停,超过设定的时间后,程序就往下执行。如果已经勾选鼠标单击及按任意键复选框,那么在设定的时间截止之前单击或按键,程序就往下运行。

（4）显示倒计时。如果该选项选中,在暂停时将显示一个时钟图标,时钟在不断的显示剩余时间。

（5）显示按钮。如果该选项选中,将在演示窗口中显示一个等待按钮,点击按钮,程序就往下执行。

2. 设置等待按钮

程序默认的等待按钮的名字为"继续",如果需要改变,可选择"修改/文件/属性"命令,出现文件属性面板,点交互选项卡,在标签栏输入相应的文字就可改变按钮的名称。如果需要改变按钮样式,可单击等待按钮栏中的等待按钮,或右侧的 ![] ,弹出"按钮"对话框,进行相应的修改。

如果想调整等待按钮的位置,程序运行到有等待按钮的页面时,点击控制面板上的暂停按钮,或按 Ctrl+P 快捷键进入暂停状态。此时可以拖动按钮来调整它的位置。

8.4.2 擦除效果

1. 设置擦除

可以通过图标属性的方法设置擦除对象及效果,在显示图标对象时,如需擦除前面的对象,可选中显示图标,点右键,从弹出的菜单中选属性,弹出如图 8.12 所示的"显示图标属性"对话框,选中擦除以前的内容的复选框即可,如需设置过渡效果,可点特效项右侧的按钮,就会弹出特效对话框及展示窗口,可以设置过渡效果。

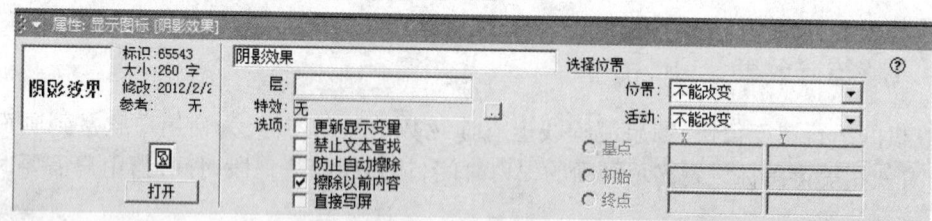

图 8.12 "显示图标属性"对话框

2. 运用擦除图标

擦除图标可更好地指定擦除对象并设置擦除效果。如要擦除某个图标,可拖一个擦除图标放在需要擦除的图标的下方,双击擦除图标,出现删除图标的属性面板。单击对话框后面的演示窗口的图标对象,所选图标对象将被擦除,同时,在图标选项卡对话框的列表框中将显示被擦掉的图标名称,如图 8.13 所示。

图 8.13 "删除图标属性"对话框

选择擦除图标单选按钮,列表框中的图标将被擦除;选择保留图标单选按钮,列表框中的图标在擦除时将被保留。如果要取消列表框中的图标,可以先在列表框中选择该图标,然后点删除按钮。

8.4.3 组图标

组图标是一个图标容器,能够容纳其他图标(包括其他组图标)。当程序包含的图标数较多时,一级程序流程线无法容纳,这时需要使用组图标设置多级程序流程线。组图标的使用方法与其他图标一样,只需将其从图标栏中拖动到程序流程线上,双击后可进入下一级程序流程线,在此可添加其他程序图标,组图标可嵌套使用,每增加一个组图标程序流程线即增加一级。

利用菜单命令合并图标,将大段程序划分为有相对紧密关系的小段,每个小段放在一个组图标中,这样有助于将复杂的程序结构简化为相对简单的组块关系。为分组某段程序图标,首先选中需要分组的图标。然后选择"修改/群组"命令,选中的图标被一个新的组图标替代,用户可以为其命名一个具有特定意义的名字,以增加易读性。

8.4.4 实例

本实例实现的是小狗吃骨头的过程。

(1)新建一个文件,将其保存为"小狗吃骨头"。

(2)选择"修改/文件/属性"命令,打开"文件属性"对话框,取消显示菜单栏复选框的选定状态。

(3)在流程线上添加一个群组图标,命名为"群组"。

(4)双击群组图标,添加一个显示图标,命名为"1",打开演示窗口,单击工具栏上的导入按钮,弹出"导入哪个文件?"对话框,在对话框中选择一幅图片,单击导入按钮,将其插到演示窗口中,调整其大小与窗口相匹配,如图8.14所示。

(5)在流程线上添加一个等待图标,命名为"等待1",双击该图标,打开"等待图标属性"对话框,设置如图8.15所示。

图 8.14 "1"图标显示窗口

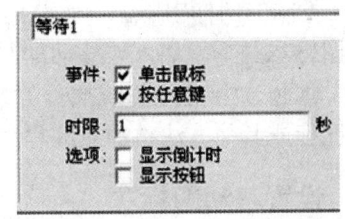

图 8.15 "等待1"图标的属性

(6)在流程线上添加"擦除"图标,命名为"擦除1",双击该图标,打开属性对话框。单击演示窗口中的1,将其指定为擦除对象,这时演示窗口中的1消失。

(7)使用同样的方法插入2、3、4,之后设置2、3、4的等待属性和擦除属性。

(8)最后在流程线上添加一个计算图标,命名为"返回",双击该图标,打开"返回"窗口,在窗口中输入程序代码 GoTo(IconID@ "1"),注意括号和引号都要在英文状态下。

(9)关闭"返回"窗口。弹出询问对话框,单击是按钮。

(10)设置完成后,保存文件。单击工具栏上的运行按钮可以看到效果。程序的整个流程图如图8.16所示。

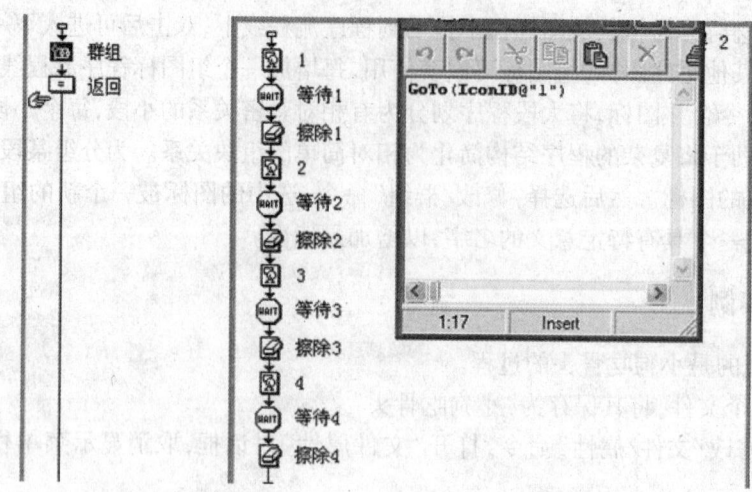

图 8.16 小狗吃食的程序流程图

8.5 动画的制作

动画是多媒体作品中不可缺少的一部分，Authorware 7 可以通过"移动"图标使对象运动起来，但它改变的只是对象的位置，对象的大小、形状、方向等均不能改变。"移动"图标只能移动流程线上该图标之前图标中的显示对象。另外"移动"图标不能只移动一个图标中的其中一个对象，而是移动这个图标中的所有对象。如果要分别移动两个显示对象，就要将这两个对象分别放在不同的图标中。

"移动"图标本身不能加入被移动的对象，它控制的是流程线上的其他对象。该对象可以是文字、图片、动画、数字化电影或插件等显示对象。它们可以通过"显示"图标、"交互"图标、"数字电影"图标或其他方法被加入到程序中。

8.5.1 设置移动图标

利用移动图标，可以将一个显示对象从一个位置移动到另一个位置，并可以控制移动对象的速度。如果让流程线上的某个图标中的对象运动，就必须将移动图标放在移动对象的后面，然后选中移动图标，并打开移动图标属性面板。"移动图标属性"对话框如图 8.17 所示。

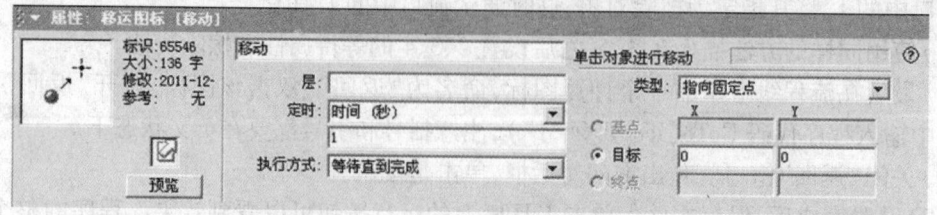

图 8.17 "移动图标属性"对话框

移动图标可以使移动对象进行如下 5 种方式的运动。

(1) 指向固定点。把指定对象从当前位置沿当前点与目标点之间的直线移动到指定的目的地。

(2)指向固定直线上的某点。把指定对象沿直线从当前位置移动到由出发点和结束点所确定的直线上,目的点由目的地文本框中的值确定。

(3)指向固定区域内的某点。把指定对象沿直线从当前位置移动到由出发点和结束点所确定的区域中,目的点由目的地文本框中的值确定。

(4)指向固定路径的终点。把指定对象从指定路径的起点沿指定路径移动到指定路径的终点。

(5)指向固定路径上的任意点。把指定对象从指定路径的起点沿指定路径移动到路径上的任意点,目的点由目的地文本框中的值确定。

8.5.2 实例

下面通过文字跟随鼠标移动的实例来说明动画的制作。

(1)新建一个文件,将其保存为"文字跟随鼠标移动"。

(2)选择"修改/文件/属性"命令,打开"文件属性"对话框,在大小下拉列表中选择640×480,取消显示菜单栏、标题栏复选框的选定状态。

(3)在流程线上添加一个显示图标,命名为"背景",导入一张背景图片,然后调整图片的大小与窗口的大小相吻合。

(4)在流程线上添加一个显示图标,命名为"快",在其中利用文本工具输入"快"字。

(5)在流程线上添加一个移动图标,命名为"跟随快",双击"跟随快"移动图标,打开属性对话框,选择演示窗口中的"快"字作为移动对象,然后按如图 8.18 所示的对话框进行设置。

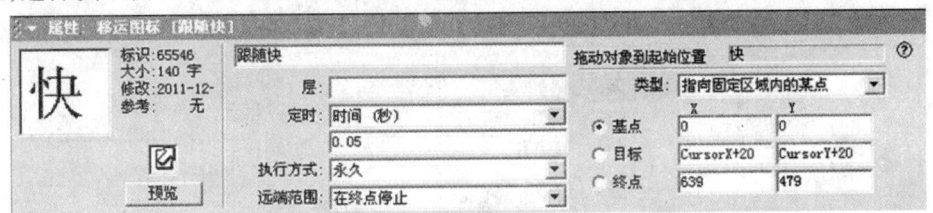

图 8.18 "快"图标的属性设置

(6)按照上面的操作步骤,在流程线上再添加一个显示图标和一个移动图标。将显示图标命名为"乐",在其演示窗口中输入"乐";将移动图标命名为"跟随乐",双击图标,打开属性设置对话框,按照如图 8.19 所示进行设置。

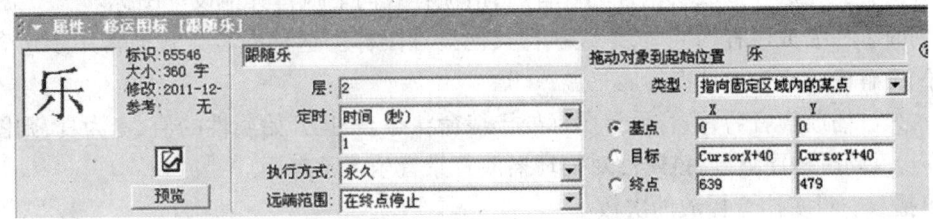

图 8.19 "乐"图标的属性设置

(7)按照上面的操作步骤,在流程线上依次填加"每"显示图标、"跟随每"移动图标、"一"显示图标、"跟随一"移动图标、"天"显示图标、"跟随天"移动图标。

(8)分别在"每"、"一"、"天"演示窗口中输入"每"、"一"、"天"。在设置移动属性的对话框中设置移动过程的持续时间依次延长 0.05 s,移动目标偏移量依次沿水平方向向右增加 20

像素。移动的屏数每次加 1。

（9）保存文件，单击工具栏上的运行按钮可以看到效果。

8.6　声音、数字化电影和视频对象的处理

声音、动画和视频等媒体都是多媒体中传递信息的重要方式。利用声音信息可以对某个操作过程进行说明，也可以作为背景音乐。利用数字化电影可以生动形象地演示某些理论过程或无法直接观察的微观过程和内部过程，并且利用外部工具将数字化电影与声音合成到一起，可以真正实现动画与声音的同步。有效地利用声音和数字化电影等多媒体信息载体可以增强演示效果，增加多媒体程序的说服力和感染力。

8.6.1　声音对象的导入

在 Authorware 7 中，使用声音图标可以导入、控制和播放声音文件。Authorware 7 支持多种格式的声音文件，包括 WAV、SWA、VOX 等。导入声音文件的方法有两种：从声音图标导入声音文件和以拖拉方式导入声音文件，这两种方法和前面讲过的图像导入的一样，所以在这里就不再赘述。

声音文件引入后，系统按默认的方式播放声音。要自行设定声音的播放效果，可以在"声音属性"对话框中单击计时标签，显示出如图 8.20 所示的计时选项卡，该选项卡主要设定声音的播放效果。

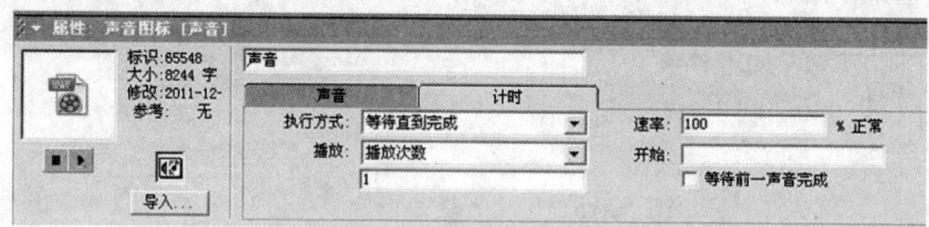

图 8.20　声音图标计时选项卡

（1）执行方式。设置声音设计图标的执行过程同其他设计图标的执行过程之间的同步方式。

①等待直到完成。播放所包含的声音后，沿流程线向下执行其他设计图标。

②同时。在播放声音的同时，继续执行其他设计图标。这种同步方式通常用于包含背景音乐或配音解说的声音设计图标。

③永久。播放声音后，声音设计图标处于待命状态，一旦开始属性的值，变为真，则图标开始播放声音，同时程序继续，该属性对循环播放背景音乐非常有用。

（2）播放。设置声音播放的次数。

①播放次数。指定播放声音的次数，可以在下方的文本框中输入数值、变量或表达式。

②直到为真。选择后，在下方的文本框中输入终止播放声音的条件，可以使用逻辑型变量或表达式。为真，则停止。此属性与"永久"和"开始"结合使用，可以随时控制播放与停止。

（3）速率。使用数值或变量控制声音播放的速度。正常为 100%，可以通过增大或减小该数值加快或减慢播放速度。

(4)开始。输入逻辑型变量或表达式为 TRUE 时,开始播放声音。

(5)等待前一个声音。如果第一个声音设计图标中的声音尚未播放完毕,又执行到了第二个声音设计图标,通常提前终止前一个声音而播放第二个。选择第二个声音设计图标的等待前一个声音复选框后,可等待前一个声音播放后开始播放。

8.6.2 数字化电影的导入

在 Authorware 7 中可以直接使用的数字化电影格式包括:DIR、AVI、MOV、FLC/FLI、MPEG、DIB/BMP 和 PICS。PICS、FLC/FLI 和 DIB 格式的文件将被 Authorware 7 转换后存储到多媒体程序内部,因此这些文件的大小影响着最终打包生成的多媒体应用程序的大小。Authorware 7会把 DIR、AVI、MOV 和 MPEG 格式的文件作为外部链接来对待,这就要求有能够支持该格式数字化电影运行的平台和驱动器,多媒体程序制作完毕打包和发行时,必须包含这些链接文件。数字化电影的导入和图像导入方法一样,所以在这里就不再赘述。

打开"电影图标属性"对话框,可以设置电影的显示模式、控制数字化电影的播放次数、速度和范围以及对位置进行定位的操作,电影的属性面板如图 8.21 所示。

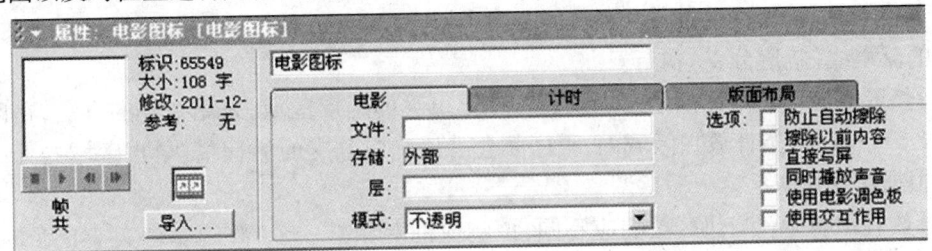

图 8.21 电影图标的计时选项卡对话框

8.6.3 Flash 动画的导入

Flash 动画是 Macromedia 公司推出的一种交互式矢量多媒体动画,具有存储空间小,传播速度快等特点,是目前因特网上最流行的动画格式。在 Authorware 中也可以使用 Flash 动画,方法是:

(1)选择"插入/媒体/FlashMovie"命令,出现"Flash 文件属性"对话框,单击浏览按钮,在打开文件对话框中选择需要的 Flash 文件。在"Flash 文件属性"对话框中,"链接"表示动画文件和 Authorware 程序之间建立链接关系,"预载"表示预先把动画调入内存从而加快动画显示时间,"循环"表示循环播放动画,"图像"表示显示图像,"声音"表示播放动画中的声音,"暂停"表示暂停播放,"直接写屏"表示直接写屏。

(2)导入动画文件后,在设计窗口流程线上的插入点位置出现一个名为"FlashMovie"的功能图标。双击该图标,各选项卡功能与"数字电影图标属性"对话框相同。

在 Authorware 中,选择"插入/媒体/AnimatedGif"或"插入/媒体/QuickTime"命令还可以插入 Gif 动画或 QuickTime 动画,使用方法和插入 Flash 动画相似。

8.7 交互图标

交互性是指用户和电脑可以对话,使用户参与程序的运行,对程序的流向有一定的选举权,使程序在用户可理解、可控制的情况下顺利运行。交互性在多媒体软件设计中起着越来越重要的作用。在 Authorware 7 中,使用功能强大的交互图标就可以完成人机交互功能的创建。

8.7.1 认识交互图标

Authorware 7 中,实现交互的主要工具是交互图标。创建一个新文件,在主流线上加入一个交互图标。在交互图标的右侧加入一个显示图标或群组图标,这时就会出现一个"交互类型"对话框,根据需要,选择适当的响应类型。单击"响应类型"对话框的确定按钮,关闭对话框,则该显示图标附着在交互图标之上。下面介绍一下各响应类型。

(1)按钮响应。可在"显示图标"对话框创建按钮,用此按钮与计算机进行交互。按钮的大小和位置以及名称都可以改变,且还可加上伴音。Authorware 7 提供了一些标准按钮,可任意选用。若觉得不够满意,还可以自己创造。当用户单击按钮时,计算机会根据用户的指令,沿指定的流程线(响应分支)执行。

(2)热区域响应。可在演示窗中创建一个不可见的矩形区域,采用交互的方法,在区域内单击、双击或把鼠标指针放在区域内,程序就会沿该响应分支的流程线执行,区域的大小和位置可以根据需要在演示窗中任意调整。

(3)热对象响应。与热区域响应不同,该响应的对象是一个物,即一个实实在在的对象,对象可以是任意形状,而不像热区域响应一定是个矩形。这样这两种响应可以互为补充,大大提高了 Authorware 7 交互的可靠性、准确性。

(4)目标区响应。用来移动对象,当用户把对象移动到目标区域,程序就沿着指定的流程线执行。用户需要确定要移动的对象及其目标区域的位置。

(5)下拉菜单响应。创建下拉菜单。

(6)按键响应。对用户敲击键盘的事件进行响应。

(7)条件响应。当指定条件满足时,这个响应可使作品沿着指定的流程线执行。

(8)重试限制响应。限制用户与当前程序交互的尝试次数,当达到规定次数的交互时,就会执行规定的分支,常用它来制作测试题,当用户在规定次数内不能回答出正确答案,即退出交互。

(9)时间限制响应。当用户在特定时间内未能实现特定的交互,这个响应可使作品按指定的程序继续执行,常用于"时间输入"等。

(10)文本响应。用它来创建一个用户可以输入字符的区域,当用户用回车结束输入时,作品按规定的流程线继续执行,常用于输入密码、回答问题等。

(11)事件响应。用于对程序流程中使用的 ActiveX 控件的触发事件进行响应。

8.7.2 实例

1. 按钮响应

在程序中,经常要设计一些按钮来实现某种操作,如选择按钮、退出按钮等,可以说按钮响应类型是多媒体作品中最常用的一种交互响应方式。

下面是一个按钮响应的实例,在此例中,将为多媒体程序添加三个按钮,分别命名为"直线"、"斜线"、"椭圆"。单击按钮后,将会显示出与图标名称相同的线型。

(1)启动 Authorware 7,新建一个文件。

(2)添加一个显示图标,命名为"背景"。双击背景图标,在演示窗口中创作如图 8.22 所示内容。

(3)在流程线上添加一个交互图标,命名为"按钮"。

(4)拖动一个显示图标到按钮图标的右下侧,释放左键,单击弹出的"交互类型"对话框中的确定按钮,命名为"直线"。

(5)用同样的方法依次添加两个显示图标,分别命名为"斜线"和"椭圆",设计完毕的设计窗口如图 8.23 所示。

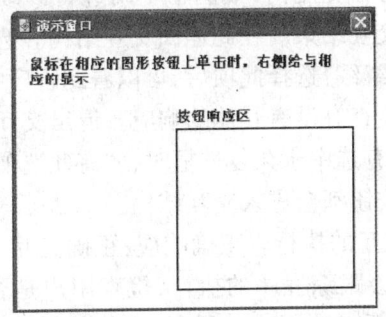

图 8.22 "背景"图标的内容

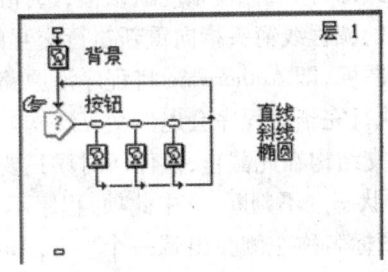

图 8.23 按钮交互流程图

(6)运行程序,并点击控制面板中的暂停按钮,调整按钮的位置。

(7)双击直线图标,在演示窗口中绘出一条直线。点击运行按钮,点击暂停按钮,调整直线的位置在按钮响应区中。

(8)用同样的方法对其他图标进行编辑,完成程序的设计,保存程序。

(9)运行程序,单击直线按钮,运行结果如图 8.24 所示。

设置按钮交互属性的步骤如下。

(1)双击直线图标上方的交互类型标志 ▭,打开"交互属性"对话框。

(2)单击 ▭,弹出"按钮"对话框。在此对话框中可以选择需要的按钮形式、编辑已经存在的按钮、添加新的按钮,还可以设置按钮上文本的字体和字号。

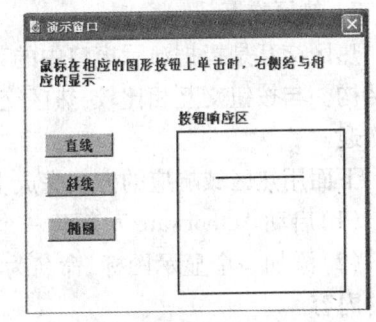

图 8.24 按钮交互实例运行结果

(3)类型。可以改变该交互响应方式。

(4)大小。可以通过直接输入数据的方式定义按钮的大小。

(5)位置。在文本框中输入坐标数值,可以准确定位按钮对象。

(6)标签。文本框中显示的是按钮上显示的文本,更改此文本将更改图标上的文本,同时更改此图标的名称。

(7)快捷键。文本框中可以设置本按钮的快捷键,程序运行过程中,用户按下快捷键和单击按钮的作用是相同的。

(8)选项。表示程序运行到交互结构时,是否将该按钮设置为默认值,即可以使用"Enter"键直接激发;非激活状态下隐藏复选框表示该按钮不起作用时是否隐藏它。

(9)单击鼠标指针右侧的▁按钮,可以设置鼠标的形状。

(10)范围右侧的永久复选框表示是否将按钮设置成永久响应型,如果选中该选项,只要该按钮没有被擦除,用户都可以选中它进入交互结构。在本例中不用选中该复选框。

(11)激活条件。文本框中输入一个变量或表达式后,只有该变量或表达式的值为 TRUE 时,该按钮才起作用。

(12)擦除。下拉列表中选择对于交互信息的擦除控制。

(13)分支。下拉列表中的选项用于控制交互的分支流向,本例中不用进行修改,直接使用默认方式即可。重试:系统默认值,选择此项后,交互结束后在此返回交互结构。选择此项,图标下面的流程线箭头指向重新执行交互的方向。继续:选择此项后,可以看到程序的流程线返回交互图标,即 Authorware 将程序沿原路返回以检查有没有其他的响应。退出交互:选中此项,交互执行完毕后程序会退出交互结构。返回:只有选中永久复选框时,才有此选项,它表示程序的分支结构在此截止,但任何时候只要选中此按钮都会进入交互结构。

(14)状态。不判断:选中此项,程序不会跟踪交互的执行。正确响应:正确交互。选中此项,反馈图标名称左侧会出现一个"+",Authorware 会跟踪程序的执行,检查用户是否使用该响应,并将用户的正确响应次数累加,存放在固定的系统变量中。错误交互:错误响应。选中此项,反馈图标名称左侧会出项一个"-",在执行过程中,Authorware 会跟踪并检查用户响应错误响应的次数,并累加起来存放到固定的系统变量中,制作者可以在程序中调用。

(15)计分。文本框中输入数值或表达式,可以预先设置正确响应和错误响应的次数。正值表示正确响应,负值表示错误响应。在本例中,此文本框不用设置。

2. 热区交互

热区交互是指把演示窗口中的某些区域定义为热区,对这些热区进行操作就可以进入交互结构。与按钮交互相比较,热区交互可以丝毫不破坏背景,所以越来越受多媒体程序制作者的欢迎。

下面用热区域响应的方式完成上面的实例。

(1)启动 Authorware 7,新建一个文件。

(2)添加一个显示图标,命名为"背景"。双击背景图标,在演示窗口中创作如图 8.25 所示的内容。

(3)在流程线上添加一个交互图标,命名为"热区"。

(4)拖动一个显示图标到热区图标的右下侧,释放左键,从弹出的"交互"对话框中选择热区选项,命名该图标为"直线"。

(5)用同样的方法依次添加两个显示图标,分别命名为"斜线"和"椭圆",最后得到的设计窗口如图 8.26 所示。

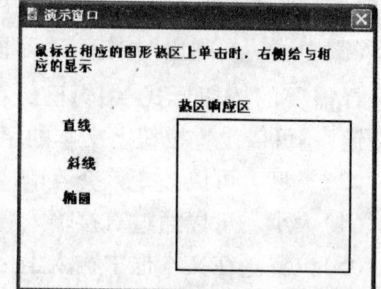

图 8.25 背景图标的内容

(6)首先双击背景图标,打开演示窗口,再按住 Shift 键,双击热区交互图标,这样可以同时显示背景和热区两个图标中的内容,或者是按控制面板中的暂停按钮,如图 8.27 所示。

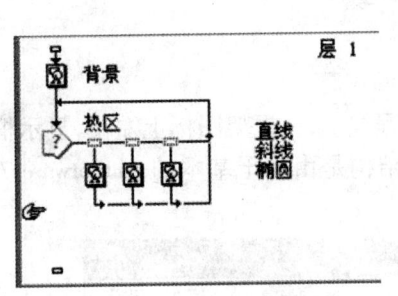

图 8.26 程序流程图

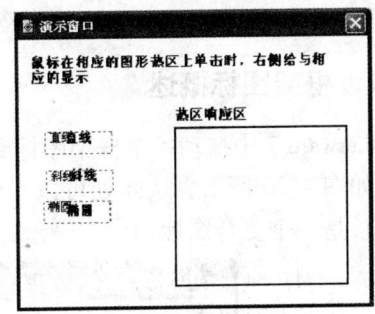

图 8.27 同时打开背景和交互两个图标

(7)下面设置交互属性。双击"直线"上方的 交互方式标志,打开"交互属性"对话框,按照如图 8.28 所示进行设置。

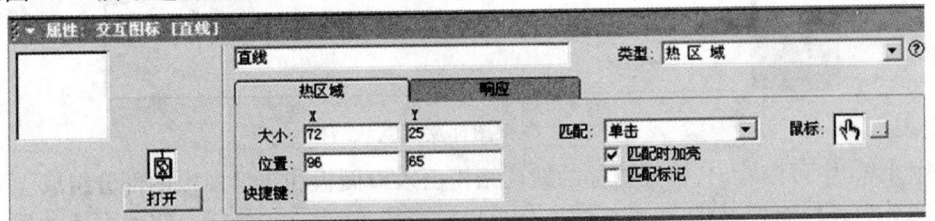

图 8.28 热区"交互属性"交互对话框

(8)单击鼠标指针右侧的 按钮,在弹出的"鼠标"对话框中选择鼠标指针。

(9)按同样的设置完成对斜线、椭圆图标的属性修改。

(10)双击直线图标,在演示窗口中创作一条直线。

(11)用同样的方法对斜线、椭圆图标进行编辑。

(12)程序设计完毕,保存程序。当点击直线按钮时运行效果如图 8.29 所示。

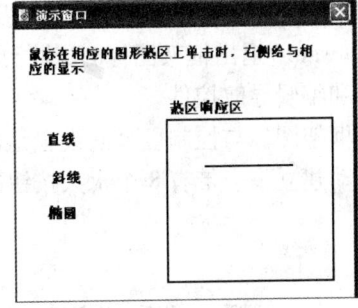

图 8.29 热区交互实例运行效果

3. 条件交互

条件响应一般不是用户直接通过某种操作来实现交互,而是由于某个状态的改变或者某个条件变量值的改变而触发交互的。

8.8 框架图标和导航图标

使用框架图标可以很方便地设计含有图形、声音、动画和数字电影等组件的页面(外挂于框架图标的图标称为页面)。在框架图标的内部,Authorware 7 内嵌了一整套导航控件,利用这些导航控件制作的页面可使用户很轻松地浏览和翻阅。

Authorware 7 中,导航图标和框架图标密切相关,两者经常放在一起使用。Authorware 6.5

的导航结构为用户编程提供了选择路径的方法。使用导航图标可以实现用户在页面之间任意跳转,当遇到导航图标时,Authorware 7 就跳转到程序设计者在该导航图标中所设置的目标页上。

8.8.1 框架图标概述

在 Authorware 7 中拖动一个框架图标到程序流程线上,在框架图标上左击,显示框架图标默认结构,如图 8.30 所示。从此处可以看到,框架结构是由若干基本的 Authorware 7 图标组成的图标组,是一个复合图标。

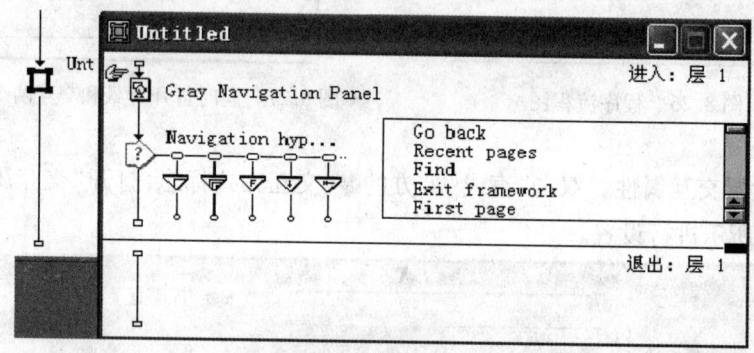

图 8.30 框架图标及其默认结构

从图 8.30 中可以看出,框架图标的默认结构由入口面板和出口面板两部分组成。分隔线以上的部分为入口面板,分隔线以下的部分为出口面板,通过上下拖动分隔线右边的黑色小长方形可以调整入口面板和出口面板的相对大小。当 Authorware 7 进入框架图标,在执行第 1 页的内容之前,首先执行入口面板中主流程线上的图标,然后执行其他各页的内容。当 Authorware 7 退出框架图标时,执行出口面板中的图标。在框架图标的入口面板中,可以删除、加入和编辑导航控件。

框架图标与控制翻页的设置是由其内部的导航图标决定的。在缺省设置下,框架图标中将自动建立一个带有 8 个永久按钮的交互图标,如图 8.31 所示。

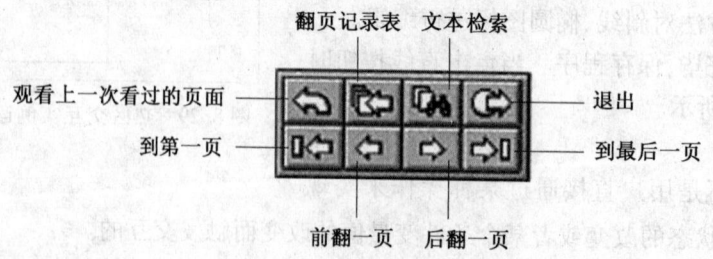

图 8.31 框架图标按钮功能对照

在框架图标下,可以用拖到框架图标右下方的方法挂接各种图标。比如,显示图标、动画图标、声音图标、计算图标、组图标等。每一个挂接在框架图标之下的图标都被称为一个页。框架中的页是从左至右顺序排列的。可以注意到,框架图标的控制由其内部的交互导航选项决定,而与框架图标下挂接的页面内容无关。所以控制结构可以被制成模块反复使用。框架确定后,在框架内容的所有转移控制由导航图标来实现。导航图标在页面之间进行跳转,也就是常说的超媒体超级链接。通过框架图标与导航图标的相互配合,可以对所跳转的方向和位置作详细的控制,因此比使用 Goto 函数更加方便、高效。

8.8.2 导航图标概述

导航图标可以实现在文件内部从一个地方跳转到另一个地方。新建一个文件,拖入一个导航图标到流程线上,双击导航图标,打开"导航图标属性"对话框,如图 8.32 所示。

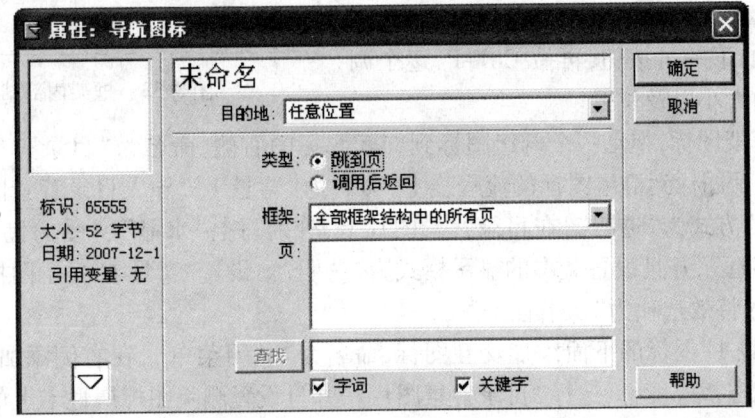

图 8.32 "导航图标属性"对话框

Authorware 7 提供了以下五种链接目的地的方法。

(1)最近。使用该项在用户近期浏览过的页和当前页之间建立导航链接。程序运行时,可使用户回到最近访问过的页面。

(2)附近。选择该项时,允许用户在框架图标所有页面中跳转或跳出页面系统。

(3)任意位置。选择该项后,允许用户跳转到附属在任意框架的任意页。

(4)计算。设置能返回图标标识值的表达式,当 Authorware 7 遇到导航图标后,就跳转到由表达式的值(图标标识值)所确定的页面图标处。

(5)查找。选择该项后,可以使用户跳转到含有所要查找的单词或词语目标的页面。

8.8.3 实例

下面来做一个超媒体实例。

(1)新建一个文件,选择"修改/文件/属性",设置屏幕居中。

(2)拖入一个显示图标到程序流程线上,命名为"背景",打开显示图标演示窗口,导入背景图片,调整其大小,使其与窗口吻合。打开显示图标的属性面板,设置特效为"水平百叶窗"。右击背景图标,选择计算,在背景的计算图标窗口中,添加"Movable@"背景":=0"的代码,此代码防止调整窗口中的其他内容时此背景移动位置。

(3)在流程线上拖入一个框架图标,命名为"作品",双击打开框架图标,删除名为 Gray Navigation Panel 的显示图标,删除 Go back 和 Find 分支,然后修改框架图标中的交互图标的名称为"导航超链接",修改各个分支的名称依次为最近页、退出、第一页、上一页、下一页、最后页,如图 8.33 所示。点击运行按钮,然后点击控制面板上的暂停按钮,调整各个按钮到适当的位置。

(4)设置框架图标中的交互图标中各个分支的按钮样式。

（5）单击框架图标，选择"插入/媒体/FlashMovie"，找到所要插入的 Flash 作品，更改图标的名称为"水晶"，再依次插入三个 Flash 文件，分别命名为"爱的代价"、"命中注定"、"永远有多远"。

（6）点击运行按钮，按 Ctrl+P，调整 Flash 文件的大小以及位置，点击控制面板上的运行按钮，点击演示窗口中的下一页按钮，再按 Ctrl+P，逐个调整 Flash 文件的大小以及位置。

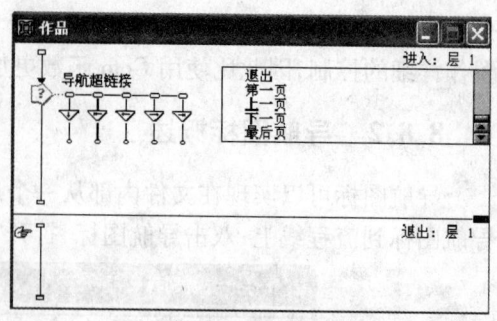

图 8.33　框架内部结构

（7）打开框架图标，拖动一个群组图标到交互图标的右侧，命名为"目录"，打开此群组图标，添加一个显示图标到群组图标的流程线上，命名为"背景1"，导入目录背景图片。设置图片属性面板中的方式为"透明"，在目录背景图片上，分别写上"水晶"、"爱的代价"、"命中注定"、"永远有多远"，并且设置文本的显示模式为"透明"。设置"背景1"显示图标的属性面板中显示选项卡的特效选项为"从下往上"。

（8）在"背景1"图标的下面添加交互图标，命名为"关闭菜单"，在右侧添加擦除图标，命名为"擦除"，双击擦除图标，选择"目录背景图片"，并且设置删除图标属性卡上的擦除特效为"从上往下"。

（9）双击擦除图标上的按钮，打开交互属性面板，按着如图 8.34 所示进行设置。并且点击 按钮... 修改按钮的样式。

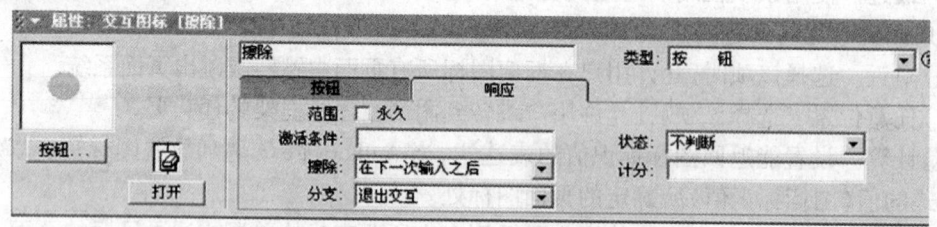

图 8.34　"擦除按钮属性"对话框

（10）修改"目录"的样式，与其他按钮样式一致。

（11）点击运行按钮，按下控制面板上的暂停按钮，调整目录按钮的位置，点击目录按钮，再按下暂停按钮，调整目录的背景图片和擦除按钮到适当的位置。

（12）选择"文本/定义风格"，点击添加按钮，命名为"水晶"，并且按如图 8.35 所示进行设置。点击导航到右侧的图标，打开如图 8.36 所示的对话框，按图中的属性进行设置。然后再点击添加按钮，命名为"爱的代价"，其他设置都不变，只需点击导航到右侧的图标，改变图 8.36 所示里面的爱的代价，同样再添加"命中注定"和"永远有多远"样式风格。

（13）打开目录组图标中"背景1"图标，选择"文本/定义样式"，选中"水晶"文本，在应用样式对话框中选择"水晶"复选框，依次再选择其他文本，分别选择相应的样式复选框。

（14）在作品框架图标的下面流程线上，拖入一个计算图标，命名为"退出"，打开此计算图标，输入 Quit(0)。

（15）点击运行按钮，可以浏览效果。整个程序文件的流程图如图 8.37 所示。

第 8 章 多媒体著作工具——Authorware 217

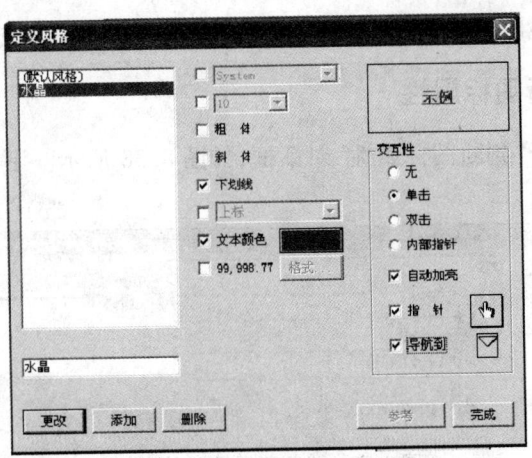

图 8.35 "定义风格"对话框

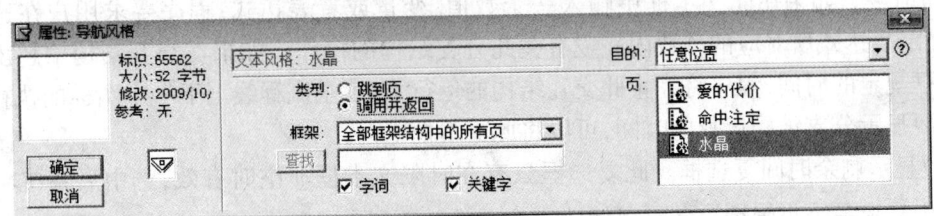

图 8.36 "水晶样式导航属性"对话框

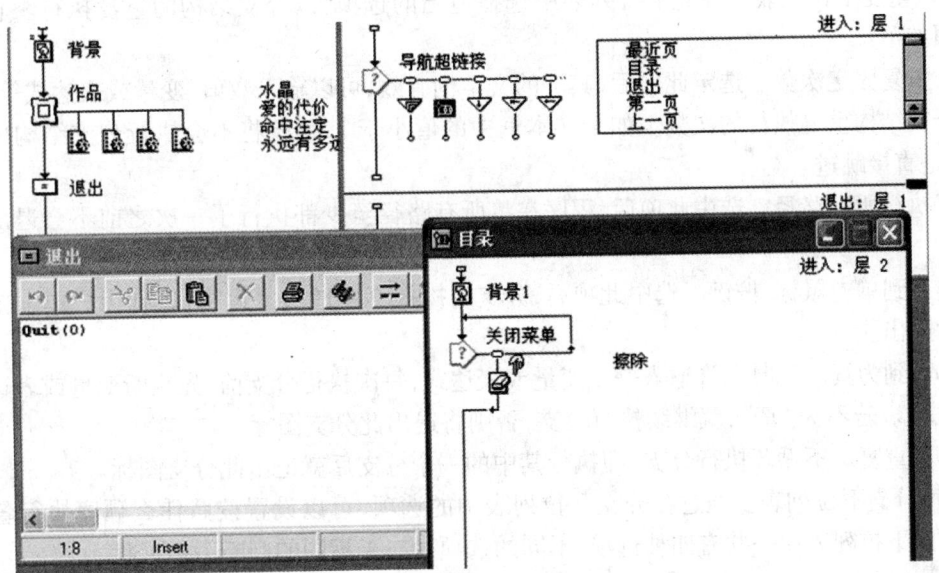

图 8.37 "超媒体"整体流程图

8.9 判断图标

使用 Authorware 7 提供的判断图标,不仅可以完成程序的顺序分支结构、随机分支结构和条件分支结构,还可以完成循环结构。在创建分支结构时,可以先拖动一个判断图标到流程线上,然后再拖动几个其他的图标到分支图标的右侧,即可生成一个分支结构。

8.9.1 设置判断图标属性

双击判断图标,打开"判断图标属性"对话框,如图 8.38 所示。下面介绍一下如何设置该对话框中的参数。

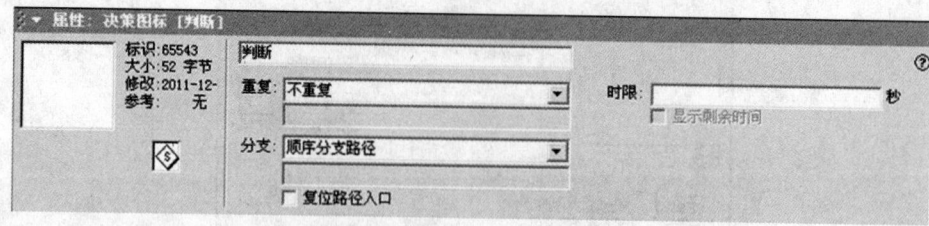

图 8.38　"判断属性"对话框

(1) 时限。如果在此文本框中输入一个数值、变量或者表达式,程序要求用户在这个数值、变量或表达式所对应的秒数内完成有关此分支结构的操作。如果在交互结构中超出了时限文本框规定的时间,程序将终止此交互结构的运行,继续主流程线上下一个图标的执行。如果不需要显示分支结构运行的时间,可以将此文本框空白。

(2) 显示剩余时间复选框。此复选框只有在时限文本框非空时有效,选中后系统将在演示窗口中显示一个小闹钟"🕰",以倒计时的方式显示剩余时间。

(3) 重复下拉列表。在此下拉列表中选择适当的选项,以分支结构的重复执行。它的五个选项如下:

① 重复固定次数。选定此项后,其下的文本框有效,可以输入数值、变量或表达式等,用以控制分支结构重复执行的次数。如果文本框中的值小于1,程序将不会执行分支结构中的内容,而是直接跳过。

② 执行所有路径。选中此项后,程序在将所有路径至少都执行了一次之前不会退出分支结构。

③ 直到单击鼠标/按键。选中此项后,分支结构将不停地重复运行,直到用户单击鼠标或按键才退出。

④ 直到为真。此时允许输入一个变量或表达式,每次执行分支前,先判断变量或表达式是否为"真"。若不为"真",就继续执行分支,否则将退出此分支图标。

⑤ 不重复。不循环执行分支,即执行其中的一个分支后就退出此分支图标。

(4) 分支下拉列表。通过在分支下拉列表中的选项,可以设置按照什么顺序执行各条路径。在此下拉列表中一共有四种选项,不同的选项对应于不同的判断图标形状。

① 顺序执行。顺序执行各分支。它对应的判断图标形状为"◇"。

② 随机执行任意路径。随机执行任一分支。它对应的判断图标为"◇"。

③ 随机执行未执行过路径。随机选取任一个未执行过的分支。它对应的判断图标为"◇"。

④ 通过计算选择路径。依据条件(变量、表达式)计算的结果确定执行哪个分支,它对应的判断图标为"◇"。

(5)重新设置路径入口。此复选框只有在选择顺序或随机执行任意路径项时有效,其作用是要求 Authorware 在进入分支结构时,将记录路径执行状态的变量置为"0",即所有路径都没有执行过。如果需要在不同地方使用同一分支结构,则应该选中该复选框,以免互相影响。

8.9.2 设置路径属性

设置路径属性需要用到"属性:判断路径"对话框,打开此对话框的方法是在路径属性设置标志"◇"上双击鼠标。

(1)删除内容下拉列表。在此下拉列表中的选项将控制分支信息的擦除控制。

①下次选择以前。在显示下一个图标内容之前擦除本图标内容,这是 Authorware 7 默认的选项。如果需要显示一系列对象,可以对所有分支都选中此项,并在"属性:判断图标"对话框中的分支项选择顺序选项即可。

②在退出时。选中此项时,Authorware 7 在分支结构中将不会擦除任何信息,直到要退出整个分支结构时,Authorware 才会擦除这些信息。

③不擦除。选中此项后,Authorware 不擦除分支信息,这些信息会一直保留直到用户使用擦除图标将其擦除。

(2)分支前暂停复选框。选中此复选框,Authorware 运行完一条路径,在演示窗口内显示分支信息后,程序暂停,出现继续按钮。只有用户单击此按钮,程序才会继续执行。

8.9.3 实例

下面通过制作一个倒计时的例子来体会判断图标的作用,其流程图如图 8.39 所示。

(1)新建一个文件,将◇拖到流程线上,设置判断图标的属性为重复为"所有的路径",分支为"顺序分支路径"。再在右边拖 3 个组图标,组图标内的结构如图 8.40 所示。上面的一个是显示图标,里面是数字 4,等待图标设置等待时间为 1 s,其余的 4 个组图标的设置同此,只是显示图标内分别为 3、2、1、0。

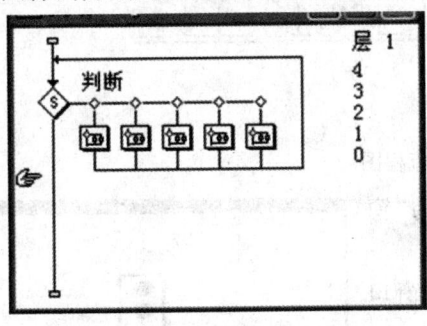
图 8.39　程序流程图

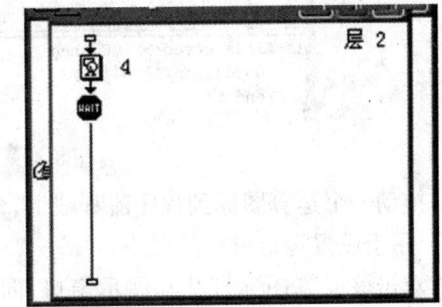
图 8.40　"4"组图标中的结构图

(2)双击判断图标,将重复设置为"所有路径",分支设置为"顺序执行每一个分支"。
(3)运行程序就会看到倒计时的效果。

8.10 变量、函数和表达式

Authorware 中的编程概念和高级语言编程类似,主要是通过变量、函数和语句提供的功能来实现。Authorware 中的变量包括系统变量和自定义变量。系统变量是 Authorware 内部提供的变量,Authorware 中有大量的系统变量可供用户使用,能提高程序设计的效率。例如 FullDate 用来存放当前的日期。系统变量可以用菜单 windows 根据变量 s 调出,自定义变量可以直接用语句来实现。例如 i:=0 就定义了一个数值型的变量 i,并且赋初值为 0。Authorware 提供了很多函数,函数可以返回一个值或者做某一个动作。例如,函数 GoTo(IconID@"某个图标")的作用就是使程序跳转到某个图标上。函数窗口可以通过菜单窗口函数调出。Authorware 中提供的命令语句主要是分支语句 if...then,还有 repeat with...end repeat 循环语句等。Authorware 中的程序要写在计算图标中,还有一种方法是写在附加计算图标上。

下面通过制作红绿灯的例子来说明变量和函数的使用。

整个程序流程图如图 8.41 所示。

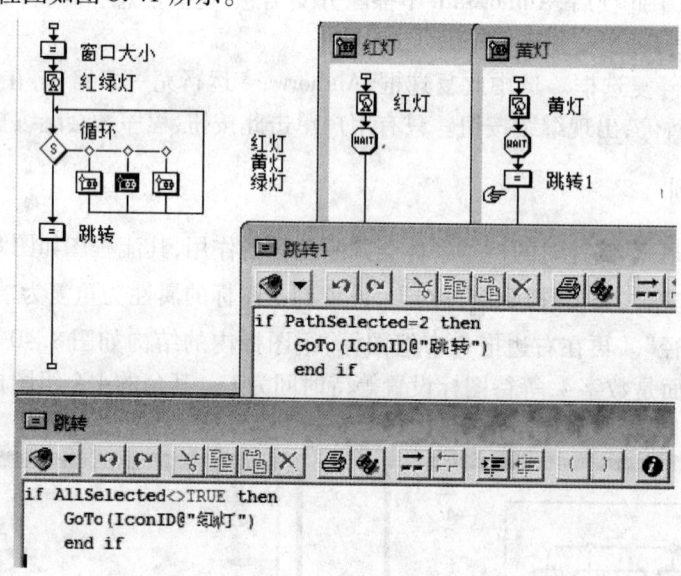

图 8.41 程序流程图

(1) 拖动一个运算图标到程序流程线上,命名为"窗口大小",用于设置运行窗口的大小。

(2) 双击该运算图标打开其展示窗口,向展示窗口中添加函数"ResizeWindow(300,200)"。

(3) 在"红绿灯"显示图标的合适位置绘制一个红绿灯,其中的 3 个灯都是黑的,如图 8.42 所示。

(4) 拖动一个判断图标到程序流程线上的运算图标下面,命名为"循环"。双击该判断图标打开属性对话框。在该属性对话框中选择重复下拉列表框中的知道判断为真选项,分支下拉列表框中选择顺序分支路径选项。下面向重复下拉列表框下面的文本框中添加系统变量 AllSelected 作为

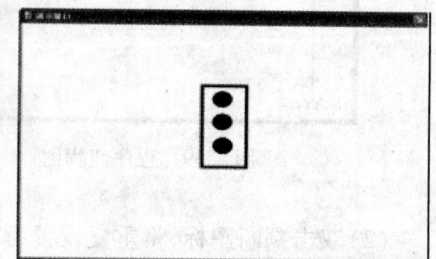

图 8.42 "红绿灯"显示图标的演示窗口

条件。

(5) 在重复下拉列表框中下面的文本框中单击。然后选择变量窗口中分类下拉列表框中的判断类型，在其下的变量列表框中选中 AllSelected 变量，单击粘贴按钮，将该系统变量加入到条件文本框中，如图 8.43 所示。

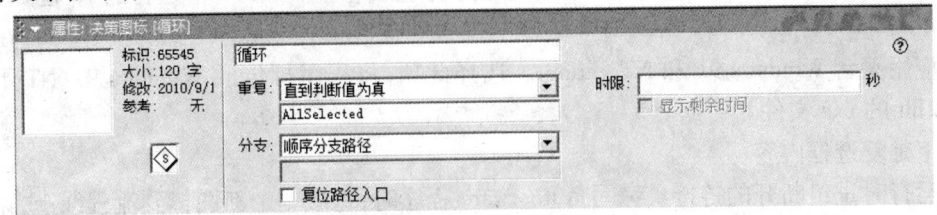

图 8.43　判断图标的属性设置

(6) 向程序流程线上判断图标右边添加 3 个组图标，分别命名为"红灯"、"黄灯"、和"绿灯"。双击"红灯"组图标，打开二级程序设计窗口，添加一个显示图标命名为"红"，再添加一个等待图标，设置等待时间为 3 s。双击显示图标，在打开的展示窗口中添加一个填充为红色边框的黑色的圆形，大小和位置与"红绿灯"图标中的第 1 个圆一样。

(7) 用同样方法为组图标"黄灯"依次加入显示图标命名为"黄"和一个等待图标，在显示图标中绘制一个圆并填充为黄色，圆的大小和位置与"红绿灯"图标中的第 2、3 个圆相同。设置等待图标的等待时间为 1 s，在等待图标下添加一个运算图标，双击打开该运算图标窗口，在其中输入如图 8.44 所示的程序行。

(8) 关闭运算窗口。在组图标"绿灯"中依次加入显示图标命名为"绿"和等待图标，在显示图标中绘制圆形并填充为绿色，等待图标的等待时间为 3 s。

(9) 最后向程序流程线上再添加一个运算图标，命名为"跳转"。双击运算图标，向其窗口中输入如图 8.45 所示的程序代码。

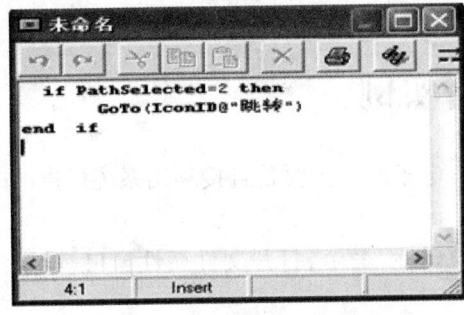

图 8.44　"跳转 1"运算图标

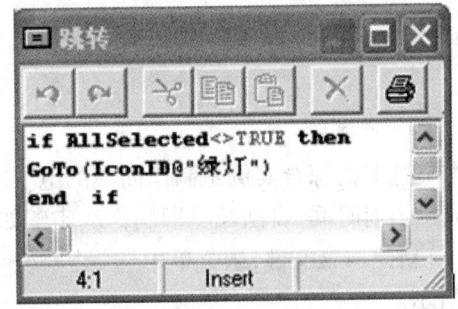

图 8.45　"跳转"运算图标

8.11　文件打包

为了使用 Authorware 做的作品在没有安装 Authoware 软件的计算机上运行，还需要将文件打包成一个可在 Windows 95/98 下独立运行的文件。

(1) 在"文件"菜单中选择"发布/打包"命令，打开"打包文件"对话框。

(2) 单击 无需 Runtime 右边的下拉按钮，选择打包类型。

①无需 Runtime。如果制作的课件包括多个交互文件,且这几个交互文件和调用它们的主文件有着明确关系,则应选择此项。几个交互文件打包成非执行文件,将主文件打包成可执行文件。

②应用平台 Windows 3.1。选择此项,将程序打包成 Windows 3.1 下运行的 16 位 exe 可执行文件。

③应用平台 Windows 9x 和 NT variant。选择此项,将程序打包成 Windows 9x/NT 下可执行的 32 bit 的 exe 文件。

以下是复选框内容:

①运行时重组断开的链接。编写 Authorware 程序时,每放一个新图标到流程线上,系统会自动记录图标的所有数据,并且 Authorware 内部以连接方式将数据串联起来,一旦程序作了修改操作,Authorware 里的链接会重新调整,某些串会形成断链,为了不让程序运行过程中出现问题,最好选择此项,可以让 Authorware 自动处理断链。

②打包时包含全部内部库。此项会使 Authorware 将所有与作品链接的库文件打包到主程序中。

③打包时包含外部之媒介。此项会使 Authorware 将作品调用的所有媒体文件压缩。

④打包时使用默认文件名。此项会使打包出来的作品以当前文件名来命名。

(3) 根据需要设置有关选项,单击保存文件和并打包按钮。选择保存位置,键入文件名(或用默认文件名),单击保存按钮,Authorware 开始保存文件并显示文件打包的进程。

(4) 文件打包完成后,如果在程序中使用了外部图片、动画、声音等,就要把帮助 Authorware 使用的 Xtras 文件提供给用户。为了方便起见,把 Authorware 目录下的 Xtras 目录完整地拷贝到应用程序所在的目录。

(5) 如果在程序中使用了动画和声音,还必须把这些文件放在与可执行文件同一个文件夹下。

8.12 综合实例

本节选取的综合实例是制作简单的电子时钟。电子时钟主要是直接利用系统提供的时间变量显示当前时间、日期及星期制作。步骤如下:

(1) 新建一个文件,从菜单中选择"修改/文件/属性"命令,打开文件属性窗口,设置如图 8.46 所示。

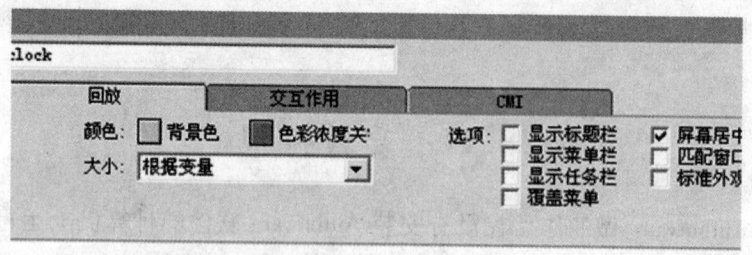

图 8.46 文件属性设置

(2) 在流程线上拖入一个显示图标,命名为"闹钟"。双击打开展示窗口,调整窗口大小,并建立如图 8.47 所示画面。

（3）利用文字工具输入变量"{FullTime}，{FullDate}，{DayName}"，其中已变成时间显示的文字内容就是{FullTime}。

（4）打开显示图标属性窗口，确定选取了"更新显示变量"选项，以使画面上的变量能够实时更新。

（5）运行程序，则画面上出现了当前时间、日期等内容。这是用一个显示图标实现的电子时钟。

（6）拖入一个计算图标到流程线，命名为"初始设定"。

（7）双击打开计算窗口，输入如图 8.48 所示的内容，其中(cx, cy)是表盘中心点坐标，ls，lm、lh 分别是秒针、分针和时针的长度，(sx, sy)是秒针端点坐标，(mx, my)是分针端点坐标，(hx, hy)是时针端点坐标，SetLine(1)是设置直线起始端有箭头，t 是用来判断是否整点，Ring 是判断是否已经定时。这些变量的作用在后面会逐步体现出来。

图 8.47 闹钟显示图标画面

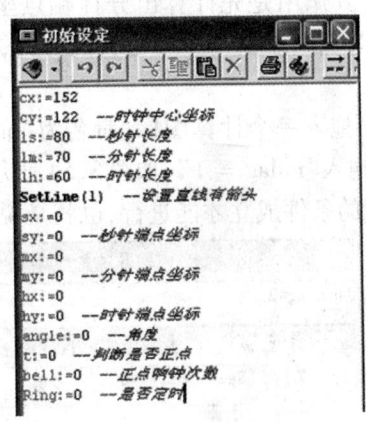

图 8.48 初始化参数设置

（8）拖入一个交互图标到流程线最下方，命名为"指针转动"。下面将在此交互图标中实现各种功能。

（9）拖动一个群组图标到交互右侧，选择"条件"响应类型。双击该分支的响应类型符号，打开响应属性窗口，设置响应条件"条件"为"true"，自动为"为真"，设置分支为继续，当前程序流程为如图 8.49 所示。

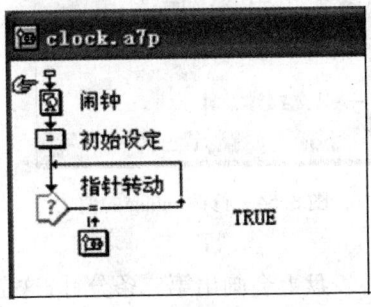

图 8.49 当前程序流程

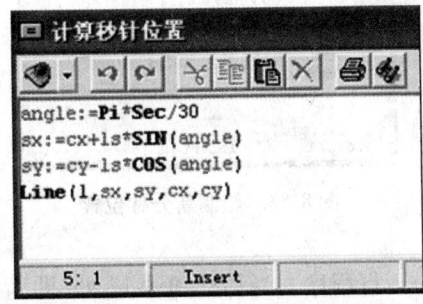

图 8.50 绘制秒针

(10) 双击群组图标"true",打开其二级流程线,拖入一个计算图标,命名为"计算秒针位置"。双击打开计算窗口,输入如图 8.50 所示的内容。首先计算出秒针端点坐标,然后以笔宽 1 画出一条直线。

(11) 运行程序,可见秒针已经顺利地出现在表盘上,如图 8.51 所示。

(12) 拖动一个群组图标到交互图标最右侧,双击分支的响应类型符号,打开响应属性窗口,设置响应条件为"sec = 0 | mflag = 0",如图 8.52 所示,这样设置的目的在于判断如果 Sec = 0(即当前秒数为 0,说明秒针走了 1 圈)就应该执行此分支;但由于开始运行程序时秒数也许不为 0,此时就可以通过条件 mflag = 0 的成立来完成初始绘制分针。设置响应擦除为"在退出时"。

(13) 双击群组图标,打开二级流程窗口。拖入一个计算图标,命名为"新分针位置",双击打开计算窗口,输入如图 8.53 所示的内容。其作用是先计算出分针端点坐标,然后设置线框色为蓝色,以笔宽 2 绘制一个带箭头的分针,最后再重设线框色为黑色。

图 8.51 秒针出现在表盘上

(14) 再拖入一个计算图标,命名为"mflag = 1"。双击打开计算窗口,输入"mflag = 1",如图 8.54 所示,其作用是改变 mflag 的值,使得绘制分针只能通过 Sec = 0 的条件成立才能进行,也就是说由时间来控制。

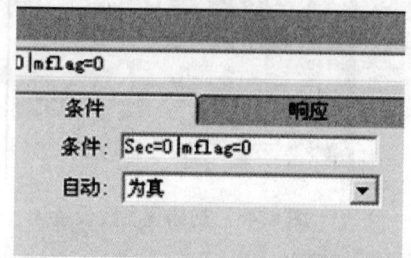
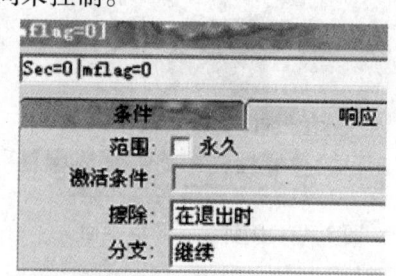

图 8.52 设置画分针的条件

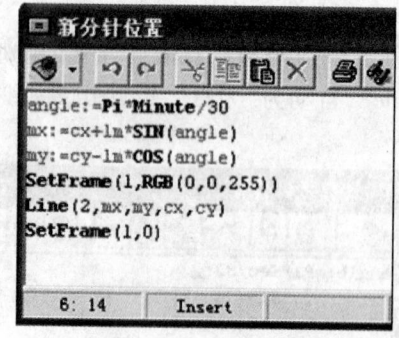

图 8.53 绘制新分针位置

图 8.54 修改 mflag 的值

(15) 运行程序。当秒针到达 12 处,即满 1 min 后,表盘上会画出第二条分针,这是由于在绘制新分针的同时没有清除旧分针所造成的。

(16) 拖入一个擦除图标到计算图标"新分针位置"之前,命名为"擦除旧分针"。按住

Shift 键,双击擦除图标,打开其属性窗口,使刚才程序运行的画面也一起出现。选择先画的"旧"分针,则该图标名称出现在擦除图标的列表框中。

(17)关闭擦除属性窗口,重新运行程序。可见此次秒针、分针准确有序地在表盘中转动。此时的程序流程图如图 8.55 所示。

现在来制作时针。时针制作的构思与分针制作的思路基本相同。

(18)复制群组图标"Sec=0|mflag=0"到交互图标"指针转动"的最右侧,设置其分支条件为"Sec=0|hflag=0",其余设置与制作分针的设置完全相同。

由于时针要与分针的运动相联系,所以每次 Sec=0,即分针运动时,都要对时针进行操作。

(19)双击打开群组图标,在二级流程线上拖入一个擦除图标和两个计算图标,分别命名为"擦除旧时针"、"新时针位置"、"hflag=1",如图 8.56 所示。

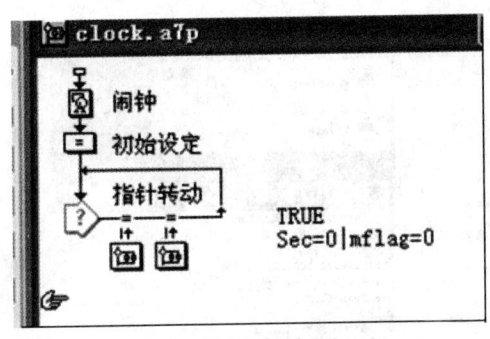

图 8.55 当前程序流程图

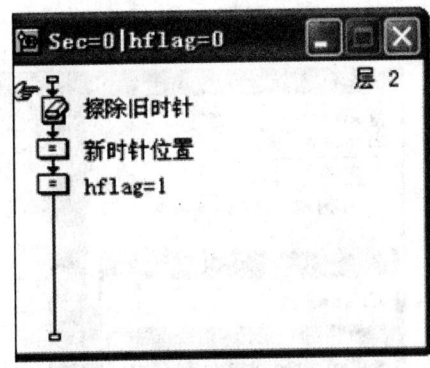

图 8.56 建立绘制时针的流程

(20)双击打开计算图标"新时针位置",在其中输入如图 8.57 所示的内容,其作用是先计算时针端点坐标,然后设置线框色为红色,以笔宽 3 绘制时针,最后重设线框色为黑色。

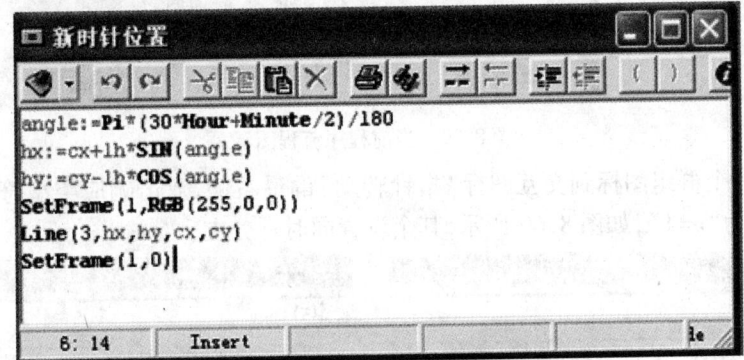

图 8.57 绘制新时针

(21)双击打开计算图标"hflag=1",在其中输入如图 8.58 所示的内容。首先改变 hflag 的值,以使时针的绘制由 Sec=0,即时间来控制。然后判断若分钟数和秒数都为 0,说明到整点,就定义 t=1,以便下一步进行整点报时。

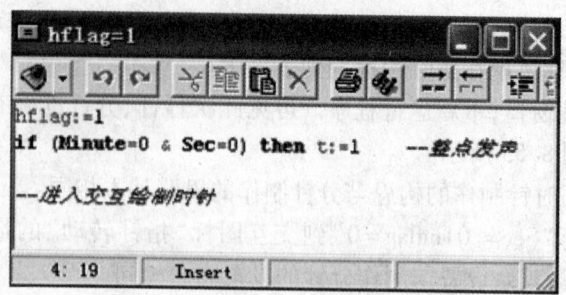

图 8.58　设置 hflag 的值

(22) 调节系统时间,运行程序,以便确定擦除图标的内容,确定擦除"旧"的时针。

(23) 运行程序,可以看到时针、分针和秒针准确地表示了时间,并且能够实时地连续运动。

(24) 现在程序流程应如图 8.59 所示,存盘。

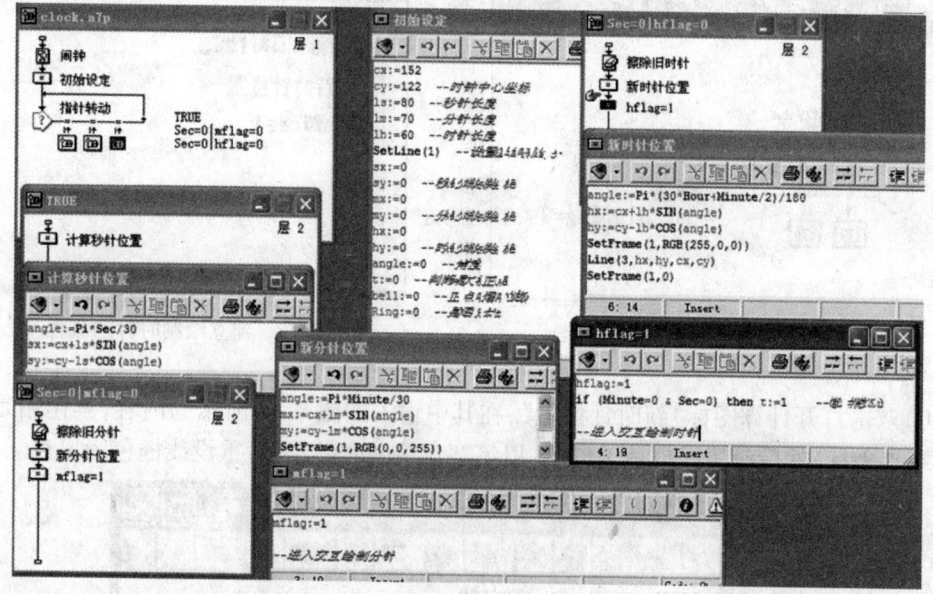

图 8.59　当前程序流程图

(25) 拖动一个群组图标到交互图标"指针转动"的最右侧,双击响应类型符号,打开属性窗口,设置条件为"t=1",如图 8.60 所示,其余设置同时针分支。

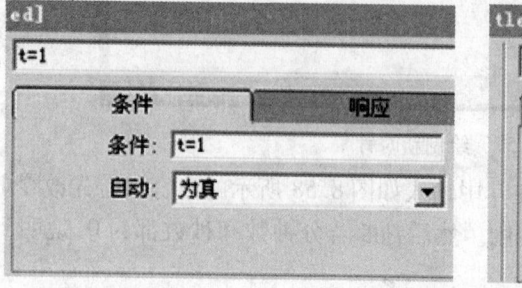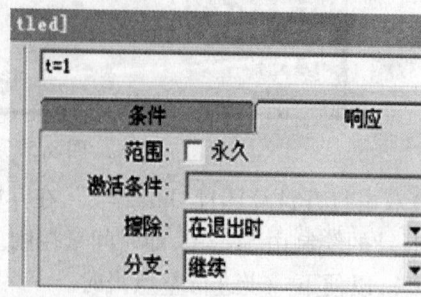

图 8.60　设置整点报时分支条件

(26)双击群组图标"t=1",打开二级流程窗口。在二级流程线上,拖入一个计算图标,命名为"计算响钟次数",双击打开其计算窗口,输入如图 8.61 所示的内容,定义钟声只响 1~12 下。

(27)拖动一个决策图标到计算图标下面,命名为"整点报时",再拖动一个声音图标附着到决策图标右侧,并命名为"钟声"。

(28)双击声音图标,打开其属性窗口,引入一个能够发出一声钟响的声音文件,如图 8.62 所示,关闭属性窗口。

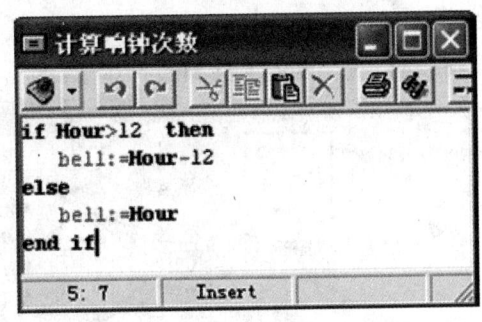

图 8.61 计算响钟次数

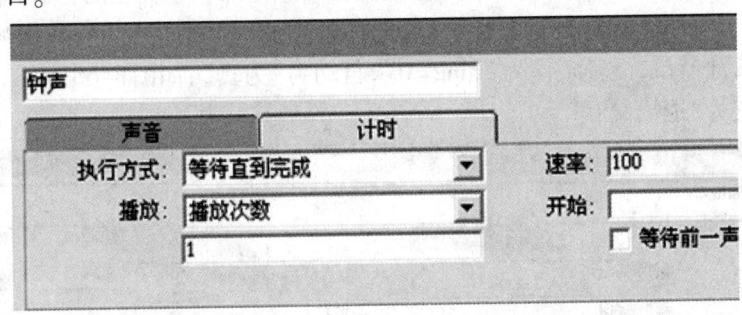

图 8.62 引入钟声文件

(29)双击决策图标,打开其属性窗口,设置重复次数为"bell",由变量 bell 来控制响钟次数,如图 8.63 所示。

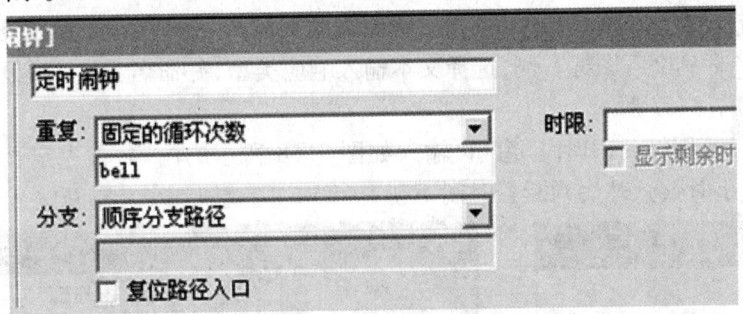

图 8.63 设置决策图标

(30)在决策图标下方拖入一个计算图标,命名为"t=0",如图 8.64 所示。在其中输入表达式"t=0",使 t 的数值清零,等待下一次整点。

(31)调整一下系统时间,使之接近于一个整点,如 9:59:50,然后运行程序,当秒针指到 12 的位置时,程序就会发出 10 下"铛、铛"的钟声。

(32)关闭其他流程设计窗口,回到主流程窗口。拖动一个群组图标到交互图标"指针转动"的最右侧,双击分支响应类型符号,打开响应属性窗口,从响应类型中选择按钮

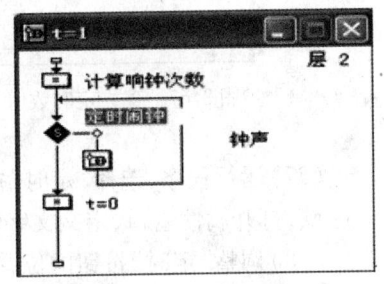

图 8.64 整点报时的流程

类型,定义名称为"定时",然后单击按钮,从中选择一个按钮的样式。

(33) 设置分支的属性如图 8.65 所示。

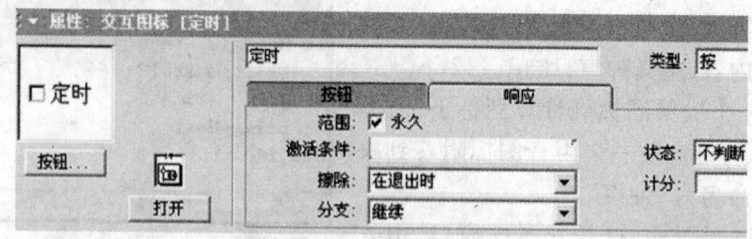

图 8.65 设置定时响应属性

(34) 双击打开群组图标"定时",在其二级流程线上拖入一个交互图标,命名为"定时或取消"。再拖入一个群组图标到交互图标右侧,选择条件响应类型"条件",双击响应类型符号,打开条件响应属性窗口,设置条件为"Ring=0",自动为"为真",如图 8.66 所示,并设置擦除为"不擦除",分支为"退出交互"。

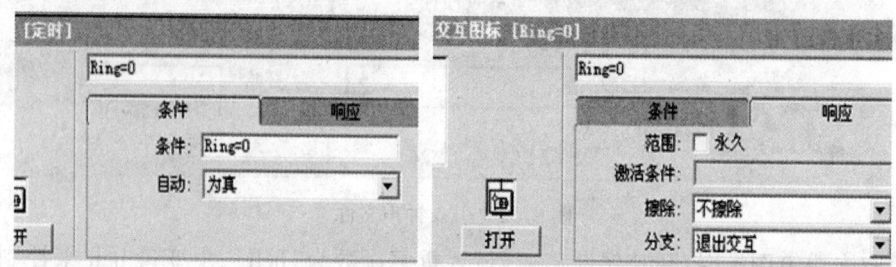

图 8.66 设置响应条件

(35) 双击打开群组图标"Ring=0"在二级流程线上拖入一个交互图标,命名为"小时.";再拖动一个计算图标到交互图标右侧,选择文本输入响应类型,并命名为"*",设置分支流向为"退出交互",如图 8.67 所示。

(36) 双击计算图标,打开计算窗口,输入如图 8.68 所示的内容,首先定义变量 RingHour 记录输入数值(小时数),然后判断若时间不在 1~23 之间就回到交互重新输入。

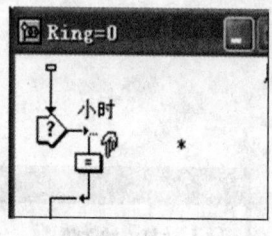

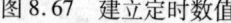

图 8.67 建立定时数值

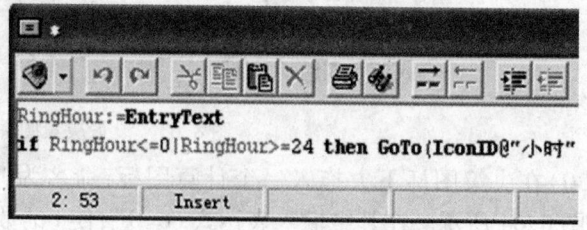

图 8.68 记录小时数值

(37) 运行程序,选择"定时"按钮,在出现要求输入的画面时暂停程序。双击交互文字输入区域,打开属性窗口,定义文字输入区域的属性。

(38) 调整"定时"按钮的位置和文字输入区的位置,并加入一句提示。

(39) 同理,建立"分钟"交互,如图 8.69 所示,其设置和画面位置与"小时"交互完全相同。其中,计算图标的内容如图 8.70 所示,首先用变量 RingMinute 记录输入的分钟数值,然后判断是否在 0~60 之间,若不对就返回交互重新输入。

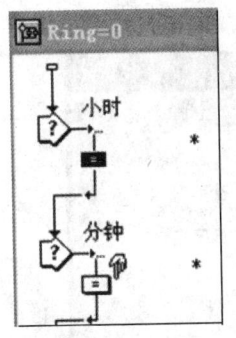
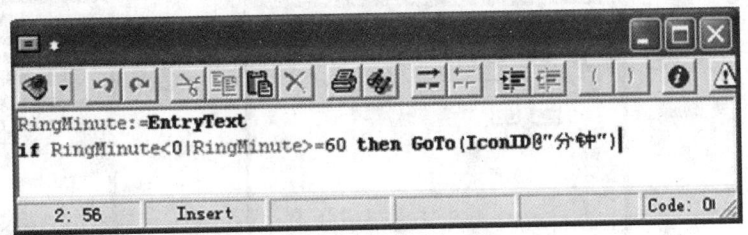

图 8.69　建立分钟交互　　　　　图 8.70　记录分钟数值

(40) 在流程线的最下方拖入一个显示图标和一个计算图标，分别命名为"显示定时"和"Ring=1"。在计算图标中输入"Ring=1"，标记当前处于定时状态。在显示图标中输入"定时时间为{Ring Hour}：{Ring Minute}"，如图 8.71 所示，以显示当前定时的时间。

(41) 现在"ring=0"群组图标的三级流程线如图 8.72 所示。

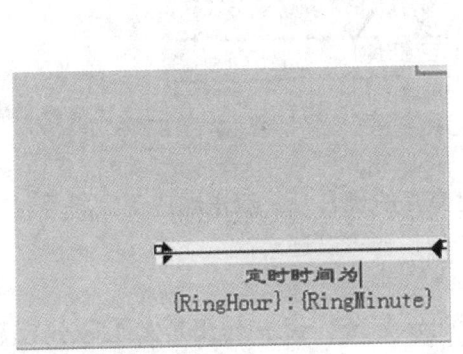
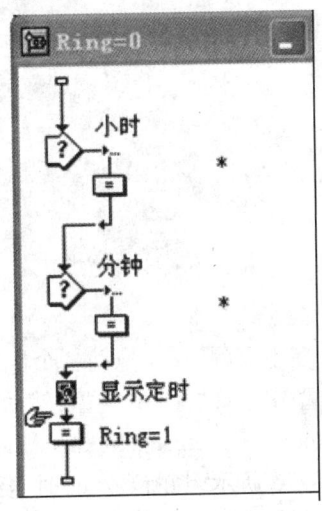

图 8.71　显示定时时间　　　　　图 8.72　ring=0 三级流程线

(42) 关闭"Ring=0"窗口。在"定时"二级流程线的交互图标"定时或取消"的最右侧拖入一个群组图标，命名为"Ring=1"，如图 8.73 所示。

由于条件响应类型的条件和名称相同，所以新建分支的响应条件也是"Ring=1"，其他属性会自动与"Ring=0"相同。

(43) 双击打开群组图标"Ring=1"，拖入一个计算图标，命名为"消除显示定时"，双击打开计算窗口，输入如图 8.74 所示的内容，首先重置定时记录变量为 0，然后擦除"显示定时"显示图标的内容，最后再设置定时标志 Ring 为"没有定时"状态。

(44) 运行程序。当选择"定时"按钮时，要求输入时间（小时、分钟）。

(45) 输入正确的时间后，就会显示出一个当前定时时间，然后再单击"定时"按钮，则会擦除定时时间的显示。

但这时你也许会发现一个问题，那就是"定时"按钮可以被反复单击，难以标识出当前状态,所以需要设法解决这个问题。

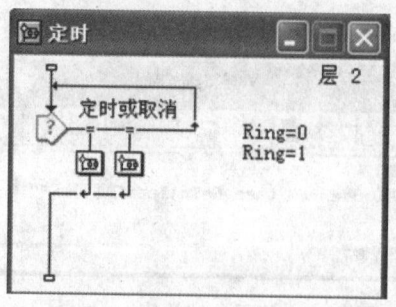

图 8.73 建立取消定时交互

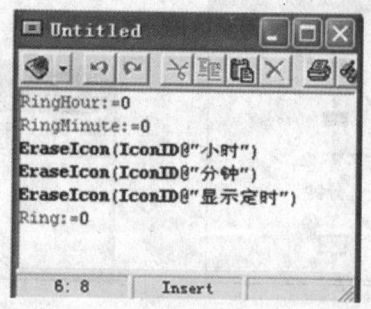

图 8.74 取消定时的计算内容

(46)暂停程序运行,双击"定时"按钮,打开其属性窗口,在有效条件下激活文本框输入:
~Within@ "小时" & ~Within@ "分钟"

如图 8.75 所示,定义按钮在程序执行到"小时"和"分钟"交互输入时处于无效状态。

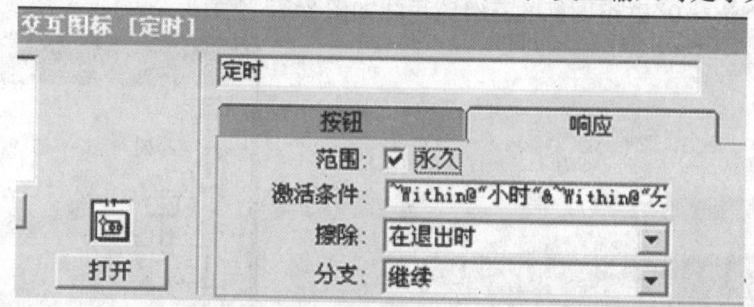

图 8.75 定义定时的有效条件

(47)在主流程窗口,拖动一个群组图标到交互的最右端。双击响应类型符号,打开属性窗口,从类型中选择"条件"类型,然后在响应条件栏输入表达式:

RingHour = Hour&RingMinute = Minute&Sec = 0

如图 8.76 所示,判断当定时时间到就执行此分支,SeC=0 的作用是保证此分支只执行一次,而不会在一分钟的时间内不停地执行。

(48)双击打开群组图标,在其二级流程线上拖入一个声音图标,命名为"铃声",打开声音图标,引入一个响铃的声音文件,并设置其执行方式为同时,保证在响铃的同时钟表仍在继续走动。

(49)回到主流程窗口,拖动一个计算图标到交互的最右端,设置响应类型为"按钮",名称为"退出",并定义范围属性为"Perpetual",分支属性为"退出交互"。

(50)打开计算图标,输入退出命令"Quit()"。

(51)调整"退出"按钮到合适位置。

(52)运行程序,单击"定时"按钮,定义一个定时时间,则一旦时间到达,程序就会自动发出响铃声。整个程序的流程图如图 8.77 所示。

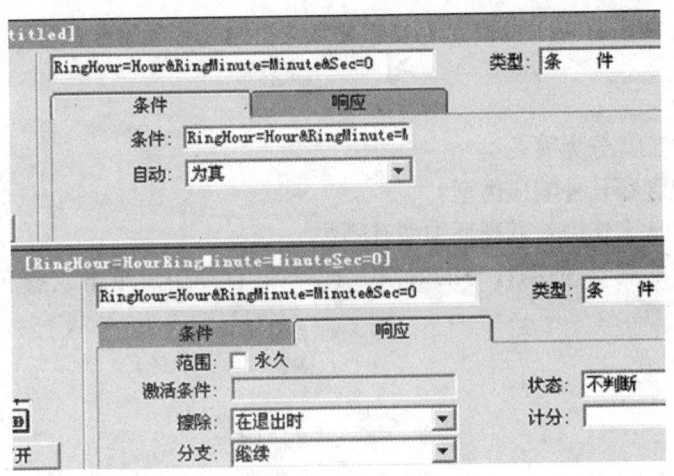

图 8.76　定义响应条件

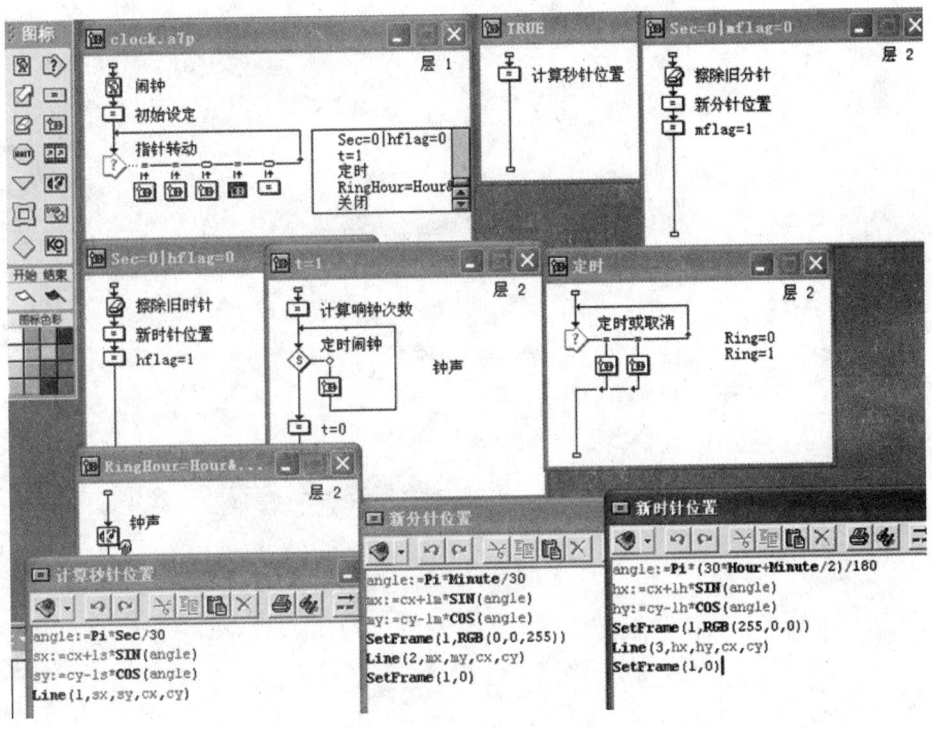

图 8.77　程序流程总图

小　结

本章对多媒体著作工具——Authorware 的一些常用功能,如制作动画、添加 Flash、制作人机交互程序等一些常用的功能进行了介绍,并且最后通过一个综合实例把前面所学的内容进行了综合运用。通过学习本章,使不具有编程能力的用户也能创作出一些高水平的多媒体作品。

习 题

1. 多媒体著作工具分为哪几类？
2. 交互图标包含哪几种响应类型？
3. 判断图标有什么作用？其循环类型有哪些？
4. 修改8.9节的例子，使倒计时的效果一直闪烁，直到用户单击或按下键盘上的任意键为止。

第 9 章　网络多媒体技术

本章重点：流媒体的概念，流媒体文件格式，流媒体的系统组成及网络环境。
本章难点：流媒体的技术特征，利用常用软件对流媒体文件进行编码。

多媒体计算机网络实际上就是多媒体信息采集技术、多媒体信息处理技术、多媒体信息存储技术与多媒体信息显示、控制技术、网络通信技术高度综合，并且不断地融合而形成的网络系统。它大大地增强了计算机网络的服务功能，更好地适应和满足了人类社会对各种网络信息服务的自然多媒体需求。

因特网(Internet)作为一种新的媒体和信息传播方式，同广播电视、报纸、杂志等传统媒体一样，正逐步成为信息的重要来源之一。随着宽带技术的普遍应用、解压缩技术的不断提高，网上的视频播放已成为可能。自动根据网络的速度传输相应图像的流媒体技术，更使视频播放时通时断的问题得以根除。流媒体技术广泛用于新闻出版、证券、娱乐、电子商务、远程培训、视频会议、远程教育、远程医疗等互联网信息服务的方方面面，它的应用将为网络信息交流带来革命性的变化，流媒体技术改变了传统互联网的呆板形象，丰富了互联网的功能，成为一种有强大吸引力的新媒体。

9.1　流媒体基本概念

9.1.1　流媒体概念

流媒体又称流式媒体(Stream Media)，允许浏览者一边下载一边观看、收听，而不需要等到整个多媒体文件下载完成再收看。流媒体并不是单一的技术，它是融合了网络技术之后所产生的技术。涉及流媒体数据的采集、压缩、存储、传输以及网络通信等多项技术。

流媒体给网民们带来了巨大的影响，曾几何时，如果需要下载一部 VCD 格式的影片，大小约为 650 M，宽带的今天也需要下载 3 个多小时。如果影片采用流媒体技术来进行压缩，只需要 100 M，并且用户可以边看边下载，整个下载的过程都在后台运行。最大的优点就是不会占用本地的硬盘空间。其实流媒体采用的是有损压缩，就好比常说的 MP3，因此在影音品质上有所差异。

当用户给服务器发出请求要收看流媒体格式，服务器会立即接受请求，然后反馈请求。普通的流媒体影像的压缩比特率一般为 220 kbps，也就是说每秒需要 220 kbit 的接收速度，也就是一般 27.5 K 的下载速度，这种速度普通的 Modem 不能胜任，因此流媒体技术使用了一种全新的技术——数据缓冲，以保证文件传输的可靠性。

数据缓冲就是流媒体播放器在播放流媒体文件之前在系统缓存中存储一定量的数据,这样在播放这些数据的时候,流媒体可以进行缓存工作,以保持流媒体的不间断。流媒体运用了特殊的数据压缩/解压缩技术(CODEC Compressor/Decompressor),流媒体在播放时,流媒体播放器进行解压缩。文件被压缩时,在不影响播放质量的前提下,会丢弃一些不必要的数据,这样流媒体文件的体积要比其他类型的媒体文件小得多。

由于用户接入互联网的速率千差万别,流媒体若以固定速率进行流式传输,速率低会限制发布媒体质量,速率高又会限制连接人数。解决问题的思路有两种:一是将压缩率增大,即以单一数据速率创建流媒体文件,低速连接时通过抽取内部帧来降低文件码率,这样做会使图像质量损失很大;二是根据不同连接速率创建多个文件,针对不同的用户连接发送相应文件。但由于用户连接是动态变化的,这种情况下服务器无法实时处理。

智能技术则通过两种途径解决带宽协调。首先,确立一个编码框架,允许不同速率的多个流同时编码,合并到同一个文件中创建可扩展流式文件,称为智能流文件;第二,采用一种客户/服务器机制探测带宽变化。当客户端发出请求,其带宽容量将传给服务器,媒体服务器根据客户带宽将智能流文件的相应部分传送给用户。用户因此可以获得当前连接条件下最优质的媒体质量。智能流通过描述 Internet 上变化的带宽特点来发送高质量媒体,对混合连接环境的内容授权提供了解决方法。

9.1.2 流媒体文件格式

流媒体文件有很多种类型,只要采用流媒体技术的均可称之为流媒体。比如,Macromedia 公司的 SWF(Shock Wave Flash)、Vivo 公司的 VIV(Vivo Movie)都是流媒体格式。现在最为流行的流媒体要数微软、Real Networks 和 Apple 公司。表 9.1 罗列了这三家公司的所有流媒体格式的类型。

表 9.1 流媒体格式的类型

公司	文件格式	媒体类型
微软	ASF(Advanced Stream Format)	Video/x-ms-asf
Real Networks	RM(Real Video)	Application/x-pn-realmedia
	RA(Real Audio)	Audio/x-pn-realaudio
	RP(Real Pix)	Image/vnd.rn-realpix
	RT(Real Text)	Text/vnd.rn-realtext
Apple	MOV(QuickTime Movie)	Video/quicktime
	QT(QuickTime Movie)	Video/quicktime

在应用流媒体的时候,除了这些常用的文件格式类型,还有一些发布文件,例如,RAM、ASX。这类文件本身就不是影音文件,它们的作用在于给出真正流媒体文件所在的位置,其实这个文件在流媒体播放的过程中不是必需的。表 9.2 是一些常用的发布文件格式。流媒体由于自身的特色,将应用于各个领域。近年来,流媒体的应用明显可以在互联网上直接看到。远程教育、视频点播、直播节目都是最贴近用户,此外对于商业用户视频会议将是一个新的热点。

表 9.2 常用的发布文件格式

流媒体发布文件格式	注 释
ASX	Active Stream Redirector
RAM	Real Audio Media
RPM	Embedded Ram
SMI/SMIL	Synchronized Multimedia Integration Language
XML	Extensible Markup Language

9.1.3 流媒体的系统组成及网络环境

1. 流媒体的系统组成

一个完整的流媒体系统应包括以下几个组成部分。

◆ 编码工具：用于创建、捕捉和编辑多媒体数据，形成流媒体格式，这可以由带视音频硬件接口的计算机和运行其上的制作软件共同完成。

◆ 流媒体数据。

◆ 服务器：存放和控制流媒体的数据。

◆ 网络：适合多媒体传输协议或实时传输协议的网络。

◆ 播放器：供客户端浏览流媒体文件。

媒体服务器的软硬件平台如下。

(1) 媒体服务器硬件平台。

视频服务器把存储在存储系统中的视频信息以视频流的形式通过网络接口发送给相应的客户，响应客户的交互请求，保证视频流的连续输出。视频信息具有同步性要求，一方面必须以恒定的速率播放，否则会引起画面的抖动，如 mpeg-1.0 视频标准要求以 1.5 Mbps 左右的速度播放视频流。另一方面，在视频流中包含的多种信号必须保持同步，如画面的配音必须和口型相一致。另外，视频具有数据量大的特点，它在存储系统上的存放方式，直接影响视频服务器提供的交互服务，如快进和快倒等功能的实现。因此视频服务器必须解决视频流特性提出的各种要求。

视频服务器响应客户的视频流后，从存储系统读取一部分视频数据到对应于这个视频流的特定的缓存中，然后此缓存中的内容送入网络接口发送到客户。当一个新的客户请求视频服务时，服务器根据系统资源的使用情况，决定是否响应此请求。其中，系统资源包括存储 i/o 的带宽、网络带宽、内存大小和 CPU 使用率等。

(2) 媒体服务器软件平台。

网络视频软件平台包括媒体内容制作、发行与管理模块、用户管理模块、视频服务器。内容制作涉及视频采集、编码。发行模块负责将节目提交到网页，或将视频流地址邮寄给用户。内容管理主要完成视频存储、查寻，节目不多时可使用文件系统，当节目量大时，就必须编制数据库管理系统。用户管理可能包括用户的登记和授权。视频服务器将内容通过点播或直播的方式播放，对于范围广、用户多的情形，可在不同的区域中心建立相应的分发中心。

2. 流媒体的网络环境

流媒体通信网并不是一个新建的专门用于流媒体通信的网络,目前绝大部分的多媒体业务多是在现有的各种网络上运行的,并且按照多媒体通信的要求对现有网络进行改造和重组。目前通信网络大体上可分为三类:电信网络,如公共电话网、分组交换网、数字数据网、窄带和宽带综合业务数字网等;计算机网络,如局域网、城域网(man)、广域网,具体如光纤分布式数据接口、分布式队列双总线等;电视广播网络,如有线电视网、混合光纤同轴网、卫星电视网等。

以上介绍的通信网虽然可以传输多媒体信息,但都存在着不同程度的缺陷。于是,人们自然将目光转向了一些新的网络存取方式,如宽带综合业务数字网、异步传输网和宽带 IP 网络。事实表明,这些网络是到目前为止最适合多媒体信息传输的网络。

(1) ATM 技术。

在 ATM 技术问世之初,其设计思想是在高质量、高稳定的宽带光纤传输网上利用固定长度的信元进行快速的信息传输与交换,由于提供了灵活的流量监控、拥塞避免与控制、带宽管理、端到端保证等机制,世界各国普遍将其作为发展下一代电信网的主体技术,纷纷投资建设以 ATM 网络为标志的国家信息基础设施。1998 年 CCITT(ITU-T 的前身)提出将 ATM 作为承载宽带综合业务的核心技术,这促使 ATM 技术在宽带信息网建设中迅速发展,而在 SDH 上实现 ATM 传输是建设宽带信息网的理想方案,它融合了 ATM 技术和 SDH 技术各自的优点,具有灵活的接入,能支持宽带和窄带业务间的平衡转移,为每个用户以可保证的服务质量经济地传送各类业务,能便利地对全网进行统一管理,且安全可靠,这就为实时地传送数据、图像和语音综合的多媒体业务提供了可能。

但 ATM 标准的完善性使设备的成本相对昂贵,其精益求精的设计思路使协议本身变得十分复杂,面对其他新技术的强烈冲击,ATM 放弃了统一未来通信平台的目标,而定位于成为综合业务的宽带传输平台。

(2) IP 技术。

Internet 的快速发展显示出了它的巨大优越性,不仅使得 IP 技术得到了广泛的应用,而且传统的数据通信业务甚至语音、视频再转向使用 IP 网。IP 网不是基础网络,它只能架构在各种基础网络之上,即所谓的 IP over everything。Internet 开始是用 DDN 专线通过路由器连接各地网络构成的。20 世纪 90 年代中期,Internet 快速发展,但由于路由器交换速度和端口速率限制,骨干网速率最高只有 40 Mbps,因此 ATM 成为唯一的解决方案,这时的速率可达到 155 Mbps, 622 Mbps,一时 ATM 成为 Internet 骨干网上支持多协议、多业务的主流数据通信平台。随着用户对 Internet 骨干网带宽需求的进一步增加,这种 Optical/SDH/ATM/IP 系统的缺点开始暴露,内部开销大,效率不到 80%,管理困难而且设备昂贵,于是采用吉位线速路由交换机的 IP over SDH 方案在 Internet 骨干网上替代 ATM,成为当代主流。

9.1.4 流媒体传输协议

在浏览器中,常见的地址是以 http:// 和 ftp:// 开头的。Web 服务器也可以通过 http 协议来处理流式媒体文件,然而 Web 服务器本身的设计并不能有效率地传送串流媒体文件。串流媒体必须占用一个不间断地封包串流,而且会长时间地与服务器保持连线状态,如果有太多访客同时上线观看,效能便会大打折扣。为了解决这个问题,流媒体文件有它自己的一套协议。

(1) 即时串流通讯协议(Real Time Streaming Protocol, RTSP),它是 RealNetworks 公司协助

建立的一个用来传送串流媒体的开放网页标准。虽然它必须使用一种称为 RealServer 的特殊服务器,然而 RTSP 能够提升流式媒体影片的品质,改善传送效率以及提供更佳的高流量处理功能。如果 ISP(因特网信息服务提供商)具备了 RealServer 服务,那么建议使用 RealServer 而不要使用 Web 服务器来传送串流媒体文件。

(2) MMS(Media Server Protocol,MMS),这是微软定义的一种流媒体传输协议。

(3) 实时传输协议(Theater Server Protocol,RTP),这是 Internet 上针对多媒体数据流的一种传输协议。RTP 被定义为在一对一或一对多的传输情况下工作,其目的是提供时间信息和实现流同步,通俗地说也就是网络上的 Web 服务器。

(4) 资源预订协议(Resource Reserve Protocol,RSVP),由于音频和视频数据流比传统数据对网络的延时更敏感,要在网络中传输高质量的音频、视频信息,除带宽要求之外,还需其他更多的条件。RSVP 是正在开发的 Internet 上的资源预订协议,使用 RSVP 预留一部分网络资源(即带宽)。

这些协议代替了 http 和 ftp,像 mms://61.139.25.41/quake 一样以 mms 或 rtsp 等开头。

9.1.5 流媒体的技术特征

1. 采用流式传输

在网络上传输音/视频等多媒体信息目前主要有下载和流式传输两种方案。音/视频文件一般都较大,所以需要的存储容量也较大;同时由于网络带宽的限制,下载常常要花数分钟甚至数小时,所以这种处理方法延迟也很大。流式传输时,声音、影像或动画等时基媒体由音视频服务器向用户计算机的连续、实时传送,用户只需经过几秒或十几秒的启动延时即可进行观看。当声音等时基媒体在客户机上播放时,文件的剩余部分将在后台从服务器内继续下载。流式传输不仅使启动延时大大缩短,而且不需要过多的缓存,从而避免了用户必须等待整个文件全部从 Internet 上下载才能观看的缺点。

流式传输的定义很广泛,现在主要指通过网络传送媒体(如视频、音频)的技术总称,其特定含义为通过 Internet 将影视节目传送到 PC 机。实现流式传输有两种方法:实时流式传输(Realtime Streaming)和顺序流式传输(Progressive Streaming)。一般说来,如视频为实时广播,或使用流式传输媒体服务器,或应用如 RTSP 的实时协议,即为实时流式传输。如使用 http 服务器,文件即通过顺序流发送。当然,流式文件也支持在播放前完全下载到硬盘。

(1) 顺序流式传输。顺序流式传输是顺序下载,在下载文件的同时用户可观看在线媒体,在给定时刻,用户只能观看已下载的那部分,而不能跳到还未下载的前头部分,顺序流式传输不像实时流式传输在传输期间根据用户连接的速度作调整。由于标准的 http 服务器可发送这种形式的文件,也不需要其他特殊协议,它经常被称做 http 流式传输。顺序流式传输比较适合高质量的短片段,如片头、片尾和广告,由于该文件在播放前观看的部分是无损下载的,这种方法保证电影播放的最终质量。这意味着用户在观看前,必须经历延迟,对较慢的连接尤其如此。

顺序流式文件是放在标准 http 或 ftp 服务器上,易于管理,基本上与防火墙无关。顺序流式传输不适合长片段和有随机访问要求的视频,如讲座、演说与演示。它也不支持现场广播,严格说来,它是一种点播技术。

(2) 实时流式传输。实时流式传输是指保证媒体信号带宽与网络连接配匹,使媒体可被实时观看到。实时流与 http 流式传输不同,需要专用的流媒体服务器与传输协议。

实时流式传输总是实时传送,特别适合现场事件,也支持随机访问,用户可快进或后退以观看前面或后面的内容。理论上,实时流一经播放就可不停止,但实际上,可能发生周期暂停。

实时流式传输必须配匹连接带宽,这意味着在以调制解调器速度连接时图像质量较差,而且,由于出错丢失的信息被忽略掉,网络拥挤或出现问题时,视频质量很差。如欲保证视频质量,顺序流式传输更好。实时流式传输需要特定服务器,如 quicktime streaming server、realserver 与 windows media server,这些服务器允许对媒体发送进行更多级别的控制,因而系统设置、管理比标准 http 服务器更复杂。实时流式传输还需要特殊网络协议,如 rtsp(realtime streaming protocol)或 mms(microsoft media server)。这些协议在有防火墙时有时会出现问题,导致用户不能看到一些地点的实时内容。

2. 支持流媒体传输的网络协议

流式传输的实现需要合适的传输协议。由于 TCP 需要较多的开销,故不太适合传输实时数据。在流式传输的实现方案中,一般采用 HTTP/TCP 来传输控制信息,而用 RTP/UDP 来传输实时声音数据。

(1)实时传输协议 RTP 与实时传输控制协议 RTCP。

实时传输协议 RTP(Realtime Transport Protocol)是用于 Internet 上针对多媒体数据流的一种传输协议。RTP 被定义为在一对一或一对多的传输情况下工作,其目的是提供时间信息和实现流同步。RTP 通常使用 UDP 来传送数据,但 RTP 也可以在 TCP 或 ATM 等其他协议之上工作。当应用程序开始一个 RTP 会话时将使用两个端口:一个给 RTP,一个给 RTCP。RTP 本身并不能为按顺序传送数据包提供可靠的传送机制,也不提供流量控制或拥塞控制,它依靠 RTCP 提供这些服务。通常 RTP 算法并不作为一个独立的网络层来实现,而是作为应用程序代码的一部分。

实时传输控制协议 RTCP(Realtime Transport Control Protocol)和 RTP 一起提供流量控制和拥塞控制服务。在 RTP 会话期间,各参与者周期性地传送 RTCP 包。RTCP 包中含有已发送的数据包的数量、丢失的数据包的数量等统计资料,因此,服务器可以利用这些信息动态地改变传输速率,甚至改变有效载荷类型。RTP 和 RTCP 配合使用,能以有效的反馈和最小的开销使传输效率最佳化,因而特别适合传送网上的实时数据。

(2)实时流协议 RTSP。

实时流协议 RTSP(Realtime Streaming Protocol)是由 Realnetworks 和 Netscape 共同提出的,该协议定义了一对多应用程序如何有效地通过 IP 网络传送多媒体数据。RTSP 在体系结构上位于 RTP 和 RTCP 之上,它使用 TCP 或 RTP 完成数据传输。HTTP 与 RTSP 相比,HTTP 传送 HTML 超链接文档,而 RTSP 传送的是多媒体数据。HTTP 请求由客户机发出,服务器作出响应;使用 RTSP 时,客户机和服务器都可以发出请求,即 RTSP 可以是双向的。

(3)资源预订协议 RSVP。

由于音频和视频数据流比传统数据对网络的延时更敏感,要在网络中传输高质量的音频、视频信息,除带宽要求之外,还需其他更多的条件。RSVP(Resource Reserve Protocol)是正在开发的 Internet 上的资源预订协议,使用 RSVP 预留一部分网络资源(即带宽),能在一定程度上为流媒体的传输提供服务。在某些试验性的系统如网络视频会议工具 VIC 中就集成了 RSVP。

3. 流媒体播放方式

（1）单播。在客户端与媒体服务器之间需要建立一个单独的数据通道,从一台服务器送出的每个数据包只能传送给一个客户机,这种传送方式称为单播。每个用户必须分别对媒体服务器发送单独的查询,而媒体服务器必须向每个用户发送所申请的数据包拷贝。这种巨大冗余首先造成服务器沉重的负担,响应需要很长时间,甚至停止播放。

（2）组播。IP组播技术构建一种具有组播能力的网络,允许路由器一次将数据包复制到多个通道上。采用组播方式,单台服务器能够对几十万台客户机同时发送连续数据流而无延时。媒体服务器只需要发送一个信息包,而不是多个;所有发出请求的客户端共享同一信息包。信息可以发送到任意地址的客户机,减少网络上传输的信息包的总量。网络利用效率大大提高,成本大为下降。

（3）点播与广播。点播连接是客户端与服务器之间的主动的连接。在点播连接中,用户通过选择内容项目来初始化客户端连接。用户可以开始、停止、后退、快进或暂停流。点播连接提供了对流的最大控制,但这种方式由于每个客户端各自连接服务器,却会迅速用完网络带宽。

广播指的是用户被动接收流。在广播过程中,客户端接收流,但不能控制流。例如,用户不能暂停、快进或后退该流。广播方式中数据包的单独一个拷贝将发送给网络上的所有用户。使用单播发送时,需要将数据包复制多个拷贝,以多个点对点的方式分别发送到需要它的那些用户,而使用广播方式发送,数据包的单独一个拷贝将发送给网络上的所有用户,而不管用户是否需要,上述两种传输方式会非常浪费网络带宽。组播吸收了上述两种发送方式的长处,克服了上述两种发送方式的弱点,将数据包的单独一个拷贝发送给需要的那些客户。组播不会复制数据包的多个拷贝传输到网络上,也不会将数据包发送给不需要它的那些客户,保证了网络上多媒体应用占用网络的最小带宽。

9.1.6 流媒体技术的主要应用

1. 视频点播

随着计算机技术的发展,流媒体技术越来越广泛地应用于视频点播。现在,很多大型的新闻娱乐媒体,如中央电视台和一些地方电视台等,都在互联网上提供基于流媒体技术的节目。

目前VOD技术逐渐趋于完善,VOD技术广泛应用于局域网及有线电视网。流媒体的视频直播应用突破了网络带宽的限制,实现了在低带宽的环境下的高质量影音传输,其中的智能流技术保证不同连接速率下的用户,可以得到不同质量的影音效果。但音视频文件的大容量仍然阻碍了VOD技术的进一步发展。由于服务器端不仅需要大容量的存储系统,同时还要承担大量数据的传输,因而服务器根本无法支持大规模的点播。同时,由于局域网中的视频点播覆盖范围小,用户也无法通过Internet等网络媒介收听或观看局域网中的节目。

2. 视频会议

市场上采用流媒体技术作为核心技术的视频会议系统并不占多数。视频会议是流媒体技术的一个商业用途,采用流媒体格式传送音视频文件,使用者不必等待整个影片传送完毕就可以实时、连续地观看,虽然在画面质量上有一些损失,但就一般的视频会议来讲,并不需要很高的图像质量。当然,流媒体技术并不是视频会议的必须选择,但为视频会议的发展起了重要的推动作用。

通过流媒体进行点对点的通信,最常见的就是可视电话。只要两端都有一台接入Internet的电脑和一个摄像头,在世界任何地点都可以进行音视频通信。此外,大型企业可以利用基于流媒体的视频会议系统来组织跨地区的会议和讨论。

3. 远程教育

电脑的普及、多媒体技术的发展及Internet的迅速崛起,给远程教育带来了新的机遇。越来越多的远程教育网站开始采用流媒体作为主要的网络教学方式。在远程教学过程中,最基本的要求就是将信息从教师端传到远程的学生端,需要传送的信息可能是多元的,如视频、音频、文本、图片等。将这些信息从一端传送到另一端是实现远程教学需要解决的问题,在当前网络带宽的限制下,流式传输将是最佳选择。学生在家通过一台计算机、一条电话线、一个调制解调器就可以参加远程教学。教师也无须另外做准备,授课的方法基本与传统授课方法相同,只不过面对的是摄像头和计算机而已。

使用流媒体的VOD技术还可以进行交互式教学,达到因材施教的目的。像RealSystem、Flash、Shockwave等技术就经常应用到网络教学中。学生可以通过网络共享学习经验;大型企业可以利用基于流媒体技术的远程教育对员工进行培训。

4. Internet直播

随着宽带网的不断普及和流媒体技术的不断发展。冲浪者能够在Internet上直接收看体育赛事、商贸展览等,厂商可以借助网上直播形式将自己的产品和活动传遍全世界。网络带宽问题的改善促进了Internet直播的发展,Internet直播已经从实验阶段走向实用,并能够提供较满意的音视频效果。

流媒体技术的发展,实现了在低带宽环境下提供高质量的音视频信息;保证不同连接速率下的用户能够得到不同质量的音视频效果;减少服务器端的负荷,同时最大限度地节省带宽,在Internet直播中充当着重要角色。

5. 校园视频网

近几年来,校园网的建设也逐渐呈现出蓬勃向上的态势,随着多媒体技术的不断发展,特别是多媒体传输技术的突破,使网络多媒体教学得以实现。现在已经有成熟的产品,用来组建校园视频网,提供实时广播、定时广播、视频点播三种通信模式。

9.1.7 流媒体技术的发展及影响

1. 流媒体技术的最新发展

下面介绍代表流媒体技术最新发展的两个厂商的产品。

(1)微软公司的Windows Media。

最新的Windows Media Encode不仅压缩比率又有新的突破,而且可以支持更多不同的网络数据传输速率和压缩比率:如可以用848 kbit/s速率播放接近CD音质的音频数据流,用64 kbit/s速率播放CD音质的音频数据流;最新发布的视频编码则明显优化了动态效果的处理。

WMV8是目前唯一能够提供TrueMotion-Picture-ReadyVideoCodec的视频格式,用连接速率为250 kbit/s的DSL/Cable能够达到近乎家用录像系统(VHS)的视频品质(分辨率为320×240,每秒24帧);用连接速率为500 kbit/s的DSL/Cable能够达到与DVD差不多的视频品质(分辨率为640×480,每秒24帧)。

(2) RealNetworks 公司的 Real。

Real Audio Encode 8 大大增强了 Real 对音频的压缩处理能力(在甚低速率码流下的音频传输,Real 要比 Windows Media 强一些)。

在服务器端,iPoint-Princeton VideoImage 为 RealSystem 8 提供了广告插播 PVI 技术,iPoint 可以在 RealSystem 8 中无缝插入预先定制的广告节目。

RichFX-RealPlayer 8 可以以较小的传输速率显示出三维效果。RichFX 视频技术可以为窄带电子商务带来新的商机。

RealNetworks 还推出 RealSystemiQ 建立新一代网上广播神经中枢系统。RealSystemiQ 为数码媒体的传播奠定了新的基础,它能提升网上广播的稳定性与可靠性,令广播信息传播至更多观众的同时,也为媒体传播带来了更佳的成本效益。

以往,媒体的流播是通过一个中央服务器把流播的媒体分派到其他的流播服务器,然后再传送到用户。RealSystemiQ 改变了这种单向的流播模式,它建立起一个蜂巢式的服务器组群,让每一个服务器均可以向网络广播,而且从其他服务器接收内容,并把数码媒体传送给用户。Neuralcast 技术建立起一个对等的基础,让数码媒体可通过标准的网络协议由一个服务器传送到其他多个服务器。此外,RealSystemiQ 的架构允许用来传送各种格式的媒体。

流媒体技术的发展依赖于网络的传输条件、媒体文件的传输控制、媒体文件的编码压缩效率及客户端的解码等几个重要因素,其中任何一个因素都会影响流媒体技术的发展和应用。不同于 IP 网络的其他新业务,流媒体是网络和数字媒体技术的整合,能够最大限度地发挥网络和数字媒体各自的长处,但也不可避免地继承了网络和数字媒体的缺陷,例如,IP 网络领域服务质量保证的缺乏、数字媒体领域 DVD 版权保护的失败等。

流媒体增值业务平台的构筑将使其应用更加广泛,潜在的客户群体包括电信、广电、智能小区、智能楼宇、校园网、酒店、企业、公安等。应用领域涵盖教育、金融、证券、会议、电子商务、娱乐、监控等。

当前,IT 产业界正在经历全球流媒体市场爆炸性的增长。Internet 上已有超过 1 700 家广播电台和电视台实现了网上点播,世界上几大有影响的媒体,如 BBC、CNN、ABC、NBC 等,都在网上开通了自己的网上广播。国内的一些广播电台和电视台,如 CCTV.com、BTV.com 等,虽然已经在自己的网站上开始了试验性的视音频点播,但其视音频点播系统平台无一例外采用的都是外国公司核心技术,并且系统规模不大,安全性也没有保证,很难大规模开展这方面的业务。随着网络宽带化的飞速发展,作为第四媒体的 Internet 必将超过另外三种媒体成为主流的信息交换平台,对流媒体业务平台安全性的认识需要上升到国家安全的高度来认识,独立自主开发安全可靠、具有自主知识产权的流媒体增值业务平台已经成为当务之急。

9.1.8 流媒体传输流程

在流式传输的实现方案中,一般采用 HTTP/TCP 来传输控制信息,而用 RTP/UDP 来传输实时声音数据。具体的传输流程如下:

(1) Web 浏览器与 Web 服务器之间使用 HTTP/TCP 交换控制信息,以便把需要传输的实时数据从原始信息中检索出来。

(2) 用 HTTP 从 Web 服务器检索相关数据,由 A/V 播放器进行初始化。

(3) 从 Web 服务器检索出来的相关服务器的地址定位 A/V 服务器。

(4) A/V 播放器与 A/V 服务器之间交换 A/V 传输所需要的实时控制协议。

(5) 一旦 A/V 数据抵达客户端，A/V 播放器就可播放。

9.1.9 流媒体存在的问题

流媒体技术不是一种单一的技术，它是网络技术及视/音频技术的有机结合。在网络上实现流媒体技术，需要解决流媒体的制作、发布、传输及播放等方面的问题，而这些问题则需要利用视音频技术及网络技术来解决，具体如下：

(1) 流媒体制作技术方面需解决的问题。在网上进行流媒体传输，所传输的文件必须制作成适合流媒体传输的流媒体格式文件。因这种通常格式存储的多媒体文件容量十分大，若要在现有的窄带网络上传输则需要花费很长的时间，若遇网络繁忙，还将造成传输中断。另外，通常格式的流媒体也不能按流媒体传输协议进行传输。因此，对需要进行流媒体格式传输的文件应进行预处理，将文件压缩生成流媒体格式文件。这里应注意两点：一是选用适当的压缩算法进行压缩，这样生成的文件容量较小；二是需要向文件中添加流式信息。

(2) 流媒体传输方面需解决的问题。流媒体的传输需要合适的传输协议，目前在 Internet 上的文件传输大部分都是建立在 TCP 协议的基础上，也有一些是以 FTP 传输协议的方式进行传输，但采用这些传输协议都不能实现实时方式的传输。随着流媒体技术的深入研究，目前比较成熟的流媒体传输一般都是采用建立在 UDP 协议上的 RTP/RTSP 实时传输协议。为何要在 UDP 协议而不在 TCP 协议上进行实时数据的传输呢？这是因为 UDP 和 TCP 协议在实现数据传输时的可靠性有很大的区别。TCP 协议中包含了专门的数据传送校验机制，当数据接收方收到数据后，将自动向发送方发出确认信息，发送方在接收到确认信息后才继续传送数据，否则将一直处于等待状态。而 UDP 协议则不同，UDP 协议本身并不能做任何校验。由此可以看出，TCP 协议注重传输质量，而 UDP 协议则注重传输速度。因此，对于对传输质量要求不是很高，而对传输速度则有很高的要求的视音频流媒体文件来说，采用 UDP 协议则更合适。

(3) 流媒体传输过程中需要缓存的支持。因为 Interent 是以包为单位进行异步传输的，因此多媒体数据在传输中要被分解成许多包，由于网络传输的不稳定性，各个包选择的路由不同，所以到达客户端的时间次序可能发生改变，甚至产生丢包的现象。为此，必须采用缓存技术来纠正由于数据到达次序发生改变而产生的混乱状况，利用缓存对到达的数据包进行正确排序，从而使视音频数据能连续正确地播放。缓存中存储的是某一段时间内的数据，数据在缓存中存放的时间是暂时的，缓存中的数据也是动态的，不断更新的。流媒体在播放时不断读取缓存中的数据进行播放，播放完后该数据便被立即清除，新的数据将存入到缓存中。因此，在播放流媒体文件时并不需占用太大的缓存空间。

(4) 流媒体播放方面需解决的问题。流媒体播放需要浏览器的支持。通常情况下，浏览器是采用 MIME 来识别各种不同的简单文件格式，所有的 WEB 浏览器都是基于 HTTP 协议，而 HTTP 协议内建有 MIME。所以 WEB 浏览器能够通过 HTTP 协议中内建的 MIME 来标记 WEB 上众多的多媒体文件格式，包括各种流媒体格式。

9.2 流媒体文件编码

9.2.1 使用 QuickTime 编码

【例 9.1】 编码 QuickTime 流媒体文件。

QuickTime Pro 的播放器和编码器是在一个程序中的。使用 QuickTime Pro 的播放器便可以将原始视频文件编码为 Mov 文件。具体步骤如下：

启动 QuickTime Pro 播放器，如图 9.1 所示(本例中为 QuickTime 6.5.1)。

(1) 从文件菜单下选择导入，导入需要转换的文件。

(2) 随后从文件菜单下选择导出，得到"保存文件"对话框，如图 9.2 所示。

(3) 在"保存文件"对话框中，在导出下拉列表框中选择影片转换成 QuickTime 影片。

(4) 单击对话框的选项按钮，可以进一步设置输出的音频和视频。单击该按钮后得到如图 9.3 所示的"影片设置"对话框。

图 9.1 QuickTime 播放器界面

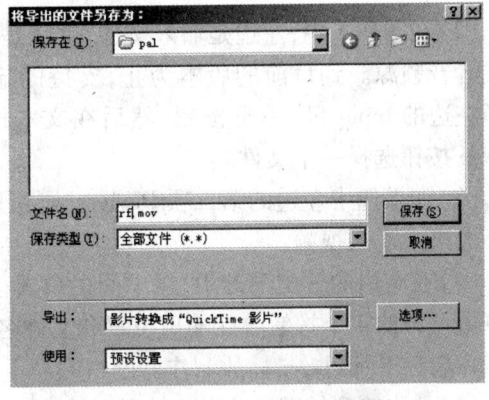

图 9.2 "文件保存"对话框

(5) 在图 9.3 中，分别单击视频设置的设置按钮和声音的设置按钮，可以对图像和声音作调整。

(6) 在视频的设置中可以调整视频的质量和帧率等，在音频的设置里可以设置采样频率、压缩方式等。

(7) 设置好后，单击确定按钮，即可得到 Mov 文件。

9.2.2 使用 RealProducer 编码

【例 9.2】 编码 RealVedio 流媒体文件。

RealMedia 使用 RealProducer 编码。RealProducer 可以从 RealNetworks 公司获得。编码过程如下：

(1) 启动 RealProducer，本例使用的是 RealProducer Plus Version 11。启动后界面如图 9.4 所示。

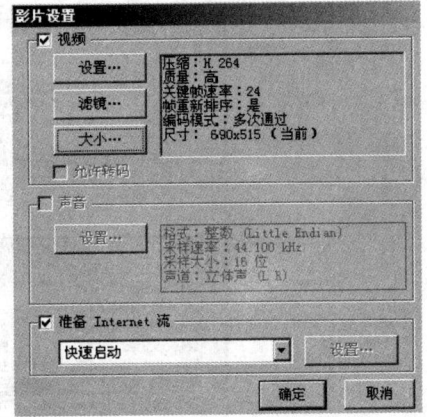

图 9.3 "影片设置"对话框

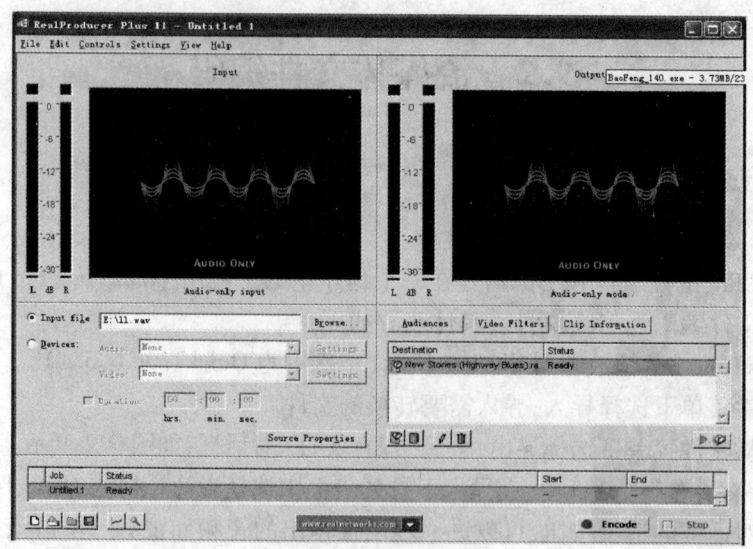

图 9.4 RealProducer 的界面

(2)在图 9.4 中,左边是输入文件,也就是原始的视频或者音频源。到目前的版本为止,支持的输入格式有 avi、DV、Mov、asf、wmv、wav、mpg 等。选择左边的 Input file 单选按钮,然后在文本框中填入需要转换的文件,也可以单击旁边的 Browse 按钮选择一个文件。

(3)如果选中左边的第二项 Devices,则可以直接从设备中输入,如从麦克风中输入音频,从摄像机中输入视频。

(4)在右边的输出部分中,在中间的位置上显示了输出的文件名和目前输出的状态。可以单击下方的 4 个按钮改变输出位置和文件名、删除输出、为输出添加注释等。单击最右边的按钮将启动 RealPlayer 播放制作好的视频。

(5)单击输出屏幕下方的 3 个按钮中的第一个 Audiences 按钮,将显示有关编码的大部分选项,如图 9.5 所示。

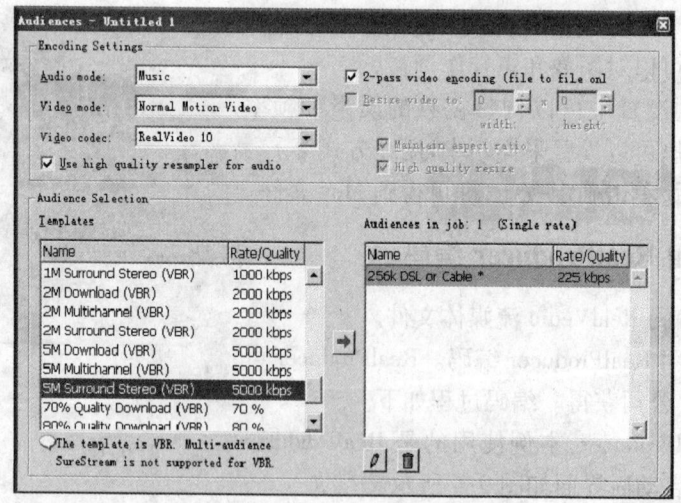

图 9.5 编码的选项

(6) 可以在 Templates(模版)中选择一个程序预先设定好的设置,如果对模版中提供的选项不满意,还可以在模版中选择一项后双击,设定你所需要的参数。双击后将弹出如图 9.6 所示的对话框。

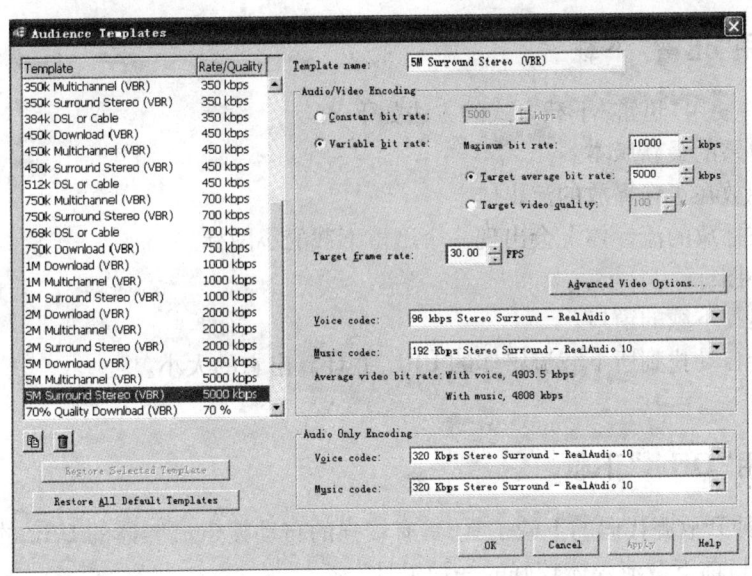

图 9.6　设定自己的输出选项

(7) 在图 9.6 的对话框中,可以删除系统提供的模版,也可以新建自己的模版(通过模版列表下的两个按钮)。在对话框的右边,可以指定压缩后文件的位速率(bit rate)、帧速率等选项。

(8) 关闭该对话框,回到程序主界面。在输出窗口下方的 3 个按钮中单击中间的一个按钮 Vedio Fliters,可以打开如图 9.7 所示的对话框。在该对话框中,主要可以对画面进行裁剪,使得生成的视频画面仅是原画面的一部分。

(9) 设定好后,单击主界面右下角的 Encode 按钮,便可以输出 RealMedia 文件了。

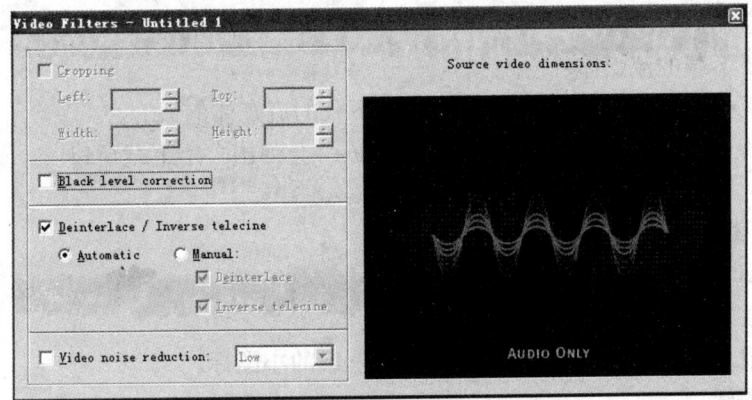

图 9.7　在此可以裁剪视频大小

9.3 流媒体文件下载

9.3.1 用"迅雷"下载

流媒体文件使用"迅雷"下载方式的方法如下：
(1) 安装迅雷的最新版本。
(2) 将鼠标放在正在播放的流媒体上。
(3) 在正在播放的流媒体上会出现一个迅雷下载的小图标。
(4) 点击小图标。
(5) 打开迅雷下载的窗口。
(6) 迅雷会自动找到所下载流媒体的 URL，并计算出它的大小。
(7) 确定。

9.3.2 用"Orbit"下载

Orbit 是一种开放源代码的下载工具，具有较强的自动搜索流媒体的 URL 的功能，并有多国语言版本，是目前下载流媒体较好的一种工具。

(1) 自动搜索流媒体的 URL。
① 安装并启动 Orbit。
② 将 Orbit 设置为中文版。
a. 点击 Orbit 任务栏的第 3 个按钮"查看"；
b. 在下拉窗口中点最下一栏"Language"；
c. 在右拉窗口中选定"Chinese(Simplified)"。
③ 点击 Orbit 任务栏的"工具"按钮进行设置。
a. 选定"监视剪切板"、"监视浏览点击器"、"启用'GetIt'抓取媒体文件"；
b. 选定并启动 Grab++。
④ 打开你要下载的流媒体。
⑤ 在 Grab++的窗口上会自动搜寻到你所要下载的流媒体的 Url。
⑥ 选中你所下载的流媒体的 Url，点下载，Grab++会弹出一个下载窗口。
⑦ 确定。

(2) 手工下载。
① 启动 Orbit。
② 将鼠标放在正在播放的流媒体上。
③ 在正在播放的流媒体上会出现一个 Orbit 下载的小图标。
④ 点击小图标。
⑤ Grab++会弹出一个下载窗口。
⑥ 确定。

9.3.3 用"百度工具"下载

流媒体文件使用"百度工具"下载方式的方法如下：
(1) 安装百度工具。
(2) 在浏览器的右上角有一个流媒体下载工具栏。
(3) 播放所需要下载的流媒体。
(4) 在浏览器的右上角会出现一提示"找到一个音频"。
(5) 点击"提示"，点"保存"。
(6) 弹出一个下载窗口。
(7) 确定。

9.3.4 用浏览器中的"工具"按钮下载

流媒体文件使用浏览器中的"工具"下载方式的方法如下：
(1) 点击浏览器中的"工具"按钮。
(2) 选定"Internet 选项"。
(3) 点"Internet 临时文件"中的"设置"。
(4) 点"设置"窗口中的"查看文件"。
(5) 在打开的"Temporary Internet Files"文件夹中查找要下载的流媒体。
(6) 选中要下载的流媒体文件，点右键"另存为"。
(7) 确定。

小 结

本章重点介绍了流媒体的概念，流媒体文件格式，流媒体的技术特征，流媒体技术的应用及发展，利用常用软件进行流媒体文件的编码。

习 题

1. 简述流媒体的系统构成。
2. 简述 RSVP 协议的内容和作用。
3. 将视频信号编码为 RealMedia 流。
4. 将视频信号编码为 QuickTime 流。
5. 简述流媒体技术的几点应用。
6. 简述流媒体技术的下载方式。

参考文献

[1] 郭新房. Authorware 多媒体制作标准教程[M]. 北京:清华大学出版社,2010.

[2] 刘军. Authorware 7 多媒体制作实用教程[M]. 北京:清华大学出版社,2009.

[3] 宋一兵,蔡立燕,王京. Authorware 多媒体技术教程[M]. 北京:人民邮电出版社,2008.

[4] 叶喜乐,周茂田,周美婷. Softimage XSI After Effects 完美电视栏目包装案例精解[M]. 北京:科学出版社,2010.

[5] 谢中元,胡安林. 影视巨匠 After Effects CS3 特效合成完全实例教程[M]. 北京:北京科海电子出版社,2009.

[6] 徐琦. After Effects 7.0 影视特效与电视包装实例精讲[M]. 北京:人民邮电出版社,2008.

[7] 王华英,朱印宏,幸莉仙. Authorware 7.0 入门与提高[M]. 北京:清华大学出版社,2005.

[8] 张瑜. 多媒体技术[M]. 北京:北京交通大学出版社,2004.

[9] 宗绪锋. 多媒体制作技术及应用[M]. 北京:中国水利水电出版社,2005.

[10] 周苏. 多媒体技术与应用[M]. 北京:科学出版社,2005.

[11] 刘义兵. 多媒体技术及其应用[M]. 北京:清华大学出版社;北京交通大学出版社,2004.

[12] 冯博琴. 多媒体技术及应用[M]. 北京:清华大学出版社,2005.

[13] 王志强,李延红. 多媒体技术及应用[M]. 北京:清华大学出版社,2004.

[14] 肖金秀,张宇亮,刘瑞成. 多媒体技术及应用[M]. 北京:冶金工业出版社,2004.

[15] 王军. 光盘刻录入门与实例教程[M]. 北京:电子工业出版社,2007.

[16] 陈铁山. 热线上门速修打印机[M]. 北京:电子工业出版社,2007.

[17] 蔡洪旭. Cakewalk 2002 MIDI 完全制作[M]. 北京:北京科海电子出版社,2003.

[18] 赵子江. 多媒体技术基础[M]. 北京:机械工业出版社,2004:58-63.

[19] 贺雪晨,高幼年,胡隽,等. 多媒体技术使用教程[M]. 北京:清华大学出版社,2005.

[20] 于鹏. Flash Mx 动画设计教程[M]. 北京:电子工业出版社,2003.

[21] 李波,罗皇. 中文 Flash 8 动画制作[M]. 北京:清华大学出版社,2006.

[22] Adobe 公司北京代表处. Adobe College Premiere Pro 标准教材[M]. 北京:人民邮电出版社,2005.

[23] 程明才,喇平. Premiere Pro 2.0 视频编辑剪辑制作完美风暴[M]. 北京:人民邮电出版社,2006.

[24] 新羽工作室. Authorware 7.0 基础实例教程[M]. 北京:机械工业出版社,2004.

[25] 孙全党,马云众,靳晋忠,等. Authorware 7.0 应用培训教程[M]. 北京:电子工业出版社,2003.

[26] 宋一兵,顾泽月,管殿柱. Authorware 5 多媒体制作实例详解[M]. 北京:人民邮电出版社,2003.

[27] 张丽. 流媒体技术大全[M]. 北京:中国青年出版社,2001.